Eichstätter Beiträge zum Christlichen Orient

Herausgegeben von
der Forschungsstelle Christlicher Orient

Band 6

2018
Harrassowitz Verlag · Wiesbaden

EBCO 6

Studia Syriaca

Studia Syriaca

Beiträge des IX. Deutschen Syrologentages in Eichstätt 2016

Herausgegeben von
Peter Bruns und Thomas Kremer

2018
Harrassowitz Verlag · Wiesbaden

Titelbild: Die Begegnung des Auferstandenen mit Thomas sowie Simon-Petrus. Illumination aus einem chaldäischen Evangeliar des 18. Jahrhunderts für die Sonn- und Feiertage, 1723 in Alkosch durch den Priester Eliya Yalda Danial al-Alkoschi geschrieben (DFM_00013_061r). Abdruck mit freundlicher Genehmigung der Dominikaner von Mossul, in deren Besitz sich die Handschrift heute befindet.

Bibliografische Information der Deutschen Nationalbibliothek
Die Deutsche Nationalbibliothek verzeichnet diese Publikation in der Deutschen Nationalbibliografie; detaillierte bibliografische Daten sind im Internet über http://dnb.dnb.de abrufbar.

Bibliographic information published by the Deutsche Nationalbibliothek
The Deutsche Nationalbibliothek lists this publication in the Deutsche Nationalbibliografie; detailed bibliographic data are available in the internet at http://dnb.dnb.de

Informationen zum Verlagsprogramm finden Sie unter
http://www.harrassowitz.de/verlag

Gedruckt auf alterungsbeständigem Papier.
Druck und Verarbeitung: Memminger MedienCentrum
Printed in Germany

ISSN 2193-3316
ISBN 978-3-447-11014-3

Inhalt

Vorwort

Vom 1. bis 3. Juli 2016 fand unter reger Beteiligung in den Räumlichkeiten des Collegium Orientale sowie des Collegium Willibaldinum in Eichstätt der IX. Deutsche Syrologentag statt. Er wurde vonseiten der „Forschungsstelle Christlicher Orient“ der KU Eichstätt-Ingolstadt ausgerichtet und fand konfessionsübergreifend ein lebhaftes Echo in der Fachwelt. Namhafte Experten und junge Nachwuchswissenschaftler präsentierten zwei Tage lang die Ergebnisse ihrer Arbeiten. Der vorliegende Sammelband vereint die wissenschaftlichen Beiträge der Tagung zu allen Gebieten der Syrologie: Sprache, Theologie, Kirchengeschichte, christlich-islamische Beziehungen, Kultur, Liturgie, aber auch der brisanten Gegenwartslage, die vom Exodus nahöstlicher Christen aus ihren Stammlanden gekennzeichnet ist.

An der Veranstaltung nahmen insbesondere auch die Eichstätter Studierenden der ostkirchlichen Theologie teil; sie war geprägt von Begegnungen mit der Gemeinschaft des Collegium Orientale. Dieses feierte seine Gottesdienste während der Tagung im syrisch-orthodoxen, syro-malankarischen und maronitischen Ritus und ließ damit etwas vom liturgischen Schatz der syrischen Tradition präsent werden. Der mit dem Syrologentag verbundene und anlässlich des alljährlichen Zwölf-Apostel-Festes des Collegiums ausgerichtete Festakt stand aus gegebenem Anlass ebenfalls ganz im Zeichen des syrischen Christentums. Er befasste sich mit dem reichen Erbe und der bedrohten Zukunft der irakischen Christenheit und stieß dabei auf lebhafte Resonanz in der Öffentlichkeit, wodurch dem Ziel der Bewusstseinsbildung für die aktuelle Situation orientalischer Christen Rechnung getragen wurde.

Ein besonderer Dank gilt den Organisatoren der Tagung, dem Rektor des Collegiums, Herrn Erzpriester Dr. Oleksandr Petrynko, sowie der Hausleitung des Willibaldinums für die erwiesene Gastfreundschaft und dem Hochw. Herrn Bischof von Eichstätt, S. E. Gregor Maria Hanke OSB, für die großzügige Gewährung eines Zuschusses.

P. Najeeb Michaeel OP und dem „Centre Numérique des Manuscrits Orientaux“ (CNMO) der Dominikaner von Mossul (derzeit in Erbil-Ainkawa) sei herzlich für die freundliche Erteilung der Abdruckgenehmigung für das Titelbild gedankt.

Schließlich möchten wir allen hiermit unsere Dankbarkeit zum Ausdruck bringen, die ihre Vorträge zur Publikation zur Verfügung gestellt und damit zum Gelingen des Sammelbandes beigetragen haben, sowie ganz besonders Herrn Dipl.-Theol. Joachim Braun für die umsichtige und gewissenhafte Betreuung bei der Endredaktion zur Drucklegung. Möge dieses Buch in der Fachwelt eine freundliche Aufnahme finden und bei einem größeren Leserkreis das Interesse an der Syrologie wachhalten.

Eichstätt im Januar 2018
Die Herausgeber

Zur Rolle syrisch-aramäischer Ärzte in Antike und Mittelalter

Besim Akdemir

0. Einleitung

Jahrhunderte hindurch hatten Kriegerhelden, Mediziner und Lehrer des antiken Griechenlands einen Fundus pragmatischen Wissens zur Gesundheitspflege angesammelt und rationale Theorien und Behandlungsmethoden entwickelt. Im 5. Jh. v. Chr. wurde diese lange Entwicklungsphase der griechischen Medizin durch Hippokrates gebündelt. Seine Arbeiten wurden als „Hippokratische Sammlung" im 4. Jh. v. Chr. in der Bibliothek von Alexandria zusammengestellt. Die Stadt am Mittelmeer war bis ins 9. Jh. n. Chr. die bekannteste Metropole der antiken Medizin und Wissenschaft. Dort haben auch mehrere aramäische Mediziner, Gelehrte und Philosophen wie Sergius von Reschaina, Aetius von Amida, Yuhanna ibn Masawayh (Johannes Mesuë), Hunayn ibn Ishaq (Johannitius) und Jibril (Gabriel) Bukhtischu studiert und zahlreiche griechische medizinische und philosophische Werke ins Aramäische und Arabische übersetzt. Damit haben sie als erste Gelehrte die arabische Welt mit der Philosophie des Aristoteles und mit der griechisch-byzantinischen Medizin des 2. bis 9. Jh.s bereichert.

1. Die charakteristische Prägung der syrisch-aramäischen Medizin

1.1 Griechische Vorbilder

Drei berühmte griechische Ärzte der Antike haben die syrischen Mediziner und Gelehrten maßgeblich geprägt:

Hippokrates (* 460 v. Chr. auf Kos; † 370 v. Chr.) war Arzt, Lehrer und Begründer der allgemeinen Krankheitslehre. Der „Eid des Hippokrates" gilt bis heute als das moralische Grundgesetz des Arztberufs. Hippokrates forderte vom Arzt körperliche und geistige Hygiene, persönliche Integrität, Vorsicht, Empathie und analytisches Denken. Diät, Arzneimittel und operative Eingriffe, Aderlasse, Schröpfköpfe und Abführmittel waren seine medizinischen Empfehlungen. Heute noch werden einige seiner medizinischen Regeln praktiziert, beispielsweise der Merksatz „Ubi pus, ibi evacua!" („Wo Eiter ist, da entleere es!"), seine Vorgehensweise zur Reposition eines luxierten Schultergelenkes, sowie andere medizinische Behandlungsweisen.

Claudius Galenus (* 129 n. Chr. in Pergamon, † 199 n. Chr. in Rom) war Naturforscher, Philosoph und praktizierender Arzt. Er studierte Medizin in Alexandria und führte als erster Sektionen an menschlichen Leichnamen durch. Im Jahr 161 kam er nach Rom und behandelte dort auch die Mitglieder der kaiserlichen Familie. Bis weit ins 17. Jh. hinein hielten sich die Grundthesen galenischer Physiologie, Pathologie und Therapie, wobei Letztere die Bereiche Diätetik, Pharmazie, Chirurgie und Hygiene betraf. Galenus hat ein umfangreiches medizinisches Œuvre hinterlassen. Bis zum 19. Jh. war Theriak nach der

Rezeptur des Galenus ein beliebtes und anerkanntes Allheilmittel: eine Mixtur aus Opium und Schlangenfleisch, die 50 bis 100 weitere verschiedene Substanzen enthielt und alle Krankheiten heilen sollte.

Dioskurides (* um 70 n. Chr. bei Tarsus in Kilikien) war eine markante Persönlichkeit der antiken Pharmazie und Medizin. Er studierte in Tarsus, wo es eine höhere Lehranstalt für Philosophie und Grammatik gab, und kam als Student nach Alexandria. Er hat über die Medizin und ihre Heilmittel fünf Bücher unter dem Titel „De materia medica" verfasst. Seine Lehre wirkte über 1600 Jahre nach.

Die Werke der hier nur kurz vorgestellten griechischen Vorbilder wurden von syrischen Gelehrten und Ärzten zunächst ins Syrisch-Aramäische und später ins Arabische übersetzt. Um das Jahr 1070 wurden diese Schriften von Constantinus Africanus in Salerno aus dem Arabischen ins Lateinische übertragen, sowie nochmals um 1200 in Toledo durch den italienischen Gelehrten Gerhard von Cremona.

1.2 Das Leitmotiv des Christus medicus

Um die Leistungen der syrisch-aramäischen Ärzte einordnen zu können, muss das Motiv des Christus medicus beachten werden. Leben und Wirken Jesu Christi bildet für die christlichen Mediziner das ärztliche Vorbild. Die Evangelien des Neuen Testaments berichten von der Heilung zahlreicher Kranker, indem Christus Gelähmte, Aussätzige und Blinde durch seine Anwesenheit oder Berührung von ihren Leiden befreite. Beispielhaft sei an die Heilung des Gelähmten in Mk 2,1–12 erinnert, viele weitere Berichte ließen sich anführen. Sie alle zeigen: Heilen wird Teil des christlichen Missionsauftrags, es stellt ein spezifisches Handeln in der Nachfolge Christi dar. Dieses Verständnis prägt sowohl die östliche wie die westliche Christenheit. Es ist ein Spezifikum der Kirchen syrischer Tradition, dass hier in Antike und Mittelalter zahlreiche Kleriker nach dem Vorbild des Christus medicus zugleich Ärzte waren.

2. Die Kulturvermittlerposition der Syro-Aramäer

Die Syro-Aramäer bildeten vom 1. bis zum 13. Jh. n. Chr. die kulturelle Brücke zwischen Abendland und Orient. Sie vermittelten die Lehren des Aristoteles von Nah- bis Fernost. Die altsyrische Literatur und Medizin begann ab dem 2. Jh. zu erblühen, wobei sie im 8. und 9. Jh. ihren Höhepunkt erlebte. Die Syro-Aramäer rezipierten das medizinische Wissen des griechisch-byzantinischen Kulturdreiecks Athen – Byzanz – Alexandria und verbreiteten es im Nahen Osten und in Mesopotamien. So gelangte das antike medizinische Wissen von Alexandria über Antiochia, Edessa, Nisibis und Gondischapur bis nach Bagdad (vgl. Abb. 1), wie auch al-Farabi († 950) berichtet.

Die syrische Tradition spielte bei diesem Wissenstransfer eine große Rolle. Die Kulturvermittlerposition der syrischen Gelehrten darf nicht vernachlässigt werden. Sie förderten den Übersetzungsprozess auf den Forschungsgebieten der Medizin und der Philosophie zwischen dem Ende der byzantinischen und persischen Herrschaft im Mittleren Osten und der Zeit der abbasidischen Kalifen. Vor allem die Kalifen al-Mansur (754–757), al-Mahdi (775–778), Harun ar-Raschid (786–809), sowie insbesondere al-Ma'mun (813–833) waren daran interessiert. Als diese Kalifen in Bagdad Übersetzer zu engagieren begannen, wandten sie sich zunächst an Gelehrte der syrischen Kirchen, da diese nahezu die Einzigen waren, die dank langer Erfahrung mit Übersetzungen aus dem Griechischen ins Syrische über die nötigen Fachkenntnisse verfügten. Da es aber leichter war, einen Text von einer semitischen Sprache in eine andere zu übertragen, statt eine direkte Übersetzung aus dem Griechischen anzufertigen, arbeiteten viele Übersetzer, einschließlich des berühmten Hunayn ibn Ishaq, in zwei Arbeitsschritten: Zunächst übersetzten sie aus dem Griechischen in ihre syrische Muttersprache und erst dann aus dem Syrischen ins Arabische. Allmählich sammelten auch islamische Gelehrte Erfahrung in der Übersetzungsarbeit und fertigten diese schließlich direkt aus dem Griechischen an. So arbeiteten im 9. Jh. christliche, jüdische, persische und islamische Gelehrte mit intellektuellem Enthusiasmus gemeinsam an diesem ehrgeizigen Großprojekt. Al-Farabi berichtet in diesem Zusammenhang mit Begeisterung über seine Lehrer aus Harran, Yunan ibn Haylan († 920) und Matta ibn Yunus.

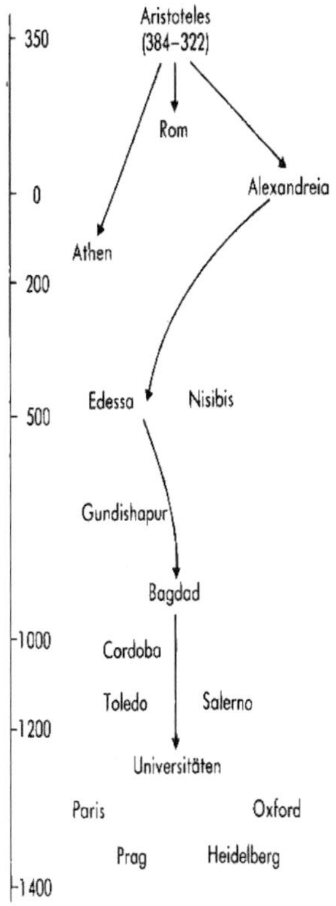

Abb. 1:
Wege der Aristoteles-Rezeption
Quelle: SCHIPPERGES (Hg.): Geschichte der Medizin in Schlaglichtern, 256.

3. Medizinische Zentren im Bereich der syrischen Christenheit

Die wichtigsten medizinischen Zentren im Bereich der syrischen Christenheit bis zum Jahr 1300 waren Antiochia (Antakya), Edessa (Urhoy), Melitene (Malatya), Amida (Diyarbakir), Nisibis (Nusaybin), Beth Lapat (Gondischapur) und Bagdad. Unter ihnen ragte die Medizinschule von Gondischapur hervor, die im gesamten Orient Bekanntheit genoss.

Auch die legendarische Überlieferung über das Leben der Zwillingsbrüder Kosmas und Damian († 303 als Märtyrer in der diokletianischen Verfolgung) führt in den syrischen Raum sowie nach Kilikien. Über sie wird berichtet, sie hätten kostenlos viele Arme und Kranke medizinisch behandelt und zum christlichen Glauben bekehrt. So wurden sie später die Schutzheiligen der Mediziner, Apotheker und Hebammen.

In Kappadokien hat Basilius der Große (um 330–379) in der Nähe der Stadt Caesarea ein Krankenhaus gegründet. Auch in Antiochia, Edessa und Gondischapur wurden Unterkünfte und Pflegestationen sowie Hospitäler für Arme, Alte und Kranke gegründet, entsprechend dem christlichen Gebot der Barmherzigkeit und Nächstenliebe. Zahlreiche Hospize entstanden speziell für Pilger, etwa in dem syrischen Wallfahrtsort Qal'at Sim'an bei Aleppo, der Wirkungsstätte Simeons des Styliten.

3.1 Edessa

Das syrisch-aramäische Königreich Edessa (Urhoy/Urfa) hatte von 132 v. Chr. bis 249 n. Chr. Bestand. Edessa war neben Harran und Antiochien die multikulturellste Stadt in dieser Ära. Bei Ausgrabungen 1956 wurden von J. B. Segal syrische Inschriften mit Fayencen und Porträts der Königsfamilie Abgars entdeckt, welche die Geschichte der Stadt widerspiegeln. Der Tradition nach kam der christliche Glaube bereits im Jahr 37 n. Chr. nach Edessa. Im ersten nachchristlichen Jahrhundert gab es in Edessa, Harran und Qenneschrin Akademien für Medizin, Theologie, die freien Künste, sowie Übersetzungsschulen. In diesen Hochschulen wirkten Philosophen wie Valentin, Tityanus und Bardaysan (154–222). Letzterer arbeitete am Hof Abgars VIII. in Edessa, war ein begabter Poet und ging als „Philosoph der Aramäer“ in die Geschichte ein, da er seine Schriften in syrischer Sprache verfasste. Ephräm der Syrer (306–373) gründete wohl um 370 das erste christliche Krankenhaus in Edessa.

3.2 Nisibis

Das Christentum gewann bereits vor dem Jahr 250 in Nisibis (heute Nusaybin in der Südosttürkei) und Umgebung an Bedeutung. In der dortigen Akademie wurde in syrisch-aramäischer Sprache nicht nur Medizin, sondern auch Philosophie, Theologie, Jura, Musik, Astrologie sowie Rhetorik unterrichtet. Man pflegte die Kenntnis der griechischen, hebräischen, persischen und arabischen Sprache. Die christliche Geschichte der Stadt nahm ihren Aufschwung mit Bischof Jakob von Nisibis. Er kam 309 ins Amt und ließ eine stattliche Kirche errichten, deren Ruine mit seinem Sarkophag heute als Museum zu besichtigen ist. Ephräm der Syrer war der berühmteste Schüler Jakobs. Bischof Jakob nahm 325 am Konzil von Nicäa teil, welches jeden Bischof dazu verpflichtete, in seiner Diözese eine Herberge für Fremde, Arme und Kranke zu errichten. Nisibis konnte sich daraufhin als ein medizinisches Zentrum der aramäischen Christenheit einen guten Ruf erwerben.

3.3 Gondischapur

Die Stadt Gondischapur (syrisch: Beth Lapat) war eine der wichtigsten, vielleicht sogar die zweitgrößte Stadt des Sassanidenreichs. Von Schapur I. nach der Eroberung Antiochias gegründet, wurden hier viele Deportierte aus Antiochia angesiedelt, auch Gelehrte der syrischen Kirchen. Gondischapur wurde zu einer Metropolie der Kirche des Ostens.

Aramäische Christen waren hier wesentlich an der Gründung einer medizinischen Bildungsstätte beteiligt, die neben Nisibis zur bedeutendsten Wirkstätte syrischer Ärzte wurde. So entstand nach byzantinischem Muster mit der Akademie von Gondischapur das kulturell-wissenschaftliche Zentrum des vorislamischen Persien, in dem die syro-aramäische Sprache im Lehrbetrieb verwendet wurde. 271 n. Chr. gegründet, beherbergte die Akademie von Gondischapur unter anderem das älteste bekannte Lehrkrankenhaus und avancierte im 6. und 7. Jh. n. Chr. mit ihrer medizinischen Fakultät zum bedeutendsten medizinischen Zentrum weltweit, auch dank zahlreicher unter Kaiser Justinian im Jahr 529 aus Athen vertriebener Gelehrter, die sich hier in der Nähe des Persischen Golfes wieder ansiedelten. Indem König Chosrau I. Anuschirvan griechischen Philosophen sowie syro-aramäischen Christen Asyl gewährte, erstarkte Gondischapur noch mehr als Zentrum für Medizin und Wissenschaft. Die Akademie hatte einen nachhaltigen Einfluss auf die Entwicklung des Krankenhaussystems und auf die Ausbildung der Mediziner.

Nach dem Untergang des Sassanidenreiches im Jahre 642 n. Chr. überlebte die Akademie den Herrscherwechsel und bestand noch für einige Jahrhunderte als muslimische Lehranstalt weiter, bis sie ihre führende Rolle an das „Haus der Weisheit“ in Bagdad abtreten musste. Die Akademie wurde im 10. Jh. aufgelöst.

3.4 Bagdad

In Bagdad, der Hauptstadt der Abbassidendynastie, kam es im Jahre 832 zur Gründung des „Hauses der Weisheit“ (*Bayt^{u} l-hikma*) durch den Kalifen al-Ma‘mun. Dadurch verlor die Akademie von Gondischapur an Bedeutung. Das „Haus der Weisheit“ übernahm die Methoden der Akademie, einige Gelehrte wurden abgeworben. Beide Institutionen standen zunächst in einem Wettstreit, welchen das „Haus der Weisheit“ schließlich für sich entscheiden konnte.

Auch in Bagdad waren syrische Ärzte tätig. Kalif Harun ar-Raschid ließ bereits um 800 eines der ersten Krankenhäuser in Bagdad einrichten und holte aus Gondischapur den Syro-Aramäer Yuhanna ibn Masawayh als dessen Leiter. Kalif Harun ar-Raschid war mit seinem Leibarzt Gabriel Bukhtischu so zufrieden, dass er zu sagen pflegte: „Das Schicksal des Reiches hängt von meinem ab. Mein Schicksal aber hängt von Gabriel ab.“ Karl der Große schickte Gesandtschaften zu Harun ar-Raschid, um an Erkenntnisse der dortigen medizinischen Einrichtungen zu gelangen. Bei den christlichen Ärzten erwarb später auch Avicenna (980–1037), das persische Universalgenie, Teile seines naturwissenschaftlichen und medizinischen Wissens. Er wurde Leibarzt der Kalifen in Bagdad und sein „Kanon der Medizin“ wurde ein Standardwerk der wissenschaftlichen Heilkunde.

4. Bedeutende syrische Ärzte

4.1 Sergius von Reschaina

Sergius von Reschaina (ca. 460–536) war Arzt, Übersetzer, Philosoph und Mönch aus dem ehemaligen Theodosiopolis bzw. in Reschaina. Er studierte Sprachen, Medizin und Philosophie in Alexandria. Nach seinem Studium übersetze er 24 Schriften des Galenus in seine Muttersprache, das Syrisch-Aramäische. 13 dieser Werke stammen aus der „Summaria Alexandrinorum“, einer Synopse von 16 Schriften des Galenus. Als anerkannte Autorität in medizinischen Fragen wurde Sergius als „Oberarzt“ bezeichnet und war der Arzt seiner Stadt Theodosiopolis. Bar Hebräus berichtet ausführlich über ihn in seiner aramäisch verfassten Chronologie. Sergius reiste 536 nach Antiochia zum damaligen syrischen Patriarchen Ephräm und von dort weiter nach Rom, wo er Papst Agapetus I. aufsuchte. Mit ihm zusammen begab er sich nach Konstantinopel zum griechischen Patriarchen Anthimos. Sergius starb bald darauf in Konstantinopel und wurde später in seiner Heimatstadt Theodosiopolis beigesetzt.

Abb. 2:
Schautafel aus dem „Canon Medicinae“ des Avicenna (Venedig 1608) mit berühmten Medizinern der Antike, unter ihnen auch Aetius aus Amida
Quelle: SCHIPPERGES (Hg.): Geschichte der Medizin in Schlaglichtern, 97.

4.2 Aetius von Amida

Der aus dem heutigen Diyarbakır stammende Aetius von Amida (500–570) genoss seine Ausbildung in Alexandria und wurde Leibarzt des Kaisers Justinian und seiner aramäischen Frau, Kaiserin Theodora. Aetius führte zahlreiche Schriften der antiken Medizin zu einem umfassenden Werk von 16 Bänden zusammen, vor allem aus den Disziplinen der Chirurgie, Gynäkologie und der Augenkrankheiten. Als eigene Leistung gilt seine Beschreibung der Diphterie. Er verkörpert gewissermaßen ein ganzes Jahrtausend byzantinischer und syrischer Heilkunst (vgl. Abb. 2).

4.3 Katholikos Josef

Im Jahr 556 war der sassanidische König Chosrau I. Anuschirvan von dem Philosophen und Mediziner Josef, dem Katholikos der Kirche des Ostens (551–567), so begeistert, dass er zu Ehren des Bischofs eine medizinische Fakultät gründete, an der nestorianische Mediziner Vorlesungen hielten.

4.4 Die Ärztedynastie der Bukhtischu

Die bekannteste Ärzte-Dynastie in Gondischapur und Bagdad waren die Bukhtischu, die sich über sechs Generationen und 250 Jahre zurückverfolgen lässt (700–1000). Die Mitglieder dieser Familiendynastie waren Lehrer an den medizinischen Fakultäten, haben viele Werke verfasst und mehrere Kalifen betreut.

Kalif al-Mansur rief den aramäischen Arzt und Leiter des Krankenhauses von Gondischapur, Gurgis ibn Bukhtischu, zur Behandlung eines Magenleidens nach Bagdad. Aufgrund seiner guten Behandlung wurde er mit 10.000 Golddenaren belohnt.

Der Sohn des Gurgis war Gabriel (Jabril) ibn Bukhtischu († 828), der sich nicht nur als Mediziner profilierte, sondern auch Übersetzungen antiker griechischer Werke förderte. Er war der persönliche Arzt des Kalifen Ma'mun und verantwortlich dafür, dass auch der berühmte Hunayn ibn Ishaq ebenfalls nach Bagdad kam. Durch die aramäischen Ärzte erwarb sich die Medizin in Bagdad einen überregional guten Ruf. Auch Gabriels Sohn Yuhanna ibn Bukhtishu war Mediziner. Mit dem Arzt Abdullah ibn Bukhtischu (940–1058) endet die Geschichte der Ärztedynastie der Bukhtischu.

4.5 Katholikos Timotheos I.

Katholikos Timotheos I. (727–823) gründete 790 ein Krankenhaus in der Nähe seiner Patriarchalresidenz, das er selbst finanzierte. Durch nestorianische Christen wurde hier vor allem Aristoteles ins Syrische und Arabische übersetzt. Von den ca. 200 philosophischen und theologischen Briefen, die Timotheos I. zugeschrieben werden, konnten bislang 59 nachgewiesen werden, die sich erhalten haben.

4.6 Yuhanna ibn Masawayh

Yuhanna ibn Masawayh (776–855), der im Westen unter der Bezeichnung Mesuë bekannt geworden ist, entstammte einer Arztfamilie aus Gondischapur und verfasste Lehrbücher der allgemeinen Therapie und Diätetik. Seine Werke waren bis zum Beginn des 18. Jh.s Bestandteil der medizinischen Ausbildung. Mesuë galt als Hippokrates des Ostens und rangiert unter den größten medizinischen Gelehrten seiner Zeit (vgl. Abb. 3).

Er wirkte zunächst an der medizinischen Hochschule von Gondischapur, deren Leiter er wurde. Als Kalif Ma'mun um 830 in Bagdad das „Haus der Weisheit" gründete, gelang es ihm, Yuhanna ibn Masawayh als Leiter der neuen Akademie zu gewinnen und zur Übersiedlung nach Bagdad zu bewegen. Ferner wurde er damit beauftragt, die griechischen, altsyrischen und persischen heilkundlichen Abhandlungen ins Arabische zu übersetzen. Yuhanna war zudem Leibarzt von sieben Kalifen in Bagdad und Samarra.

Abb. 3:
Mesuë, Aetius und Avicenna beim Wiegen und Herstellen von Medizin
Quelle: SCHIPPERGES (Hg.): Geschichte der Medizin in Schlaglichtern, 94.

4.7 Hunayn ibn Ishaq

Hunayn ibn Ishaq (809–873), auch als Johannitius bekannt, wurde in der Nähe von Gondischapur in Hira geboren, einer christlichen Stadt im damaligen Persien mit Bischofssitz. Sein Vater war Apotheker. Nach seiner Erziehung im Schoß der Kirche begann seine medizinische Ausbildung bei Yuhanna ibn Masawayh, später setzte er sein Studium der griechischen Sprache und seine medizinische Ausbildung in Alexandria fort. Während seines Studiums hat er auch Konstantinopel aufgesucht und sich dort umfangreiches Wissen erworben. Seine Fähigkeiten als Übersetzer und seine medizinische Begabung wurden von Gabriel ibn Bukhtischu entdeckt, der ihn nach Bagdad holte. Mit 17 Jahren begann er dort seine Übersetzungstätigkeit. Alsbald wurde ihm die Leitung des „Hauses der Weisheit“ übertragen. Er übersetzte mit seinem Sohn Ishaq ibn Hunayn († 912) und einem Neffen 129 Schriften des Galenus ins Arabische bzw. ins Aramäische. Sein Lehrbuch für den medizinischen Unterricht war bis ins 17. Jh. hinein in Gebrauch.

Aufgrund seiner medizinischen Begabungen hat Hunayn ibn Ishaq zehn Kalifen betreut. Bar Hebräus und andere Quellen berichten, er habe mit großer sprachlicher Prägnanz zahlreiche Schriften ins Arabische und Syrisch-Aramäische übertragen, darunter die „Materia medica“ des Dioskurides. Diese Übersetzung wird gewissermaßen als amtliches Arzneimittelbuch der Araber um 800 anerkannt. Das erste arabische Lehrbuch der Augenheilkunde (كتاب العشر مقالات في العين) stammt von Hunayn ibn Ishaq, der in zehn Büchern die Anatomie und Physiologie des Auges, sowie die Ursachen und Kennzeichen der Augenkrankheiten behandelte (vgl. Abb. 4). Es wurde von Constantinus Africanus (1010–1087) in Salerno ins Lateinische und im 20. Jh. auch ins Deutsche und Englische übersetzt.

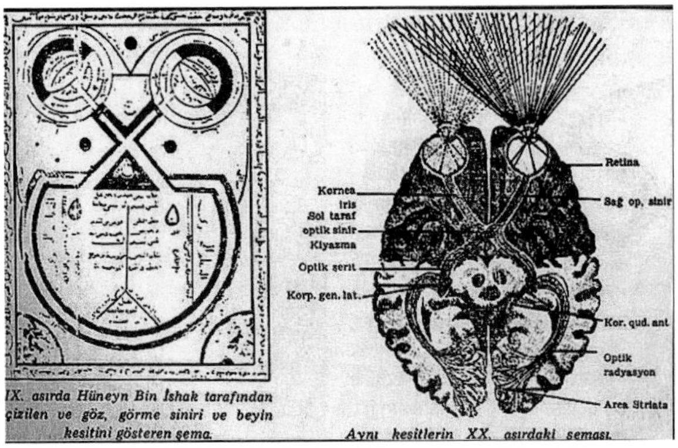

Abb. 4:
Hunayn ibn Ishaqs Beschreibung der Anatomie des Auges, der Augenerven und des Gehirns aus dem 9. Jh. ist mit der anatomischen Beschreibung des 20. Jh.s identisch
Quelle: Bild aus der medizinischen Bibliothek der Universität Istanbul

Die Söhne des Hunayn ibn Ishaq setzten das Erbe des Vaters fort: Ishaq ibn Hunayn hat zahlreiche Übersetzungen syrischer Texte ins Arabische vorgelegt und David ibn Hunayn praktizierte als Arzt.

4.8 Gregorius Bar Hebraeus

Gregorius Bar Hebraeus (* 1226 in Malatya/Melitene; † 1286 in Maragha bei Täbriz) ist aufgrund vielfältiger Leistungen in die Geschichte eingegangen, doch der Maphrian des Ostens war auch ein begnadeter Arzt, ebenso wie sein Vater. Er hat in Tripolis Medizin und Philosophie studiert. In Antiochien wurde das Universalgenie im Alter von 20 Jahren aufgrund seiner Begabung vom syrisch-orthodoxen Patriarchen zum Bischof von Guba geweiht. Bar Hebraeus hat in vorzüglicher Weise das Werk „De medicamenti simplicibus" des Dioskurides sowie den „Kanon der Medizin" des Avicenna übersetzt. Außerdem war er Kommentator und Interpret der medizinischen Abhandlungen und Schriften des Hunayn ibn Ishaq. Bereits in jungen Jahren hat er über 50 Bücher auf den Gebieten der Theologie, Medizin, Philosophie, Astronomie, Mathematik, Chronologie, Literatur sowie des Kirchenrechts verfasst. Bar Hebraeus hat über syrisch-aramäische Ärzte von der Antike bis ins 13. Jh. geschrieben, u. a. auch über Ishaq ibn Ali ar-Ruhawi aus Edessa (Urfa) aus dem 9. Jh., der den ersten Ärztespiegel „Die Bildung des Arztes" verfasste.

1258 wurde Bagdad durch die Mongolen eingenommen, was das Ende des Kalifats der Abbasiden bedeutete. In Persien entstand das Reich der Ilchane. Ilchan Hulagü Khan erwählte Gregorius zu seinem Leibarzt. So konnte sich auch unter den neuen Herrschern die medizinische Kunst der syrischen Christen behaupten.

4.9 Weitere Ärzte aus den Kirchen syrischer Tradition

Die Liste der Ärzte aus den Kirchen syrischer Tradition ist sehr lang, an dieser Stelle seien noch einige wichtige Namen genannt:

Qusta ibn Luqa (820–912) war ein melkitischer Christ und stammte aus Baalbek. Der Philosoph und Mathematiker verfasste Mitte des 9. Jh.s einige medizinische Schriften, in denen er vor allem vorhandene physiologische und psychologische Werke erörterte, außerdem eine Abhandlung über die „Säftemischung" (Schleim, Blut, gelbe und schwarze Galle). Qusta übersetzte einige Schriften des Aristoteles, Hippokrates und Galenus ins Syrisch-Aramäische und ins Arabische.

Eine weitere, sehr einflussreiche Schule befand sich in Harran. Dort arbeiteten *Thabit ibn Qurra* (826–901) und seine beiden Söhne sowie seine beiden Enkel. Sein Urenkel Sinan, der Leibarzt des Kalifen Qahir, setzte eine Kommission zur Prüfung der ca. 860 Ärzte in und um Bagdad ein und erteilte die Lizenz für die ärztliche Tätigkeit.

Der aramäische Arzt *Sabur ibn Sahl* († 869) verfasste in Gondischapur ein Pharmaziebuch über Gegenmittel in 22 Bänden (القراباذين), das im abbassidischen Herrschaftsgebiet für alle Krankenhäuser und Apotheken als verbindlich erklärt wurde und damit das erste offizielle Arzneibuch war.

Ali ibn Isa al-Kahhal (erste Hälfte des 11. Jh.s), mit latinisierter Namensform unter Jesus Haly bekannt, war Astronom, Naturforscher und insbesondere Augenarzt. Er zählte zu den bedeutendsten Medizinern seiner Zeit. Seine Kenntnisse erwarb er in Bagdad im ‘Adhudi-Hospital bei dem nestorianischen Mönch und Arzt Ibn aṭ-Ṭayyib († 1043). Ali ibn Isa schuf das wichtigste ophthalmologische Lehrbuch des Mittelalters, das „Handbuch für

Augenärzte" (تذكرة الكحالين). Es beschreibt ca. 130 Augenkrankheiten, darunter die Bindehautentzündung und den Grauen Star.

Der christliche Arzt *Said ibn al-Hasan* († 1072) verfasste den Ärztespiegel „Das Wecken des Verlangens nach der Medizin" (كتاب التشويق الطبي) in 13 Kapiteln. Im achten Kapitel behandelt er die Prüfung der Ärzte mit einem umfangreichen Fragenkatalog und legt beispielsweise dar, wie man Leberentzündungen anhand der Symptome unterscheiden kann.

5. Syrisch-aramäischer Einfluss auf die mittelalterliche Medizin und deren Verbreitung nach Europa und Asien

Aus Persien, Mittelasien, aus China und Indien kamen viele Studenten und Mediziner in die kulturellen Metropolen Gondischapur und Bagdad, um hier zu studieren und sich in der von aramäischen Ärzten geleiteten Übersetzungsakademie („Haus der Weisheit") fortzubilden. Darunter befanden sich unter anderem der persische Arzt und Philosoph Rhazes und das Universalgenie Ibn Sina (Avicenna).

Die Ärzte und Gelehrten brachten ihr medizinisches Wissen nach Damaskus, Kairo und über Salerno nach Italien sowie über Cordoba und Toledo nach Spanien und damit nach Europa. Die syrischen Ärzte sorgten dafür, dass während des sogenannten „finsteren Zeitalters" das Wissen der Antike weiter vermittelt wurde. Sie haben die arabische Welt durch ihr Wissen bereichert und es bis nach Europa weitergeleitet. Abb. 5 zeigt den aramäisch-arabischen Einfluss auf die mittelalterliche Medizin.

Dabei haben bestimmte Persönlichkeiten eine tragende Rolle gespielt. Hier sei an *Constantinus Africanus* erinnert (1010–1097), der zwar in Karthago geboren wurde, jedoch als Mönch seine Prägung in der syrischen Kirche erfuhr. Er hat in Bagdad Medizin studiert, von dort kam er nach umfangreichen Reisen nach Italien an die Universität Salerno. 1078 ließ er sich unter Abt Desiderius, dem späteren Papst Viktor III., in Montecassino nieder und übersetzte dort u. a. auch Schriften des Hippokrates, Galenus und Hunayn ibn Ishaq aus dem Griechischen und Arabischen ins Lateinische. Dadurch begründete er den hervorragenden Ruf der Medizin in Salerno. Seine Werke sind gut erhalten.

Als Ort kommt in Europa dem spanischen *Cordoba* eine besondere Bedeutung zu. In der Regierungszeit des Kalifen Hakam II. (929–976) wird Cordoba zu einem Zentrum der Medizin. Der Kalif pflegte sehr gute wissenschaftliche Kontakte mit Bagdad und Konstantinopel und baute eine große Bibliothek auf. Sie umfasste über 400.000 Bücher. Sein Leibarzt Abulcasis (936–1013) hat auf der Grundlage dieser reichen Bibliothek sein medizinisches Wissen entwickelt und seine medizinische Enzyklopädie in 30 Bänden (كتاب التصريف) herausgegeben. Dieses wurde sodann, ebenso wie das Werk des Avicenna, in Toledo von Gerhard von Cremona (1114–1187) aus dem Arabischen ins Lateinische übersetzt.

Eine Vermittlerrolle nach Fernost kam Gregorius Bar Hebraeus (1226–1286), dem Universalgelehrten und Maphrian der Syrisch-Orthodoxen Kirche, zu. Er konnte durch seine medizinische Kunst die neuen Machthaber der mongolischen Dynastie der Ilchane von den Vorzügen syro-aramäischer Heilkunst überzeugen. In der Frühzeit der Ilchane vor deren Zuwendung zum Islam konnten außerdem nestorianische Mönche bis nach Zentralasien vordringen. Dort vermittelten sie den Mongolen ihre Kultur; die Mutter von Dschingis Khan war Christin der ostsyrischen Kirche.

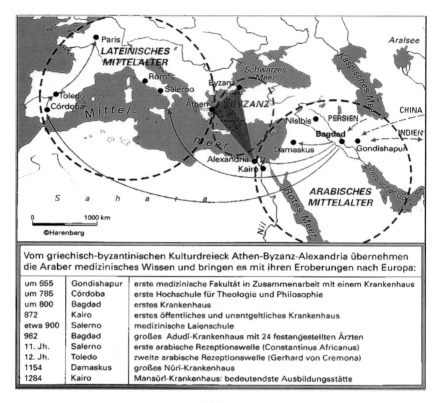

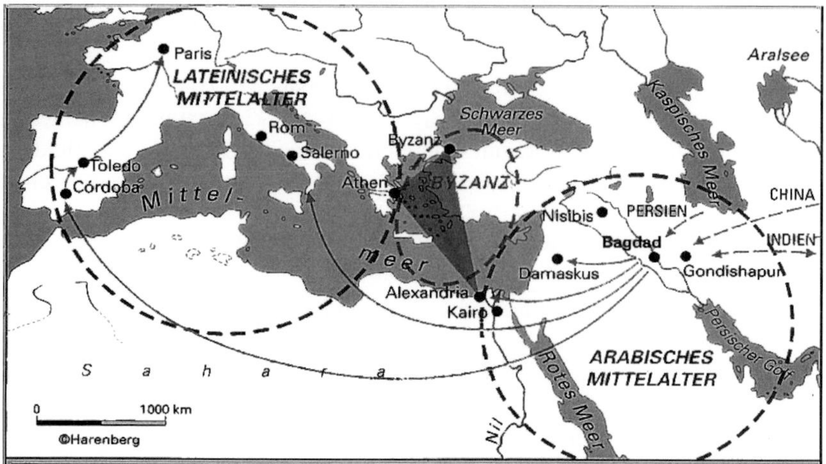

Vom griechisch-byzantinischen Kulturdreieck Athen-Byzanz-Alexandria übernehmen die Araber medizinisches Wissen und bringen es mit ihren Eroberungen nach Europa:

um 555	Gondishapur	erste medizinische Fakultät in Zusammenarbeit mit einem Krankenhaus
um 785	Córdoba	erste Hochschule für Theologie und Philosophie
um 800	Bagdad	erstes Krankenhaus
872	Kairo	erstes öffentliches und unentgeltliches Krankenhaus
etwa 900	Salerno	medizinische Laienschule
982	Bagdad	großes Adudî-Krankenhaus mit 24 festangestellten Ärzten
11. Jh.	Salerno	erste arabische Rezeptionswelle (Constantinus Africanus)
12. Jh.	Toledo	zweite arabische Rezeptionswelle (Gerhard von Cremona)
1154	Damaskus	großes Nûrî-Krankenhaus
1284	Kairo	Mansûrî-Krankenhaus: bedeutendste Ausbildungsstätte

Abb. 5:
Die Vermittlung medizinischen Wissens nach Europa
Quelle: SCHOTT: Die Chronik der Medizin, 59.

6. Schlusswort

Der Ausdruck „arabische Medizin“ führt in die Irre, konsequenter wäre es, von einer „Medizin arabischer Sprache“ zu sprechen. Bevor der Islam entstand und die muslimischen Araber ihre Eroberungen in Angriff nahmen, verfügten sie über eine primitiven Völkern ähnliche Heilkunst. Nach dem Tode Mohammeds im Jahr 632 beabsichtigten seine Nachfolger die Eroberung des Nordens. Nach der Einnahme Jerusalems (636), Antiochias und Edessas (640) sowie Ägyptens (641) fielen gewaltige Gebiete des oströmischen Reiches, aber auch die byzantinische Medizin und Kultur in ihre Hände. Erst unter ihrer Herrschaft wurde auch Arabisch zur dominierenden Sprache der Region.

Die vorherrschende Rolle, welche die Araber fortan für sich behaupten konnten, darf nicht vergessen lassen, dass die wissenschaftlichen Gelehrten im Osten bis zum 8. Jh. keine Araber waren, sondern Perser, Griechen, Juden und Syrer. Viele der damaligen Mediziner, Apotheker und Philosophen waren rum-orthodoxe oder Christen der Kirchen syrischer Tradition sowie Juden.

Die arabische Sprache wurde ab dem 8. Jh. zur lingua franca des Vorderen Orients. Die persischen, griechischen, syrischen und jüdischen Autoren schrieben ab diesem Zeitpunkt nicht nur große Teile ihrer Werke, sondern auch ihre Eigennamen in arabischer Schrift und Sprache. Aufgrund assimilierter Schreibweisen wird die sichere Zuordnung zu ihrer Religion dadurch oft erschwert oder gar unmöglich gemacht. Sicher ist jedoch, dass das Wissen und Wirken syrisch-aramäischer Ärzte noch weit über die Antike hinaus ins muslimisch geprägte Mittelalter hinein fortlebten. Beschließen möchte ich meine Ausführungen mit den Worten des Medizinhistorikers Guido Majno aus seinem Buch „The Healing Hand. Man and Wound in the Ancient World", der die kulturtragende, kulturerhaltende und kulturvermittelnde Rolle der syrisch-aramäischen Ärzte treffend beschreibt:

> „It is not known whether the Nestorians of Jundi Shapur and their colleagues made any original discoveries in the field of medicine. But this is irrelevant, for they were foremost among that crowd of unknown, unsung scholars who, during the so-called Dark Ages, cared to transmit the knowledge of antiquity. Without their labors, some of our roots would have withered" (S. 422).

Literaturhinweise

Balicka-Witakowski, Eva: Die Empfänger des aramäischen Erbes (= Brock, Sebastian [Hg.]: Die verborgene Perle. Die syrisch-orthodoxe Kirche und ihr antikes aramäisches Erbe. Band 2), Rom 2001.

Büttner, Winfried: „Gottheit in uns". Die monastische und psychologische Grundlegung der Mystik nach einer überlieferten Textkollektion aus dem Werk des Šemᶜon d-Ṭaibuṯeh (EBCO 5), Wiesbaden 2017.

Büttner, Winfried: Leib- und Seelenärzte. Die heiligen mediziner der Alten Kirche (EBCO 4), Wiesbaden 2015.

Goerke, Heinz: Arzt und Heilkunde. Vom Asklepiospriester zum Klinikarzt. 3000 Jahre Medizin, München 1984.

Krug, Antje: Heilkunst und Heilkult. Medizin in der Antike (Beck's archäologische Bibliothek), München 1985.

Lyons, Albert S. / Bosch, Juan / Petrucelli, R. Joseph: Die Geschichte der Medizin im Spiegel der Kunst, Köln 1980.

Majno, Guido: The Healing Hand. Man and Wound in the Ancient World, Cambridge 1991.

Mor Ignatios Aphrem I. Barṣaum: Geschichte der syrischen Wissenschaften und Literatur. Aus dem Arabischen von G. Toro und A. Gorgis (EBCO 2), Wiesbaden 2012.

Schipperges, Heinrich (Hg.): Geschichte der Medizin in Schlaglichtern, Mannhein u. a. 1990.

Schott, Heinz: Die Chronik der Medizin, Gütersloh 2000.

Toellner, Richard (Hg.): Illustrierte Geschichte der Medizin. Band 2, Augsburg 2000.

Some Approaches to Jacob of Sarug's Remarks on Pagan Cults

Simon Birol

Famous for his circuitous rhetoric, Jacob of Sarug[1] could be described as an author who used different topics and subjects to reveal his pastoral message to the audience in a well-founded and lucid way. Most of these digressions include information about his person, his opinion, and his attitude regarding specific points (e.g. politics, non-Christian religions or diverse socio-cultural developments) that could be of importance in relation to the current lack of knowledge about the aforementioned points. Despite his elaborate style – described by a German scholar in the beginning of the 20th century as a "murmur of a stream that sends you to sleep rather than makes you tired"[2], Jacob's ideas about Pagan cults, especially in his mēmrā "On the Fall of the Idols" (ܥܠ ܡܦܘܠܬܐ ܕܦܬܟܪܐ), have come to the attention of scholars from various disciplines, because of their particular relevance to two points. The first point is the denomination of cults and deities in Jacob's home region Osrhoene; in his other writings, such cults were taken mostly from the Old Testament.[3] The second point is

1 For a concise summary of Jacob's biographies and his writings, see esp.: A. Baumstark, *Geschichte der syrischen Literatur mit Ausschluß der christlich-palästinensischen Texte*, Bonn 1922, 148–158; I.A. Barṣaum, *Geschichte der syrischen Wissenschaften und Literatur. Aus dem Arabischen übersetzt von G. Toro und A. Gorgis*, Wiesbaden 2012, 194–199; A. Vööbus, *Handschriftliche Überlieferung der Mēmrē-Dichtung des Ja'qōb von Serūg. Sammlungen: Die Handschriften, I* (Corpus Scriptorum Christianorum Orientalium (= CSCO) 344, Subsidia (= Subs) 39), Louvain 1973, 1–34; F. Rilliet, "Jakob von Sarug", in *Reallexikon für Antike und Christentum* (= RAC) 16 (1994), 1217–1227; G. Kiraz (ed.), *Jacob of Serugh and His Times: Studies in Sixth-Century Syriac Christianity* (Gorgias Eastern Christian Studies (= GECS) 8), Piscataway/NJ 2010; E. Aydin, *Das Leben des heiligen Jakob von Sarug*, Warburg 2014.

2 "Seine Monotonie ist [...] ein freundliches, anspruchsloses Einerlei, ähnlich dem Murmeln eines Baches, welches eher einschläfert als ermüdet", S. Landersdorfer, *Ausgewählte Schriften der syrischen Dichter: Cyrillonas, Baläus, Isaak von Antiochien und Jakob von Sarug* (Bibliothek der Kirchenväter (= BKV), 1. Reihe, Band 6) Kempten 1912, 269–270. Probably in response to this statement, Patriarch Môr Ignatius Aphrem Barsaum stated: "Seine Gedichte sind trotz ihrer Länge nie langweilig; er verfasste Hunderte von ihnen. Er ist wie ein Fluss, der niemals zu strömen aufhört und wie ein Licht, das bis in tiefste Tiefen dringt – ohne Zweifel ein Vermittler göttlicher Kraft und ein inspirierter Poet", see Barṣaum, *Geschichte der syrischen Wissenschaften und Literatur*, 24.

3 For information on the deities mentioned in Jacob's mēmrā and a revised translation of the first part of this discourse, see: S.K. Landersdorfer, *Die Götterliste des Mar Jacob von Sarug in seiner Homilie über den Fall der Götzenbilder. Ein religionsgeschichtliches Dokument aus der Zeit des untergehenden Heidentums* (Programm des Kgl. Gymnasiums im Benediktinerkloster Ettal für das Schuljahr 1913/1914), München 1914. See also: B. Vandenhoff, "Die Götterliste des Mar Jakob von Sarug in seiner Homilie über den Fall der Götzenbilder", *Oriens Christianus* (= OC) N.S. 5 (1915), 234–262; J. Tubach, *Im Schatten des Sonnengottes. Der Sonnenkult in Edessa, Harrān, Ḥaṭrā am Vorabend der christlichen Mission*, Wiesbaden 1986; L. Dirven, "My Lord With His Dogs. Continuity and Change in the Cult of Nergal in Parthian Mesopotamia", in L. Greisiger – C. Rammelt – J. Tubach (ed.), *Edessa in hellenistisch-römischer Zeit. Religion, Kultur und Politik zwischen Ost und West. Beiträge des internationalen Edessa-Symposiums in Halle an der Saale, 14.–17. Juli 2005* (Beiruter Texte und Studien 116), Beirut 2009, 47–68.

the embedding of those deities in a *Theology of History* (i.e. his setting was theologized – "Geschichtstheologie"). According to Jacob, these cults belonged to the past. However, their festivals, cults, and places of worship were still well-known. It seemed obvious to Jacob that the Christianization and the overcoming of Paganism in this region – thought to be completed by the end of the fifth century with very few exceptions – were still an incomplete task in his time.[4] Moreover, Jacob's statements about Pagan cults, which can be divided into three parts – his attitude toward the influence of Hellenism, his rhetoric style, which has been described by different scholars as violent and rude,[5] and his position in regard to the relationship between politics and the Church – can be found in this mēmrā. Finally, it will be looked at the addressees of this sermon.

1. Historical context and transmission of this writing

There is no doubt that the author of this "curious text"[6] was Jacob of Sarug. The manuscripts that contain this twice-edited homily[7] – the oldest[8] witnesses go back to the sixth or seventh century – consider Jacob as the author of this sermon. The 12-syllable meter (which is

4 See W. Cramer, "Irrtum und Lüge. Zum Urteil des Jakob von Sarug über Reste paganer Religion und Kulte", *Jahrbuch für Antike und Christentum* (= JbAC) 23 (1980), 96–107; D.L. Schwartz, "Discourses of Religious Violences and Christian Charity: The Christianization of Syria in Jacob of Sarug' on the Fall of the Idols", in J. Kreiner – H. Reimitz (ed.), *Motions of late antiquity. Essays on Religion, politics, and society in honour of Peter Brown*, Turnhout 2016, 129–150, in particular 142–145.

5 See J. Hahn, "'Ausgemerzt werden muß der Irrglaube!' Zur Ideologie und Praxis christlicher Gewalt gegen pagane Kulte", in P. Barceló (ed.), *Religiöser Fundamentalismus in der römischen Kaiserzeit* (Potsdamer Altertumswissenschaftliche Beiträge (= PAwB) 29), Stuttgart 2010, 209–248, in particular 214–218; Id., "Gewaltanwendung ad maiorem gloriam dei? Religiöse Intoleranz in der Spätantike", in H.-G. Nesselrath – O. Behrends – K.S. Freyberger – J. Hahn – M. Wallraff – H.-U. Wiemer (ed.), *Für Religionsfreiheit, Recht und Toleranz. Libanios' Rede für den Erhalt der heidnischen Tempel. Eingeleitet, übersetzt und mit interpretierenden Essays versehen* (Scripta Antiquitatis Posterioris ad Ethicam REligionemque pertinentia (= SAPERE) XVIII), Tübingen 2011, 227–251, in particular 230–235; M. Illert (ed.): *Doctrina Addai. De Imagine Edessena / Die Abgarlegende. Das Christusbild von Edessa. Übersetzt und Eingeleitet von Martin Illert* (Fontes Christiani (= FC) 45), 52–55.

6 "merkwürdigen Texts", Landersdorfer, *Götterliste*, 9.

7 It has been edited with an introduction, a French translation, and lexicographical notes in: J.-P.P. Martin, "Discours de Jacques de Saroug sur la chute des idoles", *Zeitschrift der Deutschen Morgenländischen Gesellschaft* (= ZDMG) 29 (1875), 107–147. An improved edition was published in: P. Bedjan, *Homiliae Selectae Mar-Jacobi Sarugensis*, vol. 3, Paris – Lipsiae 1907, 795–823 (reprinted in: P. Bedjan – S. Brock, *Homilies of Mar Jacob of Sarug*, vol. 3, Piscataway/NJ 2006, 795–823). Parts of an English translation of this mēmrā have been published in Schwartz, "Discourses"; a German translation has been published in Landersdorfer, *Ausgewählte Schriften*, 406–431 and, as already mentioned, the translator presents a revised translation of its first 144 lines (see note 3). These translations are sometimes very unprecise and have been already criticized in Vandenhoff, "Die Götterliste," 234–236. For my unpublished diploma thesis "Pagane Kulte und kirchliche Missstände in Jakob von Sarugs 'Gedicht über den Fall der Götzenbilder'," I prepared an extensive analysis together with a German translation of the complete mēmrā.

8 The manuscripts BL Add. 14,607, fol. 21a–31a (without a year specification, see W. Wright, *Catalogue of the Syriac Manuscripts in the British Museum Acquired Since the year 1838*, vol. II, London 1871, 683f. and A. Vööbus, *Handschriftliche Überlieferung der Mēmrē-Dichtung des Ja'qōb von Serūg. Band III: Die zerstreuten Mēmrē: Die Handschriften* (CSCO 421, Subs 60) Louvain 1980, 64) and Vat. Syr. 251, fol. 27–30 (written 949 AG (= 637 resp. 638 CE), see ibid., 163f. and S.E. and J.S. Assemani, *Bibliothecae Apostolicae Vaticanae codicum manuscriptorum catalogus*, vol. III, Rome 1759, 536–539) have been detected as the oldest available exemplars of this sermon.

named after him) and the topic of this sermon – excurses to Pagan cults and ecclesiastical grievances, which can be detected in a number of Jacob's writings – do not permit much doubt about his authorship.

It seems probable that this mēmrā was performed orally as a homily in one of the churches in the region of Osrhoene by Jacob himself; thus, he wrote it for an audience rather than a readership. Several parts of his sermon indicate this clearly, in particular when he argues "I spoke against the love of money […]" (l. 819,16) or "who will listen to me […]" (l. 819,1). Another point that makes oral performance likely is the invocation – usually long-winded and several stanzas long in most of Jacob's writings – that is completely missing in this sermon.[9]

It still remains totally unknown where and when Jacob held this sermon. In reference to Jacob's remarks about the Pagan cults, it has been argued that there has to be a connection between this writing and an imperial edict of Anastasius I (491–518) in the year 501/502 forbidding the performance of mimes where Pagan myths were illustrated in cities like Edessa.[10] Several text passages would fit this reconstruction and Jacob's argumentation to replace these Pagan plays with Christian ones, in particular "[…] The world has been clamoring during the detestable festivals of the goddesses" (l. 799,21) and "The cross in the world is a great spectacle (ܗܪܐܬܐ) full of admiration" (l. 807,1).

When Jacob held this homily in 502, he was already a well-known poet.[11] As a churchman, he knew the current situation of the Pagans and their cults and, in particular, the Christian situation in Osrhoene pretty well due to his position as *periodeutes*.[12]

For not risking opposed reaction and critic by his audience, Jacob seemed to be eager to perform a well-considered sermon free of considerable misunderstandings or faults (see no. 4). Essentially, Jacob himself indicates that his composition – which is almost completely free of

9 For Jacob's style, see J.G. Blum, "Zum Bau von Abschnitten in den Memre von Jacob von Sarug", R. Lavenant (ed.), *III° Symposium Syriacum 1980. Les contacts du monde syriaque avec les autres cultures (Goslar 7–11 Septembre 1980)* (Orientalia Christiana Analecta (= OCA) 221), Rom 1983, 307–321.

10 Pseudo-Joshua the Stylite, *The Chronicle of Pseudo-Joshua the Stylite, Translated with notes and introduction by Frank R. Trombley and John W. Watt* (Translated Texts for Historians (= TTH) 32), Liverpool 2000, 47f. Due to the fact that Jacob arguing against those Pagan cults, it has been claimed that he played a dominant role that led to the imperial decree and thus to the abandonment of "the evil festival of the Greek myths" (ibid., 47), i.e. the so-called Byrta-festival and that he wrote sermons against the Pagan cults (including his "On the Fall of the Idols") in this time, cf. H. Kennedy, "From Polis to Madina: urban change in late Antique and early Islamic Syria", *Past and Present* (= PaP) 106 (1985), 3–27. However, Jacob did not criticize in a direct way any Pagan festival; his criticism was general. Besides, the decree seems to be a result of disturbances during this festival in Constantinople that led to the death of the Emperor's son, cf. J.W. Watt – G.B. Greatrex, "One, Two or Three Feasts? The Byrtae, the Maiuma and the May Festival at Edessa", *OC* 83 (1999), 1–21.

11 About the year 502/3 CE, the author of the Chronicle of Pseudo-Joshua the Stylite states: "(People) prepared to flee westwards, but the respected Jacob [i.e. Jacob of Sarug], the periodeutes, who composed many memre on sections of the Scriptures and sogyatha and songs on the time of the locusts, did not neglect his duty at that time. He wrote letters of exhortation to all the cities, encouraging (people) to trust in divine salvation and not to flee", Pseudo-Joshua the Stylite, *Chronicle*, 63f.

12 Winfrid Cramer argues: "Als langjähriger Periodeut, […] kannte Jakob die Situation in den Gemeinden seiner Heimat genau und konnte sich über das Fortleben nichtchristlicher Vorstellungen und Bräuche, […] ein realistisches Bild machen. […] Er kann sich gar keine sachlich unkorrekten Angaben leisten, da er zu Adressaten spricht, die die Situation aus eigener Anschauung kennen", Cramer, "Irrtum und Lüge", 97.

Christological allusions – was deliberated, in particular after he excuses himself for changing the topic rapidly at the end of his sermon. In short, this homily can be summarized in this way:

Jacob's writing has a clear structure without much digression; it differs from his other mēmrē in its short introduction and its strict chronological order. First, Jacob describes God's creation, which was darkened by Satan (ll. 795,1–12) with his Pagan cults and idols (ll. 795,13–799,17) and festivals (ll. 799,18–802,6), until Christ overthrew Satan's reign through his crucifixion (ll. 802,7–810,10). This victory was continued by the apostles and their successors (ll. 810,11–813,6) until Satan, with Mammon, introduced a new cult that targeted in particular monks and priests of Jacob's time.

2. The Pagan Cults

Jacob's aim was not to present "the only systematic Semitic-language discussion of Pagan cults written in the Near East in this period,"[13] but he uses his remarks about these cults as a transition to his pastoral message (see no. 4). Jacob begins his description by illustrating the Pagan cults as products of Satan, who led humankind to the idea to form and create idols for their own purposes (ll. 795,13–796,10). Apparently, he ridicules those idols by stressing on their physicality and the fact that they reflect only the economic situation of their possessors (ll. 796,11–797,9). "Gods and godlings" (ܐܠܗ̈ܐ ܘܐܠܗ̈ܘܢܐ, l. 797,4) made of gold and silver were for the wealthy and those made of wood for the poor people (ll. 796,12–16). Nevertheless, it can be seen that Jacob's narration and description of Pagan cults were a little polemic in comparison to other Syriac authors.[14] The adjectives were mostly neutral and the verbs mostly remained at a non-polemical level.[15]

This applies also to the so-called "list of Gods," in which Artemis, Zeus, and Apollo (ll. 797,14.17f.)[16] were set on top. Afterwards, the Gods of Edessa, Harran, and Mabbug

13 F. Millar, *Religion, Language and Community in the Roman Near East. Constantine to Muhammad. The Schweich Lectures of the British Academy 2010*, Oxford 2013, 27.

14 For instance, the Apology of Arisitides of Athens includes several polemical oddities about the ancient cults of Egypt. Nevertheless, Jacob and Ephrem seem to be taking their information about the Pagan cults in Egypt from this part of the apology: "Die Ägypter aber, weil sie um vieles schlechter und einfältiger waren, als alle Völker auf der Erde, haben auch stärker als alle Menschen geirrt. Denn nicht genügte ihnen die Religion der Barbaren und der Griechen, sondern sie haben selbst welche von der Natur der Tiere als Götter aufgestellt und selbst Gewürm [...]. Denn manche von ihnen verehren das Schaf (ܥܪܒܐ), andere aber das Kalb (ܥܓܠܐ), einige das Schwein, andere den Silurus und einige das Krokodil und den Sperber und den Fisch und den Ibis und den Geier und den Adler und den Raben. Einige verehren die Katze und andere den Fisch Schebbut, einige den Hund, einige die Natter und einige die Aspis und andere den Löwen und andere den Knoblauch und die Zwiebeln und die Dornen und andere den Panther und das Übrige dieser Art", R. Raabe (ed.), "Die Apologie des Aristides. Aus dem Syrischen übersetzt und mit Beiträgen zur Textvergleichung und Anmerkungen", *Texte und Untersuchungen zur Geschichte der altchristlichen Literatur* (= TU) 9,1, Leipzig 1892, III-97, here 14f. Ephrem sums up this statement by saying: "Auf die Ägypter bin ich [cf. der Satan; Anm. SB] am meisten stolz von allen Völkern; – haben sie doch sogar Knoblauch und Zswiebel (als Götter) verehrt", E. Beck (ed.), *Ephraem der Syrer, Carmina Nisibena*, (CSCO 240, Scriptores Syri (= Syr) 102), Louvain 1963, 93; German translation: Id., *Ephraem der Syrer, Carmina Nisibena*, (CSCO 241, Syr 103), Louvain 1963, 82. In comparison to both statements, Jacob says only that "[...] in Egypt, he has made bulls and sheep to Gods" (l. 798,17; ܘܒܡܨܪܝܢ ܥܒܕ ܬܘܪ̈ܐ ܘܥܪ̈ܒܐ ܐܠܗ̈ܐ).

15 For instance, the only negative verbs in this part are (to) fall in error (ܛܥܐ, ll. 797,20; 798,3.5.7.15.18; 799,1), (to be) corrupt (ܚܒܠ, l. 798,2) and (to) fornicate (ܙܢܐ, l. 799,8).

16 The same *trias* can be found in Jacob's homilies "On the spectacles" (commented, edited and trans-

were named (ll. 797,19f.–798,1f.6–9), alongside other idols of the Old Testament[17] and other sources (ll. 798,3–5.10–799,19). While his utterances about the Gods of Harran (ll.797,20–798,1) and Mabbug (ll. 798,6–9) were the longest and also the most polemical ones in this list, the statement about Edessa was short and rough. It seems probable that Jacob's remark about Edessa was true – the Pagan community was marginalized and was practicing its cults to a more or less negligible extent.[18] Besides, the representation of Edessa's Pagan past cannot be the most important aim of the author, after Edessa became famous for their conversion story across the Roman Empire.[19] In contrast, the twice mentioned city of Harran (ll. 797,20–798,1.8f.), the "mother of paganism"[20], with her "sister" (l. 798,8) Mabbug, seem to be sufficient for a vivid image for the Pagan cults in the region of Osrhoene.

In the second part of this description (ll. 799,20–802,6), Jacob changes his tone toward the Pagans when he begins to describe the "awfulness" (cf. l. 799,21) of their festivals and cults. Concerning his homilies on the "Spectacles of the theatre" (ܥܠ ܚܙܘ̈ܢܐ ܕܬܐܛܪܘܢ), it can be assumed that Jacob polemicizes against the theatre plays that dealt with the ancient Greek mythologies and also attracted Christians.

He portrays them as a serious danger for Christians, because these plays "keep [the remembrance of] pagan past alive"[21]. Therefore, it is not surprising that in his fifth mēmrā on the spectacles of the theatre, Jacob asks his audience "who can bathe in mud without being soiled?"[22] Moreover, it can be seen that Jacob considers plays based upon mythological narratives as a serious threat to the Christians, as he uses a couple of negative adjectives and participles.[23] His suggestion to replace plays having mythological content with those

---

lated into English in: C. Moss, "Jacob of Serugh's homilies on the spectacles of the theatre", *Le Muséon* 48 (1935), 87–112, in particular 106), twice in another order in his "On the Sleepers of Ephesus" (ed. in Bedjan – Brock, *Homilies*, vol. 6, 324–330; in particular 325, ll. 13.36) and "On Peter, John and Paul in Antioch" (ed. in Bedjan – Brock, *Homilies*, vol. 6, 270–296; in particular 276 l. 152).

17 Also, deities of the Old Testament are mentioned in other writings of Jacob, e.g. in his homilies "On Palm Sunday" (ed. and transl. in T. Kollamparampil (ed.), *Jacob of Sarug's Homily on Palm Sunday* (Texts from Christian Late Antique (= TeCLA) 5) Piscataway/NJ 2008, esp. 12–17) or in his "On the prophet Hosea" (ed. and transl. in Jakob von Sarug, *Der Prophet Hosea. Herausgegeben, übersetzt und mit einem vollständigen Wortverzeichnis versehen von Werner Strothmann* (Göttinger Orientforschungen. I. Reihe: Syriaca. Band 5), Wiesbaden 1973, in particular 48–51).

18 H.J.W. Drijvers, Die Götter Edessas, in S. Şahin – E. Schwertheim – J. Wagner (ed.), *Studien zur Religion und Kultur Kleinasiens. Festschrift für Friedrich Karl Dörner zum 65. Geburtstag am 28. Februar 1976* (Études préliminaires aux religions orientales dans l'empire Romain (= EPRO) 66,1), Leiden 1978, 263–283, in particular 271. See also: ibid., *Cults and Beliefs at Edessa* (EPRO 82), Leiden 1980, 175–196.

19 Analogous to the Doctrina Addai, Jacob was not interested in remembering the pagan elements of Edessa, so that his remarks about it kept concise, whereas Edessa's Christianization process was shown in more details (see no. 3). For the Doctrina Addai, see: P. Wood, *'We have no king but Christ'. Christian Political Thought in Greater Syria on the Eve of the Arab Conquest (c. 400–585)*, Oxford 2010, 7-16 and 82–131.

20 J.G.E. Hoffmann (ed.), *Iulianos der Abtrünnige: syrische Erzählung*, Leiden 1880, 123. Translated in: H. Gollancz, *Julian the Apostate*, London 1928, 133. For the contrasting juxtaposition between Christian Edessa and Pagan Harran, see: Wood, *We have no king*, 149–162.

21 G. Greatrex, "Paganism in the sixth century (English version)", viewable under: http://aix1.uottawa.ca/~greatrex/pagans.html [30.7.2016].

22 Moss, "spectacles of the theatre", 109.

23 For example, offensive (ܠܛܝܐ, l. 799,22), wicked (ܢܟܝܠܐ, l. 799,23), [the world] was darkened (ܚܫܟܬ, l. 800,1), (and) stunk (ܘܣܪܝ, l. 800,2) and unclean (ܛܡܐܐ, l. 800,3) can be mentioned for the first lines of this paragraph.

based on biblical stories cannot be seen as a serious alternative for his audience.[24] In his theology of history, Jacob identifies the crucifixion of Christ and a detailed theology of the Cross as the turning point of Satan's success:

> "A poor, humbled, lowly, despised, neglected, pierced, blasphemed and mauled person [...] awoke, overthrew the gods, and shattered the idols. He tore down the statues, broke the graven images, and defaced the painted idols. He scattered the cast images, destroyed the manufactured objects, and scorned the works of the forge" (ll. 808,15–809,2).

In a skillful way, he lets Satan declare that the crucified one is the son of God and the Messiah (ll. 806,6–21).[25] In the next lines, Jacob not only indicates how Christ reverses the situation through the destruction of all Pagan elements (in particular ll. 809,1–810,10),[26] but by using polarizations and sharp contrasts, he sets a clear line between Paganism and Christianity: A stripped, humbled, ill, dishonored man, poor (ܡܣܟܝܢ, l. 808,15) and innocent (ܗܕܝܘܛܐ, l. 807,8) with his halting vehicle – the cross – counters the golden and silver deities, the powerful and strong vehicle used by the intelligent Greek philosophers (ܝܘܢܝܐ ܦܝܠܣܘܦܐ, l. 807,7) – probably reminiscent of Ephrem's ܚܟܡܬܐ ܕܝܘܢܝܐ.[27] He stresses the differences

24 See Jacob's fourth and fifth mēmrā on the spectacles of the theatre, Moss, "spectacles of the theatre", 98–103.107–112; Cramer, "Irrtum und Lüge", 101–105.

25 His description of Jesus as "God" (l. 806,21) and "Son of God" (l. 806,8) and also the way he describes the incarnation of Christ fits Jacob's "traditional" Christological position described in T. Jansma, "Die Christologie Jakobs von Serugh und ihre Abhängigkeit von der alexandrinischen Theologie und der Frömmigkeit Ephraems des Syrers", *Le Muséon* 78 (1965), 5–46.

26 A similar rhetoric of violence against Pagan temples and idols can be detected in various discourses of Jacob, e.g. in his "On the Star of Magi and the Slaughter of Innocents" (ed. in Bedjan – Brock, *Homilies*, vol. 1, 84–152, in particular ll. 137,6–138,17), his "On the Workers in the Vineyard" (ed. ibid., 320–344, esp. l. 334,12), his "On David and Goliath" (ed. in Bedjan – Brock, *Homilies*, vol. 2, 28–76, in particular ll. 69,13–21); also in his third and fifth discourse "Against the Jews" (ed. in M. Albert (ed.), Homélies contres les juifs par Jacques de Saroug, *Patrologia Orientalis* (= PO) 38,1 (1976), 86–111 (esp. 102f.) and 136–159 (in particular 154–157).

27 E. Beck (ed.), Ephraem der Syrer, Hymnen de fide, (CSCO 154, Syr 73; transl. in: CSCO 155, Syr 74), Louvain 1955, 7. This expression can be detected also in Greek- and Latin-speaking church fathers, see P. Russel, "A Note on Ephraem the Syrian and 'The poison of the Greeks' in Hymns on Faith", *The Harp* 10,3 (1997), 45–54. It has been argued that this formulation is directed against a finding out of God, based on a Hellenistic-rational philosophy, see R. Murray, *Symbols of Church and Kingdom. A Study in Early Syriac Tradition*, 2nd ed., Oxford 1977, 31. Thus, Brock proposed to translate it as "pagan knowledge" instead of verbally "Greek wisdom", S. Brock, "From Antagonism to Assimilation. Syriac attitudes to Greek learning", in N.G. Garsoïan – T.F. Matthews – R.W. Thomson (ed.), *East of Byzantium: Syria and Armenia in the Formative Period*, Washington 1982, 17–34; See also: P. Bruns, "Arius hellenizans? Ephräm der Syrer und die neo-arianischen Kontroversen seiner Zeit: Ein Beitrag zur Rezeption des Nizänums im syrischen Sprachraum", *Zeitschrift für Kirchengeschichte* (= ZKG) 101 (1990), 21–57. However, Ephrem and also Jacob in his writings did not limit their critic to the Pagan religious field and cults, but they have other contemporary factors in mind by using this term. Therefore, Bowersock states about Jacob's remarks: "By Greeks he certainly means Greeks rather than pagans, for which he uses the normal Syriac word ḥanpē and its related forms. Jacob tells us in effect that Hellenism is what makes paganism flourish", G.W. Bowersock, *Hellenism in Late Antiquity*, Cambridge 1990, 38. See also: G. Siebigs, *Kaiser Leo I, Das oströmische Reich in den ersten drei Jahren seiner Regierung (457–460 n. Chr.)*, 2 vols, Berlin 2010, 839f. The triumph of the unlearned (Christian world) over the wise (Greek and Pagan) teaching can be detected in other writings of Jacob, see e.g. A.C. McCollum (ed.), *Jacob of Sarug's Homily on Simon Peter, when our Lord said 'Get behind me, Satan'* (TeCLA 26), Piscataway/NJ 2009, in particular 14–17.

by using onomatopoeic words like "torn to pieces" (ܡܦܪܦܪ, l. 808,18) and "flickering" (ܬܦܬܦ, l. 808,20)[28] for one of the key characteristics of Christianity (ܗܕܝܘܛܘܬܐ, ll. 807,15 and 808,10) and Greek loanwords for the Pagan knowledge.[29]

It is clear that Greek in this context means foremost the pre-Christian Pagan religion and culture; therefore, the Gods of Osrhoene, which are mostly of the Babylonian provenience, are counted by Jacob among the "Greeks."[30] In his homily on the "research and the consecration of the Church" (ܥܠ ܒܨܝܬܐ ܘܩܘܕܫ ܥܕܬܐ)[31], he counts not only these philosophers as Pagans, but also Christian ones who used the ancient Pagan Greek philosophy as a way to understand and explain Christianity.[32] In the mentioned homily, he lets the Church give these statements: "Oh researchers, much I had to bear from your hands, let now the splits seal, which have you caused earlier in me"[33].

Afterward, he asks: "Didn't you hear that it [i.e. the research] transformed bishops to wolves, and turned housemates into strangers amongst the inner circle of the flock?"[34]

---

28 Also, in his fifth mēmrā on the spectacles, he uses onomatopoeic phrases such as "bespatters" (ܡܦܠܦܠ) and "bring shame upon" (ܡܦܠܦܠ), Moss, "spectacles of the theatre", 100f.

29 Jacob's exposition is based on Ephrem's ideas on ܗܕܝܘܛܘܬܐ, see Bruns, "Arius hellenizans?", 47–52, K. den Biesen, *Simple and Bold. Ephrem's Art of Symbolic Thought* (Gorgias Studies in Early Christianity and Patristics 26), Piscataway/NJ 2014, 227–246. Besides, it should be mentioned that Jacob uses the term ܗܕܝܘܛܘܬܐ although it is a Greek loanword from ἰδιωτεία, also used in the New Testament.

30 Cramer, "Irrtum und Lüge", 97–101.

31 Ed. in Bedjan – Brock, *Homilies*, vol. 4, 767–789, transl. in S. Grill, *Die Forschung und das Heiligtum der Kirche. Aus dem Syrischen übersetzt* (Heiligenkreuzer Studien (= HeilSt) 13b), Horn 1974, 40–54.

32 Jacob describes this point of view in a detailed way in his mēmrā "On the sophists" (ܥܠ ܕܪ̈ܘܫܐ) which is part of his fourth mēmrā "On the faith" (ܥܠ ܗܝܡܢܘܬܐ; see no. 339 in: R.Y. Akhrass, "A list of homilies of Mar Jacob of Serugh", *Syriac Orthodox Patriarchal Journal* (= SOPJ) 53 (2015), 87–161, in particular 143). I am thankful for Monk Roger-Youssef Akhrass for giving me this information. This writing has been edited in R. Akhrass – I. Syryany (ed.), *160 unpublished homilies of Jacob of Serugh, vol. II (Homilies 73–160)*, Damascus 2017, 247–255.

33 Syr. ܐܘ ܕܪ̈ܘܫܐ ܣܓܝ ܣܒܠܬ ܡܢ ܐܝ̈ܕܝܟܘܢ: ܫܒܘܩܘ ܠܡܬܚܬܡ ܣܕ̈ܩܐ ܕܩܕܡ ܕܥܒܕܬܘܢ ܒܝ, Bedjan – Brock, *Homilies*, vol. 4, 775, ll. 11f..

34 Syr. ܠܐ ܫܡܥܬ ܗܘܐ ܠܗ̇ ܕܪ̈ܥܘܬܐ ܠܕ̈ܐܒܐ ܗܦܟܬ ܗܘܐ: ܘܠܒܝܬܝ̈ܐ ܥܒܕ ܢܘܟܪ̈ܝܐ ܒܓܘ ܡܪ̈ܥܝܬܐ, ibid., ll. 19f. In the same mēmrā he states: "the whole message has been chanted in simplicity, and I have not send out a teaching in philosophers (ܘܝܘܠܦܢܐ ܕܦܝܠܣ̈ܘܦܐ). Why disputing about Jesus, who has been crucified for me [i.e. the church] – his death will be witness of his love for how much he loves me", ibid., 777. In his fourth letter to Lazarus, the archimandrite of Mār Abbas, he lists the "most hellenized" theologians: ܗܕܐ ܗܝ ܗܪܣܝܣ ܕܡܠܝܐ ܚܪ̈ܝܢܐ. ܡܢ ܬܠܡܝ̈ܕܐ ܕܒܝܬ ܫܡܥܘܢ ܫܪܝܬ. ܘܦܘܠܐ ܫܡܝܫܛܝܐ ܡܫܚܠܦܐܝܬ ܡܠܠܗ̇. ܕܝܘܕܘܪܐ ܕܝܢ ܘܬܐܕܘܪܐ. ܪܗܛܘܪܐܝܬ ܘܡܬܚܪܢܐܝܬ. ܟܠܗ̇ ܪܕܘܬܐ ܕܝܘ̈ܢܝܐ ܐܘܡܢܐܝܬ ܐܟܬܒܘܗ̇. ܢܣܛܘܪܝܣ ܕܝܢ ܗܘܐ ܠܗ̇ ܬܪܓܡܢܐ ܘܡܘܒܠܢܐ., G. Olinder (ed.), *Iacobi Sarugensis epistulae quotquot supersunt*, Louvain 1952 (CSCO 100, Syr 57), 70f. (engl.: "This is the heresy full of contentions. From the pupils of the house of Simon (the Magician, cf. Apg 8,9–24) it has begun. And Paul of Samosata has it modified recited. Diodor (of Taurus) and Theodore (of Mopsuestia), rhetorically skilled and productive, they have artful continued (verbal: written) all culture of the Greeks. Nestorius was their interpreter and carrier.") For an extensive discussion between Jacob and Lazarus, see Jansma, "Die Christologie", 38–46. It should be mentioned that in Bishop Dolabani's Vita of Jacob (principally based on CFMM 256, fol. 1v–7v), he reports about an encounter between Jacob and Severus of Antioch: "It is also related that Saint Severus decided to examine his fellow-saint, Mor Ya'qub [i.e. Jacob of Sarug], to see whether he was well-informed on the intricate linguistic problems of Greek philosophy. When called upon to deliver his defense, the holy Mor Ya'qub composed an alphabetical acrostic in 22 stanzas to the melody of 'Allow me to slake my thirst, Lord, at your source', covering all the intricate problems posed by Aristotle and his fellow-philosophers", transl. in: A. Palmer, "A refreshin' talk on the live and doctrine of Mir Ya'qub", in E. Aydin (ed.), *Das Le-*

Against the knowledge of the Pagan philosophers, he presents the astonishment (ܬܗܪܐ, l. 807,17) as the opposite Christian reaction to Christ's salvation.[35]

3. Jacob's rhetoric

Previous to this, it should be noted that Jacob did not set Christ directly in acts of violence against Satan, because Satan recognized his power above him; thus, he overcame Satan by his nature. If we follow Jacob's train of thoughts, he is now presenting the resurrected Messiah as a powerful being who converts every single Pagan element to a Christian one: the houses of the Tyches and their ruins to monasteries, the Pagan temples to Christian places of worship, the singing of the false demons to worship, and impure festivals to assemblies with Gloria, as Jacob stated (ll. 809,13–810,10). His description is a simple way of substituting Paganism with Christianity, in that biblical images[36] reveal that in his mind Pagan cults (in connection to Hellenistic presumptions) have no right to exist alongside Christianity.[37] To underline this, he uses a rhetoric of violence by describing the total destruction of Pagan elements by Christ, as mentioned earlier. This violence against Pagan idols was continued by the apostles and their successors (ll. 810,11–813,6). Analogous to the lists of the Pagan deities in the first part of the mēmrā, Jacob allocates an apostle to a specific region to show that this apostle led the conversion of the people to Christianity so that Satan – running

ben des heiligen Jakob von Sarug, Warburg 2014, 1–50, in particular 19. As Palmer proposed, the mentioned writing of Jacob is identical with Vat. syr. 36, fol. 84r–86v (written 1286 CE, cf. S.E. and J.S. Assemani, *Bibliothecae Apostolicae Vaticanae codicum manuscriptorum catalogus*, vol. II, Rome 1758, 241–244) and Mingana 342, fol. 68a–69b (written 1712 CE, cf. A. Mingana, *Catalogue of the Mingana Collection of Manuscripts now in the Possession of the Trustees of the Woodbrooke Settlement, Selly Oak, Birmingham*, vol. 1, Cambridge 1936, 630–635). The author is named "ܡܪܝ ܝܥܩܘܒ ܡܠܦܢܐ" (in Vat. syr. 36) and in Mingana 342 just "ܝܥܩܘܒ", so that Mingana attributed it to Jacob of Edessa, cf. ibid., 633. In relation to the content and the style, the authorship of Jacob of Edessa seems more probable.

35 For Jacob's apophatic approach, see T. Bou Mansour, *La théologie de Jacques de Saroug. Tome II Christologie, Trinité, Eschatologie, Méthode exégétique et théologique* (Bibliothèque de l'Université Saint-Esprit XL), 2nd ed., Kaslik 2000, 424–436. About the relation between astonishment and research Ephrem wrote: "Schweige Mund, verstummet, ihr Zungen! – Staunen (ܬܗܪܐ) befalle die Lippen, – Schrecken senke sich in die Seelen, – Sinne und Glieder sollen erzittern, wenn vom Wesen des Sohnes gesprochen wird. 18. Gezücktes Schwert, Zunge, – zurück in deine Scheide, Geschwätzige! – Das Forschen hat die Rede deines Mundes geschärft, – das Schweigen des Sohnes möge abstumpfen die Schärfe deiner Frage." E. Beck (ed.), *Ephraem der Syrer, Hymnen de fide* (CSCO 155, Syr 74), Louvain 1955, 101; German translation: Id., (CSCO 154, Syr 73), Louvain 1955, 123f. Thus, the astonishment seems to be an important part of the ܗܝܡܢܘܬܐ and can be portrayed as opposite to the research of the philosophy. For a similar argumentation between Ephrem and Jacob see, cf. Jansma, "Die Christologie", 21–38.

36 Jacob makes two direct biblical references for underlining this aspect: The biblical story of the Wedding at Cana (John 2:1–11) was recorded as second reference at which the wine [as metaphor for the Christian belief] replaces the water [i.e. the Pagan cults] (ll. 810,5–8). The first biblical reference is from Isaiah 55:13, in which the "wild thyme" and "brier" will be erased from the land (ܢܬܥܩܪ ܡܢ ܐܪܥܐ) and in their place "cypress" and "myrtle" will be planted. In fact, Jacob presents this reference twice as direct quotations from Isaiah to his audience (ll. 809,14f.), though the Peshitta does not use the aggressive formulation "erased from the land".

37 Cramer 1980, "Irrtum und Lüge", 105–107. In general, he characterizes primarily obvious wisdom, beauty and strength, internal boldness, emptiness, and weakness as Pagan characteristics and their opposites as Christian features (cf. in particular ll. 807,3–808,14).

from country to country – always had to record the success of the Christian mission.[38] The last but one apostolic mission is that of Edessa. He says about this conversion:

> "He (i.e. Satan) came to Edessa and saw a grand people because the king was a worker in the field of the church and he built it up. The apostle Addai rose over the building of the church and King Abgar laid down his crown and built up the church with him. An apostle and a king, if one would be worthy of the other, this one with that one, which idol shall not fall and break down in front of them?" (ll. 812,11–14).

Recently, Martin Illert wrote ahead of his own translation of this part of the mēmrā that Jacob is appealing here to his audience to follow the example of the apostle and to destroy the relics of all Pagan elements.[39] In fact, Jacob is proclaiming here only the traditional and antique boundary of the Church and the State.[40] Therefore, Jacob was not against the Byzantine rule; this can be seen for instance in the introduction to his letter to the Himyarites[41] or in his statements about Emperor Justin[42]. Nevertheless, his condition – "one had to be

38 Most of the cities and countries of the *lists of gods* were also mentioned in this part, but it is very striking that Persia – which was also mentioned in the lists of deities (l. 799,4) – is missing in this part.

39 He says: "In diesem Sinne mag die Predigt als Aufruf des Bischofs an den syrischen Klerus zu verstehen sein, die von Addai und Abgar begonnene Zerstörung der heidnischen Kulte endlich mit staatlicher Unterstützung zu vollenden.", Illert, *Doctrina Addai*, 54. Earlier, Winfrid Cramer gives a contrary position to that topic: "Es darf aber wohl als fast sicher angenommen werden, daß er [i.e. Jacob] selbst keine äußere Gewalt und staatliche Macht gegen seine religiösen Gegner angerufen oder geduldet hat", Cramer, "Irrtum und Lüge", 100.

40 This can be seen notably in Jacob's statement about the School of Edessa and its closure in his letter to the aforementioned monastery of Mār Abbas: "Because of this I am informing Your Modesty that forty-five years ago, when I was sitting in the readings of the divine scriptures in the city of Edessa, (and) at that very time the books of the wicked Diodore were being translated from Greek into Syriac, and there was in the city a school of Persians (*eskōlē d-pārsāyē*) who held the teaching of the foolish Diodore with much love. And by that school all of the East was harmed. This (school) by the diligence of him who is worthy of good memory, Mār Qūrā, Bishop of Edessa, and by the command of the faithful emperor Zeno, was uprooted from the city." This translation has been taken from A.H. Becker, *Fear of God and the Beginning of Wisdom. The School of Nisibis and the Development of Scholastic Culture in Late Antique Mesopotamia*, Philadelphia 2006, 52. The Syriac text has been edited in: Olinder (ed.), *Epistulae*, 58–62, in particular 58f.

41 In this letter, probably written around the year 520, he introduces himself as "Jacob from the land of Edessa, the faithful city of the Byzantines (ܪ̈ܗܘܡܝܐ)" and adds later "We Romans [i.e Byzantines, ܪ̈ܗܘܡܝܐ], who live quietly under Christian kings, praise your most glorious life", translation taken from A.A. Vasiliev, *Justin the first. An introduction to the epoch of Justinian the Great*, Cambridge/MA 1950, 234. The text is edited in Olinder (ed.), *Epistulae*, 87–102, in particular 92. See also: P. Wood, "Syriac and the 'Syrians'", in S. Johnson (ed.), *The Oxford Handbook of Late Antiquity*, Oxford 2012, 170–194, esp. 186–190, and M. Papoutsakis, *Vicarious Kingship* (Studien und Texte zu Antike und Christentum (=STAC) 100), Tübingen 2017, 139–202.

42 In his letter to Bishop Paul of Edessa, Jacob states: "The faithful emperor [i.e. Justin], indeed, and worthy of victory, hearing that which had been done against you [i.e. Bishop Paul of Edessa], was moved and hastened to return you to your see […]. All assemblies pray with all their hearts for the faithful emperor and for your Holiness. … This pure belief agrees with that if the blessed Constantine and the faithful Abgar. Now all the Eastern churches are joyous and thank God for having given us a faithful and powerful emperor, able to confess his faith. It was the meed of the Bishop of Edessa to make shine the faith of our emperor and to prove that it was in harmony with the faith of the disciples of the cross. […] It was proper that the belief of the emperor should shine like the sun all over the world through the Bishop of Edessa, for Edessa is the first bride of Christ, and it must always be the first in virtue", quotation taken from Vasiliev, *Justin*, 234. The text has been edited in Olinder (ed.), *Epistulae*, 241–246, in particular 245.

worthy of the other” (ܠܐ ܕܫܘܝܢ ܗܘܘ ܗܘܐ ܚܕ ܠܗܘ) – could reflect Jacob’s distrust against the Byzantine rulers and therefore could be understood as a critique against them.

4. His addressees

After revealing that the Christian mission was successful, he lets Satan give a retrospective overview about the past events in a consultation with his companion “error” (ܛܘܥܝܝ, ll. 813,7–814,5) to indicate finally that Satan will install the “love of money”[43] to “fulfil the place of the goddesses” (l. 814,10, cf. l. 814,9). Simultaneously, he argues that a reintroduction or a revitalization of the Pagan cults would be impracticable (cf. ll. 814,12–21; 820,2). Hence, the love of money is interpreted by Jacob as a “revival” (ܢܘܚܡܐ, l. 820,18; cf. l. 823,11) of idolatry. His fluent transition between the topics of Pagan cults and the love of money has been described as “artistically and psychologically ingenious”[44], because he is able to connect the two issues by showing that behind both subjects, the same manipulator can be found – Satan.

In this well-constructed part of the mēmrā, he begins with an illustration of the wrongdoings of biblical figures of the New Testament caused by the love of money such as Judas Iscariot (ll. 816,16f.; cf. Matthew 27,3–7) and Ananias and Sapphira (l. 816,18f.; cf. Acts 5,1–11) to indicate that love of money is an absolute contradiction to the Christian way of life.[45] At first, he does not criticize anyone directly, but reveals that – according to his demarcation between Christianity and Pagandom throughout his homily – the love of money belongs to the vanquished old Pagan-Greek culture.

Through this connection, he is able to establish ties between apparently totally different parts of his sermon and to speak about the contemporary ecclesiastical grievances. Before he criticizes the clergy directly, he begins by asking for pardon for changing the topic repeatedly, which can be interpreted as a precaution against the reaction of his audience:

> “The subject of the mēmrā drove me to this in the course of speaking, and whoever comprehends the point of the matter understands this. For I wanted to speak about the fall of the idols, but this discourse about the love of money, which is the real matter at hand, has compelled me. The idols are impotent and they are no longer worshipped, but the love of gold possesses the earth like a god”[46] (ll. 819,20–820,3).

After this statement, Jacob directly refers to the ecclesiastical grievances of his time. By referring to biblical figures and quotations, he shows clearly that love of money excludes a person from the ideal of Imitatio Christi. To underline this aspect, Jacob twice names an action of the priests – specifically the monks who contradicted the ideal of Imitatio Christi:

43 It is obvious that Jacob is criticizing the exposure of clerics and laity to money. However, Jacob avoids the Syriac term for „money“ (ܙܘܙܐ), calling it “love of gold” (ܪܚܡܬ ܕܗܒܐ, e.g. ll. 814,10; 816,12) as well as “love of silver” (ܪܚܡܬ ܟܣܦܐ, ll. 814,8.16; 5,15; 817,8; 818,18; 819,16; 820,1.3.6.15.18; 823,11). It seems probable that the emphasis on the material is an allusion to Pagan cults, where once “woods and stones” (l. 808,13) were worshipped. Thus, Jacob aims to indicate that now the monks were worshipping gold and the priests silver. Besides, Jacob uses also the terms “Mammon” (ll. 815,17; 817,3.18; 818,1; 819,10) and “daric” (l. 815,5).

44 „So gefaßt ist die Einkleidung des Ganzen künstlerisch wie psychologisch genial zu nennen“, Landersdorfer, *Ausgewählte Schriften*, 428.

45 He is repeatedly underlining this aspect by showing, through biblical references and quotations, its contradiction – especially to Matthew 6, 23–26 (ll. 817,10–818,10).

46 Translation taken from Schwartz, “Discourses”, 144.

The monks[47] who destroyed the idols but collected the idols' gold (ll. 816,8; 821,15f.) as well as the priests who administered sacraments like baptism, but became impure through their usury (ll. 816,10; 821,13f.). In his second approach, Jacob compares especially the monks to the figures and prophets of the Old Testament, who are deemed by Jacob as "proto-ascetics" (ll. 822,10–21): Gideon, Elias, Moses, and Elisha.

It is important to take into account the fact that first, the reference to the three mentioned prophets reminds the audience about the first part of the homily, because these prophets destroyed the altars or idols of some of the Pagan Deities or Cults that were mentioned in Jacob's list of Gods. Second, Jacob adds to the gaps of the Old Testament stories with specifications that underline his pastoral message.

It is clear that Jacob wants to show that these types were in a similar situation as the monks, but the prophets reacted appropriately:

> "The monk […] has destroyed the images of vanity and he puts the gold that he found in front of them, in his pocket. He ties his loins with a leather belt bag like Elias (cf. 2 Kings 1,8) and on his belt bag he hangs a bag to carry (lit.: put) the gold" (ll. 822,4–7).

He continues:

> "Elias was zealous and he murdered the priests of the offerings and he [i.e. Elias] did not permit himself to descend for taking the gold of their Gods (reference to 1 Kings 19,40). He hated the idol like the gold, because if he loved it, he would not ascend with this chariot (cf. 2 Kings 5,15)." (ll. 822,14f.)

Subsequently, he gives a summary of this part of his pastoral message: "In all books, it lays uncovered, like lights: The person who hates the idols will also have to hate the gold" (ll. 823,7f.). Also, in his other writings, Jacob strengthens this argument about the contradiction between Christian Life and love of money in a considerable way.[48] For example, in the beginning of his homily "On the prophet Hosea," Jacob writes: "Oh disciple (ܬܠܡܝܕܐ), you cannot possess Gold if you do not despise the command of your teacher Jesus. It is not permitted to obtain money if you are a disciple (ܬܠܡܝܕܐ). Why are you strengthening yourself for collecting Mammon?"[49]

He says clearly that the mode of life of those monks are Pagan because they are blinded by physical beauty – earlier characterized as a feature of Paganism. Nevertheless, he gives a vivid picture of the ecclesiastical grievances in his time, which can also be observed in his

---

47 In this homily, he uses for "monk" mainly the term ܝܚܝܕܝܐ (ll. 809,19; 815,11; 816,8; 821,15). Additionally, he once uses ܕܝܪܝܐ (l. 822,4) and subsequently, an ascetic who "stands upon a pillar" (l. 822,8). Interestingly, Jacob describes the misdeeds of all ascetic forms identically (i.e. putting the gold in their robe). Due to the fact that he names this deed four times in his homily, especially by using in the part before his direct critic (ll. 814,5–817,1) only one time imperfect (exclusively for describing this wrongdoing of the ascetics (l. 816,8)), it is obvious that Jacob is describing a real factum, which seems to stir him up. Moreover, the two ascetic forms last named are mentioned successively (l. 822,4f.8f.) and the critic of solitaries and the priests are also presented successively.

48 For instance, this can be detected in homilies "On Matthew 19,27" (ed. in Bedjan – Brock, *Homilies*, vol. 2, 689–704, in particular 703f.), "On the love of money" (ed. in Bedjan – Brock, *Homilies*, vol. 3, 842–858, in particular 848 and 856) as well as "On the Prophet Hosea" (Strothmann, *Hosea*, 6f.10–17).

49 Ibid., 7 ll. 27–30.

other writings. For instance, in his first homily on the solitaries, Jacob propagates the ideal of "poverty" (ܡܣܟܢܘܬܐ) and arrives at the conclusion that monks who love gold shall be banished from the monastic community.[50]

5. Conclusion

Jacob knew a good deal about local cults, but nowhere has he said that these cults were still celebrated. Though his polemical comments about Mabbug and Harran reveal that the cults of both cities were still very much alive, his short reference about the Pagan Gods of Edessa is conspicuous. In fact, Jacob's sermon underlines the fact that the Pagan places of worship that laid fallow in his time were destroyed or used as cells for monks and that monks used this situation for their own enrichment. Therefore, the structure of this sermon can be interpreted as brilliant, because Jacob combines various points in regard to the utterances about Pagan cults to emphasize his pastoral message about the love of gold in a lucid way. While making this critique, he offers the possibility to get insights into his position concerning ancient Greek philosophy, the relation of church and politics, and his main idea about monastic life.

50 Bedjan – Brock, *Homilies*, vol. 3, 818–836, in particular ll. 825,9–826,21 and ll. 17f. This homily has been translated in C.A. Scott – M. Reed, *Jacob of Sarug's Homilies on the Solitaries* (TeCLA 41), Piscataway/NJ 2016, 18–59. In general, poverty takes a famous role in Jacob's discourses, e.g. in his aforementioned homily and esp. in his homily "On the Rich Man and Lazarus" (ed. in Bedjan – Brock, *Homilies*, vol. 1, 364–424, in particular ll. 371,17–20; ll. 407,2–408,19; ll. 405,8f. and l. 421,3).

Der Arme an der Tür ein Sinnbild für den Erlöser? Zur Deutung der Lazarusperikope in der syrischen Literatur

Peter Bruns

Die Armenfürsorge bei Aphrahat dem Persischen Weisen

„Come vorrei una Chiesa povera e per i poveri…“[1] – „Wie wünschte ich mir eine arme Kirche für die Armen…“. Dieses geflügelte Diktum gehört zu den ersten Verlautbarungen Jorge M. Bergoglios nach seiner Erhebung zum gegenwärtigen Pontifex der Römischen Kirche. Ob eine arme, d.h. letztlich auch mittellose Kirche den Armen tatkräftig zu helfen imstande sein wird, darf indes mit Fug und Recht bezweifelt werden. Als Historiker wollen und müssen wir das Rad der Armutsbewegung nicht neu erfinden, schon gar nicht nach den Strichzeichnungen der Steinzeit. Sucht man nach Vorbildern für die Armutsbewegung in der Alten Kirche, so wird man am ehesten noch beim Mönchtum fündig. Im Rahmen des IX. Deutschen Syrologentages stellt es daher ein durchaus lohnendes Unterfangen dar, einen ersten flüchtigen Blick auf die Armutsvorstellungen in der frühsyrischen Literatur zu werfen, zu deren prominenten Gestalten auch Aphrahat mit dem Beinamen „Der Persische Weise“ zählt.

Von den 23, unter dem Namen Aphrahats überlieferten Darlegungen *(demonstrationes)* in syrischer Sprache[2] befasst sich eine einzige (Darlegung XX) explizit mit der Armenversorgung *(de sustentatione egenorum)*. Über Leben und Person Aphrahats ist wenig bekannt. Gennadius, *vir. ill.* 1, und die armen. Tradition identifizieren unseren Autor irrtümlich mit dem berühmten Jakob von Nisibis, der als Bischof von Edessa am Konzil von Nizäa teilgenommen hat. Aphrahat selbst rechnet sich unter die ehelosen Asketen, die sog. „Bundessöhne“ (18,1.12), und hat eigenen Angaben zufolge im Westen des Sasanidenreiches (X,9) gewirkt. Sein Schriftkorpus zerfällt in zwei Teile (X,9): Der erste stammt aus dem Jahre 337 und handelt vom Glauben (I), von der Liebe (II), vom Fasten (III), vom Gebet (IV), von den Bundessöhnen (VI), von den Büßern (VII), von der Auferweckung der Toten (VIII), von der Demut (IX) und von den Hirten (X). Die Darlegung V „Über die Kriege“ bietet eine am Buch Daniel orientierte Geschichtsdeutung des römisch-persischen Krieges gegen den persischen Großkönig Schapur II. Die zwölf Darlegungen aus dem Jahre 344, d.h. der zweite Teil des Korpus (XXII,25) lassen eine stark antijüdische Frontstellung erkennen und handeln im Einzelnen von der Beschneidung (XI), vom Pessach (XII), vom Sabbat (XIII), von der Ermahnung (XIV), von der Unterscheidung der Speisen (XV), von den Völkern anstelle des Volkes (XVI), von der Gottessohnschaft des Messias (XVII), von der Jungfräulichkeit und Heiligkeit (XVIII), gegen die jüdische Hoffnung auf Wiederversammlung im Land Israel (XIX), von der Armenversorgung (XX), von der Verfolgung (XXI),

1 Ansprache des Hl. Vaters, Papa Francesco, in einer Audienz vor Medienvertretern in der Aula Paolo VI vom Samstag, den 16. März 2013.

2 Im Folgenden legen wir die Ausgabe von PARISOT zugrunde: PARISOT I,1, 893–930.

vom Tode und von den Letzten Zeiten (XXII). Bei der Darlegung XXIII handelt es sich um einen Nachtrag aus dem Jahre 345 über den Segen, welcher nach der Zerstörung Jerusalems vom Weinstock Israel auf die heidnische Völkerwelt übergegangen ist.

Die in unserem Themenzusammenhang relevante Darlegung XX gehört zum zweiten Hauptteil des Schriftkorpus und besitzt daher wie die anderen Schriften derselben Sammlung eine ebenfalls recht ausgeprägte antijüdische Note. Sie beschäftigt sich zunächst sehr allgemein mit der karitativen Tätigkeit des syrischen Mönchtums und seiner Armenfrömmigkeit (XX,1). Moses und David sind auch für die Christgläubigen des Neuen Bundes die rechten Wegweiser (XX,2–4); bei der Auslegung der entsprechenden Textstellen hinsichtlich des Sabbatjahres und des Tagelohnes zeigt sich Aphrahats Nähe zum Traktat Peah der jüdischen Mischna[3], wie bereits Marie-Joseph Pierre[4] dargetan hat. Wie wenig wir den Darlegungen Aphrahats eine konkrete gesellschaftspolitische Einstellung entlocken können, wird daraus ersichtlich, dass der Persische Weise Armut vornehmlich als theologisches, weniger als soziales Phänomen betrachtet. Vor Gott sind alle Menschen Bettler:

> „Sieh nur, vom Bedürftigen nimmt der Almosengeber etwas fort, dass durch die Bedürftigen seine (eigene) Bedürftigkeit erfüllt werde, solange sie leben. Denn durch ihn war es möglich, dass er nicht mehr bedürftig ist. Aber sobald dieser (der Almosengeber) es tut, ist der Lohn der Bedürftigen, der durch sie entwendet wurde, (wieder) bei ihm selbst. Der Reiche gibt dem Armen, und sobald dieser empfängt, dankt er dem Herrn beider.“[5]

Diese Stelle ist zugegebenermaßen auch im syrischen Original[6] etwas dunkel. Sie will wohl besagen, dass zwischen Almosengeber und Empfänger ein wechselseitiges Verhältnis des Gebens und Nehmens vor allem in geistlicher Hinsicht besteht. Der Arme verfügt vornehmlich über geistige und geistliche Güter, welche die spirituelle Armut des Reichen bereichern können.

Ein Hinweis auf Jesu Warnung vor dem irdischen Mammon darf in der Darlegung von der Armenversorgung natürlich nicht fehlen: das Jüngste Gericht (XX,5 mit Bezug auf Mt 25), das Gleichnis vom reichen Prasser (XX,6 mit Bezug auf Lk 12,16–21) sowie die mangelnde Nachfolgebereitschaft des reichen Jünglings (XX,18 mit Bezug auf Lk 18,17–25) werden dem Betrachter mahnend vor Augen gestellt. Es ist biblische Lehre (vgl. Dan 4,24), dass das Almosengeben sündentilgende Kraft besitzt (XX,13). Wie sehr Armut unter die theologischen Kategorien fällt, erhellt aus dem Umstand, dass Aphrahat immer wieder auf die geistige Bedürfigkeit des Menschen zu sprechen kommt. So sind die Heidenvölker die geistig Armen, die nach dem Quell der Gotteserkenntnis dürsten (XX,14). Es ist die Missionstätigkeit der Kirche, welche der spirituellen Armut aufhilft, wie Aphrahat nicht müde wird in einer allegorischen Deutung des Prophetenwortes (Jes 41,17–19) zu betonen:

---

3 Vgl. BROOKS, *Support to the Poor*. Der Name des Traktats leitet sich von hebr. פֵּאָה ab, jener „Ecke“ des Ackers, welche für die Armen reserviert war, vgl. Lev 19,9; 23,22.

4 Vgl. PIERRE, *exposés*, 790–793.

5 BRUNS, *Aphrahat*, 463: PARISOT I,1, 900,16–24.

6 PIERRE, *exposés*, 792, Anm. 14, kommentiert diese Stelle wie folgt: Tout le monde est pauvre ; car la vraie richesse, ce sont les biens spirituels. Le pauvre en biens matériels permet au riche qui lui fait l'aumône de s'enriche en charité qui ne passe pas.

„Denn die Armen und Bedürftigen, die nach Wasser verlangen und keins haben, ist das Volk aus den Völkern (d.h. die Kirche). Das Wasser ist die Lehre der Heiligen Schriften, da ihre Zunge trocken ist vom Lobpreis. Wenn es heißt: ‚Ich öffne die Ströme in den Bergen und im Inneren der Senken die Quellen', so sind nämlich die Berge und Senken die erhabenen und demütigen Menschen. Aus ihnen strömten Flüsse und Quellen. Es heißt: ‚Ich werde in der Wüste Zedern pflanzen und Buchsbäume, Myrten, ölhaltige Hölzer und prächtige Zypressen in der Senke.' Die Wüste sind nämlich die Völker, die anfangs trocken wie eine Wüste waren. Zedern, Buchsbäume, Myrte und Ölhölzer sind die Priester des Volkes und der heilige Bund[7], prächtig in ihren Zweigen wie die Bäume, die Sommer wie Winter prächtig und dicht belaubt mit ihren Blättern dastehen. ‚Auch werde ich in der Senke prächtige Zypressen setzen': Von demütigen Menschen gingen das Wort und die Lehre des Geistes aus, deren Duft angenehm ist wie der einer prächtigen Zypresse, wie der Apostel gesagt hat: ‚Allerorten sind wir Wohlgeruch für Gott' (2Kor 2,14f).“[8]

Selbst der Dulder Hiob war Vorbild der rechten Armenfürsorge (XX,15); jedenfalls widerfuhren ihm die gegenwärtigen Missgeschicke nicht wegen seiner mangelhaften Barmherzigkeit. Nicht auf Grund seines materiellen Reichtums, sondern wegen seines unerschütterlichen Glaubens an die göttliche Vorsehung darf ein Mann wie Hiob als reich vor Gott angesehen werden. Die Mahnung Jesu, Schätze im Himmel zu sammeln, betrifft alle Christgläubigen ohne Ausnahme (XX,16) und unterstreicht den spirituellen Aspekt des Reichtums, der in vielen Variationen bei Aphrahat entfaltet wird. Wie wenig Aphrahat einer spezifischen sozialen Idee verpflichtet ist, zeigt seine verdeckte antijüdische Polemik, die immer wieder durchbricht, wenn er beispielsweise kritisch nachhakt:

„Wer sonst sind die Reichen, die bereits empfangen haben, was sie wollten, wenn nicht jenes erste Volk (ܗܘ ܥܡܐ ܩܕܡܝܐ), das nach allem Irdischen, nicht aber nach dem Himmlischen trachtete? Wie der Reiche, der sammelte und seine Erträge gemehrt hat, aber in Gott nicht reich war, und wie jener, der all seine Güter genoss und hier bekam, wonach ihn verlangte, dem aber dort nicht gegeben wurde, worum er gebeten hatte.“[9]

Die Kirche als „Volk aus den Völkern“, welches an die Stelle des ersten, früheren Volkes getreten ist, ist ein beliebtes Thema der Aphrahatschen Kirchenlehre. Das Judentum ist in spiritueller Hinsicht reich, da es Gesetz und Propheten empfangen hat, aber wiederum auch verarmt, weil es den Reichtum der Erkenntnis Jesu Christi nicht annahm. Dieser Gedanke wird bei Aphrahat in der allegorischen Deutung der Lazarusperikope ausgesprochen. Davon wird noch ausführlicher zu reden sein. Hier mag die Feststellung genügen, dass die Armut bei Aphrahat eine theologische, nicht eine unbedingt soziologische Kategorie darstellt. Aus diesem Grunde spricht der Persische Weise nicht nur schlicht von den Armen, sondern viel häufiger von den „Armen im Geiste“, unter denen er die Gottesfürch-

7 Gedacht ist an die Bundessöhne und -töchter, den Asketenstand in der Kirche, der die Wüste buchstäblich zum Blühen bringt. Da die Priester mit heiligem Öl gesalbt werden, liegt eine Verbindung zu den Ölbäumen auf der Hand.

8 BRUNS, *Aphrahat*, 469: PARISOT I,1, 913,25–916,20.

9 BRUNS, *Aphrahat*, 472: PARISOT I,1, 921,17–23.

tigen im Allgemeinen verstanden wissen will, d.h. von jenen Christen, die von ihrem Besitz wie von etwas Überflüssigem Gebrauch machen (XX,17). Materielle Armut ist an sich noch kein Ausweis von Tugend, erst dort, wo freiwillig auf Reichtum verzichtet wird, kann der Asket Verdienste erwerben. Keinesfalls jedoch rechnet Aphrahat die Faulpelze und Taugenichtse, die von Raub und Diebstahl leben, unter die von Jesus seliggepriesenen „Armen im Geiste". Denn diese sind keineswegs reich an guten Werken und gehen wegen ihrer zahllosen Vergehen nicht ins Himmelreich ein. Die Darlegung schließt daher mit einer kurzgehaltenen Paränese (XX,19) an die Leser, bei der Aussaat der guten Werke hienieden in der Hoffnung auf reiche Ernte in der kommenden Welt nicht kleinlich zu sein.

Der arme Lazarus – Sinnbild für den Erlöser

An zentraler Stelle in Aphrahats Darlegung „Über die Armenversorgung" findet sich ein ebenso originärer wie auch höchst polemischer christologischer Exkurs über die Lazarusperikope (XX,7–12) mit einer für den Leser überraschenden Wendung: Lazarus gilt nämlich dem Persischen Weisen als Typus für den vom jüdischen Volk verstoßenen Messias:

> „Ferner hat er uns eine andere Darlegung über den Reichen gegeben, der seine Güter genossen hatte und dessen Ende in der Unterwelt (ܫܝܘܠ) war. Der Arme, der an seiner Tür lag, verlangte flehentlich, seinen Bauch mit dem zu füllen, was vom Tisch eines Reichen herunterfiel (Lk 16,19.21). Es heißt: ‚Niemand gab ihm'. Es heißt dort ‚Die Hunde kamen und leckten seine Wunden' (Lk 16,21). Denn der Reiche, der die Güter genoß, ist das Volk, das aß und fett wurde, um sich stieß und den Herrn vergaß (Dtn 32,15), Gott lästerte, wie geschrieben steht: ‚Die Israeliten sprachen gegen Gott und gegen Moses Worte, die unschön waren' (Num 21,5). Moses bezeichnete sie als Reiche und sprach gegen sie: ‚Wer ist denn das Volk, dem sein Gott so nahesteht, wie der Herr, unser Gott, und das gerechte Gesetze hat und rechte Satzungen?' (Dtn 4,7f). Ferner hat er zu ihnen gesagt: ‚Seht, ihr betretet das Land der Kanaaniter und erhaltet es zum Erbe. Ihr betretet nämlich Häuser, die ihr nicht erbaut habt, Weinberge und Ölbäume, die ihr nicht gepflanzt habt, ihr esst und werdet satt und macht es euch so recht bequem, doch ihr vergesst den Herrn (Dtn 6,10–12). An den vielen Gütern, die er ihnen gegeben hat, sind sie reich.'"[10]

Ein Vergleich Aphrahats mit den Ausführungen Ephräms in dessen Evangelienkommentar zum Diatessaron (Comm. XV,12s) lässt eine überraschende Gemeinsamkeit beider Kommentatoren in Bezug auf ihren antijüdischen Interpretationsduktus erkennen. Wir beschränken uns hier auf den syrischen Text, der Armenier[11] hat nur geringfügige Änderungen:

> „Gleich war der Tod des Reichen und des Lazarus, ungleich aber war die Vergeltung nach dem Tode des Lazarus. Jenen, den nicht einmal die Knechte tragen wollten, geleiteten Engelhände. Und dem der Reiche keinen Raum in seiner Wohnung gab, dem wurde Abrahams Schoß zum Wohnhaus. Dem einen Reichen wurde gleich doppelte Qual zuteil: zum einen wurde er gequält und zum anderen sah er Lazarus erquickt. Die Priester des Volkes verglich er mit jenem Purpurträger, da es keinen

10 BRUNS, *Aphrahat*, 464f: PARISOT I,1, 904,13–905,11.
11 Vgl. LELOIR, CSCO 145, 153: CSCO 144, 212f.

gibt, der mehr Ehre hätte als er, die Jünger des Gekreuzigten verglich er mit Lazarus, da keiner so erniedrigt war wie er. Den Namen seiner Freunde offenbarte er in seinem Freund Lazarus, den Namen seiner Feinde wiederum wollte er offenbaren durch das Wort ‚Wenn sie auf Moses und die Propheten nicht hören etc.'. Also leben die Lebenden nicht und sind auch die Begrabenen nicht tot. [13] Sieh nur, denn in dem Maße, in dem jener Reiche es sich bequem machte, wurde er gedemütigt, und in dem Maße, in dem Lazarus gedemütigt war, wurde seine Krone größer. Und warum, bitte sehr, sah er den Abraham noch vor all den anderen Gerechten, und den Lazarus in seinem Schoß? Weil Abraham doch ein Armenfreund (ܐܒܪܗܡ ܗܘ ܪܚܡܐ ܕܡܣܟܢ̈ܐ) ist! Er sah ihn deshalb, um uns darüber zu belehren, dass wir auf keine Vergebung am Ende hoffen dürfen, wenn nicht die Früchte der Vergebung in uns offenbar werden. Wenn nämlich der Armenfreund Abraham, der an Sodom Barmherzigkeit erwiesen hat, sich nicht über den erbarmen kann, der mit Lazarus kein Mitleid hatte, wie könnten wir dann für uns auf Vergebung hoffen? Er nannte ihn ‚mein Vater' und Abraham nannte ihn ‚mein Sohn', doch helfen konnte er ihm nicht: ‚Denk daran, mein Sohn, dass du dein Gutes in deinem Leben erhalten hast, Lazarus seine Übel.' (Lk 16,25)"[12]

Dass die Sünder geistig tot sind, auch wenn sie noch physisch leben, ist ein Gedanke, den Ephräm mit Aphrahat[13] teilt. Umgekehrt sind die „Entschlafenen", d.h. die der Welt Abgestorbenen, nicht tot, sondern leben für Christus: „Der Sünder ist, auch wenn er lebt, für Gott tot. Und der Gerechte lebt für Gott, auch wenn er tot ist. Denn dieser Tod ist ja nur ein Schlaf…"[14], resümiert Aphrahat. Eigentümlich bei Ephräm ist die Zuspitzung der Kritik an den Honoratioren des jüdischen Volkes, die er als prassende „Purpurträger"[15] in ein schlechtes Licht rückt. Aphrahat hingegen lässt die Priester in seiner Kritik völlig unerwähnt. Andererseits findet sich bei ihm eine ausgesprochene Hochschätzung des Hundes, in dem er die Berufung der Heiden zur Christusgemeinschaft in der Eucharistie angedeutet sieht. Ephräm indes, der nicht im Westen des Sasanidenreiches, sondern im Osten des Römischen Reiches lebt, scheint eine positive Deutung des Hundes nicht zu kennen. Sie ist Sondergut des *Persischen* Weisen, wie es aus Darlegung XX,8 hervorgeht:

> „Der Arme, der an seiner Tür lag, ist Sinnbild für unseren Erlöser (ܕܡܘܬܐ ܕܦܪܘܩܢ). Flehentlich bat er, Früchte von ihnen entgegenzunehmen, um sie dem zu geben, der ihn gesandt hatte. Doch niemand gab ihm (Mk 12,2.6). Es heißt, dass die Hunde kamen und seine Wunden leckten. Die Hunde nämlich, die kamen, waren die Völker, welche die Wunden unseres Erlösers[16] leckten: Seinen Leib nehmen sie und legen ihn auf ihre Augen[17] (ܦܓܪܗ ܕܫܩܠܝܢ ܘܣܝܡܝܢ ܥܠ ܥܝܢܝܗܘܢ). Das sind die ‚gierigen Hunde, die sich selbst nicht sättigen und auch nicht bellen können' (Jes 56,11.10). Aber siehe, dass jene Hunde, die die Wunden jenes Armen leckten nicht gierig waren,

12 LELOIR, *Commentaire*, 150–153.

13 Vgl. Dem. VIII,18 mit Bezug auf Mt 8,21/Lk 9,59f.

14 Dem. VIII,18: BRUNS, *Aphrahat*, 250.

15 Purpur konnten sich in der Antike nur einige wenige Privilegierte wie Kaiser, Könige und Senatoren leisten. Die purpurviolette Wolle wurde namentlich von frommen Juden auch zur Herstellung der Schaufäden verwandt, vgl. STRACK-BILLERBECK, KNT II, 222.

16 Vgl. Mt 7,6; 15,26f.

17 Oder halten ihn vor ihre Augen, so PARISOT: *ponuntque coram oculis suis.*

> denn wären sie gierig gewesen, hätten sie nach dem Tisch des Reichen verlangt und nicht danach, Wunden zu lecken. Über sie hat der Prophet gesagt: ‚Hunde, die gierig sind und sich nicht zu sättigen wissen' (ebd.). David hat gesagt: ‚Sie werden wie Hunde bellen und um die Stadt laufen' (Ps 59,7)."

Aus der geläufigen Bemerkung der Kanaanäerin[18], dass auch die Hündchen von den Brocken, die von den Tischen ihrer Herren fallen, essen, kann man auf die bereits im Neuen Testament übliche despektierliche Bezeichnung „Hund" für die „Heiden" schlechthin schließen, eine Sicht, die auch den syrischen Vätern vertraut gewesen sein dürfte, weshalb sie von Ephräm in seiner Auslegung der Lazarusperikope zur Bezeichnung der (Heiden-) Christen eher gemieden wurde. Doch Aphrahat beschreitet bewusst einen anderen Weg. Er wendet den Vergleich positiv und zieht den Schluss daraus, dass auch die Heiden-Christen von demselben Tisch, d.h. der *mensa Domini*, gespeist werden wie die gläubigen Juden-Christen. Das Lecken der Wunden Christi steht bei ihm metaphorisch für die eucharistische Kommunion. Liturgiegeschichtlich bedeutsam ist in diesem Zusammenhang die Segnung der Sinne[19], vor allem der Augen, mit den konsekrierten Elementen, ein Akt, welcher dem eigentlichen Kommunionempfang vorausgeht, wie diese nicht leicht zu deutende Passage wohl zu verstehen ist.

Das neunte Kapitel (Dem. XX,9) bietet der Interpretation keine Schwierigkeiten. Es enthält lediglich eine Nacherzählung der lukanischen Perikope (Lk 16,19–31), allerdings mit der für Aphrahat eigenen antijüdischen Polemik: „Wie ich oben gesagt habe, ist der Reiche das Volk und der Arme unser Erlöser... (ܥܬܝܪܐ ܗܘ ܥܡܐ ܘܡܣܟܢܐ ܦܪܘܩܢ). Der Apostel hat gesagt: ‚Um euretwillen ist der Reiche arm geworden, damit ihr durch seine Armut reich würdet.'"[20] Die antijüdische Spitze war für Ephräm in der Bemerkung des Evangelisten „wenn sie auf Moses und die Propheten nicht gehört haben,..." bereits vorgezeichnet und ist auch von Aphrahat (Dem. XX,12)[21] so verstanden worden. Denn nur die Juden, nicht aber die Heiden haben in ihrem geistigen Schatz Gesetz und Propheten, welche sie allerdings nicht auf den Messias auslegen, weshalb sie ihrer Berufung untreu wurden und nun geistlich verarmt sind. Aphrahat greift zusätzlich noch auf ein Prophetenwort zurück, wenn er sagt:

> „Es hat geheißen: ‚Jener Reiche ist gestorben.' Wahrlich, der Prophet hat gegen sie gesprochen: ‚Der Herr, dein Gott, wird dich töten und seine Knechte mit einem anderen Namen nennen' (Jes 65,15). Seine Knechte sind das Volk aus den Völkern, das er mit einem anderen Namen benannt hat. Denn er nannte sie ‚Christen', das

---

18 Vgl. Mt 15,27; STRACK-BILLERBECK, KNT I, 726. Dass hier eine Verkleinerungsform (κυνάρια) benutzt wird, mag dem Schimpfwort ein wenig die Schärfe nehmen, ändert aber nichts grundsätzlich an seiner Despektierlichkeit.

19 Der Gedanke einer eucharistischen Segnung der Sinne wird von Aphrahat mehrmals aufgegriffen, in der Deutung der Gideons-Geschichte (Dem. VII,21) oder in der Mahnung zum demütigen Kommunionempfang: „Deine Zunge soll das Schweigen lieben, da sie die Wunden deines Herrn leckt. Deine Lippen mögen sich vor Spaltung in Acht nehmen, da du mit ihnen den Königssohn küßt." (Dem. IX,10: BRUNS, *Aphrahat*, 265) Weitere Belege für diese Praxis in der patristischen Literatur bei REINE, *Eucharistic Doctrine*, 186–189.

20 BRUNS, *Aphrahat*, 467: PARISOT I,1, 909,1–5.

21 Vgl. BRUNS, *Aphrahat*, 468: „Doch ist bekannt, dass das Volk nicht auf Moses und die Propheten gehört und auch nicht an Jesus, der von den Toten erstand, geglaubt hat." (PARISOT I,1, 913,3–5).

heißt ‚Messianer' (ܟܪܣܛܝ̈ܢܐ ܕܗܘܘ ܡܫܝ̈ܚܝܐ), nicht aber Fürsten von Sodom und Volk von Gomorra wie sie, wie es uns in der Predigt der zwölf Apostel bezeugt ist: ‚Dort in Antiochia wurden die Jünger zum ersten Male Christen genannt' (Apg 11,26)."[22]

Die Namensänderung des Volkes, wie sie Aphrahat in der Darlegung XX,10 vornimmt, erheischt eine Erklärung. Der Persische Weise vertritt nämlich recht eindeutig die Substitutionstheorie, wonach die Kirche, das Volk aus den Völkern, das alte Bundesvolk abgelöst habe. Die Christen sind als das neue Gottesvolk die „Messianer", keine „Nazarener"[23], wie sie im Judentum, im zeitgenössischen Perserreich (Inschrift von Kartîr)[24] und später von den Muslimen schmählich genannt werden. Parallel zur Lazarusgeschichte, in der die Engel den Gemarterten in Abrahams Schoß[25] tragen, zählt Aphrahat biblische Beispiele (Dem. XX,11) auf, in denen Christus von den Engeln bedient wird. Welche Maria in Kapitel XX,11 gemeint ist, ist unklar; nach der Parallelüberlieferung des Diatessaron[26] kann es Maria Magdalena, jene von Bethanien, aber auch die Mutter Jesu sein. Abrahams Schoß wird mit der Seligkeit in der Gemeinschaft der Gerechten identifiziert; der Abgrund[27] zwischen den beiden steht sinnbildlich für die Unmöglichkeit einer Buße und Bekehrung nach dem Tod. Inwieweit Aphrahats Vorstellung vom Seelenschlaf überhaupt eine postmortale Bußmöglichkeit zulässt, geht aus dem zwölften Kapitel (Dem. XX,12) nicht eindeutig hervor, es ist auch nicht mehr Gegenstand unserer Untersuchung, die im Wesentlichen die unterschiedliche Gewichtung und theologische Wertung von Reichtum und Armut in Gottes Augen zum Thema hat.

Die Tugenden des Hundes

Das für den semitischen religiösen und kulturellen Kontext überraschende und untypische Lob des Hundes (syr. ܟܠܒܐ) besingt Aphrahat noch an einer anderen Stelle, in der Darlegung über die Büßer (VII,21), in welcher er auf die Gideon-Weissagung zu sprechen kommt:

---

22 BRUNS, *Aphrahat*, 467: PARISOT I,1, 909,8–18.

23 Vgl. STRACK-BILLERBECK, KNT I, 92–96. Die Perser dürften wie später die Muslime die Fremdbezeichnung „Nazarener" der jüdischen Literatur entnommen haben. Aphrahat spricht im Syrischen bewusst von „Messianern", um sich von dem despektierlichen nichtchristlichen Sprachgebrauch abzugrenzen.

24 Vgl. GIGNOUX, *Kirdir*, 70, Anm. 138. Man hat oft vermutet, dass unter den „Christen" die von Antiochia ins Perserreich deportierten griechischsprachigen Bewohner Syriens zu verstehen seien, während „Nazarener" nicht eine jüdische Sekte, sondern die einheimischen aramäischen Christen des Sasanidenreiches bezeichnet.

25 Zu diesem in der rabbinischen Literatur eher ungewöhnlichen Bild vgl. STRACK-BILLERBECK, KNT II, 225–227. Die Seligkeit der Gerechten wird freilich vergrößert durch die Schadenfreude, welche diese über die Pein der Frevler empfinden, wohl als Replik vgl. STRACK-BILLERBECK, KNT II, 228.

26 Vgl. LELOIR, CSCO 145, 233: CSCO 144, 327: MERK, *Marien*, 494–496.

27 Vgl. STRACK-BILLERBECK, KNT II, 233. Den Worten des Reichen in der Unterwelt liegt der Gedanke zugrunde, dass es im Jenseits keine Bußmöglichkeit mehr gebe. Hält man hingegen den Hades resp. die Scheol für eine Art Purgatorium, dann ist die jenseitige Buße recht eigentlich die Bedingung für einen Eintritt der Geläuterten in die Seligkeit. Bei Aphrahat ist der Vergeltungsgedanke vorherrschend. So nimmt er ein unterschiedliches Los der Gerechten und der Gottlosen nicht bloß für die Zeit nach der Auferstehung, sondern bereits für den Zwischenzustand der Seelen an. Deshalb ist die Scheol kein für alle Bewohner gleichartiger Aufenthaltsort; für einen Gerechten wie Lazarus ist sie eine Stätte des Ausruhens und Friedens (in Abrahams Schoß), für den gottlosen Prasser aber bis zum Endgericht ein Ort der Pein und der Qual. Dass damit auch eine räumliche Trennung (Kluft) zwischen den Frommen und Gottlosen gegeben war, erscheint auf diesem Hintergrund nur allzu verständlich.

„Alle, die das Wasser mit der Zunge lecken, wie ein Hund es leckt, sollen mit dir in den Kampf ziehen. Alle aber, die sich zum Wassertrinken niederlassen, sollen nicht mir dir in den Kampf ziehen.‘ (Ri 7,5) Groß ist dieses Geheimnis, mein Lieber, dessen Zeichen Er dem Gideon im voraus gezeigt hat... Von all den Tieren, die zugleich mit dem Menschen erschaffen wurden, ist nicht eines, das seinen Herrn so liebt wie der Hund und Tag und Nacht Wache hält. Auch wenn er von seinem Herrn Prügel bezieht, geht er dennoch nicht von ihm fort. Und wenn er mit dem Herrn auf die Jagd geht und ein starker Löwe seinem Herrn begegnet, gibt er sich selbst in den Tod für seinen Herrn. So tapfer sind auch die, die aus dem Wasser ausgesondert wurden. Sie folgen ihrem Herrn wie Hunde, überliefern sich für ihn dem Tode und kämpfen seinen Streit beherzt. Sie halten Wache Tag und Nacht und bellen wie Hunde, wenn sie über das Gesetz nachdenken Tag und Nacht (Ps 1,2). Sie lieben unseren Herrn und lecken seine Wunden, wenn sie seinen Leib nehmen und ihn auf ihre Augen legen und ihn lecken, wie ein Hund seinen Herrn ableckt.“[28]

Aphrahats Gleichnis vom „treuen Hund“ findet sich in der Darlegung über die Büßer und dort im engeren Kontext einer Taufkatechese. Das Lechzen des Hundes nach dem Wasser symbolisiert die Begierde der Täuflinge, das Sakrament alsbald empfangen zu dürfen. Das Kampfmotiv stellt den Bezug zum ethischen Ringen des Taufbewerbers um seine persönliche Berufung her: Der ehelose Asket bildet die kirchliche Elite, der Verheiratete das Gros der Getauften. Das Wachen des Hundes vor allem in der Nacht lässt an die Vigilien[29] der syrischen Mönche denken. Das Martyrium des Asketen wird im Kampf des Hundes mit dem Löwen angedeutet, seine Gemeinschaft mit dem leidenden Christus in der Eucharistie im Lecken, d.h. dem Liebkosen der Wundmale des Erlösers.

Die positive Sicht auf den Hund bei Aphrahat erscheint uns umso verwunderlicher, je mehr wir den eher pejorativen neutestamentlichen und jüdischen Hintergrund (Mt 15,26) in Erwägung ziehen, wonach es nicht recht sei, das Brot den Kindern zu nehmen und es den Hündlein zu geben. Der Hund gehörte nach geläufiger rabbinischer Vorstellung[30] nicht zu den eigentlichen Haustieren, sondern wurde den in Freiheit lebenden, unreinen Wildtieren zugezählt. Nur selten wurde die Nützlichkeit des Haushundes, der als domestiziertes Wesen kein Wildtier mehr im strengen Sinne war, anerkannt und seine Treue lobend von den Rabbinen erwähnt. Diesen wenigen positiven Belegstellen aus der zeitgenössischen jüdischen Literatur steht das erdrückende Material gegenüber, in dem der Hund als das verachteste, frechste und elendste Geschöpf betrachtet wird. Als Schimpfwort war der „Hund“ ausschließlich für unwissende, der Thora Unkundige oder die Gottlosen schlechthin reserviert. Es prägte sich deshalb keine geringe Verachtung darin aus, wenn man einen Heiden „Hund“ nannte oder einem Hund den Namen von verhassten Römern beilegte. Aphrahats ganze Sympathie gilt allerdings den Heidenchristen, die uneingeschränkten Zugang zur eucharistischen Gemeinschaft des neuen Gottesvolkes der Messianer haben. Doch scheint uns der eucharistische Brauch, die Sinne vor dem Kommunionempfang zu segnen, noch nicht die Hochschätzung des Hundes bei Aphrahat zu erklären, zumal da diese, oberflächlich be-

28 BRUNS, *Aphrahat*, 229: PARISOT I,1, 348,13–349,17.

29 Weitere Belege bei Aphrahat vgl. BRUNS, *Nachtwachen*, 39–42.

30 Belege im Einzelnen bei STRACK-BILLERBECK, KNT I, 722–726.

trachtet, auf bloßer Assoziation[31] mit der Gideonsvision beruhen könnte. Unmittelbare griechisch-jüdische Vorbilder wie Philos[32] Meinung zu den Haus- und Herdenhunden scheiden für Aphrahats Position ebenfalls aus, da die hellenistische Welt für den Persischen Weisen räumlich und sprachlich viel zu weit entfernt ist. Auch eine Origenes-Homilie zur Gideons-Geschichte verrät zwar eine Wertschätzung des Hundes, doch kommt sie wegen der mangelnden Griechischkenntnisse Aphrahats nicht in Betracht[33]. Viel näher liegt für den Persischen Weisen die iranische Vorstellungswelt, auch wenn er sich gelegentlich eher kritisch mit dem Dualismus der Zoroastrier und Manichäer auseinandersetzt.

Innerhalb der syro-persischen Literatur verfügte der Hund über ein weitaus besseres Image als bei den Rabbinen des Zweistromlandes. Als Beleg für diese Sicht mag man das in monastischen Kreisen des Zweistromlandes entstandene Schriftstück „Über die zehn Tugenden des Hundes“[34] anführen. Es findet sich in einem syrischen Manuskript (n° 9) des India Office[35], welches nun in den Besitz der British Library übergegangen ist. Furlani[36] hat im Jahre 1915 dieses Manuskript im Britischen Museum eingesehen und beschrieben. Weder über das Alter noch über den Autor unserer Merksprüche über den Hund lässt sich genaue Auskunft erhalten; die Kopie stammt vom Ende des 17. Jh. und mit hoher Wahrscheinlichkeit aus der Feder zweier nestorianischer Abschreiber. Die 84 Traktate behandeln theologische, philosophische und liturgische Fragen und sind von ihrer Anlage her völlig disparat. Auch die „Zehn Eigenschaften des Hundes“ stehen in keinerlei Bezug zu den übrigen Exzerpten des Manuskripts. Die Form mag ein wenig banal sein, die Zehnerzahl wirkt gekünstelt, doch der Inhalt entspricht gänzlich der fromm-schlichten Vorstellungswelt des syrisch-iranischen Mönchtums. Zur Illustration der Gedankenwelt des Persischen Weisen mag uns der Tugendkatalog nicht zuletzt auf Grund seiner gesicherten ostsyrischen Herkunft gute Dienste leisten. Über eine unmittelbare literarische Abhängigkeit Aphrahats von diesem Text ist damit freilich noch nichts gesagt.

Da der von Janssen herausgegebene syrische Text nur sehr schwer zugänglich ist, haben wir uns entschlossen, ihn noch einmal abzudrucken und zwar diesmal mit deutscher Übersetzung, nachdem eine französische bereits vorliegt. Es ist evident, dass die beiden angehängten Erläuterungen zum ursprünglichen „Hunde–Dekalog“ nicht dazugehörten. Sie wurden von einem unbekannten Redaktor angefügt und enthalten allgemeines orientalisches Spruchgut. Der Erläuterungssatz Nr. 11 wirkt zudem wie eine Ergänzung zu Nr. 5 und 8. Offensichtlich hat die mit den modernen Vorstellungen vom Tierschutz kaum zu vereinbarende Prügel des Vierbeiners auf unseren Sammler einen tiefen Eindruck gemacht. Man

31 Vgl. HAEFELI, *Stilmittel*, 173f. Er vermutet noch die jüdische Haggada hinter Aphrahats Äußerungen. Doch erscheint dies eher unwahrscheinlich, wenn man die Ablehnung des Hundes in der rabbinischen Literatur in Rücksicht stellt.

32 HAEFELI, *Stilmittel*, 174, beruft sich auf *Decal* 114: „Haushunde (κύνες οἰκουροι) verteidigen ihre Herren und lassen sich für sie töten, wenn plötzlich eine Gefahr eintritt; vollends von den Hunden, die bei den Herden verwendet werden, erzählt man, dass sie bei der Verteidigung der Tiere ausharren bis zum Siege oder bis zum Tode, um die Herdenführer vor Schaden zu bewahren.“ (COHN/TREITEL I,396) Philo spricht von Haustieren, die anders als die Streuner ein höheres Ansehen in der jüdischen Gemeinschaft genossen.

33 Vgl. PIERRE, *exposés*, 433.

34 JANSSENS, *dix vertus*, 119–133.

35 Kurze Beschreibung bei JANSSENS, *dix vertus*, 121.

36 FURLANI, *manoscritto siriaco*, 318, vermutete hinter unserem Text noch ein unbekanntes Fragment aus dem syrischen Physiologus, dazu kritisch allerdings JANSSENS, *dix vertus*, 122–125.

geht wohl nicht fehl in der Annahme, dass sich hinter der Prügel (syr. ܡܚܘܬܐ), welche der Hund einstecken muss, symbolisch die Zuchtrute Gottes[37] für die Laxheit der Asketen verbirgt.

ܐܡܝܪ ܕܝܢ ܡܢ ܚܟܝܡܐ ܘܡܕܪܟܢܐ ܕܐܝܬ ܠܟܠܒܐ ܥܣܪ
ܕܝܠܝܬܐ ܡܝܬܪܬܐ܀

Es heißt bei den Weisen und Verständigen, dass der Hund zehn hervorragende Eigenschaften habe. –

ܩܕܡܝܬܐ ܡܢ ܕܟܠܗ ܙܒܢܗ ܕܚܝܠܐ ܗ̄ܘ. ܗܕܐ ܕܝܢ ܐܬܐ
ܗ̄ܝ ܕܕܚܠܝ ܐܠܗܐ ܘܕܡܝܬܪ̈ܐ܀

Erstens ist er die ganze Zeit furchterregend. Dies ist das Zeichen der Gottesfürchtigen und Edlen. –

ܕܬܪܝܢ ܡܢ ܠܝܬ ܠܗ ܕܘܟܬܐ ܝܕܝܥܬܐ ܕܢܕܡܟ. ܗܕܐ
ܕܝܢ ܥܝܕܐ ܗ̄ܝ ܕܡܬܟܪܟܢܐ ܡܬܟܠܝܢ ܥܠ ܐܠܗܐ܀

Zweitens hat er keinen bekannten Ort zum Schlafen; dies ist die Gewohnheit der vagabundierenden Gottvertrauenden. –

ܬܠܝܬܝܬܐ ܡܢ ܟܠܗ ܠܠܝܐ ܠܐ ܕܡܟ ܣܛܪ ܡܢ ܚܕܐ
ܫܥܬܐ ܠܚܘܕ ܘܡܦܩ ܠܠܝܗ ܟܕ ܫܗܪ ܟܕ ܢܛܪ ܡܪܗ.
ܗܕܐ ܥܝܕܐ ܗ̄ܝ ܕܡܚܒܝ ܚܘܒܐ ܘܡܠܝ̈ ܪܚܡܬܐ܀

Drittens schläft er nicht die ganze Nacht hindurch, außer einer Stunde nur, vielmehr verbringt er seine Nacht wachend, indem er auf seinen Herrn aufpasst. Dies ist die Gewohnheit der Liebenden und Liebevollen. –

ܪܒܝܥܝܬܐ ܐܡܬܝ ܕܡܐܬ ܠܐ ܫܒܩ ܠܗ ܡܕܡ ܡܢ.
ܗܕܐ ܕܝܠܝܬܐ ܗ̄ܝ ܕܡܣܟܢ̈ܐ ܘܕܡܣܬܢܩ̈ܢܐ܀

Viertens, wenn er stirbt, hinterlässt er überhaupt nichts; dies ist das Kennzeichen der Habenichtse und Bedürftigen. –

ܚܡܝܫܝܬܐ ܠܐ ܫܒܩ ܡܪܗ ܐܦ ܐܢ ܡܚܐ ܠܗ ܠܐ
ܦܪܩ ܡܢܗ. ܗܕܐ ܐܬܐ ܗ̄ܝ ܕܡܚܒ̈ܐ ܘܪ̈ܚܡܝ ܡܪܗܘܢ܀

Fünftens verlässt er seinen Herrn nicht; auch wenn er Prügel bekommt, weicht er nicht von ihm. Dies ist das Zeichen der Liebenden und Freunde ihres Herrn. –

ܫܬܝܬܝܬܐ ܕܝܢ ܕܕܘܟܬܐ ܫܝܛܬܐ ܡܩܒܠ ܘܗܦܟ. ܗܕܐ
ܐܬܐ ܗ̄ܝ ܕܡܣܒܠܢ̈ ܐܘܠܨܢܐ ܘܥܩ̈ܬܐ ܗ̄ܝ܀

Sechstens nimmt er einen verachteten Platz ein und kehrt dorthin zurück. Dies ist das Zeichen derer, die Drangsal und Kummer auf sich nehmen. –

ܫܒܝܥܝܬܐ ܥܠ ܕܘܟܬܗ ܘܡܬܡܪܡܪ ܘܡܬܚܪܐ ܘܠܐ
ܫܒܩ ܠܗ. ܗܕܐ ܐܬܐ ܗ̄ܝ ܕܓܡܝܪ̈ܐ ܘܕܡܟܝ̈ܟܐ
ܘܕܚܟܝ̈ܡܐ܀

Siebtens verlässt er seinen Platz, der ihn erbittert und mit dem er hadert, nicht. Dies ist das Zeichen der Vollkommenen, Demütigen und Weisen. –

ܬܡܝܢܝܬܐ ܐܢ ܛܪܕܝܢ ܘܡܚܝܢ ܠܗ ܘܡܚܕܐ ܕܩܪܝܢ ܠܗ
ܘܪܡܝܢ ܠܗ ܦܬܐ ܕܠܚܡܐ ܐܬܐ ܘܢܣܒ ܠܗ ܘܠܐ ܐܚܕ
ܐܟܬܐ ܘܠܐ ܡܬܟܪܒ. ܗܕܐ ܐܬܐ ܗ̄ܝ ܕܦܫܝ̈ܛܐ ܘܕܒܘܪ̈ܐ܀

Achtens, wenn man ihn verjagt oder schlägt, und sogleich, wenn man ihn ruft und ihm einen Bissen Fressen hinwirft, dann kommt er und nimmt es, ohne Anstoß zu nehmen oder sich zu grämen. Dies ist das Zeichen der Einfachen und Ungeschliffenen. –

ܬܫܝܥܝܬܐ ܟܕ ܕܡܬܛܝܒ ܐܘܟܠܐ ܒܪܘܚܩܐ ܝܬܒ ܘܠܐ
ܡܡܪܚ ܕܢܬܩܪܒ. ܗܕܐ ܗ̄ܝ ܕܡܣܝܒܪ̈ܢܐ ܘܡܩܒܠܝ
ܛܝܒܘܬܐ ܗ̄ܝ܀

Neuntens, während der Zubereitung des Essens hockt er weit entfernt und traut sich nicht in die Nähe. Dies ist das Zeichen der Geduldigen und Gnadenempfänger. –

ܥܣܝܪܝܬܐ ܐܡܬܝ ܕܐܙܠ ܡܢ ܕܘܟܬܗ ܠܐ ܫܩܠ ܡܢ
ܥܡܗ ܡܕܡ. ܗܕܐ ܐܬܐ ܗ̄ܝ ܕܡܣܪ̈ܩܠܠܐ ܘܡܨܪ̈ܝܐ ܗ̄ܝ܀

Zehntens, wenn er von seinem Platz fortgeht, nimmt er überhaupt nichts mit sich, dies ist das Zeichen der Zerrissenen und Zerlumpten.

܀܀܀

***

(ܘܐܝܬ ܐܚܪܬܐ ܕܐܡܬܝ ܕܡܚܐ ܠܗ ܡܪܗ ܡܬܗܦܟ ܢܒܚ
ܥܠ ܚܨܗ ܘܡܟܘܚ ܘܡܪܝܡ ܐܝܕܗ. ܗܕܐ ܗ̄ܝ ܕܥܒܕ̈ܐ.
ܘܐܚܪܬܐ ܕܦܘܡܗ ܡܝܬܐ ܠܗ ܡܚܘܬܐ ܘܕܘܢܒܗ ܠܚܡܐ܀)

(Es gibt noch eine Erklärung: Wenn sein Herr ihn schlägt, rollt er sich auf den Rücken, jault auf und hebt seine Pfote. Dies ist das Zeichen der Knechte. – Eine weitere: Sein Maul bringt ihm Prügel, sein Schwanz das Fressen.)

37 Vgl. STRACK-BILLERBECK, KNT I, 724.

Schon rein äußerlich von der Textüberlieferung betrachtet, spricht die iranisch-indische Provenienz des Manuskripts für eine Verwendung in syro-persischen Asketenkreisen. Ein iranischer Verstehenshorizont des Textes liegt daher, wie Janssens nicht zu Unrecht vermutete, viel näher als ein jüdisch-semitischer. Wir brauchen auch nicht bis in die muslimische Zeit hinaufzugehen, da im Islam ähnlich wie in der rabbinischen Literatur der Hund als unreines Tier[38] gilt. Völlig anders hingegen ist die Hochschätzung des Hundes in der persisch-zoroastrischen Literatur[39]. Im Gegensatz zum Wolf, welcher den Zoroastriern als ahrimanische Kreatur gilt, ist sein Vetter, der Hund, ein bevorzugtes Geschöpf des Ahura Mazda. Ihm ist das ganze dreizehnte Kapitel des alten persischen Ritualgesetzes (Vendidad XIII) gewidmet. Es lässt den „Herrn der Weisheit" wie folgt sprechen:

> „Den Hund habe ich geschaffen, o Zarathustra, mit seinen eigenen Kleidern und seinen eigenen Schuhen, mit scharfem Geruch und scharfen Zähnen, anhänglich an den Menschen, zum Schutze für die Hürden. Sodann habe ich den Hund geschaffen, ich der ich Ahuramazda bin, mit bissigem Körper für den Feind, solange er gesund ist, wenn er bei den Hürden weilt. Wenn er, o heiliger Zarathustra, bei guter Stimme ist, kommt zu seinem Dorfe weder Dieb noch Wolf und stiehlt unbemerkt aus den Dörfern, der tödliche Wolf, der angriffslustige Wolf, der hochgewachsene, schmiegsame Wolf."[40]

Sieht man einmal von den ersten dunklen Versen über das nicht näher zu definierende Fabelwesen, den mythischen Hund Duzhaka, ab, dann handelt der größte noch übrige Teil unseres Kapitels (§§ 21–159) von der richtigen Aufzucht und Ernährung der nützlichen Vierbeiner, deren Wichtigkeit für die Viehzucht in den gebirgigen und an Wölfen reichen Gegenden Irans außer Zweifel steht. Das in den Hochebenen Irans entstandene Ritualgesetz der alten Perser spiegelt die Gepflogenheiten einer alten bäuerlichen Kultur wider, die genau zwischen Schädlingen und Nützlingen zu unterscheiden weiß. Doch noch mehr als die bei manchen Kirchenvätern attestierte Nützlichkeit des Herdenhundes[41] ist es die religiöse Aura, welche das Tier im Zoroastrismus umgibt. Laut Vendidad XIII sind es acht Eigenschaften, die den von Ahura Mazda geschaffenen Hund auszeichnen:

> „Ein Hund hat acht Charaktere. Einen solchen wie für einen Athrava, einen solchen wie für einen Krieger, einen solchen wie für einen Ackerbauer, einen solchen wie für einen Dorfbewohner, einen solchen wie für einen Dieb, einen solchen wie für ein Raubtier, einen solchen wie für einen Höfling, einen solchen wie für ein Kind. Er isst, was sich eben darbietet, wie ein Athrava. Er ist zufrieden wie ein Athrava. Er ist geduldig wie ein Athrava. Er braucht bloß ein kleines Brot, wie ein Athrava. Dies sind seine Eigenschaften wie die eines Athrava."[42]

---

38 Belege bei JANSSENS, *dix vertus*, 129f.

39 Belege bei JANSSENS, *dix vertus*, 130–133. Die Arbeit von Abel HOVELACQUE, *Le chien dans l'Avesta*, Paris 1876, war mir leider nicht zugänglich.

40 Vendidad 106–114: SPIEGEL, *Avesta* I, 197. Wir übernehmen hier und im Folgenden mit einigen Modifikationen die Spiegel-Übersetzung unter besonderer Berücksichtigung der besseren Lesbarkeit im Deutschen. Der Iranist sei für weitere Fragen auf den philologischen Kommentar verwiesen, vgl. SPIEGEL, *Commentar*, 294–327. Die Verseinteilung variiert zwischen den Übersetzungen von Spiegel und Darmesteter.

41 Belege bei JANSSENS, *dix vertus*, 128f.

42 Vendidad 124–130: SPIEGEL, *Avesta* I, 198f.

Alle Charaktereigenschaften des Hundes werden im Folgenden einzeln weiter entfaltet. Für unseren Zusammenhang aber ist die erste, hervorstechende Qualität des Hundes von besonderer Bedeutung: die priesterliche. Das persische Ritualgesetz weist dem Hund eine dem Feuerpriester (Athrava) analoge Funktion zu, da er, anders als im semitischen Kulturkreis, dem gläubigen Zoroastrier nicht als unrein gilt, sondern eine fixe sakrale Größe darstellt. Freilich ist der traditionelle Feuerpriester, der *aêthrapaiti* des Avesta oder der Hêrbadh in der Sasanidenzeit, eher ein niederer Kleriker[43], der mit den verschiedenen Zeremonien des Zoroastrismus (Hüten des heiligen Feuers, Passageriten, Gebeten und Reinigungs- und Sühneopfern) betraut ist, während die jurisdiktionellen oder doktrinellen Fragen eher den gelehrten Mobeds überlassen wurden, die nicht selten dem höheren Adel entstammten und oft recht vermögend waren. Die profanen Charaktereigenschaften des Hundes betreffen eher die Nützlichkeit für Viehzucht und Dorfgemeinschaft[44] im Allgemeinen. Der Vierbeiner wird geschätzt wegen seiner kämpferischen und wachsamen Natur, die zugleich anhänglich ist wie die eines Kindes oder freundlich wie die eines Höflings[45]. Obgleich der zoroastrische Klerus nicht enthaltsam lebte, anders als die christlichen Mönche und die im Sasanidenreich recht zahlreich vertretenen Manichäer, waren die Lebensumstände des einfachen Hêrbadhs, des Wanderpriesters, zumal auf dem Lande, eher bescheiden, weshalb er sich mit dem „kleinen Brot" zufriedengeben musste. Des Weiteren enthält der Vendidad (XIII, 24–47) ein ausführliches Strafregister für alle Vergehen, dessen sich ein Mensch gegenüber dem Hund schuldig machen kann. Zu den Kuriositäten der persischen Religionsgeschichte gehört ferner die eigenartige animistische Vorstellung, wonach der Geist des toten Hundes eingeht in den Quellgrund der Wasser- und Fruchtbarkeitsgöttin Ardvî Sûrâ (Anâhitâ)[46].

Die sakrale Würde des Hundes wird im Zoroastrismus noch dadurch unterstrichen, dass er in der iranischen Eschatologie die ehrenvolle Aufgabe hat, die Çinvat-Brücke[47], die Brücke ins Jenseits, zu bewachen und die Seelen an den Ort der Ruhe hinüberzugeleiten. Für die Seele des Frevlers gilt im Augenblick des Hinüberscheidens in die andere Welt: „Nicht befreunden sich mit ihr die abgestorbenen Hunde, die vor Vergehen schützen und die Brücke bewachen, wegen des Grauens und der Schrecklichkeit derselben."[48] Hunde sind es auch, welche die Leichenhexe Nasu[49] vom Kadaver fernhalten und die Seele, welche sich noch in der Nähe ihres alten Hauses, des verfallenen Leibes, aufhält, beschützen. In der berühmten Seelenreise des Ardai Viraf[50] wird denjenigen, welche den tapferen Wach- und Hirtenhunden die Nahrung verweigert haben, bittere Höllenpein angedroht. In einigen späteren Übersetzungstraditionen dieses berühmten und sehr verbreiteten Erbauungs-

43 Vgl. CHRISTENSEN, *Iran*, 118–122.

44 Vgl. Vend. XIII, 165: „Denn nicht hätten Bestand die Wohnungen auf der von Ahura geschaffenen Erde, wären da nicht die Hunde, die Vieh und Dorf gehören."

45 Spiegel übersetzt mit „Buhlerin", Janssens mit „courtisan".

46 DARMESTETER, Vendîdâd XIII, 50 (S. 164, Anm. 2).

47 Vgl. Vend. XIX, 99 (SPIEGEL 249: DARMESTETER 213).

48 Vend. XIII, 25: SPIEGEL 192. Vgl. SPIEGEL, *Commentary*, 300f.

49 Vgl. DARMESTETER, Vendîdâd XIII, 22 (S. 157, Anm. 1).

50 Vgl. VAHMAN, *Ardâ Wirâz Nâmag*, 24,2; 32,7; 33,19f; 34,5; 45,19; 48,14. Hunde vollstrecken in der kommenden Welt das Gericht, indem sie die Knochen der Frevler zermalmen.

romans wird der Name des Wachhundes an der Çinvat-Brücke mit „Goldohr“[51] angegeben. Er ist auf der Lichtseite der Brücke an einer goldenden Kette festgebunden und schreckt Ahriman mitsamt dem Dämonenheer ab, damit diese von ihrem Versuch ablassen, ins Lichtreich einzudringen. Die Seelen der Frevler werden gleichfalls von dem Gebell dieses Hundes abgeschreckt, während die Guten willkommen geheißen werden. Während des kräftezehrenden Aufstiegs fragt Ardai Viraf seinen himmlischen Begleiter und erhält folgende prompte Antwort:

> „I ask'd them why the dog was chained up there, and also for what purpose he was placed, and why it was he made so great a noise? Serosh izad then made reply – he said: – He makes this noise to frighten Ahriman, and here keeps watch to hinder his approach. His name is Zeriug Goash, at his voice the devils shake, and any soul that has during its sojourn in the nether world hurt, ill-us'ed or destroy'd a single dog, is thus prevented by Zeriug Goash further across the Bridge to go. And now, o Viraf, when thou to the world return'st, as one of thy first duties, strict enjoin the taking care of all these animals.“[52]

Nach dem bisher Gesagten dürfte es kein Zufall sein, dass in der im christlichen Orient weitverbreiteten Siebenschläferlegende die jugendlichen Märtyrer von einem Hund[53] begleitet werden, der es in der verzweigten islamischen Überlieferung über Umwege sogar geschafft hat, ins Paradies zu gelangen. Die koranische Tradition vom Hund in der Sure „die Höhle“ (18,8) ist in jedem Falle vorislamisch und dürfte ihren Anhalt in den christlichen Pilgerberichten des sechsten Jahrhunderts haben. Semitisch oder jüdisch ist sie jedenfalls nicht, eher schon persisch, wenn man bedenkt, dass auch nach koranischer Vorstellung die Schläfer als quasi-Tote von ihrem Hund, der mit ausgestreckten Pfoten darliegt, bewacht werden.[54]

Der arme Reiche und der reiche Arme: Die Lazarus-Gestalt bei Narsaï dem Großen

Narsaï (gräzisiert Narses: *399, † um 502?)[55] trat in seiner Eigenschaft als Abt des Klosters von Kfar-Mari und später als Leiter der Perserschule von Edessa vor allem als geistlicher Dichter und Theologe in Erscheinung. Nach Absetzung des Bischofs Ibas im Jahre 457 wurde Narsaï wegen seines nestorianischen Bekenntnisses vom monophysitischen Bischof Nonnus aus Edessa vertrieben und suchte außerhalb des Römischen Reiches in der persischen Grenzfeste Nisibis Zuflucht, wohin ihm alsbald die gesamte edessenische Gelehrtenschule folgen sollte. Dieser Einrichtung stand er vierzig Jahre lang bis kurz vor seinem

---

51 „Zeriug Goasch“, vgl. SPIEGEL, *Literatur*, 124. Der Autor stützt sich für seine Ausführungen auf die persisch-indische Übersetzungstradition; in der Pahlavi-Fassung von Vahman findet sie sich nicht.

52 POPE, *Ardai Viraf Nameh*, vv. 284–298, 9f.

53 Vgl. KOCH, *Siebenschläferlegende*, 63–65.

54 Nach JOURDAN, *septs dormants*, 97, hat der Hund in der islamischen Tradition unterschiedliche Bedeutungen. Bei den Schiiten steht er für den ersten Imâm, bei den Drusen repräsentiert er eine höhere Initiationsstufe *(mukallib)*. Er kann in sunnitischer Überlieferung auch als Platzhalter für einen Schutzengel angesehen werden oder als eine Art geistlicher Führer *(khâdir)*, durch den Allah zu seinen Boten spricht. Zusammen mit den Eseln des Propheten Bileam und des Heilandes hat auch der Hund der Siebenschläfer seinen endgültigen Platz im Paradies gefunden.

55 Eine kurze Einleitung in Leben und Werk des Narsaï findet sich bei MINGANA, *Narsaï*, 5–31.

Tode (wahrscheinlich im Jahre 502) als angesehener Lehrer vor. Narsaï war ein strenger Asket mit herausragenden intellektuellen Qualitäten und erfüllt von unbändigem Schaffensdrang. Der aufstrebenden nestorianischen Bewegung im Sasanidenreich lieh der Dichter bereitwillig seine schwungvolle Feder. Insgesamt werden ihm ca. 360 Mêmrê (Homilien) vornehmlich liturgisch-pastoralen Inhalts zugeschrieben, von denen eine Vielzahl Eingang ins Chaldäische Brevier[56] gefunden haben. Darunter befindet sich auch ein umfangreicher, aus 265 Versen bestehender Mêmrâ auf den armen Lazarus und den reichen Prasser.[57] Aus Platzgründen beschränken wir uns im Folgenden auf einige wenige Grundaussagen des Textes. In der mystischen Weltsicht Narsaïs bergen, ähnlich wie bei Ephräm dem Syrer, alle sichtbaren, stofflichen Dinge einen den leiblichen Augen verborgenen Hintersinn, der sich erst noch dem menschlichen Geiste enthüllen muss. Die Worte des Erlösers, ihre Klang- und Bilderwelt machen hiervon keine Ausnahme. Sie sind Kunstwerke, die sich dem Betrachter nicht auf den ersten Blick erschließen. Die Ebene der Worte ist mit jener des Seins und des Sinns innerlich verschränkt, wie Narsaï gleich zu Beginn des Lehrgedichtes herausstellt:

> „Ein Bildnis der Gleichnisse (ܦܠܐ̈ܬܐ) malte unser Erlöser auf das Blatt seiner Worte,
> und er nahm sie an gleichsam im Sinne von Tatsachen, die geschehen.
> Genauestens verglich er Worte mit Worten und drückte ihnen
> den Stempel von Sinnsprüchen (ܡܬ̈ܠܐ) auf, damit man sie nicht missachte.
> In jederlei Gestalt ließ er sie dem gleichen, was geschah,
> und verbarg sie im hübschen Kleid namens ‚Gleichnisse‘.
> Unter dem Namen ‚Gleichnisse‘ verbarg er die darin versteckte Wortgewalt,
> damit sie nicht missachtet würde vom Sinn derer, deren Seele erschlafft ist.“[58]

Mit dem bloßen Buchstabensinn gibt sich der syrische Dichter nicht zufrieden, er forscht nach tieferer Seinsenthüllung:

> „In der hübschen Reihung der Gleichnisse (ܦܠܐ̈ܬܐ) suchte ich zu erforschen
> das Warum des Namens ‚Gleichnisse‘ für die Buchstaben (ܐܬܘ̈ܬܐ).
> Den Namen ‚Gleichnisse‘ sah ich beim Durchgang durch die Buchstaben
> und wollte zusammen mit den Namen auch die Tatsachen erkennen.
> Zwei Personen (ܦܪ̈ܨܘܦܐ) sah ich, gemalt durch die Zusammenstellung der Worte,
> und obwohl sie einander glichen, waren ihre Bilder (ܨܘܪ̈ܐ) einander nicht gleich.
> Der Name ‚reich‘ und der Name ‚arm‘ stand über ihnen geschrieben,
> sie waren verschieden durch ihre Namen und ihre Taten.
> Der Name des Reichen war ganz oben auf der Liste verzeichnet,
> und ganz unten stand der Name des Armen, der arm und bedürftig war.
> Durch der Gewänder Pracht ist das Bildnis des reichen Besitzers gezeichnet,
> des Armen aber durch ein schäbiges Äußeres aus zerschlissenem Sacktuch.

---

56 Die Neuausgabe der Exilassyrer, veranstaltet vom Patriarchat in den Vereinigten Staaten, San Francisco, California 1970, verfolgt ebenfalls weniger kritische, als vor allem liturgisch-praktische Ziele.

57 Ausgabe mit frz. Übersetzung bei: SIMAN, *Narsaï*, 40–60. Der Verf. hat auf die Neuausgabe nicht viel Mühe verwandt. Der syrische Text ist lediglich ein Facsimile der Handschrift Nisan N° 1, pp. 376–383. Von einem kritischen Text kann kaum die Rede sein. Zur Überlieferung vgl. SIMAN, *Narsaï*, 3. Die Homilie 67 über den „Reichen und Lazarus“ entspricht der Zählung bei Mingana 48.

58 *De Lazaro*, vv. 1–4: SIMAN, *Narsaï*, 40.

Gar hübsch war der Anblick des Unschönen in seiner Gestalt,
gar hässlich anzuschauen war das Antlitz dessen mit der schönen Seele[59].
Leuchtend waren die verschiedenen Farben im Bildnis des Verächtlichen,
finsterer als alle Finsternis die des Schönen.
O Wunder, welches in den beiden Bildern erschien,
wahrschaft schön und unschön zugleich.
Nicht schön war der Reiche in Bezug auf das Schöne,
nicht verächtlich der Arme in seiner Hässlichkeit."[60]

Narsaïs allegorische Deutung der Lazarusperikope nimmt eine überraschende Wendung, indem sie von der Ebene des Wortsinnes auf die existenzielle der Seelenlehre hinüberschwenkt. Dabei setzt der Dichter voraus, dass die Welt der Äußerlichkeit jener der Innerlichkeit diametral entgegengesetzt ist. Alle Schönheit der Seele ist innerlich; es sind vor allem ihre Tugenden, die ihr einen übernatürlichen Glanz im Gegensatz zur körperlichen Hässlichkeit verleihen:

„Nur äußerlich verächtlich war der Anblick des Seelendemütigen (ܡܟܝܟ ܢܦܫܐ),
doch innerlich verächtlich und hässlich der des Stolzgesinnten (ܚܬܝܪ ܪܥܝܢܐ).
Denn in seiner Seele verächtlich war der Verächtliche, der alles in allem verachtete,
in seinem Sinn war hübsch und begehrenswert der Allschöne.
Die äußere Schönheit wurde zum Tadel für den mit der hässlichen Seele,
und die Hässlichkeit des Leibes zum Lobpreis dessen mit der schönen Seele.
Durch seinen Leib war verächtlich der Arme, hässlich an Gestalt,
in seinem Sinn war fäulig und hässlich der mit den schönen Gliedern.
Auf seinen Gliedmaßen erschien der Schönheit Glanz,
im Innersten seiner Seele ein über alles hässlicher Anblick."[61]

Schönheit und Hässlichkeit der Seele[62] – zwei ästhetische Deutekategorien, die in der zoroastrischen Eschatologie jener Tage eine entscheidende Rolle spielen, werden von Narsaï bemüht, um das unterschiedliche Geschick des Einzelnen nach seinem Tode zu illustrieren. Die bis auf die Sasanidenzeit zurückgehende persische Weisheitsliteratur kennt die berückende, d.h. bezaubernde Vorstellung, wonach der aus der Welt scheidenden Seele beim Hinübergang ins Jenseits die guten Werke in Gestalt eines hübschen Mädchens entgegenziehen, während die Frevler mit der Hässlichkeit der eigenen irdischen Vergangenheit konfrontiert werden.[63] Es ist schwer zu entscheiden, ob Narsaï mit diesen eschatologischen Vorstellungen der zoroastrischen Weisheitsliteratur vertraut war; völlig unwahrscheinlich ist es nicht.[64] Jedenfalls macht er mit seiner allegorischen Deutung der Lazarusperikope den Zoroastriern auf dem Feld der Seelelehre und Eschatologie die religiöse Dominanz streitig. Ein

59 Syr.: ܫܦܝܪ ܢܦܫܐ. Narsaï hegt eine besondere Vorliebe für derartige Konstruktus-Verbindungen. Manche Wendung dürfte durch analoge Bildung im Pahlavi mit bedingt sein, man denke etwa an *anôschurwân*: „der mit der unsterblichen Seele".

60 *De Lazaro*, vv. 16–25: SIMAN, *Narsaï*, 41.

61 *De Lazaro*, vv. 26–30: SIMAN, *Narsaï*, 42.

62 Vgl. SPIEGEL, *Literatur der Parsen*, 138–142.

63 Vgl. WEST, *Mainyo-i-Khard*, 134–137.

64 Der reine iranische Stil des Buches, das Fehlen der Arabismen, die Anspielungen auf die gerechte Königsherrschaft sprechen nach SPIEGEL, *Literatur der Parsen*, 138, für die Entstehung in der Sasanidenzeit.

gravierender Unterschied zur religiösen Leitkultur der Sasaniden besteht indes aus christlicher Sicht in der Bewertung des irdischen Reichtums. In Narsaïs asketischer Weltsicht ist materieller Wohlstand bestenfalls ein Adiaphoron, im Falle des reichen Prassers aber eher ein Hindernis für die Erlangung der ewigen Seligkeit. Als Kontrast zur christlichen Position sei das XXXV. Kapitel des Mainyo-i-Khard („Geist der Weisheit“) angeführt:

> „Der Weise fragte den Geist der Weisheit folgendermaßen: ‚Wieviel Leute sind es, die man notwendig als reich anzusehen hat? Und wieviel Leute gibt es, die man notwendig als arm anzusehen hat?‘ – Der Geist der Weisheit antwortete wie folgt: ‚Dies sind die Leute, die man notwendigerweise als reich anzusehen hat:
> 1. Der in der Weisheit Vollkommene.
> 2. Der, dessen Leib gesund ist, und der ohne Furcht lebt.
> 3. Der zufrieden ist mit dem, was ihm widerfährt.
> 4. Der, dessen Los es ist, einen Freund in Ehren zu haben.
> 5. Der in Gottes Augen[65] geehrt ist sowie durch die Zungen der Guten.
> 6. Der sein Vertrauen auf die eine, reine, gute Religion der Mazdaverehrer[66] setzt.
> 7. Der, dessen Reichtum ehrenvoll *(tuãgarî ezh frârûrî)* erworben wurde.
> Dies sind die Leute, die als arm anzusehen sind:
> 1. Wer über keine Weisheit verfügt.
> 2. Der, dessen Leib nicht gesund ist.
> 3. Derjenige, der in seiner Furcht und Falschheit lebt.
> 4. Der, der sich nicht selbst beherrscht.
> 5. Der, dessen Los es ist, keinen Freund zu haben.
> 6. Der in Gottes Augen nicht geehrt ist noch durch die Zungen der Guten.
> 7. Der, der alt ist und weder Kind noch Familie hat.‘“[67]

Es ist evident, dass sich die Vertreter des Christentums und des Zoroastrismus in der Bewertung des materiellen Wohlstands und des irdischen Reichtums völlig uneins sind. Als gute Kaufleute wissen die Mazdaverehrer ehrlich erworbenen Reichtum zu schätzen. Es gehört nämlich zu den verdienstvollen Werken, die auch in der künftigen Welt belohnt werden, Karawansereien zu bauen, Wohlstand zu erwirtschaften und Bedürftige durch Almosen zu unterstützen.[68] Reichtum ist nur dann verwerflich, wenn er durch Lug und Trug erworben wurde.[69] Im Übrigen ist es ein untrügliches Kennzeichen von wahrer Weisheit, wenn sich der Mensch mit seiner Habe zufriedengibt.[70] Für den frommen Zoroastrier ist

65 Pazand: *pa chashm i Yazdã. Yazdã* meint das Götterkollektiv, die Himmelswesen, welche die Zoroastrier verehren. Der gute Leumund bei den Madzaverehrern gilt viel und zählt als geistiger Reichtum.

66 Pazand: *veh dîn Mazdayanã.* Das Christentum gehört nach zoroastrischer Lesart zu den schlechten Religionen, welche zu bekämpfen sind, da sie auf der Seite Ahrimans, des bösen Prinzips, stehen.

67 WEST, *Mainyo-i-Khard*, 36. 162f. Ehelosigkeit um des Himmelreiches willen ist den alten Persern völlig unbekannt.

68 Vgl. WEST, *Mainyo-i-Khard*, 134. Bestechung, Betrug etc. sind untersagt und machen die Seele hässlich.

69 Vgl. auch Kap. XV,1–11: WEST, *Mainyo-i-Khard*, 147f.

70 Vgl. hierzu Kap. XXV: „Der Weise fragte den Geist der Weisheit: ‚Bezüglich des Reichen, wer ist ärmer? Und bezüglich des Armen: Wer ist reicher?‘ Der Geist der Weisheit antwortete ihm wie folgt: ‚Bezüglich des Reichen, ist er ärmer, wenn er nicht zufrieden ist mit dem Seinigen und ängstlich auf die Mehrung irgendwelcher Dinge aus ist. Bezüglich des Armen, ist er reicher, wenn er zufrieden ist mit dem, was ihn getroffen, und er sich nicht um die Mehrung irgendwelcher Dinge schert.“ (WEST, *Mainyo-i-Khard*, 156).

die physische Gesundheit eine Gabe des guten Gottes Ahura Mazda und daher ein Reichtum, während die Krankheit in all ihren Schattierungen als Werk des Ahriman gilt und somit als eine Form von Armut anzusehen ist. Die Lazarusperikope legt für Narsaï eine andere Sicht auf die Dinge nahe:

„Voller hässlicher Schwären in Masse war er ganz und gar,
es gab keine Stelle, die gesund gewesen wäre, ohne Flecken.
Ein Quell der Schwären war geworden der Körper des Festgesinnten,
es strömte aus ihm hässlicher Eiter, der die Seele verwirrt.
Eiterbäche ergossen sich aus seinen Gliedmaßen,
aufwühlend war der hässliche Gestank, der ihm entwich.
Gierige Hunde tranken den Eiter seines Körpers
und labten sich am Wohlgeruch (ܒܘܣܡܐ) seiner Wunden.
Zum fauligen Gestank gelangten die, die in der Seele gierten,
sie suchten ihn auf und wurden durch seine Striemen geheilt.“[71]

Die zweite Hälfte des Distichons (v. 56b) spielt mit einem Jesaja-Zitat des Gottesknecht-Liedes (Jes 53,5 *cuius livore sanati sumus*)[72] und lässt daher implizit eine im Vergleich zu Aphrahat und Ephräm allerdings eher zurückhaltende christologische Deutung zu. Im Unterschied zu letzteren fehlt bei Narsaï jegliche antijüdische Polemik. Stattdessen werden die mit Lazarus' Aussatz verbundenen ekelhaften Kranhkeitsdetails erzählerisch ausgebreitet. Es ist daher nicht auszuschließen, dass der Dichter, dessen Beiname in einigen orientalischen Traditionen der „Aussätzige“ (ܓܪܒܐ)[73] war, hier seine eigene Lebensgeschichte literarisch verarbeitet hat. Narsaïs Sicht auf die wundenleckenden Hunde ist – dem persischen Kontext entsprechend – durchaus positiv, wie auch noch aus einer weiteren Stelle[74] hervorgeht, doch fehlt bei Narsaï das für Aphrahat wichtige eucharistische Motiv ebenso wie der Gedanke an die Berufung der Heidenwelt. Der reiche Prasser in seinem seelischen Elend und der arme Lazarus mit seinem geistlichen Reichtum stehen als allegorische Personifikationen für den ärmlichen gegenwärtigen Äon und die künftige Herrlichkeit, zwei miteinander verschränkte Wirklichkeiten:

„Die eine und andere Welt (ܥܠܡܐ) zeigte mir das Gleichnis der beiden Menschen:
Die eine reich, die andere arm, Wirklichkeit und Symbol (ܫܪܪܐ ܘܛܘܦܣܐ).
Wirklichkeit und Symbol der beiden Welten sind in beiden verborgen,
die Unzulänglichkeiten und Herrlichkeiten dieser Welt.
Die zeitliche Welt kündet die Frist jenes Reichen,

71 *De Lazaro*, vv. 52–56: SIMAN, *Narsaï*, 44.

72 ܘܡܬܚܠܡܝܢ ܗܘܘ ܡܢ ܫܘܡܩܬܗ. Die Lesart der Peschitta (ܘܒܫܘܡܩܬܗ ܢܬܐܣܐ) stellt in diesem Falle kein Hindernis dar, da Narsaï mit der doppelten Bedeutung des Wortes ܣܥܪ *(visitare, curare)* spielt.

73 Die mit Rom unierten Maroniten nannten ihn ebenfalls so, vgl. ASSEMANI, BCVO III/1, 63–66. Es war der monophysitische Autor Simeon von Beth-Arscham (6. Jh.), der in seiner Geschichte Persiens dem „Häretiker“ Narsaï (oder Narsê) diesen wenig schmeichelhaften Beinamen verliehen hat. Auf welchen medizinischen Befund er sich stützt, wissen wir nicht. Bei den Nestorianern ist er nicht gebräuchlich.

74 Vgl. *De Lazaro*, vv. 120f: „Dadurch, dass der Eiter seines Leibes von Hunden gereinigt (ܡܬܚܣܝܐ) wurde, gab er den Schwachen die feste Überzeugung, Hoffnung zu erwerben.“ (SIMAN, *Narsaï*, 49). Der Autor denkt wohl an eine Desinfektion der Wunde durch den Hundespeichel, die gleichzeitig eine sühnende Funktion (ܚܣܝܐ) erfüllt.

die künftige Welt zeigt an jene Welt des Armen.
In der Armseligkeit dieser Welt steckt gleichnishaft (ܡܬܠ) jene Welt,
und im Reichtum dieser Welt die Armut jener ewigen.“[75]

Zusammenfassung

Aphrahats Armutsbegriff ist streng theologisch gefasst. Eine Sozialgeschichte des frühsyrischen Asketentums lässt sich mit den spärlichen Angaben der Darlegungen nicht schreiben. Er spricht daher nur selten von den Armen, sondern viel häufiger von den „Armen im Geiste“, unter denen er die Gottesfürchtigen im Allgemeinen verstanden wissen will, die von ihrem Besitz wie von etwas Überflüssigen Gebrauch machen. Materielle Armut ist an sich noch kein Ausweis von Tugend, erst dort, wo freiwillig auf Reichtum verzichtet wird, kann der Asket Verdienste erwerben. Ein streng theologisch gefüllter Armutsbegriff führt Aphrahat zu einer Kritik am zeitgenössischen Judentum, das er zwar als spirituell reich anerkennt, dennoch als arm qualifiziert, da es zwar Gesetz und Propheten besitzt, aber des Reichtums der Erkenntnis Christi entbehrt. Dieser Grundgedanke wird in der allegorischen Deutung der Lazarusperikope, die Aphrahat streng christologisch auffasst, ausgesprochen. Lazarus gilt ihm als Typus für den vom jüdischen Volk verstoßenen Messias. In seinem antijüdischen Duktus berührt sich Aphrahats Exegese mit der Ephräms im Diatessaronkommentar. Andererseits findet sich beim Persischen Weisen eine ausgesprochene Hochschätzung des Hundes. In dem Umstand, dass es die unreinen Hunde waren, welche Lazarus' Wunden leckten, sieht Aphrahat die Berufung der Heiden zur Christusgemeinschaft in der Eucharistie angedeutet. Eine eingehendere Analyse des religionsgeschichtlichen Umfelds bestätigte die Annahme, dass sich Aphrahats positive Sicht auf den Hund nicht einem semitischen, sondern einem iranischen Einfluss verdankt. Der in den Kreisen des syro-persischen Mönchtums kursierende „Hunde-Dekalog“ war wohl von Anfang an als Gegenstück zu den acht „Charakteren“ des Hundes im Avesta konzipiert. Auch wenn das persische Christentum dem Hund, anders als im Zoroastrismus, keine sakrale Funktion beimisst, so teilt es doch mit dem religiösen Umfeld seiner Tage eine gewisse Hochschätzung des treuen Vierbeiners. Im Unterschied zu Aphrahat und Ephräm verzichtet der syrische Dichter Narsaï in seiner allegorischen Deutung der Lazarusperikope auf jegliche antijüdische Polemik, obwohl er mit einer behutsamen christologischen Interpretation wohl vertraut ist. Im Rückgriff auf die Katastasenlehre des Theodor von Mopsuestia stehen in seiner asketischen Weltsicht der reiche Prasser mit seinem seelischen Elend und der arme Lazarus mit seinem geistlichen Reichtum als allegorische Personifikationen für den ärmlichen gegenwärtigen Äon und die künftige Herrlichkeit. Beide Äonen sind einander diametral entgegengesetzt und zugleich durch die unterschiedlichen Lebensschicksale der Protagonisten wechselseitig ineinander verwoben. Alle sichtbaren, stofflichen Dinge dieses vergänglichen Äons bergen einen den leiblichen Augen verborgenen Hintersinn, der sich erst noch dem menschlichen Geiste enthüllen muss.

---

75 *De Lazaro*, vv. 210–213: SIMAN, *Narsaï*, 56.

Quellen:

Joseph Simonius ASSEMANUS, *Bibliotheca Orientalis Clementino-Vaticana (BOCV) III/1. De scriptoribus Syris Nestorianis*, Romae 1725.

Peter BRUNS, *Aphrahat. Demonstrationes. Unterweisungen*, Freiburg 1990/91.

Leopold COHN / Leopold TREITEL, *Philo von Alexandrien*. Die Werke in deutscher Übersetzung. Teil I, Breslau 1909.

James DARMESTETER, *The Zend-Avesta. The Vendîdâd*, (Oxford 1880/Delhi 1887) repr. Delhi 1995.

Philippe GIGNOUX, *Les quatre inscriptions du mage Kirdîr. Textes et concordances*, Leuven 1991.

Adam LEHTO, *The Demonstrations of Aphrahat, the Persian Sage*, Georgias Press 2010.

Louis LELOIR, *Saint Éphrem. Commentaire de l'Évangile concordant. Texte syriaque* (Manuscrit Chester Beatty 709), Dublin 1963.

–, *Saint Éphrem. Commentaire de l'Évangile concordant. Version arménienne. Traduction Latine* (= CSCO 144/145), Louvain 1954.

Giovanni LENZI, *Afraate. Le esposizioni*, Brescia 2012.

Alphonse MINGANA, *Narsaï doctoris syri homiliae et carmina I-II*, Mausilii (Mossul) 1905.

J.A. POPE, *The Ardai Viraf Nameh, or the Revelation of Ardai Viraf. Translated from Persian and Guzeratee version with notes and illustrations*, (London 1816) repr. Madras 1904.

Jean PARISOT, *Aphraatis Sapientis Persæ Demonstrationes I-XXII* (= *Patrologia Syriaca* I,1). *Demonstratio XXIII de Acino* (= *Patrologia Syriaca* I,2, col. 1–489), Lutetiæ Parisiorum 1894–1907.

Marie-Joseph PIERRE, *Aphraate le Sage Persan. Les exposés* I–II (SC 349,359), Paris 1988–1989.

Emmanuel Pataq SIMAN, *Narsaï. Cinq homélies sur les paraboles évangéliques*, Paris 1984.

Friedrich SPIEGEL, *Avesta. Die heiligen Schriften der Parsen. Aus dem Grundtexte übersetzt mit steter Rücksicht auf die Tradition*. Bd. I. Der Vendidad, Leipzig 1852.

–, *Commentar über das Avesta. Die Heiligen Schriften der Parsen*, (Leipzig 1864–1869) repr. Amsterdam 1979.

Fereydun VAHMAN, *Ardâ Wirâz Nâmag. The Iranian ‚Divina Commedia'*, London/Malmö 1986.

Kuriakose VALAVANOLICKAL, *Aphrahat: Demonstrations*, Kottayam (SEERI) 2005.

Edward W. WEST, *The Book of the Mainyo-i-Khard or the Spirit of Wisdom*, Stuttgart/London 1871.

Literatur:

Roger BROOKS, *Support to the Poor in the Mishnaic Law of Agriculture: Tractate Peah*, Chico California 1983.

Peter BRUNS, *Das Christusbild Aphrahats des Persischen Weisen*, Bonn 1990.

–, *Im Dienste der Engel – Die Nachtwachen im syrischen Mönchtum*, in: RQ 111 (2016) 38–49.

Arthur CHRISTENSEN, *L'Iran sous les Sassanides*, Kopenhagen 1944.

Edward J. DUNCAN, *Baptism in the Demonstrations of Aphrahat*, Washington 1945.

Giuseppe FURLANI, *Il manoscritto siriaco 9 dell'India Office*, in: Rivista degli studi orientali X (1923–25), 315-320.

Leo HAEFELI, *Stilmittel bei Afrahat dem Persischen Weisen*, Leipzig 1932.

Herman F. JANSSENS, *Les dix vertus du chien*. Text inédit extrait du Manuscrit Syriaque N° 9 de l'India Office, in: Mélanges de Philologie Orientale publiés à l'occasion du Xe anniversaire de la création de l'Institut Supérieur d'Histoire et de Littératures Orientales de l'Université de Liège, Liège 1932, 119–133.

François JOURDAN, *La tradition des septs dormants. Une rencontre entre chrétiens et musulmans*, Paris 2001.

John KOCH, *Die Siebenschläferlegende, ihr Ursprung und ihre Verbreitung. Eine mythologisch-literaturgeschichtliche Studie*, Leipzig 1883.

August MERK, *Die Marien und salbenden Frauen bei Ephraem*, in: ZKTh 47 (1923) 494–496.

Robert MURRAY, *Symbols of Church and Kingdom*, Cambridge 1975.

Francis J. REINE, *The Eucharistic Doctrine and Liturgy of the Mystagogical Catecheses of Theodore of Mopsuestia*, Washington DC 1942.
Friedrich SPIEGEL, *Die traditionelle Literatur der Parsen*, Wien 1860.
Paul SCHWEN, *Afrahats Person und sein Verständnis des Christentums*, (Berlin 1907) repr. Aalen 1973.
Hermann L. STRACK / Paul BILLERBECK, *Kommentar zum Neuen Testament aus Talmud und Midrasch. Das Evangelium nach Matthäus* (= KNT I), München ^{5}1969.
–, *Kommentar zum Neuen Testament aus Talmud und Midrasch. Das Evangelium nach Markus, Lukas und Johannes und die Apostelgeschichte* (= KNT II), München ^{5}1969.
Ignacio ORTIZ DE URBINA, *Die Gottheit Christi bei Aphrahat*, Rom 1933.

Einige Aspekte aus dem syrischen Schrifttum zum psychophysischen Problem

Winfried Büttner

Aus einer unreflektierten Rede von „Leib und Seele“ läßt sich beim Blick auf den einen Menschen schnell etwas „Duales“ oder gar „Dualistisches“ folgern: Während Verschiedenheit und Gegensätzlichkeit beide Bereiche in diesem Sinne ungleich oder voneinander gesondert erscheinen lassen, ist wiederum aus Wechselwirkung und beiderseitiger Bezogenheit an ein perichoretisches Mit- und In-Sein zu denken oder eine Funktionalität zu postulieren, derweil beim Tod angesichts eines leblosen Leichnams ohne Regung oder Mitteilung von der Abtrennung des geistigen Anteils auszugehen wäre, entweder von dessen Untergang oder Fortleben.

In der Forschung wird man es heute vielfach nicht mehr wagen können, ohne statistisch-naturwissenschaftliche Verfahren, insbesondere ohne an Rechner gekoppelte radiologische Geräte, verabreichte Substanzen, Bildgebung und Diagramme sich über Phänomene zu äußern, die in irgendeiner Weise die Kategorie „Geist“ im Menschen tangieren. Ein zentralisierender oder ein longitudinal verrissener Schrotschuß aus Lichtpunkten auf dem Bildschirm führt dann zu einem dank methodologischer Vorauswahl bewiesenen empirischen Ergebnis – und so selbstverständlich irgendwo in der zugehörigen Fachbezeichnung der griechische Bestandteil „Psych-“ auftaucht, so irritierend können die Ansichten über das damit angesprochene Forschungsobjekt sein, stehen doch mit der Seele nicht selten individuelle Vernunft und Freiheit vor ihrer Dekonstruktion. Ob dabei die Konzentration auf das Gehirn, neuronale Aktivitäten und mentale Zustände nicht etwas zutiefst Reduktionistisches an sich hat und dies bei allen gewonnenen Erkenntnissen am Ende die größere Wirklichkeit verzerrt oder ganz ausblendet, wird irrelevant.

Der Blick auf gängige Klassifizierungen der konkurrierenden Deutungen zum Leib-Seele-Problem sollte den Blickwinkel wieder erweitern helfen. Außerhalb einer unmittelbar religiösen oder theologischen Würdigung des Leib-Seele-Problems und jenseits der positivistischen oder sprachanalytischen Leugnung desselben begegnen bei den historischen und zeitgenössischen Deutungsmodellen dualistische Interpretationen – sozusagen klassisch wäre die platonische Sicht auf die Seele als den eigentlichen Menschen oder die am Beginn der Neuzeit bei Descartes durchgeführte Zuspitzung, durch die streng zwischen *res extensa* (materiell Ausgedehntes) und *res cogitans* (geistig Erkennendes) getrennt wird[1]; ferner gibt es monistische Lösungsversuche, die nur vorhandene Körper und Teilchen als Wirklichkeit veranschlagen (z. B. die Stoiker u. a.), bzw. Erklärungen, welche die geistige Erkenntnis der Empirie aufwachsen lassen oder Mentales und Physikalisches miteinander identifizieren. Eine dritte Gruppe schließlich zeichnet sich durch eine naturalistisch-

1 Von seiner zwischen Geist und Körper vermittelnden Funktion der Zirbeldrüse im Gehirn einmal abgesehen.

funktionalistische Sicht auf diese Dinge aus, so beim anthropologisch brauchbar gemachten Hylemorphismus des Aristoteles, wonach Leib und Seele nicht unabhängig voneinander existieren können, während dem konkret vorgefundenen Organismus zugleich vegetative, sensitive und intellektive Lebensfunktionen zugeschrieben werden können; es überdauert allein der nicht zusammengesetzte νοῦς als geistiges Prinzip der Seele.[2]

Daß es eine Seele als eigene Entität gibt, ist keine umstrittene Frage bei den christlichen Autoren syrischer Zunge, die für die nun folgende Darstellung ausgewählt wurden – ebenso wenig der Umstand, daß diese das Ende des irdischen Lebens überdauert, ferner über ein erkenntnisfähiges, vernunftbegabtes, zu moralischem Handeln befähigtes, mithin geistiges Niveau verfügt, für Gottes Offenbarung zugänglich ist und daß sich ihre Natur in bloßer Funktionalität nicht erschöpft. Dies gilt weiterhin für die Vorstellung, daß sie zu Lebzeiten im oder mit dem Leib anzutreffen ist. Ein merkwürdiger Punkt ist hierbei das „Wie" und „Wo" im bzw. mit dem Leib, das zum Gegenstand meiner im Titel versprochenen Anmerkungen zum psychophysischen Problem werden soll, weswegen andere Themen wie differierende Ansichten zu seelischen Eigenschaften, zu Seelenschlaf und Auferstehung, die Idee vom Menschen als Band der Schöpfung, seine Gottesebenbildlichkeit und der Umgang mit mystischen Erfahrungen im Hintergrund bleiben. Eine vollständige Analyse der psychologischen Modelle oder, wenn überhaupt in jedem Fall möglich (?), deren exakte Zuordnung zu den eben skizzierten Deutungsversuchen unterbleibt also. Der Blick soll vielmehr auf Exempel mit unterschiedlicher „lokaler" Bewandtnis gerichtet werden und so aus der jeweiligen konfessionellen Dogmatik herleitbare Analogien, ferner die bewußte Abgrenzung gegenüber nicht-syrischen Autoren und regional bedeutsame wissenschaftliche Traditionen erfassen helfen.

Job von Edessa (9. Jh.), Buch der Schätze[3]

Bei diesem Buch handelt es sich nach A. Mingana, dem Herausgeber, um ein enzyklopädisches Werk zu philosophischen und naturwissenschaftlichen Themen. Für Job von Edessa setzt sich der Mensch aus zwei Naturen zusammen, unser Autor meint damit auf der einen Seite die vernünftige, unkörperliche und unstoffliche Seele, die er auch mit einem inneren Auge vergleicht, und den materiellen Körper auf der anderen. Die Seele befinde sich aber nicht im Leib wie Wasser oder Öl in einem Behälter, also nicht im Sinne einer simultanräumlichen, aber darüber hinaus sozusagen inerten Relation zweier Körper, sondern sie sei dies „auf geeinte und auch zusammengesetzte und nicht vermengte Weise"[4], wobei ihre Natur ungewandelt gewahrt bleibt[5]. Beide Naturen sind „(mit)einander geeint" in einer Union, die über die Vitalseele (ܢܦܫܐ ܚܝܘܬܢܝܬܐ), eine Art mittleres, allen Lebewesen eigenes Seelenniveau, hergestellt wird, indem deren dichte Anteile zum Leib und deren lichte zur Vernunftseele den Bogen schlagen. Weiterhin wird von ihm das Bild des glühenden

2 Der Großteil aktueller naturalistischer Modelle zur Erklärung des Leib-Seele-Verhältnisses wird übrigens zu dieser naturalistisch-funktionalistischen Kategorie gerechnet; vgl. hierfür z. B. Edmund Runggaldier, Art. Leib u. Seele. II. Philosophisch-anthropologisch: LThK³ 6, 773–775.

3 Job von Edessa, *thes.*: A. Mingana, Encyclopaedia of Philosophical and Natural Sciences as Taught in Baghdad about A. D. 817 Or Book of Treasures By Job of Edessa. Syriac Text. Edited and Translated with a Critical Apparatus (Woodbrooke Scientific Publications 1), Cambridge 1935.

4 ܡܚܝܕܐܝܬ ܘܐܦ ܡܪܟܒܐܝܬ ܘܠܐ ܡܒܠܒܠܐܝܬ.

5 ܢܛܝܪ ... ܕܠܐ ܫܘܚܠܦ.

Eisens herangezogen, wobei neben der betonten Einheit auf die gegensätzlichen Teilnehmer abgehoben wird: Wie das Feuer sei die Seele im großen oder kleinen Körper, ohne selbst groß oder klein zu sein.[6]

Von einer hypostatischen Einheit von Leib und Seele (wie bei Babai d. G.) ist, soweit ich sehe, beim Ostsyrer nicht die Rede, eine aus konfessioneller Sicht wohl unwahrscheinlichere physische Union wird ebenfalls nicht genannt.[7] Wenn es um Verknüpfung bzw. Verbindung oder Vereinigung geht, scheint das Paradigma und der Sprachgebrauch dennoch von der Christologie und der dort problematischen Leib-Seele-Analogie beeinflußt zu sein. Jenseits der Frage nach Gottheit und Menschheit in Christus entbehrt der hiesige Zusammenhang aber nicht nur seiner theologischen Brisanz, sondern in den Augen Jobs wohl auch der direkten Verwertbarkeit für wissenschaftliche Zwecke, da die Einheit von Leib und Seele über eine nach beiden Seiten offene Zwischenstufe hergestellt wird. Indirekt wiederum erinnert, wie ich meine, die gewissermaßen über dieses Intermedium resultierende Einheit dennoch an die antiochenische Christologie mit ihrer zwischen Gott und Mensch in Christus bestehenden Synapheia. Genaueres könnte man evtl. in einem eigenen, vom Autor in den besprochenen Abschnitten angezeigten Werk über die Seele erfahren, das allerdings die Zeiten nicht überdauert haben dürfte.

Als Ganzes wird die Seele außerdem nicht an einem bestimmten Ort lokalisiert, wenngleich an anderer Stelle eine besondere Fähigkeit, nämlich die Erinnerung, im Rahmen des als aktiv beschriebenen Sehvorgangs in den hinteren Teil des Gehirns verlagert wird, der wegen seiner relativen Kühle besser als die vorderen Hirnregionen dafür geeignet sei.[8]

Moses bar Kepha († 903), Über die Seele[9]

Moses bar Kepha ist um das Jahr 815 geboren, also etwa in dem Zeitrahmen, den Mingana für das zuvor herangezogene Werk veranschlagt hat; er wird 863 jakobitischer Bischof von Mosul, und stirbt nach einem vielseitigen literarischen Schaffen im ersten Jahrzehnt des 10. Jh.

Bei seiner Darlegung konzentriert er sich erklärterweise auf die Vernunftseele, die er von der vegetativen Seelenebene und derjenigen der Lebewesen[10] sowie vom übrigen Sprach-

---

6 *thes.* II,14 (Mingana, 92–98 / syrT f. 131–135; Mingana, 351–354).

7 Der Mensch besteht nach dem gemäßigten miaphysitischen Autor Jakob v. Edessa, *hex.* 7, aus einer geistlich-intelligiblen und einer aus den vier Elementen bestehenden Komponente, ist aus zwei derart gegensätzlichen Naturen „ohne Verwirrung“ (ܕܠܐ ܒܘܠܒܠܐ) und „ohne Veränderung“ (ܕܠܐ ܫܘܚܠܦܐ) zu einer Natur vermischt (ܚܠܝܛܐ) sowie zusammengesetzt worden und ist so Bild, Gleichnis und Beispiel der Vereinigung von Gottheit und Menschheit Christi (CSCO 92, 318s. / Üs. 271f.; vgl. ferner p. 339 (289): ܕܠܐ ܗܘܦܟܐ ܘܒܘܠܒܠܐ). Zu den natürlichen (Ernährung, Vermehrung, Fühlen, Bewegung) und seelischen Kräften (Zornesmut, Begierde) s. ebd. p. 322s. (Üs. 275).

8 *thes.* III,5 (Mingana, 135–138 / syrT f. 158–159; Mingana, 377–379); bei Šemᶜon de-Ṭaibuṯeh, Ms. Mingana syr. 601, 197a: A. Mingana, Early Christian Mystics (Woodbrooke Studies VII), Cambridge 1934, 316, wird die Erinnerung ebenfalls an diesem Ort angenommen, ähnlich bei Nemesius von Emesa (bei ihm im hinteren, also dem vierten Hirnventrikel) oder dem Arzt Aëtius von Amida (vgl. W. Büttner, „Gottheit in uns“. Die monastische und psychologische Grundlegung der Mystik nach einer überlieferten Textkollektion aus dem Werk des Šemᶜon d-Ṭaibuṯeh, Wiesbaden 2017, 68).

9 Oskar Braun, Moses bar Kepha und sein Buch von der Seele, Freiburg i. B. 1891. Das Werk war mir nur in der Übersetzung zugänglich. Fürdas Original vgl. Vat. Syr. 147.

10 Entspricht (wahrscheinlich auch dem verwendeten Terminus nach) der o. g. „Vitalseele“.

gebrauch des Wortes abhebt.[11] Zwar zeichnet sich sein Werk durch gewisse Anleihen aus der aristotelischen Psychologie aus, insgesamt aber distanziert er sich von ihm, jedoch nicht nur von ihm, sondern allgemein von den Lehren der heidnischen Philosophen; insbesondere wendet er sich scharf gegen die Ansicht des Stagiriten, die Seele sei Form des Leibes. Für Moses bar Kepha ist die Seele Substanz, sie ist unkörperlich, nicht stofflich, einfach, kann also nicht in Teile aufgetrennt werden und genauso wenig mit einem Körperglied abgeschnitten werden.[12] Sie ist zugleich mit dem Leib aus dem Nichts geschaffen[13] und neben der schon genannten Unkörperlichkeit bestehe ihre Natur in Leben und Unsterblichkeit.[14] In diesem Zusammenhang wendet er sich auch gegen eine durchaus verbreitete, letztlich platonische Trichotomie der Seele und differenziert akzidentielle Seelenkräfte – er nennt Zornesmut, Begierde, Wahrnehmung der fünf Sinne, Phantasie (ܚܡܬܐ, ܪܓܬܐ, ܪܓܫܬܐ ܕܚܡܫܐ ܪ̈ܓܫܐ, ܦܢܛܐܣܝܐ) –, die er dem Leib und seinen Mischungen zuordnet, von den natürlichen Seelenkräften (ܡܕܥܐ, ܬܪܥܝܬܐ, ܝܕܘܥܬܢܘܬܐ, ܡܠܠܘܬܐ, ܨܒܝܢܐ ܚܐܪܐ, ܡܥܗܕܢܐ), die ohne eine etwaige Teilhabe des Leibes aus der Natur der Seele selbst stammen, diese konstituieren und ihr eigentümlich sind.[15]

Trotz der genannten Kräfte läßt sich die Seele offenbar nicht in sich zerteilen oder aufspalten, denn Moses stellt ihr auch nach ihrer Trennung vom Leib in Aussicht, weiter ihrer Beschäftigung nachzugehen: sie sehe, höre, wisse, erkenne, fühle und gedenke, tue dies aber als Ganzes, weil sie geistig, unkörperlich, einfach und nicht zusammengesetzt sei.[16]

Im Hinblick auf die Beziehung zum Leib, welcher unter Leitung der Seele gleichsam als Werkzeug Dienst tut[17], wird aus dem Vorgesagten klar, daß die Seele auch bei ihm nur als Ganzes mit dem ganzen Körper verbunden sein kann (Üs. Braun: „im Anhaften an ihn")[18], sie ist „an den Leib festgebunden als an ihren Genossen und ihre Wohnung" und teilt, obwohl von Natur aus nicht leidensfähig, durch die Verbindung die Leiden des Leibes.[19] Als Widerspruch mag zwar erscheinen, daß Moses davon ausgeht, die Seele sei weder außerhalb noch innerhalb des Leibes oder gar beides zugleich, sondern sie wohne „im ganzen Leibe", „indem sie mit ihm vereinigt ist".[20] Dieses erwähnte „Innerhalb des Leibes" bedeutet demnach, daß sie in seinem Modell nicht topographisch an einen bestimmten Ort gebunden ist, jedoch anders als oben für die Einheit keiner vermittelnden Instanz bedarf:

> „... Es sagen die Ärzte, sie (= die Seele) sei mit dem Gehirn verbunden und wohne in ihm, weil, wenn das Gehirn verletzt werde, auch die vernünftigen Tätigkeiten der Seele verletzt würden. Andere sagen, sie sei mit dem Herzen verbunden und wohne in

11 *anim.* 1 (Braun, 30).

12 *anim.* 5; 6; 7; 18 (Braun, 51.52.53.70).

13 *anim.* 23; 25 (Braun, 78.83ff.).

14 *anim.* 9 (Braun, 54f.).

15 *anim.* 10 (Braun, 56ff.).

16 *anim.* 34 (Braun, 110).

17 *anim.* 19 (Braun, 70f.).

18 *anim.* 4 (Braun, 44). Dieses (unkörperliche) Anhaften als Ganzes drückt für ihn den Gegensatz zum gegenseitig anhaftenden Aneinandergrenzen zweier Körper aus. Das syrische Wort wird leider nicht mit angegeben, sehr wahrscheinlich dürfte es sich um ܢܩܝܦܘܬܐ (o. ä.) handeln, womit der Sitz der Seele als Ganzes im ganzen Körper ausgesagt werden soll.

19 *anim.* 14 (Braun, 64).

20 *anim.* 28 (Braun, 96).

ihm, weil sie in ihm die Gedanken und Vorstellungen bewege. Wir antworten: Diese beiden Meinungen sind falsch, weil, wenn die Sache so wäre, der Mensch aus Seele und Gehirn allein, oder aus Seele und Herz allein, nicht aber aus Seele und Leib zusammengesetzt wäre. Wir dagegen sagen: Die Seele ist mit dem ganzen Leibe verbunden, indem gar kein Glied, weder ein kleines noch großes, ihrer und ihres Lebens beraubt ist; vielmehr ist sie mit dem ganzen Leibe verbunden, weil der Mensch aus Leib und Seele zusammengesetzt ist." (Üs. O. Braun)[21]

Šemᶜon d-Ṭaibuṯeh (um 680)

In vielem ganz anders, doch keinesfalls weniger eigentümlich entfaltet der Arztmönch Šemᶜon (Simeon) d-Ṭaibuṯeh aus Beṯ Huzaye (Khusistan) in asketisch-mystischem Rahmen[22] eine regelrechte Anatomie der Seele.[23] Unter den gestellten thematischen Voraussetzungen interessiert allerdings weniger die eigentliche Rolle der Seele und die ihrer Bestandteile im geistlichen Leben. Es geht hier vielmehr um das In- und Miteinander von Leib und Seele, indem von Simeon Körperorgane mit Seelenkräften korreliert werden, was ihn mit einer Reihe anderer Schriftsteller verbindet; ebenso bedeutsam erscheint mir die außerchristliche Parallele im Avesta.[24]

Simeon differenziert in der Seele zunächst einen irrationalen, vitalen, leidenschaftlichen Teil, bestehend aus Begierde (ܪܓܬܐ) und Zornesmut (ܚܡܬܐ), von einem ebensolchen rationalen, erkenntnisfähigen Part, den er funktional mit den körperlichen Sinnesorganen vergleicht.[25] Während er innerhalb zweier Zitate anderer Autoren dem Magen die Begierde zuweist, der Leber den Zorn, den Nieren das Verlangen und die Gedanken[26], konzentriert er sich bei seinen eigenen Überlegungen auf Herz und Gehirn sowie die rationalen Seelenkompartimente, zu denen er Geisteskraft (ܡܕܥܐ), Intellekt (ܗܘܢܐ), Verstand (ܪܥܝܢܐ), Gedanke (ܚܘܫܒܐ), Unterscheidungskraft (ܦܘܪܫܘܬܐ), Erkenntnis (ܝܕܥܬܐ), Vernunft-

---

21 *anim.* 29 (Braun, 96f.).

22 A. Mingana, Woodbrooke Studies. Christian Documents in Syriac, Arabic, and Garshūni, Edited and Translated with a Critical Apparatus. Volume VII. Early Christian Mystics, Cambridge 1934, 1–9 (Einführung). 10–69 (englische Übersetzung). 282–320 (Text).

23 Vgl. W. Büttner, „Gottheit in uns". Die monastische und psychologische Grundlegung der Mystik nach einer überlieferten Textkollektion aus dem Werk des Šemᶜon d-Ṭaibuṯeh, Wiesbaden 2017.

24 Vgl. Büttner, Gottheit in uns, 110ff.; ferner folgende Abschnitte aus dem 28. Kapitel des Bundahišn (= Auszug aus verlorenen Teilen des Avesta) bei Widengren, Iranische Geisteswelt. Von den Anfängen bis zum Islam, Baden-Baden 1961, 51.55 (ferner § 13, ebd. 53): „… 6. Die Seele ist wie Ōhrmazd. Vernunft, Verstand, Überlegung, Reflektieren, Wissen, Deutung sind wie jene sechs Amahraspanden, die vor Ōhrmazd stehen. Die übrigen Fähigkeiten im Leibe sind wie die übrigen himmlischen Yazatas. 7. Ebenso wie Ōhrmazd seinen Thron im unendlichen Lichte und sein Dasein im Paradiese hat und von ihm Kraft allerorten hingelangt ist, so hat auch die Seele ihren Thron im Gehirn im Innern des Kopfes, ihr Haus im Herzen (und von ihr) ist Kraft in den ganzen Leib gelangt. … 19. Auch dies ist geoffenbart, daß ein jeder Teil des Menschen einem Himmlischen (Wesen) eigen ist: Die Seele und alles mit der Seele verbundene Licht: der Verstand, das Bewußtsein und alles übrige aus diesem Bereich ist dem Ōhrmazd eigen …".

25 Vgl. Mingana, syrT f. 172b5f.; 183b8.14; 186a1–7.14–22; 188b5–18.

26 168a18f. (angeblich Gregor v. Nyssa, wahrscheinlich aber Evagrius); 197a8–9 (vgl. Aḥudemmeh, *tract.* 3,4 (PO 3, 110; ed./trad. F. Nau); vgl. G. Furlani, La psicologia di Aḥûdemmêh: Atti della Reale Accademia delle Scienze di Torino 61 (1925/26), 813. Samt Überschrift liegt der Text auch in einem von Chabot veröffentlichten Ms. vor: Notices et extraits des manuscrits de la Bibliothèque Nationale et autres bibliothèques 43 (1943), 61 (f. 38[a]).

begabung (ܡܠܝܠܘܬܐ), Urteilsvermögen (ܒܘܢܐ), Einsicht (ܣܘܟܠܐ) und Erinnerung (ܥܘܗܕܢܐ) zählt, wobei die ersten drei besonders hervorgehoben werden und unter diesen wiederum die Geisteskraft.[27]

Das Herz erscheint hierbei mehrdeutig und ohne eigentliche Vermittlung als Organ mit physiologischer Funktion, dann aber auch als mystischer Ereignisraum und als psychologische Größe. Insbesondere wird die „Unterscheidungskraft"[28] und die „Geisteskraft" dort gleichsam kartographisch eingetragen.[29] Sie soll beim Gebet den Leib regulieren und steht bei innerseelischen Abläufen mit den anderen psychischen Kräften in Verbindung, wobei Simeon sie in direkten Zusammenhang mit dem Intellekt und den Gedanken, die zwangsläufig die Sinneseindrücke vom Herzen aufnehmen, stellt.[30] Zwei weitere der genannten Kräfte haben ihren Sitz (ܡܘܬܒܘܬܐ) im Gehirn, die Erinnerung im rückwärtigen Teil des Gehirns[31] und die Vernunft in den Hirnventrikeln, einem mit seinen vier (in der antiken Zählung auch drei) Kammern an ein abstraktes Kunstwerk erinnernder, mit Flüssigkeit gefüllter Hohlraum innerhalb des Gehirns.[32] Die Gedanken[33] und die in den Hirnventrikeln (angeblich) vervollkommnete und im mittleren Gehirn vorfindliche Einsicht[34] wiederum werden beiden Organen zugeordnet.

Von körperlicher Seite werden sodann störende Einflüsse auf die Seele ausgemacht, z. B. ein organischer Schaden, eine Verdauungsstörung, schlechte Ernährung oder ein pathogenes Seelenpneuma (ܪܘܚܐ ܢܦܫܢܝܬܐ, πνεῦμα ψυχικόν, *spiritus animalis*).[35] Hier kommt wieder das Herz ins Spiel, dessen rechte Hälfte gereinigtes Blut für das Gehirn herstelle, dessen linker Ventrikel dagegen aber das eben erwähnte Seelenpneuma in verfeinerter Form den Hirnventrikeln zuführe.[36] Neben dem Gehirn finde man es physiologisch als motorische und sensible Kraft auch in den Nerven. Ob es sich in den Augen Simeons dabei um ein feinstoffliches Substrat handelt, wird nicht ausgesprochen, genauso gut kann es, wie ich meine, einen Übergang zwischen Materie und Geist darstellen.[37] Weiterhin gelte es, eine Art „Lichthaushalt" im leiblich-seelischen Organismus nicht zu behindern bzw. umgekehrt asketisch und diätetisch zu fördern[38]:

> „Die tätige Befolgung der Gebote zusammen mit Fasten, Wachen und Enthaltsamkeit aber durchbrechen die Verdickung des Bauches und den Verschluss der Körperorgane, die das Licht vom Gehirn zum Herzen leiten. … Der Erkenntnisfähige, dessen Seele

27 Dem Intellekt, auf den die übrigen Seelenkräfte ausgerichtet sind, ebenso dem Verstand (und dem Denken), der ebenfalls mit mehreren anderen Kompartimenten verbunden vorgestellt wird, wird in den überlieferten Texten zwar kein besonderer Sitz zugewiesen (vgl. Büttner, Gottheit, 245ff.; 250), ich halte es aber für möglich, wenn nicht sogar wahrscheinlich, daß ihnen ein körperliches Pendant eignen dürfte.

28 197a8; 198b8.

29 194a8f., 198b8ff.

30 172b22 („Die G. nämlich ist die Quelle des Herzens und stellt das gewohnte Umherschweifen nicht ein").

31 197a17ff., 198b8f. (s. o.).

32 198a20.

33 Einem angeblichen Zitat Gregors v. Nyssa zufolge entsprängen sie von den Nieren und stiegen zum Gehirn auf: 168a18–22.

34 196b23; 197a20f.; 198a19–21.

35 Vgl. 197b8ff.; 198b8.

36 198a17ff.

37 Büttner, Gottheit in uns, 250ff.

38 178b13ff. (179b7).

> verbittert wurde von Finsternis, Akedie und Zerstreuung der Geisteskraft, die von der Überfüllung des Bauches und dem Verschluß der Organe kommen, meidet nicht allein die Verfettung des Bauches, sondern nährt sich ausgewogen von Trockenem und Salz, damit die Kanäle, die das Licht vom Intellekt zur Geisteskraft leiten, nicht nur geöffnet seien, sondern auch der Staub, der sich durch die Sinne des Leibes auf den Flügeln des Intellekts festgesetzt hat, gemäß dem Wort der Väter weggewischt werde."

Ich glaube, v. a. die Parallelität dieser Leitung vom Gehirn zum Herzen und vom Intellekt zur Geisteskraft spricht für sich: Eine xerophage[39] Schlankheits- und Entschlackungskur durchbricht sozusagen den Fettbauch und innere Blockaden, sie lichtet die Kanäle (ܐܠܘ̈ܠܐ) und das Seelenleben. Einen weiteren Beitrag zum Thema leisten wohl auch die folgenden Angaben zur Sinneswahrnehmung (ܪܓܫܬܐ), die insgesamt (bei einem Zitat) zwar dem Gehirn zugewiesen wird, im einzelnen aber natürlich den Sinnen, die als Fenster zur Außenwelt erscheinen und alles zwangsläufig der Seele, auch ihren höheren Partien, übergeben[40]:

> „Wenn du wirklich die Ablenkung fürchtest, … schließe die Fenster der Sinne, die Gutes und Übles ins Herz einführen; denn das Herz ist der Hafen von allem Guten und Üblen, das die Sinne von außen ansammeln, und es kann das, was es empfängt, nicht einbehalten, sondern gibt es dem Intellekt und den Gedanken, daß sie sich davon nähren. Die Geisteskraft ist nämlich die Quelle des Herzens und stellt die gewohnte (Suche nach) Ablenkung nicht ein."

Vergleichsweise unspektakulär wirkt wohl die Reaktionskette der auf innere und äußere Reize ansprechenden irrationalen Seelenpartien von Begierde und Zornesmut[41]:

> „Die Begierde nämlich wirkt infolge der Sinneswahrnehmung und die Sinneswahrnehmung wirkt infolge der geeinten äußeren oder inneren Regungen; der Zornesmut wirkt infolge der Begierde. Wenn es keine Regungen gibt, wirkt die Sinneswahrnehmung nicht; wenn es keine Sinneswahrnehmung gibt, wirkt die Begierde nicht; und wenn es keine Begierde gibt, wirkt der Zornesmut nicht."

Sucht man nach einer Quelle oder wenigstens einer zeitlich vorauszusetzenden Parallele für derartige Anschauungen, wird man für Simeon auf Aḥudemmeh verweisen dürfen. Hinter dem Autor verbirgt sich freilich nicht ein von F. Nau und G. Furlani in Betracht gezogener jakobitischer Bischof, sondern wahrscheinlich der gleichnamige Oberhirte von Nisibis, der die Akten der Synode unter dem Katholikos Joseph i. J. 544 unterzeichnet hatte.[42] In vielem

---

39 Gemeint ist das (bei manchen Asketen sogar ganzjährige) Fasten bei Wasser und Brot: vgl. Quasten, Art. Xerophagia: LThK^2 10, 1285.

40 172b20f.

41 188b10ff.

42 F. Nau, Histoires d'Ahoudemmeh et de Maroutha. Métropolitains Jacobites de Tagrit et de l'Orient (VIe et VIIe siècles). Suivies du Traité d'Ahoudemmeh sur l'homme (PO 3), 98, und G. Furlani, La psicologia di Aḥûdemmêh: Atti della Reale Accademia delle Scienze di Torino 61 (1925/26), 807, hatten ihn mit einem miaphysitischen Bischof aus dem Tur ᶜAbdin verwechselt: s. P. Gignoux, Anatomie et physiologie humaine chez un auteur syriaque, Aḥūdēmmēh: Académie des Inscriptions & Belles-Lettres, Comptes rendus des séances de l'année 1998, Paris 1998, 231. Nach Fiey, Aḥoudemmeh. Notule de littérature syriaque: Muséon 81 (1968), 155–159, kommen alternativ auch noch ein davon zu unterscheidender, sehr wahrscheinlich nestorianischer Autor oder ein weiterer ostsyrischer Gelehrter in Frage.

gleicht Simeon diesem Autor, weswegen hier nur allgemein auf seine nunmehr bekannte Zuweisung einzelner Seelenkräfte zu bestimmten Körperorganen aufmerksam gemacht werden soll. Er trifft seine Äußerungen zum Leib-Seele-Verhältnis systematischer und detaillierter, dies jedoch im Rahmen einer Art Handlungstheorie, bei der der freie Wille für eine verantwortliche, d. h. tugendhafte Handlung und die zentrale Einflußnahme der Geisteskraft über eine im Herzen vorgefundene Regung im Zentrum stehen. Umgesetzt wird die Aktion nach einer sowohl im Leib als auch in der Seele ablaufenden Kaskade von Entscheidungen anhand unterschiedlichster einwirkender Faktoren.

Man wird folgern dürfen, daß die erwähnten, religiös geprägten Intellektuellen auf je eigene Weise Antworten auf das Leib-Seele-Problem suchten. Abseits eines Anspruchs auf Vollständigkeit gibt dieser Beitrag somit vorerst einen Einblick in das vielfältig schillernde Spektrum syrischer Gelehrsamkeit auf diesem Gebiet. Insbesondere bleiben neben dem Hinweis auf die immaterielle, einfache, als Ganzes mit dem ganzen Körper oder über ein Intermedium verbundene bzw. geeinte Seele auch ein völlig alternatives Modell der Kompartimentierung, bei dem einzelne Seelenebenen und -kräfte auf körperliche Organe verteilt werden, von Bedeutung; weiterhin wurde in diesem begrenzten Rahmen die jeweils zugehörige physiologische und psychologische Interaktion und eine mögliche über den Körper laufende äußere Einflußnahme auf seelische Prozesse tangiert. Zugleich aber wird ein vielfältiges und sogar widersprüchliches syrisches Proprium zur Psychologie bewußt, indem je nach konfessionellem Kontext theologische Paradigmen im Hintergrund aufscheinen, allerlei überlieferte Vorbilder verworfen werden und darüber hinausgehendes, aus einer längeren, kontrovers diskutierten Wissenschaftstradition stammendes Material präsentiert wird.

Fisher- and Net-Imageries of the Church and Her Missionary Role in the Poetry of Jacob of Sarug

Armando Elkhoury

The Church is prominent in the poetry of Jacob of Sarug (A.D. 451–521). Different typologies such as a *Fisher and a Net*, a *Building on Golgotha* and *the Bride of Christ* constitute Jacob's array of types and symbols signifying the Church. The following concise paper focuses on the images of *Fisher and Net* as Church symbols and her missionary role in the world, an ever important topic of discussion. Due to the brevity of this work, it concentrates only on the poetry of Jacob of Sarug and does not present the sources of Jacob's fisher symbolism and net imagery.

This article comprises three sections. The first is entitled "Jesus Christ, the *ṣayādā* (ܨܝܕܐ) par excellence," for he catches the world to give it life in many ways. "The Church, a Life-Giving Net," the theme of the second section, speaks of the Church as the Lord's instrument to catch the creation. This talk ends with "The Church, Fisher of Men" to indicate her active and indispensable missionary role in continuing the Lord's mission.

Before proceeding, a word is due concerning the Syriac word *ṣayādā* (ܨܝܕܐ), which normally means a *fisherman*, *hunter*, or *bird-catcher*.[1] Since Jacob of Sarug employs it in different contexts, it is challenging to translate it consistently. Admittedly, it is a biblical image which signifies a *fisherman* (see Mt 4:18–22; Mk 16:1–20 and their parallels Lk 5:1–11; Jn 21:1–14), yet nor the word *fisherman* nor the noun *hunter* nor the substantive *bird-catcher* always fits the theme of a poem-snippet under consideration. Thus, the title *ṣayādā* (ܨܝܕܐ) is left untranslated. Also, one should keep in mind that besides the meanings just mentioned above, *ṣayādā* (ܨܝܕܐ), in its wider sense, can also signify a *catcher*.

1. Jesus Christ, the *ṣayādā* (ܨܝܕܐ) par excellence

The title *ṣayādā* (ܨܝܕܐ) relates to a net as a symbol of the Church in that it refers to the agent casting the net, to Jesus Christ. Without him, the net is useless because it cannot throw itself. Jacob compares the Lord to a *ṣayādā* (ܨܝܕܐ), for he "cast his net here and there in the entire world to gather the whole creation in [his] life-giving net [see Lk 5:10] (ܡܟܐ ܘܡܟܐ ܐܪܡܝ ܡܨܝܕܬܗ ܒܥܠܡܐ ܟܠܗ ܁ ܕܢܟܢܘܫ ܒܪܝܬܐ ܒܚܘܦܐ ܕܚܝ̈ܐ ܐܠܐܗܝܬܐ ܗܘܐ ܀)."[2] This designation is not an innovation of Jacob. Ephrem, before him, refers to Jesus as the *Fisher of all* (ܨܝܕܐ ܕܟܠ).[3] The following three examples illustrate how Jesus Christ is *the ṣayādā* (ܨܝܕܐ) in the poetry of Jacob.

1 See *TS*, 3376, column b; *CSD*, 477, column b.
2 *HSJS I*, 139:2–3.
3 See Murray, *Symbols*, 177.

The first example pertains to the Magi in Mt 2:1–12. As Jacob states, the Lord is an expert *ṣayādā* (ܨܝܕܐ) because he employs different techniques of a master *ṣayādā* (ܨܝܕܐ) to entice and catch human beings.

ܐܦ ܨܝܕܐ ܠܡܨܝܕܘ ܪܡܐ ܢܩܫܐ ܒܗ ܆ ܘܟܠ ܓܢܣܐ ܒܡܐܟܘܠܬܐ ܕܪܚܡ ܡܨܝܕ ܠܗ ❖
ܝܕܥ ܗܘ ܓܝܪ ܕܐܠܐ ܡܨܝܕ ܐܦܠܐ ܨܐܕ ܆ ܘܡܛܠܗܕܐ ܗܘܐ ܠܓܢܣܐ ܓܢܣܐ ܒܪܓܬܗ ܡܨܝܕ ܠܗ ❖

"A *ṣayādā* (ܨܝܕܐ) sets bait to lure [prey],
and he attracts and ensnares every kind [of prey] by the food it desires,
for they know unless they lure [it], they can not catch [it].
For this reason, they attract each kind [of prey] by [bait] pleasing to it."[4]

Jacob asks, what is the best way to catch the Magi? Since the skies fascinate them, they gaze at it to study its heavenly bodies and their movements. Furthermore, the Lord knows beforehand that they will only respond to what they discover investigating the stars. Sending prophets to them would be to no avail and detrimental to the prophets. Magianism, referring to the Magi and their peoples,

ܠܐ ܡܩܒܠܐ ܗܘܬ ܡܠܦܢܘܬܐ ܡܢ ܐܫܥܝܐ ܆ ܐܦܠܐ ܫܡܥܬ ܠܗ ܐܟܪܙ ܫܡܥܬ ܡܟܪܙܘܬܗ ❖
ܡܓܘܫܘܬܐ ܓܝܪ ܠܡܠܦܢܘܬܐ ܡܘܫܐ ܐܝܟ ܠܗ ܥܒܕܐ ܆ ܘܠܐ ܡܫܬܘܕܝܐ ܙܕܩ ܡܠܦܢܘܬܐ ܕܥܒܕܝ ܐܕܘܢܝ ❖
ܟܠܕܝܘܬܐ ܕܠܥܘܩܒܠܗ ܗܝ ܕܢܒܝܘܬܐ ܆ ܘܠܗܘܢ ܢܒܝܐ ܡܪܓܡܐ ܗܘܬ ܕܠܡܐ ܐܡܪܘ ❖
ܠܐ ܪܟܢܐ ܗܘܬ ܐܕܢܗ ܠܡܘܫܐ ܕܢܫܡܥ ܡܢܗ ܆ ܘܠܡܣܪܐ ܡܠܘܗܝ ܛܪܝܕܐ ܗܘܬ ܒܐܘܡܢܘܬܗ ❖

"would have neither accepted Isaiah's teaching
nor listened to Jonah's preaching.
Over against its teachers is Moses,
and it does not acknowledge the doctrine of the servants of Adonai.
Since over against Chaldean knowledge is prophecy,
it would have stoned the prophets if they had proclaimed anything to it.
It did not incline its ear to Moses to listen to him
or refute his words, [for] it was preoccupied with its craft."[5]

For these reasons, Jesus Christ set up his trap in the heavens to bring the Magi to him. Their fascination with the firmament makes it an appropriate trap. It is precisely there, among the celestial bodies, where the Lord lay in wait. "The true One set an ambush, hid among the zodiacal signs, caught from thence Magianism, and guided it to him (ܟܡܐܢܐ ܥܒܕ ܗܘܐ ܫܪܝܪܐ ܘܛܫܐ ܒܝܬ ܡܠܘܫܐ ܆ ܘܨܕ ܡܢ ܬܡܢ ܠܡܓܘܫܘܬܐ ܘܩܪܒܗ ܠܘܬܗ ❖)."[6] The shining star the Magi followed westward is the fitting lure. Their examination of the heavenly bodies leads them to learn of the newborn King, for "The news of the Son shone to [them] out of [the zodiacal signs] that [they] might see his face (ܘܒܗ ܕܢܚ ܠܗ ܣܒܪܬܗ ܕܒܪܐ ܕܢܚܙܘܢ ܐܦܘܗܝ ❖)."[7] Therefore, they undergo the journey seeking the Incarnate Word, whom they finally worship. What is

4 *HSJS I,* 90:6–9.
5 *Ibid.*, 90:16–91:2.
6 *Ibid.*, 90:2–3.
7 *Ibid.*, 91:10.

intriguing is that Jacob of Sarug accentuates the Magi's ability to recognize the face of the Son of God in their craft!

The second example is the account of the Samaritan woman at the well (see Jn 4:4–42). Being thirsty for water, the Samaritan woman comes to the well to fill up her water jug. She finds Jesus already there, sitting and waiting.

ܐܝܟ ܨܝܕܐ ܪܗܛ ܠܡܥܝܢܐ ܕܢܨܠܐ ܦܚܐ ܆ ܝܕܝܥ ܗܘܐ ܕܐܘܪܚܗ ܕܨܝܕܐ ܠܬܡܢ ܐܝܬܝܗ ܀
ܚܙܐ ܗܘܐ ܡܝܐ ܘܛܫܐ ܢܩܘܫܝܗ ܦܪܘܫܬܐܝܬ ܆ ܘܟܡܢ ܚܐܪ ܐܝܟ ܨܝܕܐ ܡܠܐ ܒܘܝܢܐ ܀

"As a *ṣayādā* (ܨܝܕܐ), he (Jesus) had hurried to the spring to set a trap,
for he knew that the road of the prey would [take it] there.
He saw the water, hid his snare wisely,
[and] lay in wait watching as a fully discerning *ṣayādā* (ܨܝܕܐ)."[8]

Thirst and weariness are Christ's pretext for stopping at the well, and his hunger is just an excuse to send his Apostles away. The main reason he goes to the well is to give the Samaritan woman exactly for what she is thirsty. Engaging her in conversation is the Lord's trap, and the drink for which he asks her is his lure. She bites the bait as soon as he informs her of his "living water," that eternally quenches her thirst.

ܐܨܕܗ ܠܐܢܬܬܐ ܒܚܘܒܐ ܕܗܘܢܝ ܡܝܐ ܕܝܠܗ ܆ ܘܟܕ ܠܐ ܝܕܥܐ ܕܡܢܐ ܐܢܘܢ ܪܚܡܬ ܐܢܘܢ ܀
ܘܫܪܝܬ ܫܐܠܐ ܡܝܐ ܡܢܗ ܐܝܟ ܕܐܫܬܘܕܝ ܆ ܘܐܡܪܐ ܡܪܝ ܗܒ ܠܝ ܡܝܐ ܚܝܐ ܕܠܐ ܬܘܒ ܐܨܗܐ ܀

"He ensnared the woman with the love of his water.
Though she did not know what this water is, she loved it.
She began asking him for the water he promised,
'Lord, give me living water that I may never thirst again.'"[9]

This tête-à-tête leads eventually to catching the Samaritan woman, which means she believes in Jesus Christ and becomes his disciple.

The last example concerns Paul's conversion (see Acts 9:1–22). Paul shows his enthusiasm for Yahweh by persecuting Christians. Jesus, in turn, uses this great zeal as bait. "He wisely caught the hawk and turned him into a dove (ܒܚܟܡܬܗ ܨܕܗ ܠܢܫܪܐ ܘܥܒܕܗ ܝܘܢܐ ܆)"[10] and puts him in the service of the Gospel (ܒܚܟܡܬܗ ܐܠܨܝܗ ܗܘܐ ܠܟܪܘܙܘܬܐ ܆).[11] The Lord catches and tames wild animals, and makes out of a hawk a dove (ܘܚܝܘܬܐ ܗܘܐ ܢܫܪܐ ܘܢܬܚܙܐ ܟܕ ܢܝܚܐ ܀).[12] The hawk refers to Paul as a persecutor of Christians, and the dove shows him as a persecuted Christian. Finally, Paul "learned to become persecuted for the sake of Jesus (ܝܠܦ ܠܗ ܕܢܗܘܐ ܪܕܝܦܐ ܡܛܠܬܗ ܕܝܫܘܥ ܀)."[13]

These three examples show how Jesus Christ is the *ṣayādā* (ܨܝܕܐ) par excellence. He employs different tactics to achieve his goal of bringing people to him, and to make them his disciples. He takes the initiative in meeting them, goes to them wherever they are in life, and engages

8 *HSJS II*, 284:5–8.
9 *Ibid.*, 290:10–13.
10 *Ibid.*, 719:3.
11 *Ibid.*, 720:19.
12 *Ibid.*, 719:4.
13 *Ibid.*, 731:14.

with them. Additionally, the Magi, the Samaritan woman, and Paul represent the pagans, Samaritans, and Jews respectively. Once caught, they proclaim Jesus Christ, the giver of life, in their communities. Thus, they immediately become both the net the Lord casts in the sea of the world and *ṣayādā* (ܨܝܕܐ), or Fishers of Men – to use a Biblical reference – bringing humankind to him. Since they collectively form the Church, both the images of a net and fisher symbolize her, the themes of the following two sections respectively.

2. The Church, a Life-Giving Net

"The Church is Simon's net (ܡܨܝܕܬܗ ܕܫܡܥܘܢ ܗ̇ܘ ܗ̄ܝ ܥܕܬܐ)," [14] wrote Jacob of Sarug. The New Testament accounts of Peter dragging a net full of 153 fish in Jn 21:1–14 and of his call to be a fisherman in Lk 5:1–11 provide the background for the net as a symbol of the Church. Murray shows that Ephrem, Cyrillona, and Marutha interpret the title *ṣayādā* (ܨܝܕܐ) as referring to Jesus and his Apostles.[15] Since Jacob of Sarug also applies that same title to them, his interpretation fits this Syriac worldview. However, Jacob goes a step further insofar as he refers to the Church as a net (ܡܨܝܕܬܐ). Nowhere in his book does Murray mention such an image and neither implicitly nor explicitly speaks of her as such, which leaves one wondering if one sees here a further development of the Syriac Ecclesiological typology.

In the Johannine as well as in the Lucan narratives, although the Apostles spend the entire night fishing, they do not make a catch. However, that changes at dawn when the Apostles follow Christ's instructions. "The brightness of the Morning stirred up [the fish], ... [and] they got into the net that represents the Church, who loves Light (ܘܢܨܚܗ ܕܨܦܪܐ ܐܟܢܫ ܐܢܘܢ ... : ܥܠܘ ܠܡܨܝܕܬܐ ܕܪܙܐ ܕܥܕܬܐ ܘܪܚܡܐ ܢܘܗܪܐ ܀)." [16] Once more, the net in this quote is a symbol of the Church, and the fish implicitly denote her members. Here the expression "brightness of the Morning" can refer to time, early in the day, or to Jesus Christ, who is the true Dawn and true Light.

The Church is a net that gives life to the living and the dead. Addressing himself to the Church, Jacob of Sarug wrote, "May you be a net capable of catching the sea and land, and may your bosom take in the world unto life [see Lk 5:10] at the hands of your Lord (ܡܨܝܕܬܐ ܗܘܝ ܕܨܝܕܐ ܕܝܡܐ ܘܝܒܫܐ : ܘܢܩܒܠܝܘܗܝ ܥܘܒܟܝ ܠܥܠܡܐ ܠܚܝܐ ܒܐܝܕܝ̈ ܡܪܟܝ ܀)." [17] This quote parallels the one already cited earlier: Jesus Christ "cast his net here and there in the entire world to gather the whole creation in the life-giving net [see Lk 5:10] (ܡܨܝܕܬܗ ܐܪܡܝ ܗܪܟܐ ܘܬܡܢ ܒܥܠܡܐ ܟܠܗ : ܘܢܟܢܫ ܒܪܝܬܐ ܟܠܗ̇ ܠܨܝܕܐ ܕܚܝ̈ܐ ܐܠܗܝܐ ܗܘܐ ܀)." [18] The frequent reference to world, creation, sea, and land is to indicate that the Church, unlike the Jewish Nation, is not for a chosen few but for all, the Circumcised and Uncircumcised (see Gal 3:28). Jacob sees the image of a net catching the creation as expressing the universality of salvation. As stated before, the Lord aims to gather the entire world to give it life, that is the meaning of the statement "may your bosom take in the world unto life." Besides, "The Son of God cast a large net in the world, that even if it nets the dead, they will manifestly become alive (ܡܨܝܕܬܐ ܪܒܬܐ ܐܪܡܝ ܒܥܠܡܐ ܒܪܐ ܕܐܠܗܐ : ܕܐܦ ܡܝ̈ܬܐ ܢܨܘܕ ܒܓܠܝܐ ܚܝ̈ܐ ܗܘܝܢ ܀)." [19] Just as the Son of God

14 *HSJS V,* 701:9.
15 See Murray, *Symbols,* 176–178.
16 *HSJS V,* 699:9–10.
17 *HSJS IV,* 786:17–18.
18 *HSJS I,* 139:2–3.
19 *Ibid.,* 670:15–16.

grants life to the deceased, so his Church bestows life on the departed. Therefore, one can conclude that a life-giving net symbolizes the Church in the poetry of Jacob of Sarug.

Jacob of Sarug envisions the Church not only as a net, as a passive agent, but also as a key actor continuing the Apostles' mission, thus typifying her as a Fisher (*ṣayādā* – ܨܰܝܳܕܳܐ) of Men, the theme of the following and last section.

3. The Church, Fisher of Men

Since the Church catches and brings people to God, she shares the title *ṣayādā* (ܨܰܝܳܕܳܐ) with the Lord. "The Church boasts about repentance, her hope, for by it, she catches human beings for God (ܥܺܕܬܳܐ ܫܳܒܗܪܳܐ ܒܬܰܝܒܽܘܬܳܐ ܕܗܳܝ ܗ̱ܝ ܣܰܒܪܳܗ̇ : ܕܒܳܗ̇ ܨܳܝܕܳܐ ܠܒܢܰܝ̈ܢܳܫܳܐ ܠܐܠܳܗܳܐ ܀)."[20] She is both the life-giving net and the Fisher of Men – that is to say, she calls people to conversion and repentance, thereby underlying her ever missionary role in the world.

Indeed, Jesus Christ commissions the Church to be a Fisher of Men by announcing salvation to the entire world. Once Christ catches a person, he sends them as his heralds to witness to him and share his Good News with others. In the case of the Magi mentioned earlier, Jacob of Sarug wrote, "The Truth snatched them that they become his heralds (ܚܛܰܦ ܗ̱ܘܳܐ ܐܶܢܽܘܢ ܩܽܘܫܬܳܐ ܕܢܶܗܘܽܘܢ ܠܶܗ ܟܳܪ̈ܽܘܙܶܐ :)."[21] They, who had belonged to the pagans, are now apostles to the unbelieving Nation. "New Apostles (the Magi) from among the nations came to the Nation, and manifested the proclamation of the Son's birth (ܫܠܻܝ̈ܚܶܐ ܚ̈ܕܰܬܳܐ ܡܶܢ ܥܰܡ̈ܡܶܐ ܠܥܰܡܳܐ ܐܶܬܰܘ ܠܶܗ : ܘܚܰܘܺܝܘ ܣܒܰܪܬܳܐ ܕܝܰܠܕܶܗ ܕܒܪܳܐ ܒܳܗ̇ ܒܐܽܘܪܫܠܶܡ ܀)."[22]

Whereas the Magi fail to convert Herod, who tries to eliminate the King of Kings they proclaimed, the Samaritan woman is more successful in her proclamation than them, for she brings "her net full of fish" to Jesus, so to speak.

ܪܗܛܰܬ ܒܫܽܘܩܳܐ ܘܪܰܡ ܩܳܠܳܗ̇ ܘܠܳܐ ܒܶܗܬܰܬ : ܘܡܠܶܐ ܦܽܘܡܳܗ̇ ܣܒܰܪܬܶܗ ܕܒܪܳܐ ܒܓܰܠܝܳܐܝܬ ܀
ܗܽܘ ܕܶܝܢ ܡܳܪܰܢ ܝܳܬܶܒ ܗ̱ܘܳܐ ܐܰܝܟ ܨܰܝܳܕܳܐ : ܠܝܰܘܢܳܐ ܕܫܰܕܰܪ ܠܡܶܐܬܳܐ ܢܰܓܪܳܗ̇ ܕܢܶܗܘܶܐ ܕܝܠܶܗ ܀
ܫܰܕܰܪ ܡܶܠܬܶܗ ܠܫܳܡܪ̈ܳܝܶܐ ܐܰܝܟ ܪܳܚܶܡ ܟܽܠ : ܕܠܳܐ ܢܶܗܘܽܘܢ ܣܪ̈ܺܝܩܶܐ ܡܶܢ ܡܰܠܦܳܢܽܘܬܶܗ ܀

"She ran in the street unashamed, her voice booming,
and her mouth was evidently full of the news of the Son.
Our Lord, however, sat, as a *ṣayādā* (ܨܰܝܳܕܳܐ),
watching the dove he sent to bring back her brook that it might become his.
He sent his Word to the Samaritans as the One who loves all
as not to deprive them of his teaching."[23]

Christ continually reminds the Church of her missionary role, just like he helps Peter and the Apostles remember that they are no longer *fishermen* but *Fishers of Men*. After the Resurrection, Peter returns to fishing, along with other disciples (see Jn 21:1–14). Jesus appearing to them at dawn calls them "children" (see Jn 21:5), for they had erred in their judgment. They exchange apostleship for fishing; the Lord had commissioned them to fish for people

20 *HSJS I*, 670:13–14.
21 *Ibid.*, 100:1.
22 *Ibid.*, 102:10–11.
23 *HSJS II*, 306:17–307:2.

and to bring their nets to the Lord, but they revert to their secular occupation. Hence, he renews his call to them to go fish for men.

ܘܟܕ ܐܬܦܫܛ ܠܠܝܐ ܟܠܗ ܒܗܘ ܠܐܘܬܐ: ܕܢܚ ܥܡ ܢܘܗܪܐ ܡܫܝܚܐ ܕܢܣܥܘܪ ܐܢܘܢ ܀
ܘܩܪܒ ܩܡ ܠܗ ܒܣܦܬ ܝܡܐ ܠܘܬ ܬܠܡܝܕܐ: ܕܟܕ ܠܐ ܝܕܥܝܢ ܡܢܘ ܗܘ ܢܟܣ ܐܢܘܢ ܀
ܐܡܪ ܠܗܘܢ ܛܠܝܐ ܕܠܡܐ ܐܝܬ ܠܟܘܢ ܡܕܡ: ܐܡܪܝܢ ܠܗ ܠܐ ܘܒܗܬܬ ܟܠܗ ܨܝܕܘܬܐ ܀
ܡܟܣܢܘܬܐ ܠܓܒܪܐ ܛܠܝܐ ܩܪܐ ܗܘܐ ܐܢܘܢ: ܐܠܐ ܕܢܟܣܐ ܥܠ ܕܛܥܘ ܗܘܘ ܒܪܥܝܢܗܘܢ ܀
ܡܟܣܢܘܬܐ ܛܠܝܐ ܩܪܐ ܗܘܐ ܕܢܚܘܐ ܐܢܘܢ: ܕܡܣܬܢܩܝܢ ܗܘܘ ܥܠ ܡܠܦܢܘܬܐ ܕܡܠܦܢܐ ܪܒܐ ܀
ܥܒܕܐ ܥܒܕܬܘܢ ܐܝܟ ܛܠܝܐ ܘܠܐ ܚܟܝܡܝܢ: ܕܫܚܠܦܬܘܢ ܫܠܝܚܘܬܐ ܒܨܝܕܘܬܐ ܀
ܛܠܝܐ ܐܢܬܘܢ ܕܐܫܬܕܪܬܘܢ ܥܠ ܫܘܕܪܐ: ܘܫܘܕܪܐ ܐܚܪܢܐ ܫܪܝܬܘܢ ܕܠܐ ܩܐܡ ܀
ܛܠܝܐ ܐܢܬܘܢ ܘܐܘܪܚܐ ܛܥܝܬܘܢ ܐܘ ܬܠܡܝܕܝ: ܙܠܘ ܨܘܕܘ ܐܢܫܐ ܘܫܒܘܩܘ ܢܘܢܐ ܒܫܒܝܠܝܗܘܢ ܀
ܚܙܘ ܐܘ ܙܘܥܗ ܘܒܟܘ ܘܚܙܘ ܐܘ ܬܠܡܝܕܝ: ܚܙܘ ܐܘ ܡܘܬܐ ܙܒܢܐ ܕܢܘܢܐ ܐܝܟ ܠܘܩܒܠܐ ܀

"When the entire night came to an end in that weariness [see Jn 3:21],
Christ, the Light [see Jn 8:12], dawned with the light, to care for them.
He approached and stood on the shore near the disciples [see Jn 21:4]
to reprove them while they did not know who he is.
He said to them, 'Children, have you [caught] anything [see Jn 21:5]?'
They told him, 'No [see Jn 21:5],' and the entire fishing was ashamed.
He called men 'children' to reprove [them] for they erred in their judgment.
He called out 'children' to show them that they lacked the instruction of the great Teacher.
'You acted as unwise children, for you exchanged apostleship for fishing.
You are children, for you were sent out on a mission,
yet you began another mission that does not remain.
You are children and missed the path, O my disciples.
Go, fish for men, and leave the fish in their paths.'"[24]

When Peter finally recognizes Christ,

[...] ܪܗܛ ܠܘܬ ܡܪܢ ܀
ܘܡܚܕܐ ܒܛܠ ܗܘܐ ܨܝܕܐ ܘܢܘܢܐ ܘܡܨܝܕܬܐ: ܘܫܒܩ ܣܦܝܢܬܐ ܕܢܐܬܐ ܥܪܛܠܝܐ ܠܘܬ ܦܪܘܩܢ ܀
ܠܗ ܪܚܡ ܗܘܐ ܘܡܚܕܐ ܕܚܙܝܗ ܫܛ ܠܟܠܡܕܡ: ܘܫܕܐ ܠܓܢܒܗ ܕܒܗ ܢܚܕܐ ܗܘܐ ܘܪܚܡ ܗܘܐ ܠܗ ܀
ܠܐ ܣܟܐ ܗܘܐ ܚܘܒܗ ܠܚܒܪܘܗܝ ܕܢܐܬܘܢ ܥܡܗ: ܘܠܐ ܠܣܦܝܢܬܐ ܕܒܗ ܢܬܡܛܐ ܢܦܩܐ ܥܡܗܘܢ ܀
ܒܚܘܒܐ ܫܡܥܘܢ ܠܣܦܝܢܬܐ ܕܝܢ ܫܒܩܗ ܐܚܘܗܝ: ܘܒܪܚܡܘܗܝ ܐܬܐ ܒܪܓܠܐ ܠܝܡܐ ܘܫܒܩ ܐܢܘܢ ܀

"[...] he hastened to our Lord,
immediately renounced fishing and fishing nets,
and abandoned the boat that he might come to our Savior divested[25] [of all].
He loved him (the Lord) [see Jn 21:15–19], and once he saw him, he treated everything else with contempt
and launched himself toward [the Son] to rejoice in him, for he loved him.
His love neither waited for his friends to come with him

24 *HSJS V,* 695:1–18.
25 *Lit.* naked.

> nor for the boat to approach and reach the shore.
> Simon swam [ashore], whereas all of his brothers came by boat.
> The sheep surrounded the good Shepherd, who cared for them."[26]

Jesus Christ also calls the Church to leave everything behind and concentrate on her missionary role. Thus, she can be the true *ṣayādā* (ܨܝܕܐ) in the sea of the world and the net that catches the creation and brings the universe to her Lord and God, the source of life to all, who is evermore in her midst.

4. Conclusion

To summarize, Jacob of Sarug compares Jesus Christ to a *ṣayādā* (ܨܝܕܐ), for the Lord goes from one place to another to catch people. The Son of God is the *ṣayādā* par excellence, for he adjusts his techniques based on the needs of the human beings he draws to him. His aim is to give life to all. After the Resurrection, Jesus, the *ṣayādā*, continues to catch people as if with a net. This net he casts is a symbol of the Church, whom he entrusts with the Gospel. She becomes the Lord's instrument of catching people. She is not a mere tool in Christ's hand but also an active agent, a co-fisher. This *ṣayādā* and *net* imageries highlight the Church's missionary responsibility.

By leaning on modern authors such as Murray, one can initially claim the following. Aphrahat does not refer to Jesus Christ as a *ṣayādā* but compares only the Evil One to a cunning *ṣayādā*[27] who has already set his various snares and cast his net in the world. Indeed, "The wily one set [traps] in many ways and spread his net (ܡܨܝܕܬܗ) as a wise *ṣayādā* capturing, leading, and taking [human beings] to destruction as he pleases (ܒܦܢܝܢ ܣܓܝܐܢ ܦܬܘܟܐ ܣܡ ܠܗܝܢ ܢܟܝܠܐ : ܘܦܪܣ ܡܨܝܕܬܗ ܐܝܟ ܨܝܕܐ ܚܟܝܡܐ : ܨܝܕ ܘܕܒܪ ܘܡܘܒܠ ܠܐܒܕܢܐ ܐܝܟ ܪܓܬܗ :)."[28] Jacob employs such an image in his poetry, but this article does not expand on this theme. One can also surmise that Jacob's preference for this *ṣayādā* and *net* typologies exceeds that of Ephrem and others. Thus, one could credit Jacob with borrowing these symbols from his Syriac ancestors but should also recognize Jacob's originality in expanding on them. Nevertheless, more research is necessary to substantiate these claims, and to position rightly and better Jacob of Sarug in the history of Syriac Ecclesiological thoughts.

26 *Ibid.*, 700:9–18.
27 Murray, *Symbols,* 176.
28 *ASPD I.1,* 692.

Bibliography

ASPD I.1 Ioannes Parisot, ed. *Aphraatis Sapientis Persae Demonstrationes.* Vol. I.1, Patrologia Syriaca. Paris: 1894.

HSJS I Paul Bedjan, ed. *Homiliae Selectae Mar-Jacobi Sarugensis.* Vol. I, Paris, Leipzig: Harrassowitz, 1905.

HSJS II Paul Bedjan, ed. *Homiliae Selectae Mar-Jacobi Sarugensis.* Vol. II, Paris, Leipzig: Harrassowitz, 1906.

HSJS IV Paul Bedjan, ed. *Homiliae Selectae Mar-Jacobi Sarugensis.* Vol. IV, Paris, Leipzig: Harrassowitz, 1908.

HSJS V Paul Bedjan, ed. *Homiliae Selectae Mar-Jacobi Sarugensis.* Vol. V, Paris, Leipzig: Harrassowitz, 1910.

Symbols Murray, Robert. *Symbols of Church and Kingdom: A Study in Early Syriac Tradition.* 1st Gorgias Press ed. Piscataway, NJ: Gorgias Press, 2004.

CSD J. Payne Smith, ed. *A Compendious Syriac Dictionary.* Oxford: Clarendon Press, 1903.

TS R. Payne Smith, ed. *Thesaurus Syriacus.* Vol. II, Oxonii: E Typographeo Clarendoniano, 1901.

Educational Background of Mar Narsai: Between the "Tradition of the School" and Theodore of Mopsuestia's Exegesis*

Sofia Fomicheva

Mar Narsai is the East-Syrian poet, theologian, teacher of exegesis, and director of two East-Syriac intellectual centers: the Theological School of Edessa and, after its closure in 489, the Theological School of Nisibis in Byzantine North-Mesopotamia.[1] The main sources of our knowledge of Narsai's life and activity as a teacher are the two works attributed to Barḥadbshabba (the Ecclesiastical History and the "Cause of the Foundation of the Schools") (6 c.).[2] Over 300 verse homilies (ܡܐܡܪܐ) have been attributed to Narsai, of which about

---

* This research is part of my work at the subproject "Bible Exegesis and Religious Polemics in Syrian Texts of Late Antiquity" of the Collaborative Research Centre (CRC) 1136 "Education and Religion in Cultures of the Mediterranean and Its Environment from Ancient to Medieval Times and to the Classical Islam" at the Georg-August-Universität Göttingen (Germany).

1 About the history of the schools of Edessa and Nisibis see *A. Baumstark*, Aristoteles bei den Syrern vom V.–VIII. Jahrhundert, Aalen, 1975 [= Leipzig, 1900]; *A. Becker*, Fear of God and the Beginning of Wisdom. The School of Nisibis and Christian Scholastic Culture in Late Antique Mesopotamia, Philadelphia, 2006; *S.P. Brock*, Syriac Perspectives on Late Antiquity, Hampshire, 1984, pp. 1–34.69–87; *id.*, Studies in Syriac Christianity. History, Literature and Theology, Hampshire, 1992, pp. 1–14; *H.J. W. Drijvers*, Cults and Beliefs at Edessa, Leiden, 1980; *R. Duval*, Histoire d'Édesse, politique, religieuse et littéraire: depuis la fondation du royaume de l'Osrhoène, en 132 avant J.-C. jusqu'à la première croisade et la conquête définitive par les Arabes en 1144 A. D., Paris, 1892; *J.M. Fiey*, Nisibe, métropole syriaque orientale et ses suffragants des origines à nos jours, Louvain, 1977; *E.R. Hayes*, L'école d'Édesse, Paris, 1930; *N. El-Khoury*, Auswirkungen der Schule von Nisibis, in: *Oriens Christianus*, vol. 59, 1975, pp. 121–129; *A.F.J. Klijn*, Edessa, die Stadt des Apostels Thomas. Das älteste Christentum in Syrien, Neukirchen-Vluyn, 1965; *R. Macina*, Cassiodore et l'École de Nisibe, in: *Muséon*, vol. 95, 1983, pp. 39–103; *H.R. Nelz*, Die theologischen Schulen der morgenländischen Kirchen während der sieben ersten christlichen Jahrhunderte in ihrer Bedeutung für die Ausbildung des Klerus, Bonn, 1916, pp. 53–76.77–110; *C. Renoux*, Nisibe, face aux Perses dans les *Memré sur Nicomédie* de saint Éphrem, in: *Handes Amsorya*, vol. 90, 1976, pp. 511–520; *J.B. Segal*, Edessa. „The Blessed City", Oxford, 1970; *A. van Selms*, Nisibis, the oldest university, Cape Town, 1966; *A. Vööbus*, The Statutes of the School of Nisibis, Stockholm, 1961; *id.*, History of the School of Nisibis, Louvain 1965.

2 *F. Nau* (ed.), Barḥadbešabba ᶜArbaïa. Histoire ecclésiastique (IIᵉ partie), in: *PO* t. IX, fasc. 5, № 45, 1913, pp. 588 [100] – 615 [127]; *A. Scher* (ed.) Mar Barḥadbešabba ᶜArbaya. Cause de la fondation des écoles, in: *PO* t. IV, fasc. 4, № 18, 1907, pp. 383 [69], 7 – 387 [73], 3. The information about Narsai we can find also in the Nestorian Chronicle of Seert (10 c.). See *A. Scher* (ed.), Histoire nestorienne (Chronique de Séert), in: *PO* t. VII, fasc. 2, 1911, pp. 114 [22] – 115 [23]. About Narsai's life see, for example, *K. Pinggéra,* Das Bild Narsais des Grossen bei Barḥadbšabbā ᶜArbāyā. Zum theologischen Profil der "Geschichte der heiligen Väter", in: Inkulturation des Christentums im Sasanidenreich, ed. by A. Mustafa and J. Tubach, Wiesbaden, 2007, pp. 245–259; *L. Van Rompay*, Narsai, in: *Gorgias Encyclopedic Dictionary of the Syriac Heritage*, ed. by S. Brock, A. Butts, G. Kiraz, L. Van Rompay, Piscataway, 2011, pp. 303–304; *D. Winkler,* Narsai von Nisibis, in: *Syrische Kirchenväter*, W. Klein (ed.), Stuttgart, 2004. pp. 111–123.

80 have been preserved.[3] Unfortunately, none of his exegetical works is transmitted. Narsai's position as the head of the School of Edessa/Nisibis makes his writings particularly relevant for the study of religious education in the early East-Syrian tradition.

My presentation focuses on Narsai's memra "Against the Jews" and a number of other homilies by him, in which Narsai demonstrates a rather unusual approach towards Judaism and the Jews. Furthermore, Narsai uses several theological terms, for instance, ܣܝܓ ܢܡܘܣܐ (fence of the Law), ܒܪܬ ܩܠܐ (sound, voice, word), ܝܨܪܐ (inclination, impulse [towards evil]), the image of the yoke (ܢܝܪܐ), and others, which clearly have counterparts in the rabbinic literature, namely, סיג לתורה (fence of the Law), בת קול (sound, echo; heavenly or divine voice), and יצר (tendency, inclination). In this article, I would like to share with you some observations concerning Narsai's attitude towards Judaism and the Jews and to treat in some detail his conception of "The Fence of the Law" (ܣܝܓ ܢܡܘܣܐ). This particular term clearly reflects traditions which influenced Narsai's educational background.

The only text directly describing these traditions is a passage from the "Cause of the foundation of the schools" by Barḥadbešabba. This text is a late sixth-century introductory speech on the beginning of the Nisibis School's term. It purports to give a history and pre-history of theological education in the Syriac theological Schools of Edessa and Nisibis. In the passage to consider Barḥadbešabba states:

> "The head and exegete of that school (i.e. school of Edessa) was an enlightened man whose name was Qyōrā […]. However, in this one thing he (i.e. Qyōrā) was anxious: up to then the interpretations of the Exegete (i.e. Theodore of Mopsuestia, † 428) were not translated into the Syriac tongue, but rather he (i.e. Qyōrā) would interpret extemporaneously from the traditions (ܡܫܠܡܢܘܬܐ) of Mār Ephrem († 373). These, as they say, were transmitted from Addai the Apostle, who was in early times the founder of that assembly of Edessa, because he and his student went to Edessa and planted there this good seed. For also what we call the tradition of the *school* (ܡܫܠܡܢܘܬܐ ܕܐܣܟܘܠܐ), we do not mean the interpretation of the Exegete (i.e. Theodore of Mopsuestia), but rather these other things that were transmitted from mouth to ear of old. Then afterwards the blessed Mār Narsai mixed them into his homilies and the rest of writings."[4]

In order to understand this text more clearly, a few words should be said about three men mentioned: Addai, Mār Ephrem and Theodore of Mopsuestia. According to the *Doctrina Addai* (4–5 c.), Addai was one of the seventy-two apostles.[5] Judas Thomas sent him to Abgar (4 B.C. – 7 A.D. and 13 A.D. – 50 A.D.), the King of Edessa. By the fifth century, Addai was believed to be the apostle who founded the Christian community in Edessa. According

---

3 See *S. Brock*, A Guide to Narsai's Homilies, in: *Hugoye,* vol. 12.1, 2009, pp. 21–40.

4 Barḥadbšabba 'Arbaya, Cause of the foundation of the schools, 382,3–383,1. Translation according to *A. Becker* (transl.), Sources for the History of the School of Nisibis (Translated Texts for Historians, 50), Liverpool, 2008, pp. 149–150. Syriac text in: Mar Barḥadbšabba 'Arbaya, évêque de Ḥalwan (VIe siècle): Cause de la fondation des écoles. Texte syriaque publié et traduit par Addai Scher, *Patrologia Orientalis* 4,4, Paris, 1908, pp. 382,3–383,1. Other translations from the Syriac in this article are mine.

5 *G. Howard* (transl.), The Teaching of Addai (SBL Texts and Translations, 16, Early Christian Literature Series, 4), Chico, CA, 1981, p. 11. Syriac text in: *G. Phillips*, The Doctrine of Addai, the Apostle, Now First edited in a Complete Form in the Original Syriac, London, 1876, p. v.

to the *Doctrina*, he seems to have had connections with the Jews from Palestine.[6] Hence, Jean Daniélou has suggested that the Syriac Christianity had its roots in the Palestinian Jewish Christian community.[7] Ephrem the Syrian († 373) is a great Syriac poet and theologian, and the author of the earliest surviving Syriac biblical commentaries.[8] He is associated with the founding of the School of Edessa.[9] Theodore of Mopsuestia († 428) is a representative of Antiochene approach to exegesis. He was regarded by the Eastern Syrians as the most authoritative theologian and exegete. Since the early 430s, at the Edessan School, his Bible commentaries with their historical and philological exegetical approach started to be used as exegetical manuals. They replaced the biblical commentaries of Mār Ephrem.[10]

Now let us return to the passage from the "Cause of the foundation of the schools". On the basis of this short passage, we can make at least four important conclusions about two traditions which influenced Mār Narsai:

1. One tradition is called the "tradition of the School". It originates apparently from the Apostle Addai. Mār Ephrem used it as well.
2. The second tradition is connected with Theodore of Mopsuestia.
3. The "tradition of the School" was to a certain degree oral.
4. It was exactly Mār Narsai, who for some reason preserved the tradition of the School in his works. He also used the tradition of Theodore.

Nicolas Séd has suggested that the elements of the oral "tradition of the School" in Narsai's Memre were ideas with Jewish or Jewish-Christian background.[11] In my article, I hope to shed some light on the evidence that seems to match this hypothesis.

Let me begin by describing the memra "Against the Jews", our basic source concerning Narsai's attitude towards Judaism and the Jews.[12] There is yet no critical edition or translation of this work.[13] The main topic of this text is anti-Jewish polemics. It is important to point out that Narsai's memra, along with traditional anti-Jewish arguments, has several

6 See, for example, *Howard*, The Teaching of Addai, p. 11, *Phillips*, The Doctrine of Addai, p. v; *S. Griffith*, The *Doctrina Addai* as a Paradigm of Christian Thought in Edessa in the Fifth Century, in: *Hugoye*, vol. 6,2, 2003, p. 287.

7 *J. Daniélou*, Nouvelles Histore de l'Église, Paris, 1963, p. 79–81; about the hypothesis of the existence of Syriac Jewish Christianity see *S. Mimouni*, Le Judéo-Christianisme syriaque: Mythe Littéraire Ou Réalité Historique?, in: VI Symposium Syriacum, 1992 (OCA, 247), Roma, 1994, pp. 269–279.

8 *S. Brock*, The Bible in the Syriac Tradition. 2nd ed. New York, 2006, p. 73.

9 *W. Baum / D. Winkler*, The Church of the East: A Concise History, London, New York, 2003, p. 21.

10 *N. Kavvadas*, Translation as Taking Stances: The Emergence of Syriac Theodoranism in 5th Century Edessa, in: *Zeitschrift für Antikes Christentum*, vol. 19, 2015, pp. 96–97; about the influence of Theodore of Mopsuestia's works on Narsai see *F. McLeod*, Narsai's Dependance on Theodore of Mopsuestia, in: *Journal of the Canadian Society for Syriac Studies*, vol. 7, 2007, pp. 18–38.

11 *N. Séd*, Notes sur l'homélie 34 de Narsai, in: *L'Orient Syrien*, vol. 10, 1965, pp. 520 – 523. About the editions of the memra see *S. Brock*, A Guide to Narsai's Homilies, in: *Hugoye*, vol. 12.1, 2009, pp. 30, 35; about the manuscripts of the memra see *W. Macomber*, The manuscripts of the metrical homilies of Narsai, in: *OCP*, vol. 39, 1973, p. 298.

12 Syriac text in *A. Mingana* (ed.), Narsai doctoris syri homiliae et carmina, vol. I, Mosul, 1905, pp. 299–312.

13 D. Bumazhnov and I translated this memra into Russian: *D. Bumazhnov / S. Fomicheva*, Narsai's Memra "Against the Jews". Introduction and translation into Russian (in Russian), in: *Bogoslovskie Trudy*, 2016 (in print). D. Bumazhnov and I are preparing the translation of this memra into English for the project "Narsai: a Complete Translation", at Neal A. Maxwell Institute for Religious Scholarship (USA) (http://cpart.mi.byu.edu/home/narsai/).

particularities which distinguish it from other Syriac anti-Jewish texts. The tone of Narsai's anti-Jewish polemics changes in the course of the text. In the conclusion,[14] Narsai rebukes Israel and mentions its future punishment at the Last Judgement. However, before the conclusion, the overall tone is somewhat different. This allowed Judith Frishman to describe Narsai's anti-Jewish polemical style as relatively soft.[15] Unlike most Christian anti-Jewish texts, Narsai's memra, for example, lacks an explicit denunciation of Jewish laws, customs, and feast days.[16]

In my opinion, there are two sides in Narsai's arguments: a traditional one, expressed at its fullest in the conclusion; and a rather innovative one, which reflects his own perspective on the Jewish people. In view of Narsai's innovations, we can observe that he speaks of Christians and Jews as belonging to one group. For instance, Narsai calls himself co-heir (ܒܪ ܝܪܬܘܬܐ) of the Jewish people: "It is not me, who have chosen myself to become co-heir (ܒܪ ܝܪܬܘܬܐ) [together with] you".[17] The image of Jews and Christians being co-heirs seems to have its origin in Eph 3:6, from where Narsai borrows the word ܒܪ ܝܪܬܘܬܐ.[18]

It is important to note, that Narsai's interpretation of the Jews as being co-heirs of the Gentiles in Eph 3:6 is not the only possible interpretation. By emphasizing that all people, by being the children of Abraham, are relatives, Narsai calls himself "a house neighbor" (ܒܝܬܝܐ)[19] and "a friend of the house" (ܪܚܡܐ ܒܝܬܝܘܬܟ) of his imaginary Jewish interlocutor.[20] The term ܒܝܬܝܐ also seems to have its origin in the Epistle to the Ephesians (Eph 2:19) and represents the translation of the Greek word οἰκεῖος ("of the house").[21]

In addition to this rather non-traditional approach to the Jews, as I have already said, Narsai uses in his works several theological terms and an exegetical method which clearly have counterparts in the rabbinic literature, for example, the terms ܣܝܓ ܢܡܘܣܐ (fence of the Law) (סיג לתורה), ܒܪܬ ܩܠܐ (sound, voice, word) (בת קול), ܝܨܪܐ (inclination, impulse [towards evil]) (יצר), and the image of the yoke (ܢܝܪܐ). His method of interpreting the Holy Scripture is called נוטריקון in the Jewish tradition. However, it is important to note, that we find some of these terms, for example, ܣܝܓܐ and ܝܨܪܐ in the Syriac Bible, the Pešiṭta.

Adam Becker in his recent publication investigated the usage of one of these terms, in Narsai.[22] Becker finds some analogies between Narsai's use of the term ܝܨܪܐ (inclination,

14 Mingana I, 311,4.

15 *J. Frishman,* Narsai's Homily for the Palm Festival – Against the Jews: for the Palm Festival or Against the Jews?, in: IV Symposium Syriacum, 1984: Literary Genres in Syriac Literature (Groningen–Oosterhesselen 10–12 Sept.) (OCA, 229), ed. H. Drijvers, R. Lavenant, Rome, 1987, p. 228.

16 *J. Frishman,* Narsai's Homily for the Palm Festival, pp. 227–228.

17 Mingana I, 311,4–5.

18 „That the Gentiles should be co-heirs (συνκληρονόμα, Pešiṭta: ܒܢܝ ܝܪܬܘܬܗ), and partakers of the body and of his promise in Christ by the gospel" (Eph 3:6 Pešiṭta).

19 "Uncover and show me as [my] housemate (ܒܝܬܝܐ) his (i.e. Abraham's) election and his name, // and I agree with you that you walk well in his faith" (Mingana I, 301,14–15).

20 "If your preachers had revealed to me the mystery that [was] in your people, // why are you jealous that I became a friend of your house (ܪܚܡܐ ܒܝܬܝܘܬܟ)?" (Mingana I, 313,2–3).

21 Eph 2:19 „Now therefore ye are no more strangers and foreigners, but fellowcitizens with the saints, and of the household of God (οἰκεῖοι τοῦ θεοῦ „the members of the household of God", Pešiṭta: ܒܢܝ ܒܝܬܗ ܕܐܠܗܐ „the sons of the house of God")".

22 *A. Becker,* The "Evil Inclination" of the Jews: The Syriac *Yatsra* in Narsai's Metrical Homilies for Lent, in: *Jewish Quarterly Review,* vol. 106.2, 2016, pp. 179–207.

impulse [towards evil]) and its equivalents in the Rabbinic literature, יצר רע and יצר טוב.[23] There are various references to the ܝܨܪܐ throughout the works of the Christian authors of the 4th century. Aphrahat and Ephrem relate to the tendency of human beings to sin.[24] However, only in Narsai ܝܨܪܐ becomes a technical term.[25] It is of special note that this term is missing in Syriac literature contemporary to and later than Narsai.[26]

I will now move on to the Syriac term ܣܝܓ ܢܡܘܣܐ ("the fence of the Law") or ܣܝܓ ܢܡܘܣܐ ("to fence with the Law"). Narsai uses them in the homilies "On Jonah", "On Revelations to Abraham" and "On the Commemoration of Peter and Paul."

In these works, ܣܝܓ ܢܡܘܣܐ means the barrier of the Jewish Law separating the Jews from the non-Jews. In the Memra "On Jonah" Narsai states: "He (i.e. Jonah) preferred the flight in order to avoid being sent to the path of the nations, // lest he break the fence of the law (ܣܝܓ ܢܡܘܣܐ) by his journey."[27] The prophet Jonah does not like to preach to the people of Nineveh because he knows that the pagans will repent and become the new Nation of God, and this event will break the fence of the Jewish Law. Jonah does not fear in vain. Narsai concludes the memra "On Jonah" with a typological remark: Jesus breaks through the fence of the Jewish Law to unite the Christians from Jews and from pagans.[28] The same idea is to be found in the memra "On the Commemoration of Peter and Paul."[29] The idea of breaking the fence seems to be an allusion to Ephesians 2:14–15. I will come back to this later.

It is important to note that, in the previous Syriac tradition, for instance, in Aphrahat and Ephrem, the term ܣܝܓ ܢܡܘܣܐ is missing. The lexically identic term סיג לתורה ("the fence of the Law") appears, although rarely, in the early Rabbinic literature, in the Mishna[30] and in some Talmudic passages.[31] However, the meaning of סיג לתורה here is possibly different from the one by Narsai. In the majority of cases, in the Mishnah and in the Talmud, סיג לתורה means precautionary additions to the commandments of the Torah in order to

---

23 *A. Becker*, Inclination, pp. 202–205.

24 *A. Becker*, Inclination, p. 182.

25 *A. Becker*, Inclination, p. 183.

26 *A. Becker*, Inclination, p. 206.

27 Mingana I, 137, 2–4.

28 "By Him (i.e. Jesus) I am going to break the fence of the law (ܬܪܐ ܐܢܐ ܣܝܓ ܢܡܘܣܐ) before the nations. // In this intention I have called [and] sent you (i.e. Jonah) to the House of Foreigners (ܒܝܬ ܢܘܟܪ̈ܝܐ)" (Mingana I, 149,3–4).

29 "By his words, he (i.e. Paul) will bring down the fence of the law of the observances (ܬܪܐ ܣܝܓ ܢܡܘܣ ܢܛܘܪ̈ܬܐ) and bring the peoples into the kingship (ܐܚܣܢܘܬܐ) of the house of Abraham" (Mingana I, 76,18–19).

30 „They (i.e. the Men of the Great Assembly) said three things: Be deliberate in judgement, develop many disciples and make a fence for the Torah (סיג לתורה)" (Aboth 1:1). Translation from Pirkei Avos. Ethics of the Fathers/ A New Translation with a Concise Commentary Anthologized from the Classical Rabbinic Sources, commentary by Rabbi M. Zlotowitz, New York, 2010, p. 9. "Rabbi Akiva says: [...] Tradition is a safeguarding fence around Torah (סיג לתורה)" (Aboth 3:17). Translation from Pirkei Avoth. Ethics of the Fathers, commentary by Rabbi Meir Matzliah Melamed, transl. from the Spanish by D. F. Altabé, New York, 2007, p. 73.

31 "R. Eleazar b. Jacob stated, 'I heard that even without any Pentateuchal [authority for their rulings]. Beth din may administer flogging and [death] penalties; not, however, for the purpose of transgressing the words of the Torah but in order to make a fence for the Torah (סיג לתורה)" (Yevamot 90b). Translation from The Babylonian Talmud. Seder Nashim. In four volumes, transl. into English with notes, glossary and indices, under the ed. of I. Epstein, vol. I. Yebamoth, transl. into English with notes, glossary and indices by I. W. Slotki, London, 1936, p. 615.

guarantee their fulfillment, i.e., the Oral Tora.[32] However, Narsai's conception of ܣܝܓ ܢܡܘܣܐ as the law in general dividing Jews and Gentiles has as well parallels in the Jewish literature. For example, we find it in the Letter of Aristeas, in the Qumran literature, and in the Talmudic tractate *Avodah Zarah*, where it was important to emphasize the separation of the Jews from other nations.

Let us consider some of these texts. The Letter of Aristeas is a Jewish Hellenistic text of the 2nd century B.C. about the reasons behind translating the Hebrew Law into Greek. This text declares about the Law of Moses: "The law-giver (i.e. Moses) … fenced (περιέφραξεν) us about with impregnable palisades and walls of iron, to the intent that we should in no way have dealings with any of the other nations […], he hedged (περιέφραξεν) us round on all sides with laws of purification in matters of meat and drink and handling and hearing and seeing."[33]

This idea about the fence of the Law brings to mind the conception of Narsai, compare, for example, "On Revelations to Abraham":[34] "He (i.e. the Lord) hedged before them (i.e. the Jews) the law of His words (ܣܝܓ ܢܡܘܣܗ ܕܡ̈ܠܘܗܝ,) like the wall // and bound them (i.e. the Jews) with the observances like with a rope."

The image of the fence and the wall of the Law as a fence, separating the true adherents from their environment appears in the Damascus Document of the Qumran community (for example, IV,12; V,20).[35] The idea of a boundary protecting the consecrated people in an unclean world was very important for Qumran community.[36]

The next passage to consider is taken from the tractate of the Palestinian Talmud *Avodah Zarah* 2:2, the main topic of which is the laws regulating the interaction between Jews and non-Jews. In this passage, the expression the "fence of the sages" (גדרן של חכמים), a synonym for the "fence of the law," is used.[37] This passage states that it is better for a Jew to die in

---

32 About the conception of the Oral Tora see, for example, *G. Stemberger,* Einleitung in Talmud und Midrash, 8th ed., München, 1992, pp. 41–47.

33 Letter of Aristeas 139,142. Translation from The Letter of Aristeas. Introduction and Translation by H. Thackeray, London 1904, p. 52.

34 "He (i.e. the Lord) hedged before them (i.e. the Jews) the law of His words (ܣܝܓ ܢܡܘܣܗ ܕܡ̈ܠܘܗܝ,) like the wall // and bound them (i.e. the Jews) with the observances like with a rope" (Narsai, On Revelations to Abraham, Mingana I, 57,5–6).

35 "[…] when 'the scoffer' arose, who poured out over Israel waters of lies, […] diverging from tracks of justice and *removing the boundary* (לסיע גבול) with which the forefathers had marked their inheritance […]" (CD–A, V,20). "And in the age of devastation of the land there arose those *who shifted the boundary* (מסיגי הגבול) and made Israel stray" (CD–A, I,14–16). Translation from The Dead Sea Scrolls Study Edition, 2nd edition, Florentino García Martínez / Eibert J.C. Tigchelaar (ed.), Leiden, 1999, pp. 553, 559. Text in The Dead Sea Scrolls Study Edition, pp. 552, 558.

36 See *O. Betz,* The Eschatological Interpretation of the Sinai-Tradition in Qumran and in the New Testament, in: *Revue de Qumran*, vol. 21, t. 6, fasc. 1, 1967, pp. 94–98.

37 "A snake bit Eleazar b. Dama. He came to Jacob of Kefar Sama for healing. Said to [Ben Dama] R. Ishmael, 'You have no right to do so, Ben Dama.' He said to him, 'I shall bring proof that it is permitted for him to heal me.' But he did not suffice to bring proof before he dropped dead. Said to him R. Ishmael, 'Happy are you, Ben Dama, for you left this world in peace and did *not break* through the *fence of the sages* (פרץ גדרן של חכמים), and so in dying you have carried out that which has been said: 'A serpent will bite him who breaks through a wall" [Qoh. 10:8]" (Avodah Zarah 2:2). Translation from The Talmud of the Land of Israel. A Preliminary Translation and Explanation, vol. 33, Abodah Zarah, transl. by J. Neusner, Chicago, 1982, pp. 66–67.

this world from the bite of a serpent than to go to a non-Jewish physician, otherwise he breaks through the fence of the sages (פרץ גדרן של חכמים) and dies from the bite of the serpent in the world to come. This conception is very similar to the "fence of the Law" which the prophet Jonah is afraid to break down.

To summarize, it should be clear from all these instances, that, in the Jewish literature, the "fence of the Law" and its synonymic expressions did not mean only the additional precautions to the commandments of Torah, i.e., the Oral Torah, but also the Law in general separating the Jews from non-Jews. This notion is very similar to the conception of Narsai. However, one particular verse from his memra "On Jonah", as I have already noted, suggests another structural parallel to Narsai's usage of ܣܝܓ ܢܡܘܣܐ: „By Him (i.e. Jesus) I am going to break the fence of the law (ܫܪܐ ܐ̄ܢܐ ܣܝܓ ܢܡܘܣܐ) before the nations. // In this intention, I have called [and] sent you (i.e. Jonah) to the House of Foreigners (ܠܒܪ̈ܝܐ ܒܝܬ)."[38] This verse seems to be an allusion to Eph 2:14–15 according to the Syriac Bible, Pešiṭta.[39]

The Greek text of this verse offers a number of exegetical options for the barrier of the dividing wall (τὸ μεσότοιχον τοῦ φραγμοῦ), yet it probably refers to the Law.[40] The Syriac translator has so phrased the sentence that the "barrier" (or "fence") and "the law" could be taken as referring to two different things. As Sebastian Brock has noted, early Syriac writers, for example, Ephrem or the anonymous author of the Book of Steps (4 c.) link the "barrier" of Ephesians with the Fall of Adam.[41] The justification for this interpretation is found in Paul's mention of the "enmity" which Syriac writers used to see as reference to Genesis 3:15, "I will place enmity between you and the woman". Narsai, however, understands this passage differently. He considers the "barrier of the dividing wall" as the Jewish Law separating Israel from the nations, like many modern commentators.[42]

The interpretation of the fence in Eph 2:14–15 as the law or circumcision separating Jews from non-Jews can be found in the Commentary to the Ephesians by Theodore of Mopsuestia: "Therefore, he stopped the hostility and division that resulted from circumcision together with the entire law. […] And quite effectively *he called the division that came about because of circumcision the middle partition of the wall*, demonstrating that we could in no way draw near to one another, in the same way that people are prevented from drawing near to one another when some wall stands in the middle."[43]

---

38 Narsai, On Jonah, Mingana I, 149,3–4.

39 "For He (i.e. Christ) himself is our peace, He who has broken down the fence (ܫܪܐ ܣܝܓܐ) which stood at the midst, and the enmity, in his flesh; and the law of commandments (ܢܡܘܣܐ ܕܦܘܩܕ̈ܢܐ) He has abolished by His own commandments, that He might create in himself one new man in place of the two" (Eph 2:14–15 Pešiṭta).

40 Αὐτὸς γάρ ἐστιν ἡ εἰρήνη ἡμῶν, ὁ ποιήσας τὰ ἀμφότερα ἓν καὶ τὸ μεσότοιχον τοῦ φραγμοῦ λύσας, τὴν ἔχθραν, ἐν τῇ σαρκὶ αὐτοῦ τὸν νόμον τῶν ἐντολῶν ἐν δόγμασιν καταργήσας, ἵνα τοὺς δύο κτίσῃ ἐν αὐτῷ εἰς ἕνα καινὸν ἄνθρωπον ποιῶν εἰρήνην (Eph 2:14–15). See, for example, the various possibilities of the interpretation in *J. Muddiman*, A Commentary on the Epistle to the Ephesians, 2006, p. 130.

41 *S. Brock*, "Introduction", in: St. Ephrem the Syrian: Hymns on Paradise, trans. Sebastian Brock, Crestwood, NY, 1990, pp. 63–64.

42 See, for example, *J. Muddiman*, The Epistle to the Ephesians, pp. 126–128; *E. Best*, A Critical and Exegetical Commentary on Ephesians, Edinburgh, 1998, pp. 255–256.

43 Translation according to Theodore of Mopsuestia, The Commentaries on the Minor Epistles of Paul, Introduction and Translation by R. Greer, Atlanta 2010, pp. 225–227.

This similarity of exegesis by Narsai and Theodore is to be expected. As I have already said, in the School of Edessa, since the early 430s, the undertaking of translating Theodore of Mopsuestia's Bible commentaries into Syriac has been started. Narsai spent many years in the School of Edessa, first as a student and later as a teacher and director. During his years in Edessa, Narsai was deeply influenced by theology and exegesis of Theodore of Mopsuestia.

To summarize, in his works, Narsai uses the expression ܣܝܓ ܢܡܘܣܐ, the Fence of the Law, which is missing in the Bible. In his understanding, it means the separation between Jews and non-Jews. He may have borrowed the idea of separation through the Jewish Law from the exegesis of Ephesians 2:14. However, other Syriac writers before Narsai interpreted this verse differently. A similar interpretation of the dividing barrier as referring to the Law is to be found in Theodore's Commentary on Ephesians 2:14. Hence, we can suggest that Narsai borrowed this exegesis from Theodore's works. However, the term "the fence of Law" is missing in Theodore. The identical term סייג לתורה exists in the Jewish tradition, where, at times, it means the fence of the Torah prescriptions dividing Jews and non-Jews. It seems that Narsai could have been familiar with this term through his knowledge of Jewish or Jewish-Christian tradition. He probably linked it with the exegetical interpretation of Ephesians 2:14–15 borrowed from Theodore.

Conclusions

Narsai seems to use in his works two different traditions. On the one hand, he abundantly uses terms like ܪܝܫ ܪܐ, ܣܝܓ ܢܡܘܣܐ, ܒܪܬ ܩܠܐ and others which have counterparts in the rabbinic literature. These terms are absent or appear rarely in the works of the previous Syriac authors and in the Syriac literature contemporary to Narsai. However, we find some of them in the Syriac Bible, Pešiṭta, that, at times, shows the influence of Jewish exegesis.[44] It would seem that Narsai deliberately chose traditions with obvious Jewish background. It seems reasonable to suggest, that, e.g., ܣܝܓ ܢܡܘܣܐ was a part of the original Jewish/ Jewish-Christian background of Syriac Christianity, which is called "tradition of the school" in the "Cause of the foundation of the Schools."[45]

On the other hand, Narsai was deeply influenced by the exegesis of Theodore of Mopsuestia. I hope to have demonstrated by the example of the expression "the Fence of the Law", that these two traditions can overlap with each other. You can see this on the following diagram.

44 About the influence of Jewish exegesis in Pešiṭta, see, for example, *S. Brock*, Jewish Traditions in Syriac Sources, in: *Journal of Jewish Studies*, vol. 30, 1979, pp. 212–232; *S. Brock*, A Palestinian Targum Feature in Syriac, in: *Journal of Jewish Studies*, vol. 46, 1995, pp. 271–282; *M. Weitzman*, From Judaism to Christianity: the Syriac Version of the Hebrew Bible, in J. Lieu, J. North, and T. Rajak (eds.), The Jews among Pagans and Christians in the Roman Empire, London, New York, 1992, pp. 147–173.

45 Cf. *J. Tubach*, Die Anfänge des Christentums in Edessa, in: *Zeitschrift für Antikes Christentum*, vol. 19, 2015, pp. 6–8, 24–25. In his article, Jürgen Tubach analyses some Syriac religious terms, borrowed from Hebrew, such as ܥܕܬܐ "Church", ܗܝܡܢܘܬܐ "faith", ܟܗܢܐ "priest", ܫܟܝܢܬܐ "presence of God", and others. The researcher claims that these words indicate to the lexical background of the first members of Syriac Church – so called "god fearers", sympathisers of the synagogue of Jewish origin, which became Christians but kept their Jewish religious vocabulary.

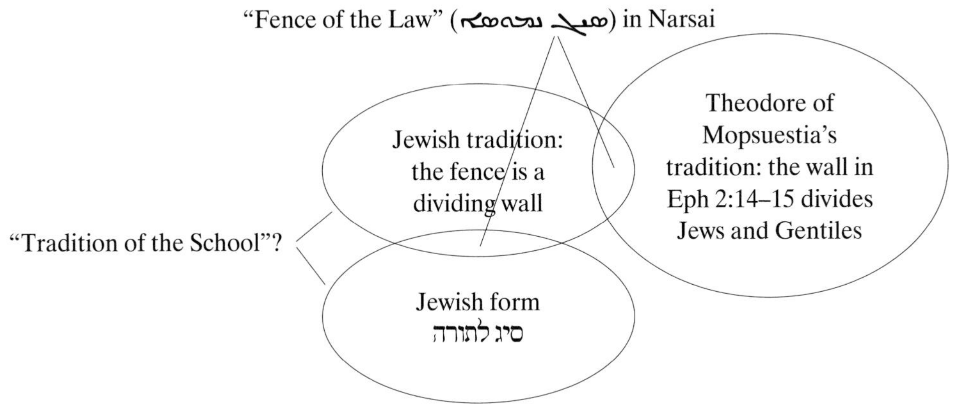

At this crossroad of traditions, Narsai managed to create a new metaphor describing the mission of the prophet Jonah with the allusion to Ephesians 2:14–16: the prophet as τύπος of Christ breaking through the fence of the Jewish Law.

The main question is: why was this tradition of the School important for Narsai? Who are "the Jews" against which Narsai polemicizes in his memra? Paul Krüger supposed that Narsai, in the memra "On the commemoration of Peter and Paul", seems to be polemicizing against a Christian-Jewish group.[46] It is quite possible, that this group could be among his readers or hearers, which he was hoping to convince. Hence, he abundantly used the oral "tradition of the School" that was familiar to them. However, we need further research to clarify this assumption.

46 *P. Krüger*, Ein Missionsdokument aus früh-christlicher Zeit. Deutung und Übersetzung des *Sermo de memoria Petri et Pauli* des Narsai, in: *Zeitschrift für Missionswissenschaft und Religionswissenschaft*, vol. 42, 1958, p. 271.

The Assyrian Orphanage of the German Orient Mission in Urmia: from its Foundation to its End

Vincent Pascal Gucha

A brief history of the German Orient Mission

The German Orient Mission, also known as the German Orient Mission of the Golden Cross, was to be an Islamic mission society. It was founded by Johannes Lepsius, his brother-in-law Friedrich Zeller, Wilhelm Faber, and other friends in Friesdorf in Wippra (in the Mansfeld region) on September 29, 1895.[1] Two years before its formal foundation, Faber and Lepsius sent two young men, Christian Közle and Nathanael Zerweck, to Persia as missionaries among the Muslim population. However, their mission did not last long. The Persian diplomat in Berlin reported to the Shah about the mission and the two were ordered to leave Persia. Unfortunately Közle died of Malaria in Urmia in 1895, and Zerweck returned home.[2]

When news of the massacre of Christians of the East, mainly Armenians and Assyrians, reached Lepsius, he went on a fact finding journey in the Ottoman Empire from May until June 1896 to confirm the veracity of the horrible report about the atrocities committed against these Christians. Consequently, he saw the urgency in serving these downtrodden, persecuted Christians and chose to do so not with the help of an Islamic mission nor a mission society but under the patronage of an aid organization, called the German Relief Organization for the Armenians, which he founded together with Ernst Lohmann of Frankfurt am Main. Lepsius and Lohmann perceived this plan to be the most efficient way to address the dire situation of and bring urgent humanitarian aid to both Armenians and Assyrians, who had become the victims of the massacres instigated by the Ottoman Empire between the years 1895 and 1896.[3] It was not until May 1900 that this aid organization was reconstituted to a mission entity while reclaiming its original name, the German Orient Mission, yet this reconstitution did not change the way it had been carrying its humanitarian activities.[4]

---

1 Goltz, Hermann / Meissner, Axel: *Deutschland, Armenien und die Türkei 1895–1925. Dokumente und Zeitschriften aus dem Dr. Johannes-Lepsius-Archiv an der Martin-Luther-Universität Halle-Wittenberg. Teil 3: Thematisches Lexikon zu Personen, Institutionen, Orten, Ereignissen*, München: K.G. Saur, 2004, 126.

2 Ibid., 156–157, 288.

3 Feigel, Uwe: *Das evangelische Deutschland und Armenien. Die Armenierhilfe deutscher evangelischer Christen seit dem Ende des 19. Jahrhunderts im Kontext der deutsch-türkischen Beziehungen*, Göttingen: Vandenhoeck & Ruprecht, 1989, 70–75; Damianov, Atanas: *Die Arbeit der "Deutschen Orient-Mission" unter den türkischen Muslimen in Bulgarien von Anfang des 20. Jahrhunderts bis zum 2. Weltkrieg. Quellen des Johannes-Lepsius-Archivs* (Studien zur Orientalischen Kirchengeschichte 23), Münster: Lit Verlag, 2003, 25.

4 Goltz / Meissner: *Deutschland, Armenien und die Türkei 1895–1925*, 364.

The plight of the Assyrians under the Ottoman Empire

The Ottoman's cruel, inhumane massacre of the Assyrians (1895–1896) forced thousands of Assyrians to flee from Eastern Turkey to Persian territory. The majority of these refugees settled in the Province of Azerbaijan in the regions of Urmia and Salmas. Further, it was horrifying that even the Assyrian mountaineer-tribes who had inhabited Hakkari region in Turkish Kurdistan for centuries and maintained their autonomy from the Turkish authority did not escape the wrath of this butchery.[5] The attacks on the Hakkari Assyrians forced many of the lands of the independent tribes, such as Tkhoma, Baz, Jilu, Diza, and Upper and Lower Tiari,[6] to become homeless and starve. Only from the mountain region an estimated 20,000 refugees came down flocking the plain of Urmia.[7] William Ambrose Shedd, an American missionary working in Urmia at that time, described the situation as follows: "Our door has been besieged by hungry, tattered and dying people, their condition is beyond description, the sight of young naked and freezing children breaks our heart. The Christian villages have been crammed by people begging for bread."[8] The town of Urmia became the destination of many Christian refugees because of the presence of foreign missionaries, such as American Protestants, French Catholics, and British Anglicans. The refugees were certain to receive security, nourishment and accommodation provided by these foreign missionary societies. Meanwhile, the Persian government did not have the capability to deal with the influx of the refugees whom it freely allowed to enter its territory, provide aid to these afflicted Assyrians who were in dire need of assistance despite its friendly attitude toward them, and furnish them with food, clothes, and other basic necessities. The flood of refugees also overtook and overpowered all the Christian villages around Urmia. As a consequent of their numbers that exceeded by far the number of the locals, the demand for provisions, housing, and healthcare so increased that they became scarce and could hardly meet the needs of all the inhabitants.[9]

The living conditions of children affected by the bloodshed were horrific. Kids roamed the streets alone, naked, hungry, and freezing and some of them lived in ditches along roadsides. The situation was more disadvantageous to girls than boys, for Kurds and Turks targeted and abducted them to take them for wives or enslave them.[10] Therefore, the need for a place to lift these girls out of such miseries, protect and provide them with an opportunity to grow in a holistic manner arose. Such a refuge would attend to these girls' intellectual, moral, and spiritual growth based on Christian principles. Only the Germans could create this kind of a haven in the aforementioned identified regions in most need of social aid.

5 Aboona, Hirmis: *Assyrians, Kurds, and Ottomans. Intercommunal Relations on the Periphery of the Ottoman Empire*, New York: Cambria Press, 2008, 2.

6 Coakley, J.F.: *The Church of the East and the Church of England. A History of The Archbishop of Canterbury's Assyrian Mission*, Oxford: Clarendon Press, 1992, 16–17.

7 "Berichte über das deutsche Hilfswerk in Armenien", in: Lepsius, Johannes (ed.): *Der Christliche Orient*, Westend-Berlin: Verlag der Akademischen Buchhandlung W. Faber & Co., 1897, 271–288, here: 278–279.

8 Ibid.

9 Ibid.

10 Lepsius, Johannes et al.: "An die Pflegeeltern unserer Kinder", in: *COJL* 1, 3/4 (1900), 58–61, here: 60.

The arrival of the first group of Germans in Urmia

In May 1897, the German Relief Organization for the Armenians sent its first group to take charge of social welfare in Northwest Persia. The group comprised of four Germans, namely: Pastor Hans Fischer from Hesse, the head of the group, his wife Elsie, Marie Paulat, and her younger sister Margarethe from Königsberg. They reached their first destination, Kalassar (Salmas) before going to Urmia in June 1897. Their task was to organize the carrying out of relief work and establish an orphanage in Urmia, which would welcome the one hundred children already gathered by David Ismael, an Assyrian from Gulpashan, a village next to Urmia.[11] Ismael had been carrying out some relief work, albeit on a small scale, to the area since 1896. He had lived in Berlin when the German Relief Organization appointed him as its agent in Northwest Persia. Undoubtedly, this Assyrian man was instrumental in creating the groundwork for the large-scale charitable work in Persia.[12] The German group postponed establishing the orphanage of Urmia until early 1898.[13] One of the main reasons for its decision to delay the project could have been the presence of a substantial number of foreign missionary societies that had been effectively assisting the refugees. Hence, they felt it was reasonable to set up relief work in the Armenian village in Salmas, which did not have any foreign society to attend to the numerous Christians who fled from Turkey and found refuge in it.[14] The lack of the missionaries' support was due to their false perception that Salmas was hostile to foreigners, and thus, they did not dare to work there.[15]

The extant written sources do not provide clear informationen on what happened to the one hundred orphans gathered by David Ismael. It could be reasonable to speculate that they ended up living in the orphanage in Kalassar (Salmas), which was opened in 1897,[16] and later moved to the orphanage in Urmia when it opened its doors to serve these parentless children. Nevertheless, the logistics to transfer a good number of children in a hostile area during that period could prove that such an undertaking would have been nearly impossible. One likely scenario could have been that the German mission society provided financial support to various families who hosted the orphans in return. This reasoning is plausible, for Lepsius had brought orphan girls to Kaisarie (Turkey) and placed them under the care of American missionaries, which the then emerging German mission society financed until it had built its orphanage.[17]

The foundation of the Urmia Orphanage

A rented house in Urmia was turned into the Urmia orphanage in early 1898 as mentioned above. David Ismael headed and managed it, and Margarethe Paulat and *Kasha* Abraham assisted him, while Pastor Hans Fischer and Marie Paulat remained in Kalassar. The building was small and could not accomocate more than thirty children. Therefore, the other

---

11 Redaktion: "Das Deutsche Hilfswerk für Armenien", in: Lepsius: *Der Christliche Orient*, 326–332, here: 327–328.

12 "Berichte über das deutsche Hilfswerk in Armenien", in: Lepsius: *Der Christliche Orient*, 271–288, here: 279.

13 "Bericht über das Hilfswerk in Persien", in: *AHJL* 1 (1898), 13–15, here: 14.

14 Fischer, Hans: "Aus unserer Arbeit in Persien", in: Lepsius: *Der Christliche Orient*, 422–426, here: 422–424.

15 Ibid, 424.

16 Baghdassarian, Mihran: "Aus unserer Arbeit in Persien", in: Lepsius: *Der Christliche Orient*, 573–574.

17 Lepsius, Johannes: "Der Herausgeber an die Freunde unsrer Arbeit", in: *COJL* 1, 1/2 (1900), 3–8, here: 5; Patrunky, Pauline: "Dank der Urfa-Mädchen an ihre Pflegeeltern!", in: *COJL* 1, 3/4(1900), 57–58, here: 58.

orphans were cared for outside the orphanage facility, yet that depended on the availability of funds. Too many kids living in a tight space with poor ventilation led to frequent disease outbreaks among these poor orphans.[18] An acquisition of an expansive property was inevitable. After several months of searching for a new place, a spacious two-story home with a big compound and a water channel flowing down the mountain across the courtyard into the garden was purchased.[19] The house formerly belonged to the governor and had been the summer residence of Prince Medshed Saltana of Persia. It was built in front of the city's gate in a quiet suburb away from the noise of Urmia around 1862. This property proved to be favorable: the building was roomy and accommodated more children than the first house, and the lot was large enough for future building expansions.[20] The orphanage was named *Dilgusha,* Persian for a heart opener. The sources do not furnish an explanation for why this name was chosen. However, one can infer the reason from one of the letters written by a certain Mariam, an orphan girl residing at the orphanage, about which she wrote to her German benefactor, "It is a place that would make your day glad." The name of the orphanage appropriately captured the compassion shown to and experienced by the children, who were snatched from the jaws of extermination and given a new life.[21]

The orphanage received children from different regions of Turkey and Persia. They came from the Turkish provinces of Gauer, Batimu, and Yiaveri and from the Persian areas of Gawar, Wazirawa, Geogtapa, Digala, Diza, Ankar, and Abadjalnawie, regions that surrounded Urmia. Still, the origin of some of the children remained unknown, or their families unidentified, for some kids were abandoned by their parents, relatives, or good Samaritans either at the gate or within the compound of the orphanage. Poverty and remarriages were the two primary factors that led people to give up their children. In the Middle East, it was hard for a woman to be a single parent. Besides being perceived as culturally awkward, her harsh situation was due to poverty and insecurity. Therefore, a widow had to remarry as soon as possible, and she must leave her children, following cultural norms, with their paternal grandparents or relatives, who were also struggling to survive. Hence, such children were considerate as a financial burden to most families.[22] Many Christian widows remarried Muslim men to avoid being abducted or raped and for financial stability that the new spouses afford them.[23]

Two of the principles adopted by the orphanage to admit children were as follows: the child had to have lost at least one parent be a Christian Assyrian girl. These principles might have worked at the beginning of the orphanage's service, yet the cruel reality on the ground required it to be more flexible and abandon them. Some parents migrated to Russia, others to America, and left behind their children, who eventually lost contact with their parents as time went by. Still, the orphanage presumed these kids to be orphans and took them in. After

18 "Bericht über das Hilfswerk in Persien", in: *AHJL* 1 (1898), 13–15.

19 Lepsius, Johannes: "Im Waisenhaus zu Urmia", in: *COJL* 1, 3/4 (1900), 42–46, here: 44.

20 Paulat, Marie: "Nachrichten von den Stationen", in: *COJL* 4, 1 (1903), 13–14, here: 14; "In Urmia", in: *AHJL* 8 (1898), 119.

21 Lepsius, Johannes: "Im Waisenhaus zu Urmia", in: *COJL* 1, 3/4 (1900), 42–46, here: 42.

22 Ibid., 44; Henselmann, Manja et al.: "Aus Choi und Urmia", in: *COJL* 1, 6/7 (1900), 107–112, here: 112; von Westarp, Eberhard-Joachim: "In Khoi und Urmia", in: *COJL* 15, 2 (1914), 34–36, here: 34.

23 Von Oertzen, Detwig: "Die Eltern unserer persischen Kinder", in: *COJL* 3, 9 (1902), 135–136, here: 136.

several years, the parents contacted the orphanage pleading with the management to allow them reunification with ther children.[24]

Some needy children, whose ethnicity, gender, or even religion did not fit the criteria of admission, also had to be rescued, and in that regard, it is worth mentioning three cases that stand out. The first one is the case of Sinam, a very young Armenian girl who stayed in Urmia orphanage for almost two years before getting transferred to an orphanage for Armenian children in Khoi in 1902.[25] The second case is that of Giwergis, a three-year-old Assyrian boy, famously known as "the grandson of the orphanage". His mother, Ruda, grew up in the orphanage of Urmia. She married a man, who later abandoned her, and she lived afterward in miserable conditions until her death. Giwergis ended up under the care of his grandmother, who eventually neglected the boy. However, Anna Friedemann, the long serving house-mother at Urmia orphanage, rescued and brought him to the orphanage.[26] Giwergis was the only boy who ever lived in this all-girls orphanage from 1909 until its closure in 1914 when he was taken to another orphanage which Pastor Hermann Pflaumer, a German-American missionary working in Urmia, founded in 1911.[27]

The fact that the orphanage only admitted girls with Christian backgrounds does not imply that the massacre had not affected Muslims in any way or the Germans were only interested in helping their co-religionists. Several Muslim girls were living in deplorable conditions, as Anna Friedemann pointed out. She felt sorry for a certain young Muslim girl who often stood at the city gate. Whenever the girl saw her, she shouted in Persian language, "*Khanunm, dukhtan, dukhtan!* (Miss, sewing, sewing!)" As Friedemann explained, Muslim girls yearned for a better life which their community could not provide them with. This case could not have been the only one, as a good number of other Muslim girls had similar life experiences as the Assyrian girls; they were orphaned and lacked the basic necessities of life.[28] Nevertheless, it was nearly impossible for the Urmia orphanage, a Christian institution, to admit Muslim girls, for one of its goals, as will be discussed below, was to assist the children under its care in growing up both morally and spiritually as Christians. The administration of the orphanage expected the girls to participate in church services, morning and evening devotions, and Bible studies. Therefore, admitting any Muslim girl to the orphanage could have brought dire consequences not only to the child by also the German mission. The girl would have been considered an apostate, a transgression punishable by death under Islamic law and the German missionaries' activities would have been curtailed or, even worse, they would have been expelled from Persia.[29] Despite live-threatening risks, the Germans had tried to admit Muslim children, but it never materialized. It was not until 1909 that the orphanage received its first Muslim girl, Daolat. The relatives of this ten-year-old child were gardeners at the orphanage, and it was only through their intervention that the Urmia orphanage admitted her. Further, they requested from Anna Friedemann to dress Daolat like the other Assyrian girls, probably as a way to allow her to integrate into

24 Friedemann, Anna: "Rußland in Persien. 2. Brief aus Urmia", in: *COJL* 13, 5 (1912), 74–76, here: 76.
25 Paulat, Marie: "Nachrichten von den Stationen", in: *COJL* 3, 12 (1902), 192.
26 Friedemann, Anna: "Friedensklänge aus Urmia", in: *COJL* 10, 11 (1909), 165–168.
27 Friedemann, Anna: "Nachrichten aus Persien", in: *COJL* 16, 9/10 (1915), 74–76, here: 74.
28 Friedemann, Anna: "Unter den muhammedanischen Frauen", in: *COJL* 3, 10 (1902), 148–151.
29 Richter, Julius: *A history of Protestant missions in the Near East*, New York: AMS Press, 1910, 143.

the group. It was surprising that although the Mullahs knew what was happening, they did not attempt this time to block the admission of the girl to the orphanage as they had always done. The Mullahs' acquiescene to her admittance might point to a possible conclusion. After several years, they finally, but reluctantly, accepted the fact that their community was incapable of providing for its needy children, and they had no option but to recognize the social contributions the Germans were making within the Persian community.[30]

Life at the Urmia Orphanage

One of the goals of the foundation of the Urmia orphanage was to create an environment in which the children would grow up, become responsible citizens, and eventually contribute to the development of their communities. The leadership of the orphanage put in palce various activities to accomplish its goals. These projects aimed at developing the literacy, moral, and spiritual welfare of the children. There were a school and kindergarten within the compound of the orphanage, and every child had to attend classes. In kindergarten, the younger girls learned the alphabets and songs. Their weekdays began with breakfast and morning prayers followed by classes until noon. During this time, the orphans learned how to read, do arithmetic, and they studied the Bible. These morning-classes lated four hours and were followed by a twenty-minute-break. Afterward, they attended Syriac grammar and writing skills classes. In the afternoon hours, they had handicraft lessons, which included sewing, knitting, and carpet weaving. Sewing entailed different techniques, such as embroidery, crocheting, and darning. Twice a week they had geography and singing lessons from 2 until 4 pm. At times, they learned German songs, and especially Christmas songs. In the evening, they attented evening prayers, and their day ended at eight o'clock when they went to bed, and silence ruled in the orphanage. On Saturdays, the children's main responsibility was cleaning, and otherwise, they were free.[31]

The children occasionally had to take tests in all subject matters they were learning that the teachers might gauge their academic progress. According to the mission's reports, the girls excelled more in studying the Bible and reading than in doing arithmetic. Juliette Oertzen, who was one of the examination committee members along with David Ismael, Marie Paulat and Detwig von Oertzen in 1905 commented that, the children could recite fluently twenty Pslams and answer correctly questions related to Biblical stories but were not good in arithmetic.[32]

The girls at the orphanage normally attended the orphanage school six years. If the teachers were satisfied with their progress, the orphanage hired and further trained them in practical works, such as carpet weaving and housework; the girls leaned to cook, clean, serve at table, dust, and do the laundry. Also, they helped the little ones who could not yet do certain tasks on their own, e.g., bathing. The sources are not clear if the term 'hired' implies a paid job. If that were the case, the duration of employment and the children's compensation remain unkown. The older girls were responsible for the orphanage's sericulture, which was set up in the orphanage's large garden and provided the needed raw material for carpet weaving. In the Orient, carpet weaving was the biggest trade that

---

30 Friedemann, Anna: "Friedensklänge aus Urmia", in: *COJL* 10, 11 (1909), 165–168, here: 166.

31 Mariam, "Kinderbrief", in: *COJL* 6, 6 (1905), 93.

32 Von Oertzen, Juliette "Ein Blick in das Waisenhaus von Urmia", in: *SWDOM* 3, 4 (1905), 30–32.

afforded many people a way to earn a living. For this reason, the German missionaries consciously provided the older orphans who had left the school with the opportunity to perfect this trade. The master plan was to export these carpets to America, which was one of the biggest markets of Persian carpets. The success of this strategy meant paid employment for the girls. They were able to sell a few of them locally, yet the project to supply the American market with carpets never came to fruition. The leadership of the orphanage devised this strategy, for it was largely concerned with the living conditions of the married girls. How to improve the lives of the children whom they cared for was one of the many challenges that kept the missionaries awake at night as will be shown below. Carpet weaving was the main, if not the only, source of income for many of these women, who were occasionally forced to panhandle at the gate of their former orphanage. Had the carpet export succeeded, their economic situation could have had improved.[33]

In the early beginnings of the orphanage, the German mission hired two Assyrian teachers, Lazar Maral, a woman, and Rabbi Shlimon, a man. Both of whom had been trained by the American missionaries and had taught for some time at the American school in Urmia.[34] Maral taught at the German orphanage until its closure, which led her to go back to the American school. The sources are not clear on who taught what, however the subjects taught by Marie and David Ismael are indicated; the former thaught religious education while the latter instructed the children in handicraft.[35] According to Lepsius, the local religious teachers were better trained than him. David as a teacher might have been a stopgap, for the sources do not indicate that he had any formal training as a religion teacher or just as a teacher, for that matter. Still, the progress he made with the orphans was commendable.[36] Modern Syriac was the main language of instruction and communication at the orphanage. Friedemann confirmed this fact when she wrote that, even though she could not speak Syriac, she was always glad to go to the children because either one of the native teachers or David Ismael translated the conversation to her.[37] It would have been against the missionaries' principles to introduce any foreign language, especially German. They did not want the children to become estranged from their culture and mother Church, the Church of the East.[38] When the American Presbyterian mission society opened its schools in Tabriz and Tehran in the 1880s, before the arrival of the Germans, the Persian government had prohibited them from teaching in Persian for fear that Muslim children would attend their schools.[39] There is no hard evidence that the Persian government also imposed this restriction on the German mission or even dictated the language of instruction at the orphanage school. Every foreign mission would set up its educational standards to meet the needs of the community it was serving and help shape the future generations under its care. The American missionaries ran a college to train teachers. Their educational methodology, however, did not appeal to the Germans. Lepsius claimed that it lacked the humanist basis, did

33 Friedemann, Anna: "Aus Urmia", in: *COJL* 12, 1 (1911), 3–5.

34 Temris, Sultä: "Brief aus Urmia von unserem Waisenmädchen Sultä Temris", in: *COJL* 16, 11/12 (1915), 93–94; von Bergmann, Eduard: "Unsere Arbeit in Persien", in: *COJL* 1, 1/2 (1900), 19–26, here: 20.

35 "Aus Urmia", in: *AHJL* 3 (1899), 37; Penna: "Kinderbriefe", in: *COJL* 4, 6 (1903), 95–96.

36 Von Bergmann, Eduard: "Unsere Arbeit in Persien", in: *COJL* 1, 1/2 (1900), 19–26, here: 20.

37 Friedemann, Anna: "Urmia", in: *COJL* 2, 3/4 (1901), 63–64, here: 64.

38 Lepsius, Johannes: "Der Herausgeber an die Freunde unsrer Arbeit", in: *COJL* 1, 1/2 (1900), 3–8, here: 6.

39 Richter: *A history of Protestant missions in the Near East*, 320.

not help the children to connect with their mother land, and did not emphasize the value of the student's nationality. Consequently, they had to come up with their teaching methodology to meet their principles.[40]

In the orphanage, the children were expected to observe rules and regulations that in a way helped them grow up with high moral values. Some Germans considered the general character of oriental kids to be discourteous. Anna Friedemann once described them as manipulative, disrespectful to their parents, selfish and lacking self-control or any other noble emotions. Her observation explains why a change of morals had to be stressed to form better their characters. One way of achieving this goal was by making the children aware of the importance of work. Hence, besides schoolwork, the orphans did various housework tasks assigned weekly and supervised by one of the teachers or older girls. They gardened at the orphanage and cultivated various vegetables and fruits for their consumption. Two older girls alternated helped the cook bake fresh bread daily except Sundays. Some other chores included: setting up the table, washing dishes, milking the cow, lightening the furnace to warm up the house, washing clothes, bathing the little ones, housecleaning, collecting firewood and foliage for the barn. Further, the work was distributed according to the orphans' ages.[41]

The orphanage also cared for the children's spiritual life. They participated at morning and evening devotions daily. A chaplain assigned to the orphanage might have led the prayer services. Initially, *Kasha* (Priest) Abraham ministered at the orphanage and was eventually replaced at an unknown date by *Kasha* Koshaba, who also taught at the school for several years. It is uncertain whether these devotions were celebrated according to the rites of the Church of the East or Lutherans. The religious services might have been a mixture of both traditions or alternately celebrated. However, at some point, these devotions were certainly held according to the Lutheran tradition. One comes to this conlusion based on a statement Oertzen made when responding to a certain group of Germans that was pushing for the children to be brought up as German Protestants. He argued that the orphans would be, in fact, Protestants, for they only participated at the Christmas and Easter liturgies of their mother-Church, i.e., the Church of the East.

The mission report of 1905 written by David Ismael points to the validity of the assertion that, the daily prayers were done according to the Lutheran tradition. He wrote, "This year, we have German morning devotion together with Miss Paulat."[42] Could this statement imply that it was only the two of them who did the German morning prayers without the orphans, since David had lived in Germany for several years, spoke perfect German, and might have been a practising Protestant Lutheran? David's account generates more questions than answers. Besides the morning and evening devotions, the children had to attend the church service on Sundays which was followed by Sunday school.[43] Moreover, the chaplain responsible for the worship services at the orphanage was also tasked with officiating the marriages of the girls.

40 Lepsius, Johannes: "Der Herausgeber an die Freunde unsrer Arbeit", in: *COJL* 1, 1/2 (1900), 3–8, here: 7.

41 Paulat, Marie: "Syrisches Waisenhaus Urmia (Persien)", in: *AHJL* 6 (1898), 95–96; Friedemann, Anna: "Sommerbrief aus Urmia", in: *COJL* 2, 9/10 (1901), 146–150, here: 147–148; "Aus Urmia", in: *AHJL* 3 (1899), 37.

42 Ismael, David: "Aus unsern Stationen. 2. Urmia. Aus der Cholerazeit", in: *COJL* 6, 1 (1905), 5–6, here: 6.

43 Friedemann, Anna: "Winter in Urmia", in: *COJL* 12, 5 (1911), 66–69, here: 68.

Two church services were offered after the Church of Christ had been built on the property of the orphanage in 1913 through the efforts of Friedemann, who initiated the collection of funds. One of the services in which the children participated was celebrated according to Old-Syriac rites. The bishop of the region supported the orphanage church by providing priests to celebrate the Divine Liturgy and other important liturgical celebrations in the rite of the orphans' mother-Church, for example, Christmas and Easter. The other service was a Lutheran rite liturgy. Those who attented the Lutheran service were the Germans from the orphanage and a number of German speaking soldiers from the Russian army stationed in Urmia. Pastor Luther Pera, an Assyrian who had been trained as a Pastor in Hermannsburg Seminary in Germany, led this service. He also conducted some of the girls' weddings according to the Evangelical Lutheran rite after their engagements had been blessed in the East-Syriac rite.[44] It seems that a good number of pastors or priests passed through the orphanage on a temporary basis and offered their services to both the girls and the workers. A few of the clergy who ministered at the Urmia orphanage have been mentioned, yet no detailed information about them was recorded. For example, it has been registered that a certain Mr. Judd who preached at the orphanage was always pleased with the beautiful singing of the children. This notice leaves one wondering, who this Mr. Judd was, to which church he was affiliated, and which language he used while preaching.[45]

As much as the program of the orphanage was tight, the children had time for recreation and frequently went out, had picnics, and enjoyed walks on the mountain.[46] During the school summer-break started at the end of their finals in all subjects and lasted from June until September, the girls were kept busy. Idleness, according to Germans, could lead the kids to become indisciplined. The orphans, therefore, had to do some gardening – weeding, plucking fruits, and harvesting vegetables – and attend Bible studies. In the evenings, they gathered to listen to stories translated from German.[47] It seems that in 1908, the relatives of the children were allowed to visit them during Easter Festival, *Ida gura,* specifically on Holy Thursday, a happy day for those who had a family, but a sad one for those who had lost parents and relatives.[48]

Challenges the German Orient Mission faced in Urmia

In the process of running the orphanage, the German Mission Society faced many challenges: denominational questions, social and cultural difficulties, health issues, political instability, natural calamities and financial problems. This paper presents only four of these significant challenges.

Question of the denominational upbringing of the children

One of the policies of the German Orient Mission in running the orphanage was not to introduce activities that could implicitly or explicitly alienate the children from their mother-Churches – the Church of the East, Catholic or Protestant Churches – as well as their

44 Friedemann, Anna: "Sommerbrief aus Urmia", in: *COJL* 13, 9 (1912), 136.

45 Paulat, Marie "Aus Urmia", in: *COJL* 1, 9 (1900), 140–141, here: 141.

46 "Aus Urmia", in: *AHJL* 3 (1899), 37; Lepsius, Johannes: . "Aus einem Brief von Dr. Lepsius an seine Kinder", in: *AHJL* 9 (1899), 133.

47 Hoffman, Marie: "Von Tiflis nach Urmia", in: *COJL* 2, 9/10 (1901), 140–146, here: 146; Paulat, Marie: "Aus Urmia", in: *COJL* 1, 9 (1900), 140–141, here: 141.

48 Friedemann, Anna: "Ostern in Urmia", in: *COJL* 9, 6 (1908), 105–108.

culture. This one core principle regarding the orphanage mission displeased some friends, i.e., benefactors of the mission society in Germany. They could not see the rationale behind an orphanage founded and funded by a German-Protestant mission society that did not raise the children according to a German Protestant way but would allow them to keep their adherence to their mother-Churches. This dissatisfaction probably stemmed from the fact that all other foreign mission societies in Urmia, such as, American Protestants, French Catholics, and Russian Orthodox were bringing up the children under their care in line with their respective church doctrines. The Germans saw this model of proselytism as an opportunity for creating in the future a strong German Protestant congregation in Persia, but the missionaries in Urmia were, unfortunately, missing this chance. A convincing explanation was needed to respond to the German's concerns. So, Detwig Oertzen, the head of the mission in Persia had to respond. In his answer, he pointed to the fact that those who were discontented were not in touch with the actual reality of the Oriental Church. If they had known the situation in Urmia, they had not considered the repercussions the missionaries would have to face. Oertzen presented three reasons against raising the children as German-Protestants. Firstly, there was no German-Protestant church in the whole region of Urmia. So, he raised the question, would it be reasonable to bring up the girls as members of the German-Protestant Church if their spiritual needs could not be met once they leave the orphanage? Moreover, if churches were to be built, it would imply that pastors would have to be trained and employed, that would bring altogether another missionary dimension that the mission society was not prepared to undertake. The second reason drew on the American experience in Armenia whereby the church they had founded created a sharp division among the Armenians. The Armenians who joined the missionary were despised and regarded as unpatriotic because the Armenian Church was considered not only as a religious instituation but also a symbol of national unity. Therefore, having a German-Protestant church among the Assyrians would have most likely resulted in an experience not so different from that of the Americans. Lastly, converting Assyrians could have been a source of friction between the Germans and other mission societies. The German mission would have been perceived as a competitor with other foreign mission societies, especially the Russian Orthodox one whose main goal was to convert as many Assyrians as they could to the Orthodox Church. What the Russians were doing was already rubbing the local population the wrong way.[49] Oertzen reminded them of the fact that the German mission gained the respect and trust of the Christian population in the region because it had not been proselytizing among the adherence to the Church of the East and other Christian faith groups. Destroying such a reputation would have a grave impact on the prosperous work the German mission had been doing for quite some time.[50] Oertzen crowned his argument by stating that the children are Protestants at heart although they belong to their respective mother-Churches. They celebrate Christmas and Easter in their Churches yet attend most of the time the church services and devotions at the orphanage and occasionally participate in church gatherings organized by the Americans.[51]

49 Von Oertzen, Detwig: "Die kirchliche Stellung unserer Waisenkinder", in: *COJL* 4, 12 (1903), 177–181.
50 Friedemann, Anna: "Aus Urmia", in: *COJL* 10, 8 (1909), 126–127, here: 127.
51 Von Oertzen, Detwig: "Die kirchliche Stellung unserer Waisenkinder", in: *COJL* 4, 12 (1903), 177–181.

Political instability in Persia

Due to political instability in Persia, corruption and insecurity were common issues to be encountered now and then. The vice of corruption among government officials constantly threatened the progress of providing aid services to the needy. Some of them did not shy away from enriching themselves at the expense of the refugees although the Persian government was friendly to them according to several accounts of the German missionaries. For example, the town chief in one of the districts in Persia – the name of the location was withheld from one of the reports of the German mission for fear of retribution exacted against the refugees – decided to detain about three hundred refugees until the American missionaries had paid him a ransom. The foreign missions societies often experienced such cases.[52] Corruption also seeped through various governmental agencies. It became very frustrating for a foreigner to buy a piece of land or build. One had to be politically well connected or bribe the concerned government worker. A government issued document like a building permit could not be obtained easily, thus resulting in delaying construction projects and missing deadlines.[53]

Political instability and economic difficulties in the region left most of the towns of Persia exposed to criminal activities. The foreign mission institutions were especially exposed because criminals knew they had valuable objects. In May 1900, around 1:30 am, eight armed Kurd robbers overpowered the guards and gained entry to the orphanage. It was with the help of Muslim and Christian locals that they were repulsed after a long gun battle that lasted three hours. Still, the thieves managed to make away with a few items, and they caused a four hundred *marks* worth of damages to the house. The governor's intervention led to the apprehension of five Kurds whom twenty tribesmen sought to avenge them tree days after the arrest. Luckily, their plan to raid the orphanage was foiled, and eleven armed Kurds were detained the day following the failed attempt. For this reason, the security at the orphanage had to be reinforced with forty soldiers assigned to the orphanage but at the expense of the mission society.[54]

All in all, the security situation in the region of Urmia always affected the orphanage. A never-ending conflagration existed between the Assyrian and Kurd mountaineers. This hostility often spilled over to the surrounding villages and the city of Urmia. The cause of this animosity was mostly due to Kurds robbing livestock and other valuables from the Assyrian villages and taking the loot to Muslim controlled areas and in response the Assyrians would follow them to reclaim their possessions. The conflict being between these two ethnic groups would then transform into a religious fight between Christians and Muslims. Thereupon, thousands of Assyrian refugees fleeing the conflict zones would seek protection in the city of Urmia, where foreign consulates and other institutions would provide them with protection. The majority of the refugees would flock to the Russian consulate, for the Russians were the most feared occupying foreign force in the region, and no local tribe would dare to cross their path. Other refugees would take refuge in the homes of their own Assyrian people in Urmia. Every house would become a sanctuary for at least one or two fleeing families, who had brought along their possessions. A good number of refugees including

52 Fischer, Hans: "Brief aus Persien", in: Lepsius: *Der Christliche Orient*, 369–376, here: 371.
53 Von Bergmann, Eduard: "Unsere Arbeit in Persien", in: *COJL* 1, 1/2 (1900), 19–26, here: 20.
54 Paulat, Marie: "Der nächtliche Überfall unseres Waisenhauses", in: *COJL* 1, 8 (1900), 114–116.

some former orphanage girls together with their families and relatives would find a save haven at the orphanage. They would occupy its available space, camp on its grounds, sleep on its roof, and live in the school building. Further, these poor people had to be fed and kept warm. When such a horrible event would happen, all the shops would close down. Therefore, the orphanage would be forced to share its limited resources with the refugees. Such conflicts would obviously disrupt the normal operation and life at the orphanage. Despite the good relationship that existed between the German mission and the local government, the Persian government was powerless and could not intervene to stop many of the fights that spilled over to their territory. So, the security situation left most foreign missions to live in constant fear of being attacked at any night by armed Kurds.[55]

Social and cultural challenges

Social and cultural differences are one of the issues a person has to deal with when one moves to a new cultural or social setting different from their own. One of the major social and cultural difficulties the missionaries had to face was child marriage, which they felt, infringed on the welfare of the girls under their care. In the Orient, girls as young as seven-years-old were betrothed. By European standard, this pactice is abusive to the children. Hence, the German missionaries agreed that the girls under their care might marry only after reaching the age of sixteen or seventeen. The typical reaction to changing some cultural practices of any community is resistance and resentment. Accordingly, cases would arise from time to time whereby some of the local men would forcefully enter the orphanage demanding the release of certain girls on the pretense of needing them to return home to their relatives. Countering such aggressions required the German missionaries to be strong that they might make a stand against these hostile men. They were so adamant about protecting the girls from such abusive practices that their obstinacy led to the fracture of the relationship they had formed with the local community.[56] As much as there is no indication that the girls who were at an age suitable-for-marriage were afraid of not getting suitors, for they would be deemed 'too old,' this might have experienced the fear of remaining unmarried. These young orphans seemed to have been more refined than the other ladies of the community by local standards. Consequently, men from as far as Tbilisi came asking for their hands in marriage.[57]

The ever-increasing numbers of Christian widows remarrying Muslim men was another social challenge that always left the workers of the orphanage in a dilemma. The consequence of this kind of marriage meant that these Christian women had to convert to Islam. The children whom these widows might have left behind would now join their paternal family according to the Oriental culture, and their grandparents would have had to carry the burden of raising them up. In most cases, they had no means of providing for their grandchildren. Therefore, their families would abandon them or give the young girls in marriage. Cultural insecurities coupled with economic problems compelled these women to engage in such practises. A woman living as a single parent was frowned on in this culture. What was also horrifying is that men could abduct a woman living alone. Many Christian

55 Friedemann, Anna: "Nachrichten aus Persien", in: *COJL* 8, 11 (1907), 161–163.
56 Paulat, Margarethe: "Meine Erlebnisse in Persien", *AHJL* 5 (1898), 76–80, here: 78.
57 Friedemann, Anna: "Winter in Urmia", in: *COJL* 12, 5 (1911), 66–69, here: 68.

families lost almost all of their possessions because of the massacre, it placed Christian men at a disadvantage as compared to Muslim men. Contrary to the majority of Christian men, Muslim men were better off ecconimically. This financial stability helped to lure many Christian women into the hands of Muslim men.[58] This trend of Assyrian Christian women getting married to Muslim men also created uneasiness among the German missionaries especially when on of their orphans got married to a poor man. It was common that after a few months into the marriage, the husband would leave for Russia for jobs were more abundant there than in Persia. Once in Russia, many of these young husbands would lose contact with and abandon their wives. These young mothers, with no gainful employment to support themselves and their young children, would go back to the orphanage soliciting help. Friedemann described this situation as such,

> "In a hurry and rush – because they must go back in broad daylight – they sometimes come to the city and call on the orphanage usually to solicit help. So the usual question, "Have you heard from your husband?" is followed by the usual answer, "No, not a word, he does not write nor send money." Also, "Look at you! Your dress looks very dirty. Can't you at least wash it?" "No, no, I cannot take it off. If I wash it and hang it to dry, I'm afraid the Kurds will come and take it, and then I have nothing."[59]

That was the general condition of most married women, and it points to the reasons why some of these grass widows sought both emotional and economic security by getting into new marriages more so with Muslim men than Christian men.[60]

There were also cases of married women who grew up in the orphanage. Their husbands either abandoned or ill-treated them. Case in point: Ruda was a mother of a three-year-old boy whose name was Giwergis. Her husband abandoned her, and she consequently ended up living a miserable life which led to her demise. The orphanage luckily rescued her litte kid.[61] The difficulties of having to adapt to the life outside the orphanage caught up with some of the girls as well. There is the account of a girl whom the missionaries took back after she had failed to adjust to the lifestyle outside the orphanage. The management of the orphanage feared that failure to readmit her amounted to giving her freely to the Muslim men, who, according to the Germans, had a reputation of abducting Christian women and girls without hesitation. The cost of supporting a grown up woman was twice as costly as supporting a little child. Further, once a girl would leave, the orphanage would lose the money sent by her sponsor for her support. The burden would now fall on the orphanage to find a sponsor willing to aid financially this young woman living back at the orphanage.[62]

58 Von Oertzen, Detwig: "Die Eltern unserer persischen Kinder", in: *COJL* 3, 9 (1902), 135–136, here: 136.

59 "In Hast und Eile – weil sie noch bei hellem Tageslicht wieder zurück müssen – kommen sie manchmal zur Stadt und sprechen im Waisenhause vor, gewöhnlich mit einer Bitte um Hilfe. Und auf die gewöhnlichen Fragen 'Hast du Nachricht von deinem Manne?' folgt die gewöhnliche Antwort 'Nein, keine; er schreibt nicht und schickt auch kein Geld.' 'Und wie siehst du aus, dein Kleid ist so unsauber, kannst du es nicht wenigstens waschen?' 'Nein, nein, das geht nicht, ich darf es nicht ausziehen. Wenn ich es wasche und zum Trocknen aufhänge, bin ich in Angst daß die Kurden kommen und es nehmen. Dann habe ich Garnichts.'" Friedemann, Anna: "Aus Urmia", in: *COJL* 12, 1 (1911), 3–5, here: 4–5.

60 "Allerhand aus Urmia", in: *COJL* 4, 6 (1903), 85–88, here: 85.

61 Friedemann, Anna: "Friedensklänge aus Urmia", in: *COJL* 10, 11 (1909), 165–168.

62 Harnack, Anna: "Bitte um Pflegeeltern für neue Waisenkinder", in: *COJL* 15, 3 (1914), 53–54.

Some cultural elements of the local community were not only a problem to the German missionaries but also a challenge to the children, especially those who had been admitted as little girls and left the orphanage as teenagers to get married. Having been brought up in an environment heavenly influenced by European culture, most of the girls became somewhat disconnected from their oriental society and had to learn or relearn some aspects of their culture. After having grown up in an environment where people spoke freely, the children ouside the orphanage found themselves in a society whose customs are more restrictive. For example, it was not customary for a bride to speak with men, including her husband, in public, unless the two were by themselves. Also, women among themselves were allowed to talk to each other in a low voice and with mouths covered.[63]

The general Persian socio-economic and cultural system did not allow women to be independent. Girls living in Persia did not have options in life except marriage. They could not even choose their husbands, for marriages were pre-arranged. Moreover, a young lady could not be confident that a suitor would come her way, as the economic problems and security issues had forced most young men to migrate to other countries, mainly Russia. Ergo, the thought of leaving the safety of the orphanage and facing the uncertainties outside its walls could have been a mental torture to most of the girls who had reached the age of marriage.[64]

Health challenges

All kinds of illnesses affecting the children at the orphanage, lack of medical facilities, and a shortage of medicine and food were some of the greatest problems that confronted the Germans at the beginning of their missionary work in Urmia. The perpetrators of the massacre who plundered and burnt down farms caused the scarcity of food. Also, their actions could have contributed to or brought about some of the diseases that spread throughout the region. Being hungry and having nothing to eat left some families with no other option than to feed on grass and soil which pathogens had contaminated.[65] The German missionaries admitted to the orphanage many children who were already suffering from all kinds of sicknesses such as tuberculosis, smallpox, typhoid, measles, and skin and eyes diseases. These infirmities were very dangerous. Apart from causing the death of many orphans, they posed a grave threat to the health of the survivors, for they could have left them lame or blind for life. Cholera and typhoid were the most serious diseases in the region. They claimed the life of a good number of children at the orphanage and caused the death of many people in the surrounding villages.

The orphans did not only suffer physically, but they seem to have endured psychological trauma as well, albeit just incidence was reported on the subject. One night, a little girl became hysterical, spoke to herself, laughed uncontrollably, and nothing could calm her down. That lasted until the early hours of the following day when the child became normal again. This whole episode was strange and did not happen again to this girl. It was also reported that some kids hardly played with others and seemed to have withdrawn from the rest of the group. Such occurrences yield more questions than answers. Was this behavior a result of

63 "Allerhand aus Urmia", in: *COJL* 4, 6 (1903), 85–88, here: 86.
64 Friedemann, Anna: "Ostern in Urmia", in: *COJL* 9, 6 (1908), 105–108, here: 108.
65 Friedemann, Anna: "Nöte auf dem persischen Arbeitsgebiet", in: *COJL* 7,10 (1906), 154–156, here: 155.

gruesome experiences the children had gone through? Were they traumatized by witnessing their parents or siblings getting slaughtered? It is certainly difficult to determine the exact causes, but the children's painful experiences due to the massacre must have contributed to some of the strange behaviors they exhibited.[66]

The disease outbreaks affecting the children were frequent. Consequently, they required close and constant care of a medical doctor, and a separate quarter had been necessary to hinder the spreading of the diseases. Unfortunately, the orphanage had neither a physician nor the needed facilities. Furthermore, there was no well-equipped hospital in Urmia to handle effectively such outbreaks.[67] The only healthcare facility available was that of the Americans, yet it could not admit at the time of a disease outbreak all the affected patients of Urmia and surrounding villages. In *Dilgusha* alone, the number of sick children was as high as sixty at a given time. The German missionaries could not even control the spreading of contagious diseases such as smallpox within the orphanage, although they impemented measures to alleviate such a thing from occurring. For instance, they forbade the children from entering the makeshift infirmary room, yet the kids did not grasp the danger they were putting themselves into by sneaking in to take food or visit their sick friends. There was an urgent need for an infirmary having the necessary medicine to serve the orphanage. The situation was dire, help from Germany was slow to come, and so, some missionaries sometimes spent their money to help save the lives of sick children.[68] The lack of an adequate healthcare facility coupled with the delay of the arrival of the needed help from Germany forced the management of the orphanage to come up with ways to care for the kids and control the spread of the diseases. Marie Paulat, for example, discovered a simple, natural remedy for the skin disease that was a source of continual trouble in the orphanage and heavily affected the kids. She realized that the high concentration of salt in the water of Lake of Urmia could cure that particular skin disease. Therefore, often the missionaries would take the cildren in groups to the lake that they might bath or swim in it. Since the lake was far from the orphanage, the little ones would go on backs of donkeys and horses, while the older girls would walk the distance. The orphanage arranged for the children to stay for a few days at a beach house that belonged to a prince and was managed by an Armenian man. Since the latter was sympathetic towards the Germans and to their good cause, the missionaries paid only a small fee for the use of the house.[69]

The end of the Urmia Orphanage

Russian armed forces entered and occupied the neutral territory, northwest region of Persia, towards the beginning of the First World War in 1914. They thereupon expelled all Germans working in the region, regardless of their institutional affiliations. So, the banishment of the German missionaries led to the closure of the Urmia orphanage in November of the same year. Some of the German mission staff who had worked for a long time in northwest Persia openly expressed their hopes for Turkish troops to recapture the region of Urmia,

66 "Aus Urmia", in: *AHJL* 3 (1899), 37.
67 Ehmann, Johannes: "Eduard von Bergmann, Nachruf", in: *COJL* 1, 11/12 (1900), 162–168, here: 166–168.
68 Henselmann, Manja: "Briefe aus Urmia", in: *AHJL* 10 (1899), 141–144, here: 144.
69 Wiencke, Gustav: "Von den Stationen", in: *COJL* 4, 9 (1903), 143–144; Paulat, Marie: "Von den Stationen", in: *COJL* 4, 12 (1903), 191.

which could have meant that they would come back to continue their work at the orphanage. However, their wishes were never fulfilled. The closing of the orphanages was due to political motives. The Russians knew well that the German and Turkish governments were close allies, and they feared that the German presence or existence of German institutions in the Persian territory under their occupation could be potentially used to spy over them. The total number of German nationals expelled from Urmia was five, namely: Anna Friedemann, her assistant, Bertha Richter, who had been at the orphanage for just a year, Ms. Pflaumer, an employee of the Americans, Pastor Wendt, and his wife. Wendt and his wife were not working in Urmia, they were just visitors.[70]

The Germans had not been prepared to end their mission in Urmia and did not know how to provide accommodations for more than fifty children living at the orphanage.[71] Anna Friedemann took four children under her wings and arranged with an American couple to hire Sultä Tamris as a housemaid. Julija Evers joined the American seminary where she was to prepare for exams in teaching. The young teacher, Maral Lazar, became a teacher at the American school. Giwergis, the only boy in the German orphanage, was taken to a nearby orphanage that Pastor Herman G. Pflaumer, a German-American and close friend of the German Orient mission, had founded in 1911. He was later killed in 1918.[72] The Russian army temporarily used the orphanage as barracks and later left it destroyed and partially burnt down. In her letter written to Anna Friedemann in 1915, Sultä Tamris mentioned that the Muslims had demolished the church of the orphanage.[73] The orphans' relatives presumably took most of the children and among them a good number died due to disease outbreaks, a few were buried in the garden of *Dilgusha*. According to Sultä, only eight former orphans and two native employees of the German orphanage were doing well. However, she had no information regarding the majority of the orphans. All in all, things could have been worse if it were not of the help of the American missionaries who had been a source of support to the German missionaries during a time when confusion and despair reigned unexpectedly. Besides providing shelter for some of the orphans, the Americans hosted the German missionaries for few days after the Russian foced them out of their orphanage.[74]

70 Friedemann, Anna: "Schließung unsres Waisenhauses in Urmia", in: *COJL* 15, 12 (1914), 161–168.

71 Friedemann, Anna: "Sommerbrief aus Urmia", in: *COJL* 13, 9 (1912), 136; Friedemann, Anna: "Wieder in der Arbeit", in: *COJL* 15, 1 (1914), 8–10, here: 9.

72 Friedemann, Anna: "Nachrichten aus Persien", in: *COJL* 16, 9/10 (1915), 74–76; Harnack, Anna: "Die Leiden der Syrer", in: *COJL* 21, 1/3 (1920), 3–4.

73 Friedemann, Anna: "Nachrichten aus Persien", in: *COJL* 16, 9/10 (1915), 74–76.

74 Ibid.

Bibliography

AHJL Aus der Arbeit des Armenischen Hilfswerkes, edited by Johannes Lepsius

COJL Der Christliche Orient. Monastschrift der Deutschen Orient-Mission, edited by Johannes Lepsius

SWDOM Der Stern der Waisen für unsere Kinder, edited by the German Orient Mission

Aboona, Hirmis: *Assyrians, Kurds, and Ottomans. Intercommunal Relations on the Periphery of the Ottoman Empire*, New York: Cambria Press, 2008.

Coakley, J.F.: *The Church of the East and the Church of England. A History of The Archbishop of Canterbury's Assyrian Mission*, Oxford: Clarendon Press, 1992.

Damianov, Atanas: *Die Arbeit der "Deutschen Orient-Mission" unter den türkischen Muslimen in Bulgarien von Anfang des 20. Jahrhunderts bis zum 2. Weltkrieg. Quellen des Johannes-Lepsius-Archivs* (Studien zur Orientalischen Kirchengeschichte 23), Münster: Lit Verlag, 2003.

Feigel, Uwe: *Das evangelische Deutschland und Armenien. Die Armenierhilfe deutscher evangelischer Christen seit dem Ende des 19. Jahrhunderts im Kontext der deutsch-türkischen Beziehungen*, Göttingen: Vandenhoeck & Ruprecht, 1989.

Goltz, Hermann / Meissner, Axel: *Deutschland, Armenien und die Türkei 1895–1925. Dokumente und Zeitschriften aus dem Dr. Johannes-Lepsius-Archiv an der Martin-Luther-Universität Halle-Wittenberg. Teil 3: Thematisches Lexikon zu Personen, Institutionen, Orten, Ereignissen*, München: K.G. Saur, 2004.

Kieser, Hans-Lukas: *Johannes Lepsius: Theologian, humanitarian activist and historian of Völkermord. An approach to a German biography (1858–1926)*, in: Briskina-Müller, Anna / Drost-Abgarjan, Armenuhi / Meissner, Axel (ed.): *Logos im Dialogos. Auf der Suche nach der Orthodoxie. Gedenkschrift für Hermann Goltz (1946–2010)* (Forum orthodoxe Theologie 11), Berlin: Lit Verlag, 2011, 209–229.

Lepsius, Johannes (ed.): *Der Christliche Orient*, Westend-Berlin: Verlag der Akademischen Buchhandlung W. Faber & Co., 1897.

Richter, Julius: *A history of Protestant missions in the Near East*, New York: AMS Press, 1910.

Die Erfahrung des Heiligen Geistes bei Pseudo-Makarios und in den frühen syrischen Liturgien

Martin Illert

1. Fragestellung und Vorgehen

Die Erfahrung des Heiligen Geistes im Herzen der Gläubigen ist das zentrale Thema der Briefe und Predigten des Pseudo-Makarios.[1] In vielfältiger Weise beschreibt dieser dem syrischen Raum entstammende griechisch-christliche Schriftsteller des ausgehenden vierten oder beginnenden fünften Jahrhunderts die Umwandlung, die das Kommen des Geistes im Menschen bewirkt.[2] So gleicht nach der Ansicht des Pseudo-Makarios der Mensch, der den Geist empfängt einer Wüste, die sich durch intensive Bewässerung, Bebauung und Bepflanzung in einen Paradiesgarten verwandelt oder einer Bettlerin, die der Kaiser erblickt, in kaiserliche Gewänder kleidet und zur Mitregentin erhebt.[3]

So stark ist Pseudo-Makarios auf das Kommen des Geistes und sein verwandelndes Wirken konzentriert, dass die weiteren Zusammenhänge, in denen das Gebet um den Geist steht, hinter der Schilderung der Erfahrung der Geistverleihung stark zurücktreten.[4] Schon in byzantinischer Zeit fragten sich deshalb manche Leser des Pseudo-Makarios in welchem Verhältnis die von diesem geistlichen Schriftsteller beschriebene Geisterfahrung zum Wirken der Sakramente stehe, legten doch einige Passagen im Werk des Pseudo-Makarios den Gedanken nahe, dass allein das Gebet der frommen Asketen diesen zum Heil ausreiche.[5] Sollte Pseudo-Makarios tatsächlich eine derartige Ansicht vertreten haben, hätten dann die Taufe, das Abendmahl und die übrigen Sakramente womöglich nur noch die Bedeutung

1 Wir zitieren unsere Beispiele aus dem Schrifttum des Pseudo-Makarios nach: H. Berthold (Hrsg.): Makarios / Symeon. Reden und Briefe. Die Sammlung I des Vaticanus Graecus 694 (B), 2 Bände, GCS, Berlin 1973 (im Folgenden abgekürzt: B I und B II); H. Dörries / E. Klostermann / M. Kröger (Hrsg.): Die fünfzig geistlichen Homilien des Makarios, PTS 4, Berlin 1964 (hier abgekürzt: H 1–50); E. Klostermann / H. Berthold (Hrsg.): Neue Homilien des Makarios / Symeon. Aus Typus III, TU 72, Berlin 1961; G. Marriott, Macarii Anecdota, Cambridge / Mass. 1918 (hier abgekürzt: H 51–57).

2 Zur Datierung und Lokalisierung des Pseudo-Makarios sowie zu seiner Theologie vgl. M. Illert (Hrsg.): Pseudo-Makarios, Predigten. Aus den Sammlungen C und H, BGH 74, Stuttgart 2013, 1–36.

3 Vgl. C 25,4 (Klostermann / Berthold, 135–137) u. ö.

4 Zur Konzentration auf das intrapsychische Geschehen bei Pseudo-Makarios vgl. Illert, Pseudo-Makarios, 17–20. Sehr viel deutlicher verbindet etwa der Zeitgenosse des Pseudo-Makarios, Johannes Chrysostomos, in seinen Taufhomilien das von Pseudo-Makarios so oft zur Beschreibung der Geisterfahrung verwendete Motiv der Verleihung des kaiserlichen Gewandes mit dem liturgischen Geschehen der Taufe (vgl. Jean Chrysostomos: Huit Catéchèses Baptismales inédites, ed. A. Wenger, SC 50 bis, Paris 1980, IV,18, S. 192 u.ö.).

5 Vgl. z.B. H 56,6 (Marriot 46; vgl. die deutsche Übersetzung bei Illert, Pseudo-Makarios, 68: „Und noch Eindrucksvolleres als das, was in den Schriften steht, zeigt ihm die Gnade. Denn auch aus dem Lesen des geschriebenen Gesetzes kann niemand jemals so viel zustande bringen wie durch den Dienst Gottes, denn alles wird dort vollbracht. Wer also dies erwählt hat, bedarf nicht so sehr des Lesens der Schriften, denn er weiß, dass alles im Geist vollbracht wird.“).

äußerlicher Vollzüge, die ohne Wirkung im Innern des Menschen bleiben? So schien es tatsächlich Theodoret, Timotheos von Konstantinopel und Johannes von Damaskos, die einzelne Passagen der pseudo-makarianischen Homilien im Lichte der Lehren der syrischen Beterbewegung, der sogenannten „Messalianer" lasen.[6]

War Pseudo-Makarios folglich der Ahnherr der Messalianer, wie Hermann Dörries in seiner 1941 erschienenen Monographie zu „Symeon von Mesopotamien" behauptete?[7] Neuere Untersuchungen Columba Stewarts und Marcus Plesteds haben diese These infrage gestellt und u.a. darauf hingewiesen, wie stark Pseudo-Makarios sowohl aus der theologischen Metaphorik Syriens schöpft als auch in der asketischen Literatur des byzantinischen Christentums nachwirkt.[8] Die Frage nach den gottesdienstlichen Kontexten der Schriften des Pseudo-Makarios kam dabei allerdings nur am Rande in den Blick.[9]

In meinem Beitrag möchte ich zeigen, in wie starkem Maße die Anrufung des Geistes in den syrischen Liturgien die Metaphorik des Pseudo-Makarios prägte. Ich möchte in zwei Schritten vorgehen: Im ersten Schritt soll nachgewiesen werden, dass die Schlüsselworte des Kommens, des Ruhens, des Wohnens und des Überschattens sowohl im Zentrum der Beschreibung der Geisterfahrung bei Pseudo-Makarios als auch im Zentrum der Epiklese des Geistes in den alten Traditionen der syrischen Anaphora der Apostel Addai und Mari, des Theodor und des Nestorius stehen.[10] Weil dieser Nachweis noch keine Abhängigkeit des Pseudo-Makarios von den Liturgien, sondern nur eine wie auch immer zu erklärende Übereinstimmung zwischen Pseudo-Makarios und den syrischen Liturgien belegt, möchte ich in einem zweiten Schritt zeigen, dass die genannten Schlüsselworte sowohl bei Pseudo-Makarios als auch in den Liturgien in spezifischen Wortverbindungen begegnen, die nicht zufällig sind, sondern vielmehr eine Abhängigkeit des Pseudo-Makarios von den syrischen Liturgien nahelegen.

---

6 Vgl. Theodoret von Kyros: Haereticarum fabularum compendium 4.11, PG 83, col. 429–432; Theodoret von Kyros: Historia Ecclesiastica, hrsg. v. L. Parmentier / F. Scheidweiler, Berlin 1954, 229–231; Timotheus von Konstantinopel: De receptione haereticorum (De iis qui ad ecclesiam ab haereticis accedunt), PG 86, col. 45–52; Johannes Damascenos: Liber de haeresibus 80, hrsg. v. B. Kotter, PTS 22, Berlin 1981, 42–46; vgl. die Synopse der einschlägigen Stellen bei C. Stewart, Working the Earth of the Heart. The Messalian Controversy in Text, History and Language, Oxford 1991, 244–279 sowie die Übersicht über die Nachweise der von Theodoret, Timotheus und Johannes zitierten Stellen im Schrifttum des Pseudo-Makarios ebendort 280–281.

7 Vgl. H. Dörries: Symeon von Mesopotamien. Die Überlieferung der messalianischen „Makarios"-Schriften, TU 55,1, Leipzig 1941.

8 Vgl. zu Stewart vgl. die Angaben Anm. 6; M. Plested: The Macarian Legacy. The Place of Macarius-Symeon in the Eastern Tradition, Oxford 2004.

9 Vgl. v.a. die hilfreichen Anmerkungen von Plested, Legacy, 38–42, der zeigt, dass das Zurücktreten der empirisch erfahrbaren Kirchenstrukturen bei Pseudo-Makarios nicht mit der Ablehnung der Kirche durch diesen Schriftsteller begründet werden kann.

10 Eine Zusammenstellung und Analyse der altsyrischen Epiklesen gibt: S. P. Brock: Invocations to / for the Holy Spirit in Syriac Liturgical Tradition. Some Comparative Approaches, in: S. P. Brock: Fire from Heaven, Studies in Syriac Theology and Liturgy, Aldershot 2006, 379–406; die Anaphora der Apostel Addai und Mari wird hier zitiert nach der Rekonstruktion auf der Grundlage des ältesten Manuskriptes bei: W. F. Macomber, The Oldest Known text of the Anaphora of the Apostles Addai and Mari, OCP 32, 1966, 368–369; die Anaphora des Mar Theodor wird zitiert nach J. Vadakkel: The East Syrian Anaphora of Mar Theodore of Mopsuestia, Kottayam 1989, 72–73; die Nestorius-Anaphora wird zitiert nach: Liturgia Sanctorum Apostolorum Addaei et Maris cui accedunt duae aliae in quibusdam festis et feriis decendae necnon ordo baptismismi, Urmia 1890, 51.

2. Übereinstimmung des motivischen Inventars

a) Ruhen (syr. ܢܘܚ */ gr.* ἀναπαύεσθαι*)*

Beim Blick auf die Anrufung des Geistes in den liturgischen Traditionen Syriens fällt das Vorkommen bestimmter Schlüsselverben in Auge: An erster Stelle ist hier das Verb des „Ruhens" zu nennen.[11] So heißt es in der Anaphora der Apostel Addai und Mari: „Dein Heiliger Geist komme, Herr, und ruhe auf dieser Gabe".[12] Vom „Ruhen" des Geistes spricht auch Pseudo-Makarios, wenn er sagt, dass Christus „kommt und in unseren Seelen ruht".[13]

b) Kommen (syr. ܐܬܐ */ gr.* ἐλθεῖν*)*

Nicht allein das „Ruhen" des Geistes ist in beiden eben zitierten Passagen hervorzuheben, sondern ebenso auch sein „Kommen". Beachten wir, dass die frühen syrischen Epiklesen durchgehend vom „Kommen" des Geistes anstelle seiner „Sendung" sprechen,[14] so haben wir neben dem „Ruhen" eine in spezifischer Weise der syrischen Region verbundene Entsprechung zwischen Pseudo-Makarios und den ältesten syrischen Traditionen der Anaphora.

c) Wohnen (syr. ܫܪܐ */ gr.* ἐνοικεῖν*)*

Ein dritter Schlüsselbegriff ist nun zu nennen: Sowohl Pseudo-Makarios als auch die Anaphora des Nestorius, sprechen vom „Wohnen" bzw. vom „Wohnung Nehmen" des Geistes im Menschen.[15] Mit dieser Metapher wird ein deutlicher Zusammenhang von Inkarnation und Epiklese markiert.[16] Die Übereinstimmung weist deshalb nicht allein auf eine Nähe der Sakramentstheologie zwischen Pseudo-Makarios und den syrischen Liturgien hin, sondern belegt auch eine Nähe der Christologie.

d) Überschatten (syr. ܐܓܢ */ gr.* ἐπιφοιτᾶν*)*

Ferner kennt Pseudo-Makarios die Rede vom „Überschatten" des Geistes.[17] Entsprechend heißt es in der Anaphora des Mar Theodor: „Dein Heiliger Geist [...] überschatte dieses Brot".[18] Der syrische Hintergrund des Pseudo-Makarios wird auch aus dem Begriff des

---

11 Zu den theologischen und liturgiegeschichtlichen Hintergründen der Metapher vom Ruhen des Geistes vgl. G. Winkler: Ein bedeutender Zusammenhang zwischen der Erkenntnis und Ruhe in Mt 11,27–29 und dem Ruhen des Geistes auf Jesus im Jordan. Eine Analyse zur Geist-Christologie in syrischen und armenischen Quellen, Muséon 96, 1983, 267–326.

12 Addai und Mari (Macomber), 368–369.

13 C 16,4 (Klostermann / Berthold 83) ähnlich: C 16,5; B 10,3,5 (Berthold I, 138,33). Es ist bemerkenswert, dass der Begriff des „Ruhens" von Pseudo-Makarios auch explizit mit der Eucharistie verbunden werden kann, wenn etwa in B 15,2 (Berthold I, 176,12) festgestellt wird, die „Gabe" (scil. des Sakraments) „ruhe" „im Gefäß" (scil. dem Menschen). Bereits diese Wendung spricht eindeutig gegen den vermeintlichen Antisakramentalismus des Pseudo-Makarios.

14 Zum Motiv des „Kommens" vgl. auch Brock, Invocations, 381, der hervorhebt, dass das Motiv des „Kommens" (im Unterschied zu seiner Sendung) auch in griechischen Quellen aus dem syrischen Raum begegnet. Pseudo-Makarios ist dafür ein gutes Beispiel.

15 Vgl. C 16,4 (Klostermann / Berthold 84; ähnlich: B I,87,5; 216,35; 230,25; 264,16) bzw. Nestorius-Anaphora (Urmia-Edition) 51.

16 Vgl. Brock, Invocations, 388–390.

17 Vgl. B 15,32 (Berthold I,176,12) u. ö.

18 Anaphora des Mar Theodor (Vaddakel), 72–73.

„Überschattens" deutlich, der sich nicht in der griechischen Bibelübersetzung findet, jedoch auch in der griechischen Version der Jakobusliturgie begegnet.[19]

Zusammenfassend kann also festgehalten werden, dass die zentralen Worte für das Wirken des Geistes in den syrischen Abendmahlsliturgien vom „Kommen" über das „Ruhen", das „Wohnen" und das „Überschatten" auch in den Schriften des Pseudo-Makarios begegnen, um dort die Erfahrung des Geistes in der Seele der Gläubigen zu beschreiben. Diese Beobachtung kann man noch vertiefen, wenn man auf syrischer Seite auch Texte einbezieht, deren literarische Gattung mit dem liturgischen Formular nur zum Teil deckungsgleich ist, wie etwa die Thomasakten.[20]

3. Übereinstimmende Wortkombinationen

Dass die genannten Übereinstimmungen nicht zufällig sind, sondern eine Abhängigkeit des pseudo-makarianischen Sprachgebrauchs vom Sprachgebrauch der Anrufung des Geistes in den syrischen Traditionen der Anaphora belegen, ist aus dem Umstand nachzuweisen, dass Pseudo-Makarios und die Texte der syrischen Anaphora übereinstimmende Wortkombinationen aufweisen.

a) Kommen und ruhen

Der Sprachgebrauch des Pseudo-Makarios ist mit dem der liturgischen Tradition der Anaphora der Apostel Addai und Mari identisch, wenn Pseudo-Makarios davon schreibt, dass der Geist erstens „kommt" und zweitens „ruht". An vielen Stellen findet sich diese für die älteste Tradition der Liturgie spezifische Wortkombination in den pseudo-makarianischen Gleichnissen, mehrfach verbunden mit weiteren Anklängen an die syrische liturgische Tradition, wie etwa der Beschreibung des Geistes als Mutter oder dem Motiv der „Schöße" als Heilsorte.[21]

b) Wohnen und überschatten

Die zweite wichtige Wortkombination verbindet das „Wohnen" und „Überschatten" des Geistes, wie es die Anaphora des Mar Theodor kennt und auch Pseudo-Makarios verwendet, wenn er davon spricht, dass der Geist in der Seele Wohnung nehme und sie überschatte.[22] Dieser sakramentale Sprachgebrauch des Pseudo-Makarios errregte bereits in Byzanz Anstoß, wie Theodoret, Timotheos und Johannes von Damaskos übereinstimmend belegen.[23] Dass Pseudo-Makarios hier Schlüsselworte der syrischen Liturgie ins Griechische übertrug,

---

19 Vgl. Brock, Invocations, 388 und 400.

20 Ein Vergleich des Epiklesegebetes der Thomasakten (hier zitiert nach: T. Jansma: A Selection from the Acts of Judas Thomas, Leiden 1952, 20) mit den pseudo-makarianischen Schriften weist neben der Bitte um das „Kommen" des Geistes u.a. folgende terminologische Übereinstimmungen auf: a) Anrufung des „Namens" (vgl. dazu: C 17,1), b) Herabrufung des göttlichen Erbarmens (vgl. C 16,4 und C 22,2), c) Bezeichnung des Geistes als „Gabe" (vgl. C 19,3), d) Erflehen der Gemeinschaft (vgl. C 16,4), e) Anrede des Geistes als Mutter (vgl. C 16,2) f) Gabe des Geistes als Offenbarung himmlischer Geheimnisse (vgl. C 16,2).

21 Vgl. C 22,3; zum Motiv des Schosses und der seelischen Referenzräume vgl. Illert, Pseudo-Makarios, 17–19 und 78 Anm. 143.

22 Vgl. Anaphora des Mar-Theodor (Vadakkel, 72–73) und C 25,6 (Klostermann-Berthold 138).

23 Darauf macht V. Desprez, Pseudo-Macaire: œuvres spirituelles. Homélies propres à la Collection III, SC 275, Paris 1980, 286, Anm. 2 aufmerksam.

entspricht jedoch keiner antisakramentalen Haltung, sondern im Gegenteil einer Frömmigkeit, die sich um die innerseelische Aneignung des sakramentalen Geschehens bemüht.

4. Fazit

Pseudo-Makarios' Beschreibung der zentralen Momente des geistlichen Lebens der Christen ist folglich auf dem Hintergrund des Gottesdienstes zu verstehen.[24] Freilich unterstreicht die kritische Rezeption des Pseudo-Makarios im byzantinischen Bereich die Herausforderung des griechisch-syrischen Theologie-Transfers. Das Missverständnis verdankt sich außerdem der unterschiedlichen Gattung liturgischer Texte, die für die gesamte Gemeinde bestimmt sind und postbaptismaler Asketenparänese, wie sie bei Pseudo-Makarios vorliegt und die nur auf einen kleinen Kreis derer bezogen ist, die mit der Taufe auch ein Asketengelübde abgelegt haben.[25] Dass auch die protestantische Neuauflage der Einordnung des Pseudo-Makarios als „Messalianer" die Beschreibung der geistlichen Erfahrung vom gottesdienstlichen Geschehen abtrennte, gibt deshalb womöglich mehr Auskunft über den antisakramentalistischen Hintergrund der protestantischen Makariosforscher als über die theologischen Kontexte des Pseudo-Makarios selbst.

24 Dies gilt für Pseudo-Makarios nicht minder als für den von ihm geprägten Symeon den Neuen Theologen, zu dessen Frömmigkeit J. Pelikan (The spirit of Eastern Christendom [600–1700]. The Christian Tradition, Vol. 2, Chicago / London 1974) mit Recht schreibt: „It is noteworthy how often a mystical experience came upon someone in the course of the liturgy […] The mystical ecstasy of the individual and the liturgical ritual of the church were anything but antithetical".

25 Zu dieser Bestimmung von Form und Funktion des pseudomakarianischen Schrifttums vgl. Illert, Pseudo-Makarios, 28–29.

Christliche Motive auf Briefmarken nahöstlicher Staaten

Hubert Kaufhold

Die staatlichen Postverwaltungen des Vorderen Orients geben, wie alle anderen, Briefmarken heraus. Neben den normalen Freimarken gibt es zahlreiche Sondermarken, die an bestimmte Ereignisse erinnern oder Motive aus dem betreffenden Land zeigen. Diese Briefmarken dienen natürlich auch der Selbstdarstellung der Staaten. Es ist deshalb von Interesse, ob und wieweit auch christliche Motive berücksichtigt werden.

Allgemein beliebt bei Sondermarken sind historische Motive, Sehenswürdigkeiten, insbesondere Bauten, aber auch Erinnerungen an geschichtliche Ereignisse. Reichlich vertreten ist ferner die Zeitgeschichte mit ihrem politischen Geschehen, etwa Thronbesteigungen und Jubiläen von Monarchen und Präsidenten, Wahlen, Besuche auswärtiger Regierungsvertreter, ferner internationale und nationale sportliche und sonstige Veranstaltungen und besondere Vorkommnisse. Auch die Landesnatur wird häufig dargestellt: Landschaften, Pferde, Vögel, Schmetterlinge, Fische, Pflanzen aller Art. Die Technik ist gleichfalls vertreten mit Autos, Flugzeugen, Häfen, Industrieanlagen usw.[1]

1. Jordanien

Beginnen wir mit Jordanien, das seit 1946 unabhängiges Königreich ist. Soweit auf den Briefmarken Sehenswürdigkeiten abgebildet sind, stehen islamische Motive im Vordergrund. Es kommen aber nicht selten auch christliche Denkmäler vor. So erschienen 1963 acht Marken mit heiligen Stätten, gewissermaßen gleichberechtigt vier des Christentums und vier des Islams. Zu sehen sind das Mariengrab, die Gethsemane-Basilika und die Grabeskirche in Jerusalem sowie die Geburtskirche in Bethlehem.

Auf den fünf Marken „Tourismus“ 1971 ist die Via Dolorosa und die Weihnachtsglocke in Bethlehem abgebildet.

1982 finden wir fünf Marken unter dem Titel „Unesco-Welterbe Jerusalem“, von denen eine ein christliches Gebäude, nämlich die Grabeskirche zeigt (Abb. 1).

In einer Serie von sechs Marken „10 Jahre Welttourismusorganisation“ 1985 ist auf einer Marke die Kreuzfahrerburg Kerak abgebildet (Abb. 2), auf den anderen ed-Der in Petra, der Artemistempel in Jerash, das Wüstenschloß Quṣair ʿAmra, die Bucht von Akaba und eine Ansicht von Amman.

---

1 Die Briefmarken von Jordanien, Palästina, Israel, dem Libanon, Syrien und dem Irak bis 2011 sind im Michel-Katalog „Naher Osten 2013“, 40. Auflage, Unterschleißheim 2013 – meist farbig – abgebildet, die von Ägypten bis 2013 im Michel-Katalog „Nordafrika 2014“, 39. Aufl., ebd. 2014. Die Abbildungen in diesem Beitrag sind, soweit nicht anders angegeben, vom Verfasser angefertigt und nicht den Michel-Katalogen entnommen.

In dieser Serie kommt – wie immer wieder bei den Briefmarken Jordaniens – auch die vorislamische Zeit durchaus zur Geltung, etwa hellenistische Denkmäler, außerdem auch Kreuzfahrerburgen, wenn auch wohl in erster Linie als touristische Sehenswürdigkeiten.

1

2

Beispielhaft für die Offenheit gegenüber der gesamten Geschichte Jordaniens sei ein Block abgebildet, der 2013 anläßlich des 80. Jahrestags der Herausgabe einer Serie „Sehenswürdigkeiten“ (1933, in der Mandatszeit) herauskam, darunter eine Marke mit dem Grabmonument „al-Ḫazna“ in Petra; auf ihm ist neben der Reproduktion der alten Marke eine Landkarte Jordaniens abgebildet, auf der zahlreiche historische Stätten eingetragen sind (Abb. 3).

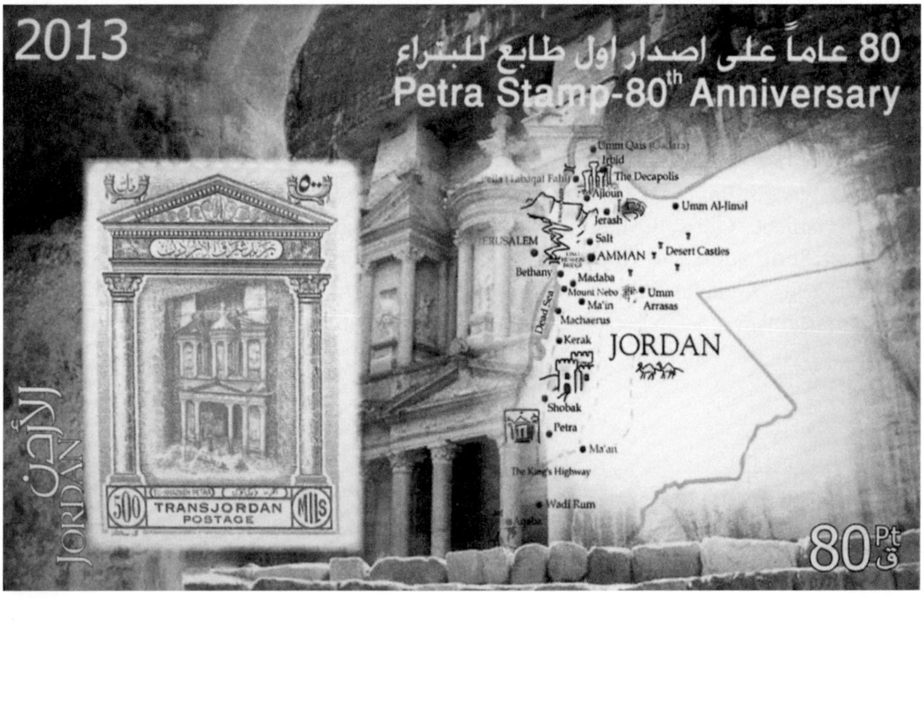

3

Mosaiken aus der Lot- und Prokopkirche auf dem Berg Nebo und aus der Georgskirche in Madaba wurden 1989 auf fünf Briefmarken gezeigt (Abb. 4a–c), außerdem die berühmte Mosaik-Landkarte in Madaba auf einem Block (Abb. 5):

4a

4b

4c

5

Ausschnitte aus der Mosaik-Landkarte in Madaba sind anläßlich des 100. Jahrestags der Entdeckung 1997 auf drei Marken und einem Block zu sehen. Weitere, neu entdeckte Mosaiken aus der byzantinischen Stephanuskirche in Umm ar-Raṣāṣ sind 1998 Motive dreier Marken (Abb. 6a–c).

6a

6b

6c

1999/2000 gab es eine große Serie „Wiege der Zivilisation“ mit dreißig Marken. Vertreten ist neben zahlreichen anderen archäologischen Stätten auch die Taufstelle Jesu am Jordan mit drei Marken (Abb. 7a–c), ein Mosaik (Abb. 7d), die Georgskirche auf dem Berg Nebo (mit der falschen Unterschrift „Madaba“) (Abb. 7e) und das berühmte Mosaik in Madaba (Abb. 7f).

7a

7b

7c

7d

7e

7f

2000 erschien eine Serie „Sehenswürdigkeiten“. Eine der Marken zeigt die Georgskirche auf dem Berg Nebo. Sie ist ungefähr bildgleich mit der obigen Marke (Abb. 7e).

2004 ist auf einem Block ein Mosaik aus der Prokop-Kirche auf dem Berg Nebo zu sehen (Abb. 8).

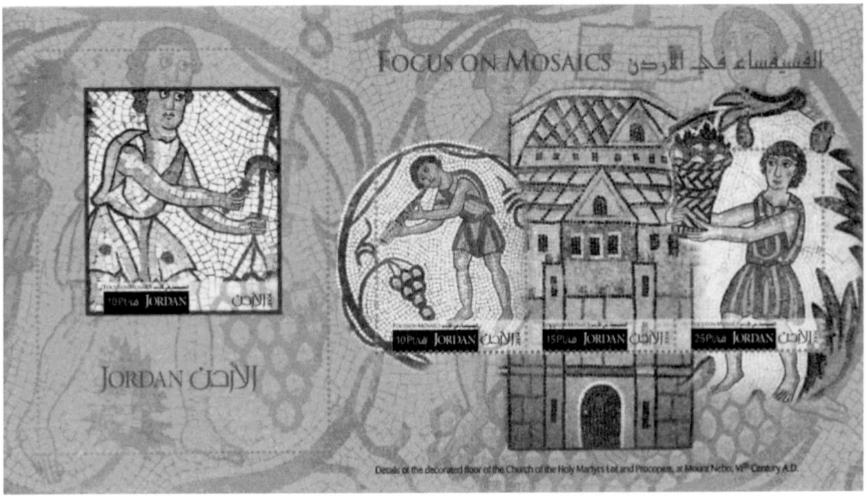

8

2010 erschien wieder eine Serie „Sehenswürdigkeiten" mit vier Marken, darunter die Kreuzfahrerburgen Kerak (Abb. 9a) und Schaubak (Abb. 9b).

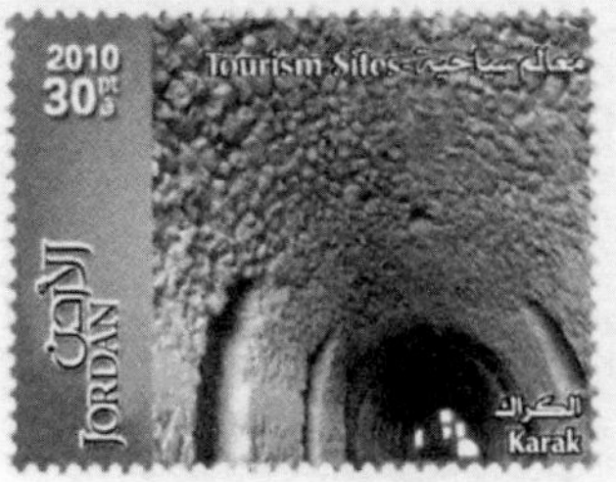

9a

9b

Sie erscheinen auch wieder in einer Serie von fünf Burgen 2016 (Abb. 10a, b):

10a

10b

Im König-Hussain-Park in Amman stehen neugeschaffene Kunstwerke, die die Geschichte Jordaniens repräsentieren. Neun davon wurden 2012 auf Briefmarken abgebildet. Auf zweien erkennt man Ausschnitte aus dem Madaba-Mosaik, auf einer weiteren dürfte die Kreuzfahrerburg Kerak abgebildet sein. Entsprechende Angaben fehlen auf den Marken (wie auch sonst oft).

An die Papstreisen wurde jeweils mit Sondermarken erinnert. Diese Besuche waren natürlich auch politische Ereignisse und so ist der jordanische König fast immer mit zu sehen.

1964 fand der Besuch Pauls VI. statt. Zu diesem Anlaß erschienen vier Marken, auf denen der Papst und König Hussain II. sowie neben der Grabeskirche in Jerusalem und der Geburtskirche in Bethlehem auch zwei islamische Heiligtümer, nämlich die al-Aqsa-Moschee und der Felsendom in Jerusalem abgebildet sind.

1965 gedachte man des ersten Jahrestags dieser päpstlichen Pilgerfahrt nach Jerusalem mit vier bildgleichen Marken, auf denen der Papst, König Hussain II. und eine Ansicht von Jerusalem zu sehen sind. Im Jahr 2000 erinnerten drei bildgleiche Marken an den 36. Jahrestag dieser päpstlichen Pilgerreise (Abb. 11). Auf ihnen sind die Dächer von Jerusalem mit Kreuz und Halbmond, Papst Johannes Paul II. und König Abdullah II. zu sehen, der Sohn König Hussains II. Anlaß für das ungewöhnliche Jubiläum war offenbar der Besuch von Papst Johannes Paul II. im Jahre 2000.

11

Auf den drei Marken aus Anlaß dieser Reise finden wir neben Papst und König das Jordantal (Abb. 12a), den Jordan (Abb. 12b) sowie die Fahnen des Heiligen Stuhls und Jordaniens (Abb. 12c).

12a

12b

12c

Die drei Marken anläßlich der Reise Papst Benedikts XVI. im Jahr 2009 zeigen die Taufstelle Jesu am Jordan (Abb. 13a), das Kreuz auf dem Berg Nebo (Abb. 13b) sowie die Marienkirche und die König-Hussain-Moschee in Amman (Abb. 13c); letztere Ansicht ist auch auf einem bildgleichen Block zu sehen.

13a

13b

13c

2014 besuchte Papst Franziskus das Heilige Land. Aus diesem Anlaß wurden wieder drei Marken herausgegeben. Sie zeigen den Papst vor dem Petersdom und Petra (Abb. 14a), zusammen mit dem jordanischen König am Jordan (Abb. 14b) und beim Fliegenlassen einer Taube (Abb. 14c), wobei man im Hintergrund eine Kirche erkennen kann.

14a

14b

14c

Gleichzeitig wurde mit einem Block des 50. Jahrestages des ersten Papstbesuches gedacht. Auf dem Block ist jeweils eine der damals erschienenen Marken wieder abgedruckt (Abb. 15).

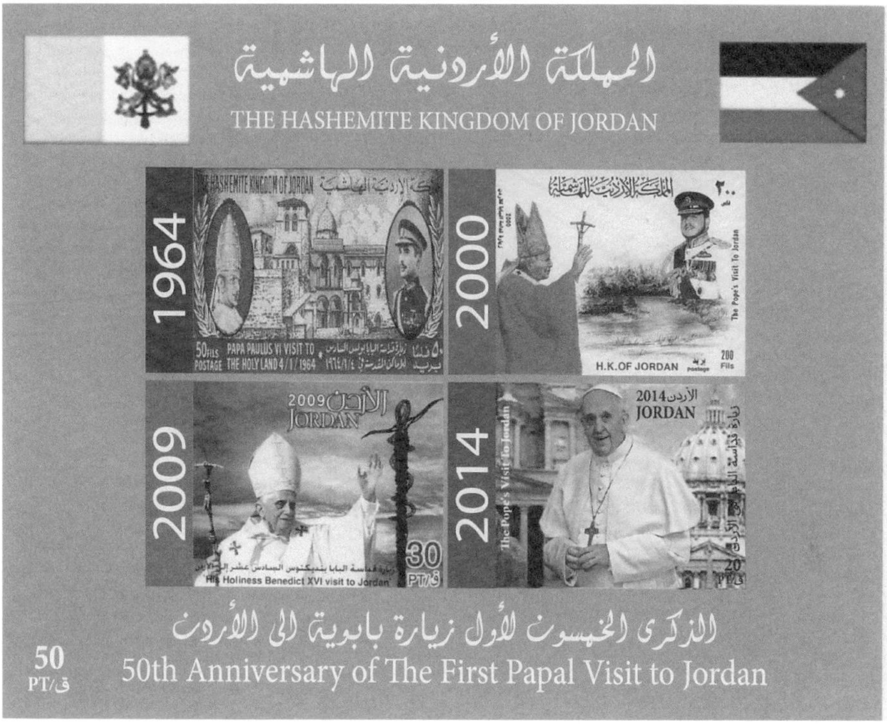

15

Eher politischen Inhalts sind die Marken, die 1966 an den Besuch Papst Pauls VI. bei den Vereinten Nationen erinnern; sie sind identisch mit den Marken aus Anlaß des Treffens von Papst Paul VI. und Patriarch Athenagoras (s. unten) und tragen nur den zusätzlichen Aufdruck „PAPA PAULUS VI. WORLD PEACE VISIT TO UNITED NATIONS 1965“.

Politischen Zwecken dient auch eine Serie von 10 Marken „Erbauer des Weltfriedens“ aus dem Jahr 1967, von denen zwei die Päpste Johannes XXIII. und Paul VI. zeigen. Auf dem ersten der beiden zusätzlich erschienenen Blöcke sieht man Johannes XXIII. (1881–1963) zwischen dem amerikanischen Präsidenten Kennedy (1917–1963), dem jordanischen König Abdullah I. (1882–1951), dem indischen Ministerpräsidenten Nehru (1889–1964) und dem UN-Generalsekretür Hamerskjöld (1905–1961). Auf dem anderen sind in der gleichen Form damals noch lebende Personen abgebildet: Paul VI. (1897–1978) neben dem amerikanischen Präsidenten Johnson (1908–1973), dem UN-Generalsekretär U Thant (1909–1974), dem jordanischen König Hussain II. (1935–1999) und dem französischen Staatspräsidenten de Gaulle (1890–1970).

Auf den sechs Marken „Preparation for Olympic Games (Mexico) 1968“ sind wichtige Gebäude in Mexiko als Motive verwendet, u. a. auch die Kathedrale von Guadaljara.

Westliche Gemälde wurden 1974 auf neun Briefmarken abgebildet. Darunter finden sich auch christliche Motive: Dürers „Betende Hände“, Raffaels „St. Georg mit dem Drachen“ und Millets „Angelus“. 2015 erschien eine Serie von acht Marken mit „Gemälden aus aller Welt“ (Rubens, Vermeer, Turner, Monet, van Gogh, Sorolla). Auf ihnen sind keine christlichen Themen zu finden.

Es gibt aber auch einige Briefmarken, die wirklich kirchliche Motive zeigen. 1964 gab man eine Marke aus Anlaß der bedeutsamen Begegnung zwischen Papst Paul VI. und Patriarch Athenagoras von Konstantinopel, die im damals noch jordanischen Teil Jerusalems stattfand, heraus. Zwischen den Portraitmedaillons der beiden Kirchenoberhäupter ist auch das von König Hussain II. zu sehen, im Hintergrund eine Ansicht von Jerusalem. 1966 erschien eine Serie „Via Dolorosa" mit 14 Marken nebst Block, auf denen die Kreuzwegstationen zu sehen sind.

Im selben Jahr gab es zu Weihnachten drei Marken mit den Hl. Drei Königen auf Kamelen, der Anbetung der Könige und der Flucht der Heiligen Familie nach Ägypten. Vier Weihnachtsmarken aus dem Jahr 1970 zeigen heilige Stätten in Bethlehem.

1972 werden drei Ostermarken herausgegeben, auf denen Papst Paul VI. am Eingang der Grabesädikula, der Altar auf Golgotha und eine Fußwaschung am Gründonnerstag auf dem Vorplatz der Grabeskirche zu sehen sind.

2. Palästina

Die Palästinensischen Autonomiegebiete (The Palestinian Authority; السلطة الفلسطينية) geben seit 1994 Briefmarken heraus, und zwar nicht wenig.[2] Die Briefmarken und Briefmarkenblöcke sind natürlich auch eine Einnahmequelle für den Staat. Seit dem Jahr 2012 tragen die Marken die Aufschrift „State of Palestine" (دولة فلسطين). 2005 und 2006 kamen wohl wegen der politischen Verhältnisse keine Marken heraus.

Auf sehr vielen sind christliche Motive zu sehen, u. a. kirchliche Bauten, so 1994 und 1995 in der Serie „Sehenswürdigkeiten" die Grabeskirche in acht Werten (Abb. 16) – neben dem Hišām-Palast in Jericho und dem Felsendom in Jerusalem (zusammen ebenfalls acht Werte).

1995 sind die Geburtsgrotte (Abb. 17) und der Eingang der Geburtskirche (Abb. 18) in Bethlehem Markenmotive.

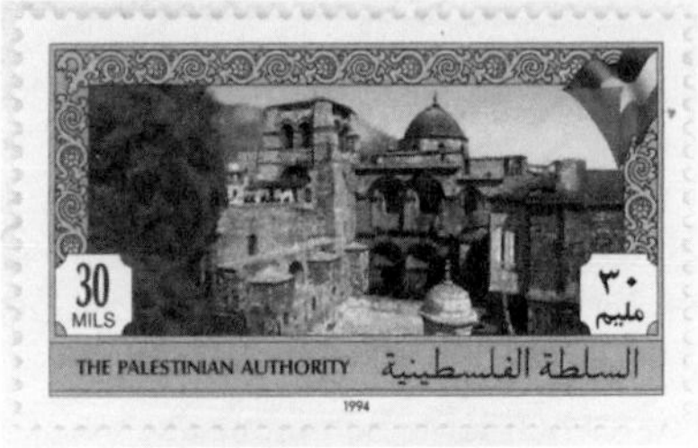

16

17

18

2 Die Postverwaltung scheint auch besondere Marken für den Gazastreifen herauszugeben, die wohl vom Weltpostverein nicht anerkannt und im Michel-Katalog nicht verzeichnet sind. Sie erscheinen aber auf den Albumblättern der Firma Schaubek. Danach ließen sich keine christlichen Motive feststellen.

1997 erscheinen auf vier Marken byzantinische Mosaiken aus einer Kirche in Ğabālīya bei Gaza, die bei neueren Ausgrabungen gefunden wurden (Abb. 19a–d).

19a

19b

19c

19d

Eine selbstklebende Marke zeigt 2016 die Geburtsgrotte in Bethlehem (Abb. 20).

20

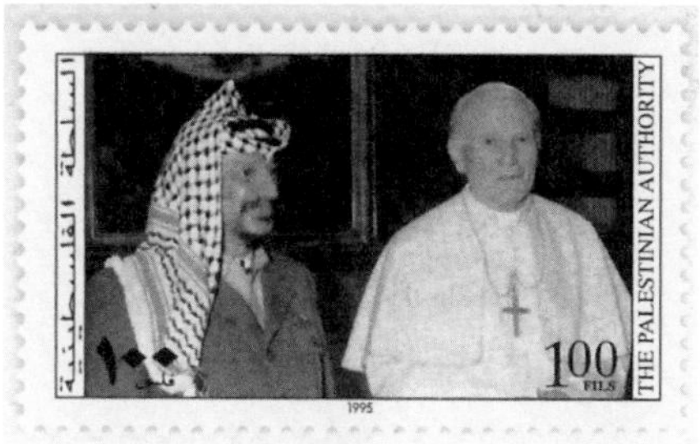

21

Auch die Papstbesuche sind dokumentiert: Johannes Paul II. 1995 (Abb. 21) und 2000 (Abb. 22a–e) sowie Franziskus 2014 (Abb. 23a–c), wobei die Vertreter des Staates, die Präsidenten Jassir Arafat (1996–2004) und Mahmud Abbas (seit 2005), immer mit zu sehen sind.

22a

22b

22c

22d

22e

Besuch Papst Johannes Pauls II. 2000

23a

23b

23c

Besuch Papst Franziskus' und Treffen mit Patriarch Bartholomaios von Konstantinopel 2014

Zu Weihnachten erschienen zahlreiche Briefmarken und Blöcke (Abb. 24–32):

24

Hl. Drei Könige Bethlehem Hirten Hl. Familie

25

Anton Wollenek (1920–2009),
Der junge Jesus lehrt im Tempel, 1997
(gestempelt)

26

1998

27a

Giotto,
Geburt Christi, 1999

27b

Giotto,
Anbetung der Könige, 1999

27c

Giotto,
Flucht nach Ägypten, 1999

28

Christi Geburt, 1999

29a

Fra Angelico,
Madonna mit Kind, 2000

29b

Fra Angelico,
Mariä Verkündigung, 2000

30a

Gentile da Fabriano,
Jesus in der Krippe, 2000

30b

Gentile da Fabriano,
Anbetung der Könige, 2000

31

2001

32

2002

33

Auffällig ist die große Zahl von Werken europäischer Künstler. Die Marken waren wohl in erster Linie für europäische Philatelisten gedacht. Es kam 2000 aber auch eine „Blaue Madonna" des palästinensischen, in Deutschland lebenden Malers Ibrahim Hazimeh (* 1933) als Motiv vor (Abb. 33). Spätere Marken sind meist nicht mehr so stark religiös geprägt (Abb. 34–36).

34

Weihnachten 2010

35a

35b

35c

Weihnachten 2012

36

Weihnachten 2013

Die folgenden Marken wurden zum Osterfest ausgegeben (Abb. 37a–e, 38).

37a

37b

37c

37d

37e

Giotto, Ostern 2000

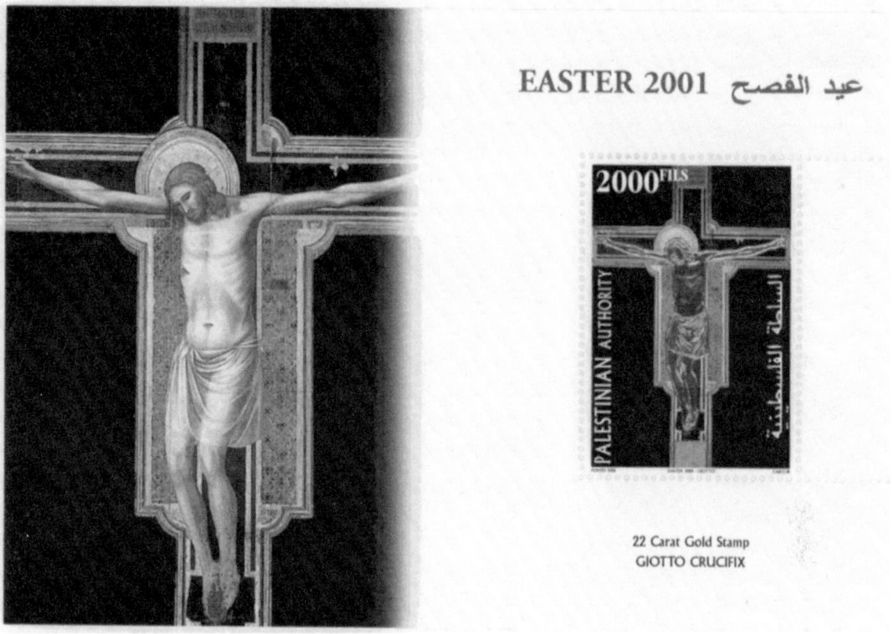

38

Giotto, Ostern 2001

Christliche Motive finden sich auch auf den Marken zur Erinnerung an Mutter Theresa 1997 (Abb. 39), zur Marienverehrung 2004 (Abb. 40) und anlässlich der Heiligsprechung zweier palästinensischer Nonnen 2015 (Abb. 41).

39

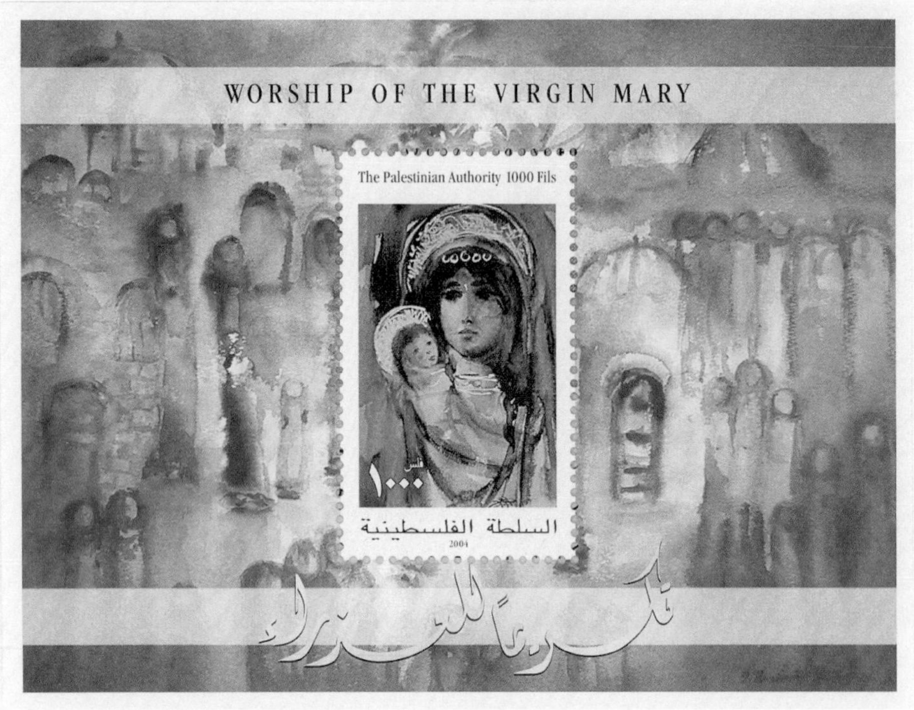
WORSHIP OF THE VIRGIN MARY
The Palestinian Authority 1000 Fils
فلس
١٠٠٠
السلطة الفلسطينية
2004

40

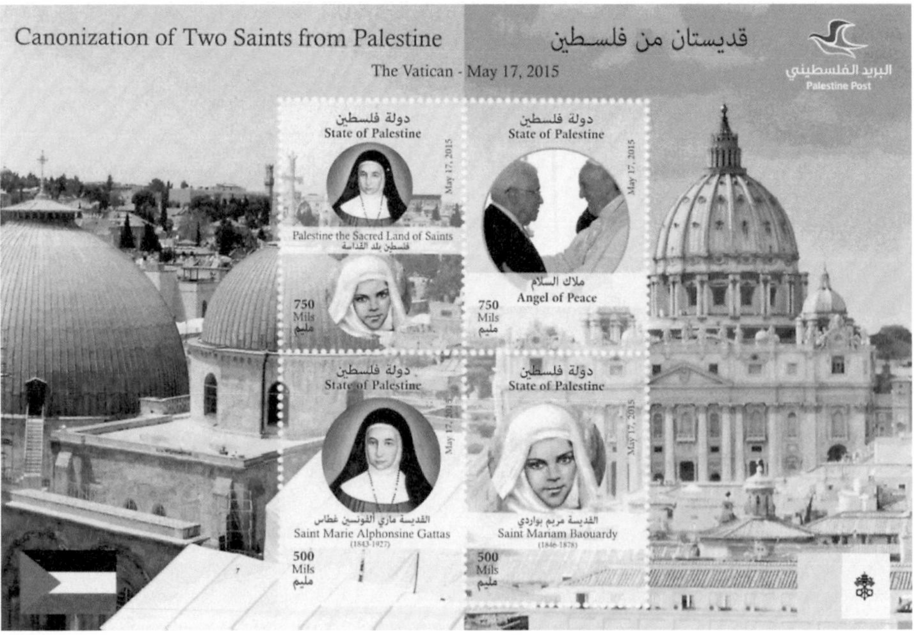
Canonization of Two Saints from Palestine
قديستان من فلسطين
The Vatican - May 17, 2015
البريد الفلسطيني
Palestine Post
دولة فلسطين
State of Palestine
May 17, 2015
Palestine the Sacred Land of Saints
فلسطين بلد القداسة
750
Mils
مليم
دولة فلسطين
State of Palestine
May 17, 2015
ملاك السلام
Angel of Peace
750
Mils
مليم
دولة فلسطين
State of Palestine
May 17, 2015
القديسة ماري ألفونسين غطاس
Saint Marie Alphonsine Gattas
(1843-1927)
500
Mils
مليم
دولة فلسطين
State of Palestine
May 17, 2015
القديسة مريم بواردي
Saint Mariam Baouardy
(1846-1878)
500
Mils
مليم

41

Bei der Erinnung an die Gründung des Staates 2012 ist der christliche Anteil sichtbar, man sieht neben der al-Aqsa-Moschee die Grabeskirche (unten links in Abb. 42).

42

Auf dem Block „Jerusalem, ständige Hauptstadt der arabischen Kultur“ steht zwar der Felsendom im Vordergrund, aber auch die Grabeskirche ist erkennbar (Abb. 43).

43

In den letzten Jahren erschienen insgesamt weniger Briefmarken mit christlichen Motiven.

3. Israel

Israel gibt seit der Gründung des Staates 1948 zahlreiche Briefmarken heraus. Sie tragen fast ausschließlich jüdische Motive, hin und wieder aber auch christliche und selten islamische[3] und drusische[4]. Das Jerusalemmosaik in der christlichen Kirche in Madaba diente 1976 als Motiv für einen Block, wobei natürlich die Abbildung Jerusalems im Vordergrund steht. 1976 erschien auch eine Marke zum hundertjährigen Jubiläum des Christlichen Vereins junger Männer (CVJM) in Jerusalem.

Bei den christlichen Motiven spielen Bauten eine wichtige Rolle, vor allem Kirchen: die Verkündigungskirche in Nazareth 1987 (Abb. 44); hier sieht man am Poststempel, daß die Marken nicht nur Sammlerstücke sind, sondern tatsächlich zum Frankieren verwendet wurden.

44

Verkündigungskirche in Nazareth

45

Grabeskirche in Jerusalem

Das gilt auch für die beiden Marken mit der Grabeskirche von 1999 (Abb. 45). Sie gehören zu einer Serie „Pilgerreise ins Heilige Land“ mit Kupferstichen christlicher Pilgerstätten: die Grabeskirche in Jerusalem (Abb. 46a), die Marienquelle bei Nazareth (Abb. 46b) und der Jordan (Abb. 46c).

46a

46b

46c

3 1978 zierten drei Briefmarken Motive aus dem Institut für islamische Kunst.

4 1972 erschien eine Marke zum Pilgerfest der Drusen, 2003 wurde des 110. Geburtstags des Drusenführers Scheich Amin Tarif mit einer Briefmarke gedacht.

2000 sind es – unter Wahrung des konfessionellen Proporzes –: die griechisch-orthodoxe Apostelkirche in Kapernaum (Abb. 47a), die Andreaskirche der presbyterianischen Kirche von Schottland in Jerusalem (Abb. 47b) und die katholische Heimsuchungskirche in Ain Karim (Abb. 47c):

47a

47b

47c

Zu den christlichen Motiven kann man auch die Briefmarke mit dem Bild des georgischen Dichters Schota Rustaveli 2001 rechnen, das sich im ehemals georgischen Kreuzkloster in Jerusalem befindet und 2004 wohl von nationalistischen orthodoxen Griechen stark beschädigt wurde (Abb. 48).

Dem Heiligen Land dreier Religionen wurde 2000 eine Briefmarke gewidmet, auf dem die Symbole des Christentums, des Islams und des Judentums zu sehen sind (Abb. 49).

48

49

50

Zum Tod Papst Johannes Pauls II. erschien 2005 eine Gedenkmarke, die an seinen Besuch der Klagemauer erinnert (Abb. 50).

Auch andere Papstreisen wurden durch Briefmarken und Blöcke gewürdigt. Zum Besuch Papst Benedikts XVI. 2009 erschienen zwei Blöcke und eine Automatenmarke (Abb. 51–53).

POPE BENEDICT XVI
PILGRIMAGE TO THE HOLY LAND
MAY 2009
ביקור האפיפיור
בנדיקטוס ה-16 בישראל
מאי 2009
PRICE המחיר
37 NIS ש"ח
000873
15.5.2009

51

Israel Welcomes
Pope Benedict XVI
ישראל מברכת את
האפיפיור בנדיקטוס ה-16
PRICE המחיר
37 NIS ש"ח
007602
24.3.2009
007602 / 10.000

52

53

Automatenmarke zum Besuch Papst Benedikts XVI.

Ferner kam eine Gemeinschaftsausgabe heraus, das sind bildgleiche Marken zweier Postverwaltungen, hier der vatikanischen und der israelischen (Abb. 54).

54

Die folgenden beiden Gemeinschaftsausgaben erschienen 2014 anlässlich des Besuches von Papst Franziskus (Abb. 55, 56).

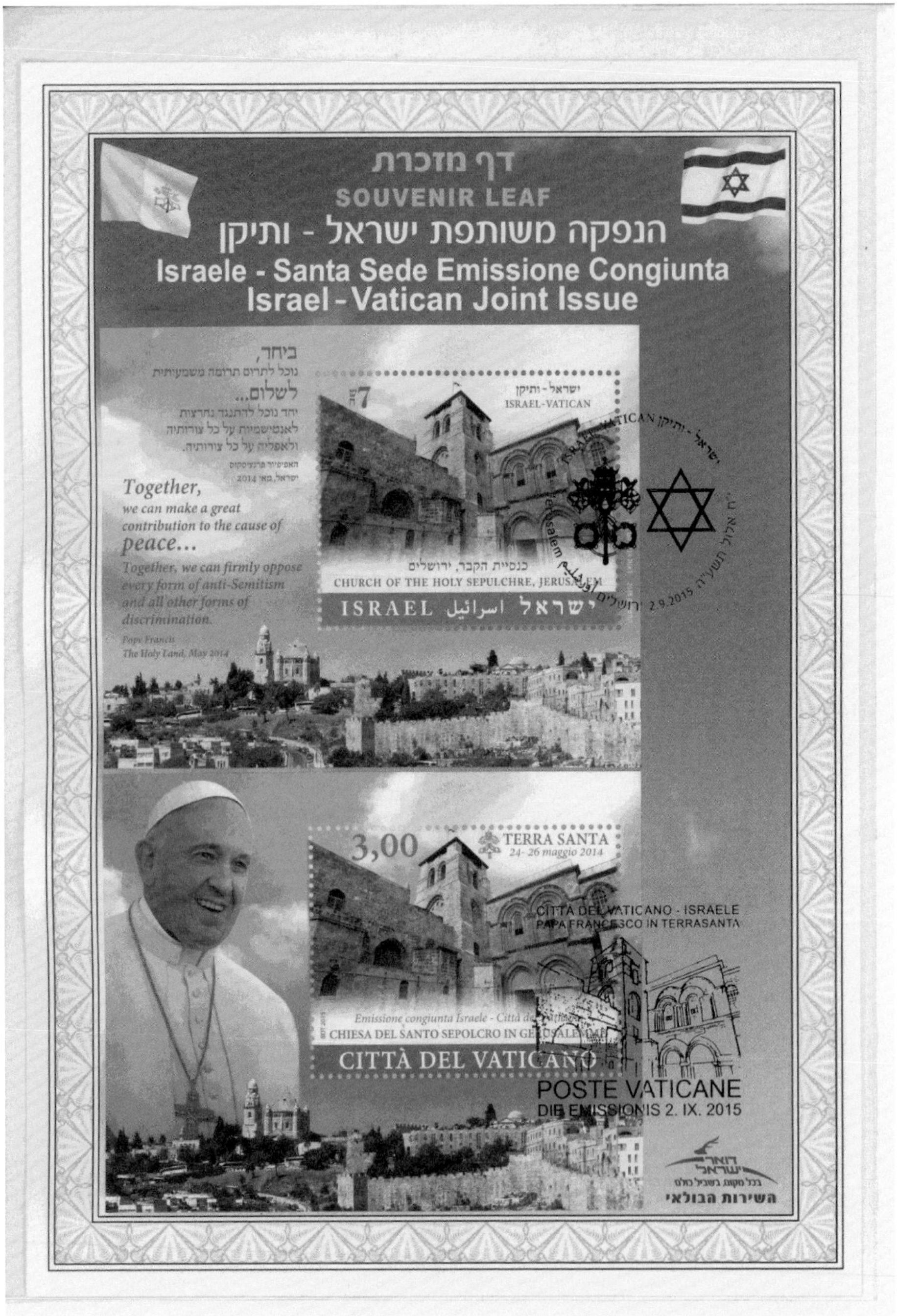

55

56

2016 erschien eine Serie von fünf Briefmarken „Tourismus in Jerusalem“. Neben dem alten Bahnhof, der Stadtmauer, dem biblischen Zoo und der Jaffastraße gehörte dazu auch eine Abbildung der Via Dolorosa. Die nachstehende Abbildung gibt das entsprechende Markenheft wieder (Abb. 57). Auf dessen Rand sind verschiedene Symbole abgedruckt, darunter auch die Türme der Grabeskirche.

57

Seit 1992 ist fast jedes Jahr eine Automatenmarke (Abb. 58a–s) zum Weihnachtsfest mit „Season's Greetings from the Holy Land" herausgekommen, aber nicht immer mit einem christlichen Motiv.

58a

1992

58b

1993

58c

1994

58d

1995

58e

1996

58f

1997

58g

1998

58h

2004

58i

2006

58j

2007

58k

2008

58l

2009

58m

2010

58n

2011

58o

2012

58p

2013

58q

2014

58r

2015

58s

2016

4. Libanon

Es gibt seit 1942 Briefmarken des unabhängigen Staates Libanon. Während des libanesischen Bürgerkriegs von 1975 bis 1990 sind weniger Briefmarken herausgebracht worden. Trotz des hohen christlichen Bevölkerungsanteils gibt es wenig Briefmarken mit ausgesprochen christlichem Charakter, aber auch wenig mit muslimischem. Man will offenbar die Koexistenz nicht gefährden. Die Briefmarken sind überwiegend religiös neutral, betreffen politische, kulturelle und sportliche Ereignisse, Pflanzen, Tiere und Sehenswürdigkeiten.

1965 erschien eine Sondermarke zum ersten Jahrestag des Besuchs von Papst Paul VI.; zu sehen sind Porträtmedaillons des Papstes und des Präsidenten Chehab sowie die beiden Fahnen.

Die Besuche der Päpste Johannes Paul II. (1998) (Abb. 59) und Benedikt XVI. (2012) (Abb. 60) wurden ebenfalls gewürdigt.

59

Johannes Paul II.
und Staatspräsident Elias Hrawi, 1998

60

Benedikt XVI.
mit Staatspräsident Sulaiman

Sondermarken widmete man 2001 (Abb. 61) und 2014 (Abb. 62) der Jesuitenuniversität Saint Joseph in Beirut sowie 2016 der ebenfalls in kirchlicher Trägerschaft stehenden Université La Sagesse in Beirut (Abb. 63).

61

62

63

Drei Marken zeigen 2015 die Klöster Dair al-Muḫalliṣ (Abb. 64a), Dair Mār Yūḥannā al-Qalʿa (Abb. 64b) und Dair Mār Kyprianos und Justina (Abb. 64c).

64a

64b

64c

2014 gedachte man des Gründers des Paulistenordens, des melkitischen Metropoliten Germanos Muʿaqqad (1858–1912) (Abb. 65).

65

66

67

Kirchen sind auf Briefmarken auch sonst zu sehen, aber auch Moscheen. Auf einer Marke von 2016 zu einem Jubiläum der Stadt Dair al-Qamar sieht man Moschee und Kirche einträchtig nebeneinander (Abb. 66). Die Gedenkmarken für den 2005 ermordeten muslimischen Ministerpräsidenten Rafik Hariri zeigen 2006 neben dem Märtyrerdenkmal und einem Minarett auch einen Kirchturm (Abb. 67).

Bei Personen scheint man sich ebenfalls um Ausgewogenheit zu bemühen. 2016 kam eine Serie mit Porträts von fünfzehn früheren Politikern heraus, Christen und Muslimen in bunter Reihe.

2012 und 2013 erschienene Weihnachtsmarken (Abb. 68a, b) zeigen kein christliches Motiv:

68a

68b

5. Syrien

Syrien brachte bereits in der Mandatszeit Briefmarken heraus. Aber hier muß man fast ganz Fehlanzeige melden. Während die Antike und die islamische Geschichte durchaus vorkommen, ist das Christentum der Postverwaltung weitgehend unbekannt. Eine ganze Reihe mittelalterlicher Gelehrter findet sich auf Briefmarken, aber kein christlicher.

69

70

Es gibt aber – vor allem in den ersten Jahrzehnten – einige Ausnahmen, vor allem das touristisch bedeutsame Simeonskloster westlich von Aleppo. 1959 wird es auf einer Briefmarke gezeigt (Fassade der Kirche). 1961 kam eine Marke mit einer anderen Abbildung des Klosters heraus (Rest der Säule). 1962 wird die Kirche in Qalb Lozeh gezeigt. 1968 erschien eine Serie „Antike Bauwerke und Moscheen". Dazu gehörten zwei Marken mit dem Simeonskloster und eine mit der Pauluskirche im Stadttor von Damaskus. Ruinen des Simeonsklosters sind auch auf einer Marke der gleichnamigen Serie 1969 zu sehen. 1882 wird das frühchristliche Kloster Qaṣr al-Banāt bei Aleppo gezeigt (Abb. 69).

Die 1977 herausgekommene Briefmarke mit einem Bild des melkitischen Erzbischofs Hilarion Capucci ist nur eine scheinbare Ausnahme (Abb. 70)[5]. Sie zeigt ihn buchstäblich hinter Gittern. Geboren 1922, war er seit 1965 Patriarchalvikar von Jerusalem und wurde 1974 von den Israelis unter dem Vorwurf, für die Palästinenser Waffen geschmuggelt zu haben, festgenommen. Im Dezember 1975 wurde er zu 12 Jahren Gefängnis verurteilt. Er wurde nach entsprechenden Bemühungen des Hl. Stuhls im November 1977 begnadigt und konnte Israel verlassen. Er starb 2017. Die syrische Briefmarke muß man als eine politische Demonstration gegen Israel ansehen.

1998 ist Mutter Theresa auf einer Briefmarke aus Anlaß ihres ersten Todestags zu sehen (Abb. 71).

71

72

1999 erkennt man auf einer Marke „Koexistenz der Religionen" („Two thousend years of fraternity") neben der Damaszener Omayadenmoschee das Kloster in Saidnaya bei Damaskus (Abb. 72).

5 Abbildung nach dem Michel-Katalog „Naher Osten 2013", 40. Auflage, S. 1041.

73

74

2003 erschien eine Marke zum silbernen Papstjubiläum Johannes Pauls II. (Abb. 73; im Bild ist auch die Omayadenmoschee und eine christliche Kirche). 2007 taucht zum Internationalen Tourismustag noch einmal die Pauluskirche in Damaskus auf (Abb. 74).

2010 erscheint eine Marke „Freundschaft mit Brasilien“ auf der u. a. die Christusstatue in Rio de Janeiro und ein Bild des malerischen christlichen Ortes Maʿalūla in Syrien, einer touristischen Attraktion, abgebildet sind (Abb. 75).

75

6. Iraq

Krasser ist der Befund für den Iraq. Hier wird das Christentum vollständig übersehen, obwohl es etwa eine Reihe bedeutsamer christlicher Bauwerke und Persönlichkeiten gibt. Die Briefmarke zum 2. Jahrestag der Inhaftierung von Erzbischof Capucci mit seinem Bild und einer Karte von Palästina mit Blutstropfen 1976 ist auch hier nichts anderes als eine politische Demonstration. Mehr war nicht zu finden, auch nicht aus der Zeit nach dem Sturz Saddam Husseins.[6]

76

2017 ist auf einer Marke anläßlich der irakisch-spanischen Kulturwoche immerhin die Fassade der Kathedrale von Santiago de Compostela zu sehen (Abb. 76).

7. Ägypten

Kaum besser verhält es sich mit Ägypten. Die pharaonische und die islamische Epoche sind auf Briefmarken reichlich vertreten. Die christliche Zeit wird ausgespart. Das soll in den ägyptischen Geschichtsbüchern für die Schulen ebenso sein. Abbildungen etwa der berühmten Wüstenklöster sucht man vergebens. Nur vereinzelt tauchen christliche Motive auf, in der letzten Zeit allerdings etwas häufiger.

6 Kurdistan gibt ebenfalls Briefmarken heraus, die vom Weltpostverein jedoch nicht anerkannt sind. Christliche Motive wird es dort ebenfalls nicht geben.

77

78

79

So erschien 1968 eine Sondermarke zum 1900jährigen Jubiläum des Evangelisten Markus (Abb. 77); abgebildet ist darauf auch die neue koptische Markuskathedrale in Kairo. 1971 wird an einen Brand im Katharinenkloster erinnert (Abb. 78). 1977 darf Erzbischof Hilarion Capucci nicht fehlen (Abb. 79); die Palästinalandkarte im Hintergrund zeigt die politische Absicht.

80

2000 wird mit einem Block an die Ankunft der Heiligen Familie in Ägypten gedacht (Abb. 80).

2012 erschien ein Block zum Tod des Papstes Schenuda III. (Abb. 81).

81

2016 wurde der bekannte koptische Politiker und ehemalige UN-Generalsekretär Boutros Boutros-Ghali (Ġālī) (1922–2016) auf einem Zusammendruck neben dem Schriftsteller und Politiker Muhammad Husayn Haykal (1888–1956) abgebildet (Abb. 82).

82

Boutros Boutros-Ghali

83

Die „Hängende Kirche“

Im gleichen Jahr kamen zum Welttourismustag vier zusammen gedruckte Marken heraus. Sie zeigen die koptische „Hängende Kirche“ (al-Kanīsat al-Muʿallaqa) in Altkairo (Abb. 83), die al-Muʿizz-Straße in Kairo, den Philae-Tempel in Assuan und die Qaitbai-Festung in Alexandrien.

Die ägyptischen Briefmarken mit christlichen Motiven sind – bis auf die Capucci-Marke und die beiden letzten – ausdrücklich als Luftpostmarken gekennzeichnet und wurden offenbar für Briefe innerhalb Ägyptens nicht verwendet.

8. Iran

Über „Die Briefmarken Irans als Mittel der politischen Bildpropaganda“ ist 2005 bereits eine Monographie erschienen.[7] Christliche Motive sucht man auch hier vergebens, mit einer scheinbaren Ausnahme. Der Verfasser des Buches, Roman Siebertz, meint, daß man nach der iranischen Revolution mit einer Briefmarke die christliche Minderheit für den neuen Staat habe gewinnen wollen. Zum Geburtstag Jesu sei eine Marke ausgegeben worden, die ihn „in einer Aureole als gesichtslose, eine Waage haltende Gestalt darstellte“, in einer Pose, die an Khomeini erinnere. Auf der Schrifttafel ist persisch, arabisch und armenisch der Vers Sure 19,30 zu lesen: „Ich bin der Diener Gottes. Er hat mir die Schrift gegeben und mich zu einem Propheten gemacht.“[8] Dies stelle den christlichen Messias „ganz in den Kontext des islamischen Prophetentums“. Es ist also nicht der christliche Jesus dargestellt, sondern der islamische (Abb. 84).

84

9. Zusammenfassung

Das Ergebnis ist insgesamt enttäuschend und läßt deutliche Schlüsse darauf zu, wie das Verhältnis der nahöstlichen Staaten zu den einheimischen Christen ist. Man übersieht sie, wenn man von der Darstellung einiger touristischer Ziele absieht. Anders verhält es sich nur in Jordanien und Palästina und in gewissem Umfang in Israel, doch scheinen in Jordanien und Palästina christliche Motive auf Briefmarken in den letzten Jahren auf dem Rückzug zu sein. Im Hinblick auf das Erstarken des islamischen Bewußtseins muß man sich darüber wohl nicht wundern. Eine gegenläufige Tendenz scheint sich in Ägypten anzudeuten. Das wird wohl mit der aufgeschlosseneren Haltung der derzeitigen Regierung gegenüber den Kopten zusammenhängen.

7 Die Briefmarken Irans als Mittel der politischen Bildpropaganda, Wien 2005, S. 121. Vgl. auch Roswitha Badry und Johannes Niehoff, Die ideologische Botschaft von Briefmarken – dargestellt am Beispiel Libyens und des Iran, Tübingen 1988.

8 Abbildung nach Siebertz.

Der *Brief des Mārā bar Serapiyōn*: Stoische Indifferenz und biblische Weisheit in der Welt des Aion*

Matthias Perkams

A. Zum Forschungsstand

Der *Brief des Mārā bar Serapiyōn* gehört zu den lange Zeit wenig beachteten kleinen syrischen Schriften, die sich neuerdings einer bemerkenswerten Aufmerksamkeit der nicht nur syrologischen Forschung erfreuen; neuerdings wurde ihm sogar ein ganzer Sammelband gewidmet, neue Textfragmente wurden gefunden, und eine neue Edition befindet sich dem Vernehmen nach in Vorbereitung.[1]

Den Hauptanlass für dieses Interesse bildet die Frühdatierung des Briefes, die Friedrich Schulthess schon 1897 vorgeschlagen und mit der These verbunden hatte, es handle sich um einen nichtchristlichen stoischen Lehrbrief. Ganz ähnlich argumentieren in jüngerer Zeit Ilaria Ramelli sowie Annette Merz und Teun Tieleman, während David Rensberger aufgrund anderer Voraussetzungen zu einer ähnlichen Datierung kommt.[2] Ein Nebeneffekt dieser Thesen ist die Möglichkeit, den Brief so als frühestes nichtchristliches Dokument für den Tod Jesu aufzufassen, da dieser hier als „König der Juden" kurz erwähnt wird.

---

* Dieser Beitrag hat ganz wesentlich von den Diskussionen auf dem Syrologentag profitiert. Zu danken habe ich darüber hinaus ganz besonders Yury Arzhanov für die Mitteilung der Parallelüberlieferung (vgl. Anm. 1). Nachfolgend stammen alle Übersetzungen antiker Texte vom Autor selbst, soweit nicht anders angegeben.

1 A. Merz/T. Tieleman (Hg.), The Letter of Mara bar Serapion in Context. Proceedings of the Symposium Held at Utrecht University, 10–12 December 2009, Leiden/Boston 2012. Offensichtlich lag den Beiträgern auch ein Entwurf einer Neuedition und -übersetzung von D. Rensberger vor, die bis heute nicht erschienen ist (vgl. I. Ramelli, Mara bar Serapion: Comments on the Syriac Edition, Translation, and Notes by David Rensberger, in: Merz/Tieleman, The Letter of Mara bar Serapion, 205–231). – Eine indirekte Überlieferung einiger Passagen hat Yury Arzhanov (Bochum) in Ms. British Library Add. 14614, entdeckt, die sich abgedruckt (aber unbemerkt) bei E. Sachau, Inedita Syriaca, Halle 1870, 81f. finden. Die Bedeutung dieser Passagen, welche offensichtliche Spuren einer Bearbeitung für den Sammlungskontext zeigen, aber auch deutliche Abweichungen von und Ergänzungen zu Curetons Edition enthalten, wird Herr Arzhanov sicherlich demnächst selbst vor dem Hintergrund des Umgangs mit gesammeltem Material präsentieren.

2 F. Schulthess, Der Brief des Mara bar Serapion, in: Zeitschrift der deutschen morgenländischen Gesellschaft 51 (1897), 365–391, übernommen von R. Duval, La littérature syriaque, Paris 1907, 241f.; A. Baumstark, Geschichte der syrischen Literatur mit Ausschluß der christlich-palästinischen Texte, Bonn 1922, 10f.; neuerdings I. Ramelli, Gesù tra i sapienti Greci perseguitati ingiustamente in un antico documento filosofico pagano di lingua siriaca, in: Rivista di Filosofia Neo-Scolastica 97 (2005), 545–570; Ramelli, Bardesane e la sua scuola, 142; A. Merz/T. Tieleman, The Letter of Mara bar Serapion. Some Comments on its Philosophical and Historical Context, in: A. Houtman/A. de Jong/M. Misset-van de Weg (Hg.), Empsychoi logoi. Religious Innovations in Antiquity. Studies in Honour of P. W. an der Horst, Leiden/Boston 2008, 107–133; D. Rensberger, Reconsidering the Letter of Mara bar Serapion, in: E. M. Meyers/P. V. M. Flesher (Hg.), Aramaic in Postbiblical Judaism and Early Christianity, Winona Lake (Ind.) 2010, 3–21.

Gegenüber den nicht zuletzt hierauf fokussierenden Ansätzen, dieses Schreiben als authentisches Dokument eines real existierenden Mārā bar Serapiyōn aufzufassen, kommen Interpretationen, die diesen für fiktional halten, zu ganz anderen Resultaten: Catherine McVey plädiert für eine christlich-apologetische Schrift aus dem 3. oder 4. Jahrhundert, Catherine Chin, die viele Elemente griechisch-rhetorischer Epistolographie in dem Brief ausmacht, für eine rhetorische Komposition, die aus dem 5. oder 6. Jahrhundert datiere.[3] Die Beiträge des eben genannten Sammelbandes tendieren ebenfalls überwiegend zur Fiktionalität des Briefes und schlagen Datierungen vom 2. bis zum 4. Jahrhundert vor; am bedeutendsten scheint mir zum einen der Beitrag von Pancratius C. Beentjes zu sein, der erstmals die zahlreichen Parallelen zur Weisheitsliteratur dokumentiert,[4] sowie ein Beitrag von Michael Speidel, von dem noch weiter unten zu sprechen sein wird.

Diese Beiträge sind vor allem wegen ihrer neuen Perspektiven auf den Text wichtig, denn der völlig uneinheitliche Forschungsstand dürfte nicht zuletzt daran liegen, dass der Text bisher meist unter Schablonen wie „stoische Philosophie", „griechische Rhetorik" oder „semitische Einflüsse" gelesen wird, was dazu führt, dass zahlreiche Einzelelemente in das jeweilige Schema entweder irgendwie eingeordnet werden oder diese Einordnung ganz oder teilweise bestritten wird. Andererseits resultiert Rensbergers begrüßenswerter Versuch, den Brief in einem semitischen Kontext zu situieren, gleich in der waghalsigen Annahme einer prä-syrischen Urschrift, obwohl die Sprache des Briefes eindeutig Syrisch ist.[5] In den Planungen zu einer neuen Übersetzung führt die Stoizismus-Begeisterung der Interpreten sogar zu der Idee, das syrische Wort „Zeit" mit dem englischen „fate" wiederzugeben und auch sonst viel stoische Begrifflichkeit aufzunehmen, deren Übereinstimmung mit dem Vokabular unseres Textes mangels vergleichbaren Materials kaum zu verifizieren (oder zu falsifizieren) sein dürfte;[6] von einer Übersetzung würde man sich doch eher wünschen, die begriffliche Offenheit des Originals auch für den des Syrischen unkundigen Leser abzubilden.[7]

Demgegenüber dürfte ein halbwegs abgesichertes Verständnis des Briefes doch nur dann erreicht werden können, wenn man semitische und griechische, philosophische und biblische Einflüsse im Zusammenhang betrachtet und das reiche Material an potenziellen Vergleichstexten unbefangen heranzieht, um die einzelnen Begriffe und Argumente des *Mārā-Briefes*[8] zunächst im Detail zu interpretieren, bevor man einen Gesamtzugriff versucht. In diesem Sinne möchte ich im Folgenden auf zwei wesentliche Begriffe des Briefes zu sprechen kommen, die für dessen Interpretation zentral sind, aber m.E. bisher nicht richtig verstanden sind. Um zu zeigen, dass einige zentrale Konzepte des Briefes weder der stoischen Philosophie noch der griechischen Rhetorik oder der Weisheitstradition tout court

3 K. E. McVey, A Fresh Look on the Letter of Mara bar Serapion to his Son, in: R. Lavenant (Hrsg.), V Symposium Syriacum 1988, Roma 1990, 257–272; C. Chin, Rhetorical Practice in the Chreia Elaboration of Mara bar Serapion, in: Hugoye 9 (2006), 145–171.

4 P. C. Beentjes, Where is Wisdom to be Found? A Plea in Favour of Semitic Influences in the Letter of Mara bar Serapion, in: Merz/Tieleman, The Letter of Mara bar Serapion, 155–165.

5 Rensberger, Reconsidering the Letter, 11f.

6 So für viele Punkte Ramelli, Mara bar Serapion: Comments on the Syriac Edition, 205–231.

7 Diese Bemerkungen beziehen sich nur auf die bisher veröffentlichten Vorüberlegungen zu dieser Übersetzung, die ja als ganze noch gar nicht vorliegt.

8 Formulierungen dieser Art sind im vorliegenden Beitrag aus pragmatischen Gründen gewählt und drücken keine Meinung zu dessen Authentizität oder Fiktionalität aus.

zugerechnet werden können, mithilfe anderer Texte aber plausibel erklärt werden können, möchte ich nacheinander für zwei Punkte argumentieren:

1. ein orthodox stoischer Charakter des Briefs in seiner Gesamtheit kann schon deswegen ausgeschlossen werden, weil der hier verwendete und für den Brief wichtige Begriff von „Welt" (ܥܠܡܐ) in kontradiktorischem Gegensatz zum stoischen Weltverständnis steht (Abschnitt B.);
2. der Begriff „Welt" kann auch helfen, den mit ihm verbundenen, bisher unverstandenen Begriff „Zeit" (ܙܒܢܐ) zu erklären, der in der Tat, wie von David Rensberger richtig beobachtet,[9] eben nicht mit dem Begriff „Gott" identifiziert werden darf (C.): Vielmehr gleichen „Gott" und „Zeit" in unserem Brief dem griechischen κόσμος und αἰών, wie es in einigen Schriften der griechischen Bibel begegnet (D.).

Nachdem ich diese Punkte in meinen ersten beiden Abschnitten begründet habe, werde ich schließlich (E.) noch einige tentative Schlussfolgerungen zur zeitlichen und geistigen Verortung des Briefes wagen, die sowohl an die Beobachtungen der Beiträger des Merz/Tieleman-Bandes als auch an die Diskussion auf dem Syrologentag anschließen.

B. Die Welt und die Philosophie

Dem Philosophiehistoriker bietet sich für eine erste Annäherung an den Brief der folgende Satz an:

> 1. „Diejenigen, die sich der Philosophie widmen, blicken darauf, von den Nöten dieser Welt zu entfliehen" (43, 19f.),[10]

der schon dadurch bedeutend ist, dass er den vermutlich frühesten Beleg für das syrische Wort ܦܝܠܘܣܘܦܘܬܐ enthält.[11] Die zitierte Wendung, die bereits zu Beginn des Briefes in einer Reihe ähnlicher Aufforderungen zu weisheitsmäßig-philosophischer Lebensweise steht, ist auch deswegen interessant, weil sie auf Platons *Theaitet* 176ab anspielt:

> „Es ist aber nicht möglich, dass das Schlechte zugrunde geht, Theodoros [...]. Die sterbliche Natur und diesen Ort (τόνδε τὸν τόπον) bewohnt es notwendigerweise. Deswegen muss man versuchen, von hier nach dort so schnell wie möglich zu fliehen (φεύγειν). Die Flucht ist aber ein Ähnlich-Werden mit Gott, soweit es möglich ist".

Die Verbindung dieses Textes zu unserem Brief ergibt sich dadurch, dass das Ähnlichwerden mit Gott, in Verbindung mit einer Flucht aus dem Hier und Jetzt, in der Spätantike eine der verbreitetsten Definitionen von Philosophie ist,[12] so dass die Verbindung des Wortes „Philosophie" mit einem „Fliehen" als Anspielung hierauf gewertet werden kann.[13]

---

9 Rensberger, Reconsidering the Letter, 14–17.

10 Zu ܗܘ ܕܥܠܡܐ „dem, was von dieser Welt ist," vgl. Th. Nöldeke, Kurzgefasste syrische Grammatik, Leipzig ²1898, § 228. Ich nummeriere die zitierten Passagen, um im Folgenden leichter auf sie verweisen zu können.

11 ܦܝܠܘܣܘܦܘܬܐ stellt zudem wohl bereits eine sekundäre Ableitung von ܦܝܠܘܣܘܦܐ = φιλόσοφος dar nach S. Brock, Greek Words in Syriac. Some General Features, in: Studia Classica Israelica 15 (Studies in Memory of Abraham Wasserstein), Jerusalem 1996, 251–262 (ND in Brock, From Ephrem to Romanos, als nr. I), hier 260.

12 Zur Aufnahme dieser Definition auch im Christentum vgl. Th. Kobusch, Christliche Philosophie. Die Entdeckung der Subjektivität, Darmstadt 2006, 41f.; M. Perkams, Einheit und Vielheit der Philosophie

Allerdings deutet Mārā diese Flucht in einer für einen griechischen Philosophen ganz ungewöhnlichen Weise, wenn er den zu verlassenden Bereich „diese Welt" nennt. Hierbei versteht er das Wort „Welt" (ܥܠܡܐ) in dem Sinn, der sich auch sonst in seinem Brief belegen lässt: „alle Dinge, die von Dir in der Welt gesehen werden, sind gleichsam für unsere kurze Zeit" (43, 24–44, 1[14]); „Was sollen wir sagen über den Irrtum, der in der Welt stark geworden ist und in der Welt seine Strafe finden wird?" (44, 27–45, 1). „Die Welt" ist nach diesen Belegen der Raum der Vergänglichkeit und des Irrtums, wo sich ein menschliches Leben abspielt, das in den Augen des Autors nur durch eine philosophische Einübung von Weisheit und Tugend in den Griff zu bekommen ist.

Der stoischen Rede von der Welt ist das, jedenfalls terminologisch, diametral entgegengesetzt, denn nach den Stoikern wird „alles in der Welt mehr als gut verwaltet, so wie in einer Stadt mit den allerbesten Gesetzen" (πάντα διοικεῖσθαι τὰ κατὰ τόν κόσμον ὑπέρευ, καθάπερ ἐν εὐνομωτάτῃ τινὶ πολιτείᾳ);[15] hier ist „die Welt" insgesamt gut und durch ihre Ordnung die eigentliche Heimat für den Weltbürger Mensch bzw. den Weisen.[16] Die Welt wird sogar „auf andere Weise Gott Welt genannt" (λέγεται δ'ἕτερως κόσμος ὁ θεός), d.h. direkt mit Gott identifiziert.[17] Zwar kann der Stoiker Gott auch als einen Teil der Welt bezeichnen, ohne in seinen Augen zu sich selbst in Widerspruch zu treten,[18] doch ist dann das aktive, rationale Prinzip im Kosmos mit „Gott" oder „Zeus" gemeint, also letztlich die rational strukturierte Ordnung der Welt selbst.[19] Die Aufforderung, das eigene Leben im rechten Verhältnis zu dieser Ordnung der Welt zu sehen, ist auch ein geläufiges Thema der stoischen Diatribe, wobei dem Lernenden vor Augen gehalten wird, dass die Welt insgesamt, trotz seiner Schwierigkeiten, gut ist, damit er einen anderen Blick auf seine Sorgen gewinnt.[20]

Auch aus Sicht der platonischen Philosophie, der ja, wie eben angemerkt, die (für einen Stoiker eigentlich sinnlose) Idee der Flucht aus dem Hier und Jetzt entnommen wird, ist ein Gebrauch von „Welt", wie ihn Mārā vornimmt, unsinnig, da die gesamte Wirklichkeit hier als solche gut und das Böse erklärungsbedürftig ist;[21] deswegen kann z.B. der Stoiker Seneca das platonische Weltbild lobend zitieren.[22] Die Flucht könnte allenfalls aus einer

---

von der Kaiserzeit zur ausgehenden Antike, in: Ch. Riedweg (Hrsg.), PHILOSOPHIA in der Konkurrenz von Schulen, Wisenschaften und Religionen. Zur Pluralisierung des Philosophiebegriffs in Kaiserzeit und Spätantike, Boston/Berlin 2017, 3–31, hier 19.

13 Die Gräzismen in dem Text sind von A. Schall, Studien über griechische Fremdwörter im Syrischen, Darmstadt 1960, aufgelistet worden.

14 Unter Berücksichtigung der von Schulthess referierten Konjektur Nöldekes zur Stelle.

15 Zitat aus dem Stoikerreferat des Aristokles von Messene, überliefert von Eusebios von Kaisareia, *Praeparatio Evangelica* 15, 14, 1 = *Stoicorum veterum fragmenta* 98; vgl. ähnlich z.B. *Stoicorum veterum fragmenta* 634.

16 Vgl. *Stoicorum veterum fragmenta* 528 (und dazu A. A. Long/D. Sedley, The Hellenistic Philosophers. Volume 1: Translations of the Principal Sources with Philosophical Commentary, Cambridge u.a. 1987, 435) sowie Seneca, *Epistula* 68, 2.

17 Zitat aus *Stoicorum veterum fragmenta* 2, 527, 14.

18 *Stoicorum veterum fragmenta* 1, 102, 22f.; 2, 1027, 19–25.

19 Vgl. zu all diesen Stellen Long/Sedley, The Hellenistic Philosophers 1, 277–279.

20 Beispiele: Seneca, *Epistula* 58, 29; 68, 2; Epiktet, *Dissertationes* IV 1, 91–107 (mit der Aufforderung, die Welt nicht durch eigene Wünsche zu „verengen" (στενοχωρεῖν)).

21 Vgl. z.B. Ch. Schäfer, Unde malum. Die Frage nach dem Woher des Bösen bei Plotin, Augustinus und Dionysius, Würzburg 2002, 28f.

22 Seneca, *Epistula* 65, 10.

Welt, der sinnlichen, in eine bessere, die sogenannte Ideenwelt, gehen, aber wohl kaum aus der Welt als ganzer herausführen.

Mārās Formulierungen ähneln jedoch einem anderen wohlbekannten Gebrauch des Ausdrucks „die Welt“, nämlich dem christlich-paulinischen Verständnis der Welt als dem Gottwidrigen und Vergänglichen schlechthin, wie es schon für das Neue Testament typisch ist. In den Worten von Hermann Sasse: „Die Welt“ wird als „Inbegriff alles Geschaffenen“ verstanden, zu dessen „Wesen seine Vergänglichkeit gehört“, wodurch, im Gegensatz zum griechisch-römischen Denken „die Verwendung von κόσμος in Gottesbezeichnungen unmöglich gemacht“ wird[23] – eine Charakterisierung, die gut zu unserem Text passt und einen recht klaren Hinweis auf dessen geistigen Hintergrund gibt: Die Rede von „der Welt“ gehört in der Tat zu den Momenten des Texts, die, wie David Rensberger formuliert, „sound Biblical to the Western ear“, aber das ist nicht notwendigerweise deswegen der Fall, „because they sound Semitic“,[24] sondern es besteht tatsächlich eine merkliche Nähe zur Bibel, und zwar, in diesem Punkt, zum griechischen Neuen Testament.

C. Das Verhältnis von Gott und Zeit in *Mārās Brief*

Von diesem biblischen Hintergrund führt, wie nun zu zeigen ist, auch ein Weg zum Verständnis des Wortes in *Mārās Brief*, das den bisherigen Interpretationen besondere Schwierigkeiten bereitet hat, nämlich dem Konzept der „Zeit“ (ܙܒܢܐ). Dieser Begriff wird z.B. von Schulthess und Merz/Tieleman als „das Schicksal“ im stoischen Sinne verstanden und entsprechend mit „der Gottheit“ identifiziert, die wiederum als „echt stoisch“ verstanden wird: „thatsächlich sind beide ein und dasselbe“.[25] Demgegenüber weist Rensberger darauf hin, dass in dem Text „Gott“ positiv und „die Zeit“ eher negativ konnotiert sei, meint aber schließlich auch, der Autor wolle einen neuen Terminus für „Schicksal“ einführen.[26] Immerhin führt er eine Parallelstelle aus den syrischen *Thomasakten* an, auf die gleich zurückzukommen sein wird.

Betrachten wir aber zuerst Mārā bar Serapīyōn und die wichtigsten Stellen, an denen von „der Zeit“ die Rede ist:

> 2. „Ich habe die Gefährten gehört, die ich, als sie von Samosata aufbrachen, gleichsam über die Zeit klagten“. (44, 6f.)
>
> 3. „Wir aber bekannten schon damals,[27] dass wir von ihrer Größe [d.h. der unserer Stadt] passende Liebe und Zierde erhalten haben, aber die Zeit hinderte uns, das zu vollenden, was in unserem Verstand (ܒܪܥܝܢ) schon vollbracht war. Aber auch hier im Gefängnis bekennen wir Gott, dass wir die Liebe vieler empfangen haben“. (48, 5–8)

---

23 Alle Zitate aus H. Sasse, κοσμέω, κόσμος, κόσμιος, κοσμικός, in: Theologisches Wörterbuch zum Neuen Testament 3, Stuttgart 1938, 867–898, hier 883–885 (Wortreihenfolge z.T. geändert).

24 Rensberger, Reconsidering the Letter, 7.

25 Schulthess, Der Brief des Mara, 383; Merz/Tieleman, The Letter of Mara, 113–118; ebenso jetzt wieder Ramelli, Mara bar Serapion: Comments on the Syriac Edition, 213f.

26 Rensberger, Reconsidering the Letter, 15–18.

27 ܡܢ ܙܒܢܐ = interdum: Brockelmann, Lexicon Syriacum, s.v. ܙܒܢܐ.

4. „Ein Mittel und eine Rettung gibt es für uns nicht, außer einem Verstand, der groß darin ist, das Schlechte fernzuhalten und die Nöte zu ertragen, die wir zu jeder Zeit von Seiten der Zeiten (ܙܒܢܐ̈) empfangen". (47, 20–22)

5. „Wir wollen der Herrschaft gehorchen, die die Zeit uns gibt". (48, 14)

sowie in einer mit dem Brief überlieferten Anekdote über das Verhalten des Mārā:

6. „Ich lache über die Zeit, dass sie mir das Schlechte, obwohl es nicht von mir geborgt wurde, zurückgibt". (48, 26)

Diese Stellen verdeutlichen, dass „die Zeit" oder „die Zeiten" von Mārā als ein in „der Welt" herrschendes Prinzip verstanden wird. Die Deutung als stoisches Schicksal scheint jedoch gewagt. Denn abgesehen davon, dass es für einen syrisch schreibenden Autor terminologisch nicht naheliegend ist, das griechische εἱμαρμένη mit ܙܒܢܐ zu übersetzen, fällt in den zitierten Texten auf, dass der Begriff „die Zeit" in den genannten Zitaten in der Tat stets uneingeschränkt negativ konnotiert ist. Die Zeit ist eine Macht, welche die Absichten des Menschen hindert und einschränkt (3., vgl. 5.); die Leistung einer philosophischen Lebensführung besteht gerade darin, die Leiden der Zeit aushalten zu können (4., vgl. 6.). Es wird also nirgendwo gesagt, wie das bei einem Stoiker, der über das *fatum* reden würde, zu erwarten gewesen wäre, dass man lernen soll, die Wirkungen der Zeit als gut zu begreifen. Ganz im Gegenteil: Die Nöte, die die Zeit verhängt, sind vielmehr nach 4. terminologisch (ܠܘܒܠܐ) identisch mit denen, mit denen in 1. „die Welt" gekennzeichnet ist, aus der der Autor durch die Philosophie fliehen will. Die „Zeit", bzw. der in 4. überlieferte Plural „die Zeiten", steht demnach in enger Beziehung zu „der Welt", deren Schlechtigkeit unser Autor in biblischer Weise beklagt.

Dieser Gebrauch von „die Zeit" zur Bezeichnung einer Macht, die von Menschen für bestimmte Schicksalsschläge verantwortlich gemacht wird, passt interessanterweise sehr gut zur eben angesprochenen Stelle der *Thomasakten*: Hier sinniert der Sprecher, der heidnische Offizier Charis, über den (durch die Predigt des Apostels Thomas inspirierten) sexuellen Rückzug seiner Frau Mygdonia:

„Ich weiß ja, wenn die Zeit mich nicht niedergeworfen hätte von meinem Stolz und meinem Hochmut und mich nicht von der Größe zur schwachen Kleinheit herabgestoßen und von meiner geliebten Mygdonia getrennt hätte, würde ich selbst zu König Mazday zu dieser Zeit, wenn er an meiner stehen würde, nicht hinausgehen und ihm eine Antwort geben".[28]

Auch an dieser Stelle wird „die Zeit" von einem Menschen für einen großen, unerwarteten Schicksalsschlag verantwortlich gemacht, so wie es bei Mārā bar Serapīyōn der Fall ist. Auch in den *Thomasakten* liegt aber aufgrund der Tatsache, dass der Sprecher offenbar

28 *Acta Thomae Syriaca*, p. 266, l. 4–9 Wright (§ 99 Bonnet). Offenbar handelt es sich um ein besonders stark enkratitisch geprägtes Stück der *Thomasakten* (J. Boliki, Human Nature and Character as Moving Factors of Plot in the Acts of Thomas, in: J. N. Bremmer (Hrsg.), The Apocryphal Acts of Thomas, Leuven 2001, 91–100, hier 92f.); zum weiteren Kontext, der „neunten Tat" des Thomas vgl. H.-J. Klauck, Apokryphe Apostelakten. Eine Einführung, Stuttgart 2005, 174–179. A. F. J. Klijn, The Acts of Thomas. Introduction, Text and Commentary. Second Revised Edition, Leiden/Boston 2003, 176, kommentiert die Stelle nicht.

ein Heide ist, eine Identifizierung mit Gott nicht nahe, sondern eher scheint eine landläufig bekannte Sichtweise von Nicht-Christen beschrieben zu werden. Māräs Aufforderung wäre demnach, wenn die *Thomasakten* den zeitgenössischen Gebrauch des Wortes wiedergeben, wohl so zu interpretieren, sich gemäß den Regeln der Weisheit, seien diese nun eher griechisch-stoisch oder eher orientalisch inspiriert, nicht auf eine Klage an das (in der Zeit wechselvolle) Schicksal zu verlegen, sondern ruhig und gefasst mit dessen Schlägen umzugehen.

Es stellt sich nun die Frage, ob diese als schickalhaft verstandene „Zeit" bei Mārā mit Gott identisch ist, wie es beim stoischen Fatum, als der aktiven Kraft der Welt, doch der Fall sein müsste. Mir scheint es eher zur philosophischen Haltung des Briefschreibers zu gehören, trotz der Übel, die man von der Zeit empfangen hat, Gott für die dennoch bestehenden Güter, z.B. empfangene menschliche Zuneigung (3.), zu danken. Hiermit lässt sich auch das übrige Vorkommen des Wortes „Gott" in unserem Text vergleichen:

> 7. „Wenn ein Mensch von seiner Familie/seiner Stadt (ܒܝܬ ܐܒ̈ܗܘܗܝ) aufbricht und seine Sitten (ܐܣܟ̈ܝܡܗ) bewahren kann und er in Gerechtigkeit das tut, was er soll, dann ist dieser ein erwählter Mensch, der Geschenk Gottes (ܡܘܗܒܬܐ ܕܐܠܗܐ) genannt wird". (43, 13–15)
>
> 8. „Wenn sich Dir eine schlechte Sache entgegenstellt, tadle nicht einen Menschen und sei nicht zornig auf Gott und nicht wütend auf Deine Zeit. Wenn Dein Verstand hierin bleibt, dann ist das Geschenk nicht klein, das Du von Gott erhalten hast". (45, 19–22)[29]

In diesen Texten ist der Begriff „Gott" doch recht offensichtlich ganz anders konnotiert als die Zeit bzw. die Zeiten: Nach 7. und 8. ist er derjenige, der die Weisheit bzw. sogar den weisen Menschen schenkt, nach 3. schenkt er sogar die Zuneigung von Menschen. Es wird ihm also für innere wie für äußere Güter gedankt, von denen die ersten für den Stoiker selbst erworben, die zweiten für ihn indifferent wären; all das lässt keine tiefgehende Reflexion erkennen, erinnert aber doch mehr an den allmächtigen Gott der Bibel als an die rationale Kausalstruktur, welche die Stoa unter Gott versteht.

Ein Unterschied zwischen Gott und „Zeit" lässt sich auch aufgrund der berühmtesten Stelle des ganzen Briefes behaupten:

> 9. „Denn was gewannen die Athener dadurch, dass sie Sokrates töteten – die als Belohnung Hunger und Pest erhielten? Oder die Samier dadurch, dass sie Pythagoras töteten – deren Land in einer Stunde von Sand bedeckt wurde? Oder die Juden wegen ihres weisen Königs – deren Königreich aus der Zeit selbst entfernt wurde? Denn gerechterweise verschaffte Gott der Weisheit dieser drei eine Belohnung: Nämlich indem die Athener durch Hunger starben, die Samier – kein Traum – vom Meer bedeckt wurden, die Juden, die niedergemetzelt und aus ihrem Königreich vertrieben wurden, jetzt verstreut sind. Sokrates ist nicht tot, wegen Platon; und auch Pythagoras nicht, wegen der Statue der Hera; und auch der weise König nicht, wegen der neuen Gesetze, die er gab". (46, 12–20)

29 Dieser Text findet sich auch bei E. Sachau, Inedita Syriaca, 81, Z. 15–17, wo die Lesart „Deine Zeit" bestätigt wird.

Nach diesem Text wird die Weisheit von Gott durch eine Unsterblichkeit belohnt, die offensichtlich darin besteht, dass man sich an den toten Weisen weiter erinnert. In diesem Sinne wird, wie Mārā anderswo sagt, „der Mensch auf ewig nicht von seiner Weisheit verlassen, so wie von seinem Besitz" (45, 25f.). Die mit Gott verbundene Weisheit ist demnach nicht auf Zeit angelegt, sondern auf Ewigkeit; Weisheit als ein philosophisches Vertrauen auf Gott ist das Gegenmittel zur Herrschaft der Zeit. „Gott" und „Zeit" sind folglich nicht nur nominell verschieden, sondern stellen eher kontrastierende Prinzipien dar, indem Gott der ist, der vermittels der Weisheit dem Leben Dauer verleiht und den Weisen somit dem Einfluss der Zeit, welche in der Welt herrscht und den Menschen bedrückt, entzieht. Obwohl der systematische Gehalt dieser Konzeption schwer zu fassen ist, scheint doch die Überzeugung unseres Briefes zu sein, dass Gott mehr zu trauen ist als der wechselvollen Macht der Zeit.

Dieses Ergebnis ist mit den bisher vorgeschlagenen eindimensionalen geistesgeschichtlichen Einordnungen unseres Textes nicht zu vereinbaren: Mit einem stoischen Monismus haben wir es 1. deswegen nicht zu tun, weil dieser zum einen mit dem geschilderten Dualismus von Gott und Zeit inkompatibel ist; 2. wird jedenfalls bei Seneca die Unsterblichkeit der Seele mit ihrer faktischen Unvergänglichkeit gleichgesetzt,[30] nicht mit ewigem Andenken; überhaupt ist diese Idee mit der stoischen Vorherstellung des ewigen Entstehens und Vergehens neuer Welten nicht recht vereinbar.[31] Unbefriedigend ist auch, wie Albert de Jong bereits ausführlicher gezeigt hat,[32] der von Merz und Tieleman sowie von Rensberger gemachte Vorschlag, die „Zeit" in unserem Text mit Zrvân, dem Urprinzip des Kampfes zwischen Hormizd und Ahriman in einem bestimmten zoroastrischen Mythos, zu identifizieren; denn dort ist die Zeit der im Prinzip neutrale Raum der Auseinandersetzung zwischen Gut und Böse, während in unserem Text die Zeit die herrschende Kraft der Welt der Bedrückung ist, die der durch Gott gewährbaren Ewigkeit entgegenwirkt. Schließlich lässt sich eine solche Kontrastierung von Zeit und Gott auch nur schlecht mit der von McKey angenommenen orthodox-christlichen Verortung vereinbaren, was zu dem schon von Joseph Blinzler festgestellten Problem hinzukommt, dass die Unsterblichkeit Jesu hier nicht durch seine Auferstehung, sondern durch ewiges Andenken erklärt wird.[33]

D. Gott und die Zeit – Mārās geistesgeschichtlicher Hintergrund

Ich möchte daher nun eine Identifizierung der „Zeit" anbieten, die mir geeigneter scheint, die Funktion des Begriffs in unserem Text sowie sein Verhältnis zur Welt zu erklären. Einen wichtigen Hinweis stellt die gerade angesprochene Verbindung von Gott und Weisheit dar, denn hierfür lassen sich unschwer Parallelen finden: Eine ähnliche Verbindung beider Begriffe findet sich z.B. in der Σοφία Σαλωμώνος, einer relativ spät, vermutlich im 1. Jahrhundert n. Chr. auf Griechisch verfassten Weisheitsschrift aus der Septuaginta,[34] die auch

30 Vgl. z.B. Seneca, *Epistula* 57, 9: De illo [i.e. animo] quaerendum est, an possit immortale esse. Hoc quidem certum habe. Nach *Epistula* 88, 5 weicht der Weise ne immortalitatis quidem pretio vom Guten ab.

31 Vgl. dazu z.B. A. A. Long/D. Sedley, The Hellenistic Philosophers, Bd. 1–2, Cambridge 1987, Kap. 52 mit Texten und Interpretationen.

32 A. de Jong, Mara's God and Time, in: Merz/Tieleman, The Letter of Mara bar Serapion in Context, 141–153.

33 So schon richtig J. Blinzler, Der Prozess Jesu, Regensburg ²1955, 29.

34 Einleitend zur *Sapientia Salomonis* vgl. K.-W. Niebuhr, Einführung in die Schrift, in: K.-W. Niebuhr (Hg.), Sapientia Salomonis (Weisheit Salomos), Tübingen 2015, 1–37, zur Datierung 30–33.

einige stoische Einflüsse zeigt.[35] In diesem Text wird die Weisheit nicht nur eng mit Gott verbunden, sondern explizit als göttliches Geschenk charakterisiert (*Sapientia Salomonis* 7, 15–17); vor allem aber wird sie mit der Idee von Unsterblichkeit in dem Sinne verbunden, dass der Weise eine ewige Erinnerung hinterlassen wird: „Durch sie werde ich Unsterblichkeit (ἀθανασίαν) haben, d.h. ewiges Andenken (μνήμην αἰώνιον) werde ich denen nach mir hinterlassen" (*Sapientia Salomonis* 8, 13), sowie „Besser ist Kinderlosigkeit, die mit Tugend (μετ' ἀρετῆς) einhergeht; denn Unsterblichkeit liegt in ihrem Andenken, denn sie wird sowohl von Gott als auch von den Menschen erkannt" (*Sapientia Salomonis* 4, 1). Das scheint genau die Vorstellung von 9. zu sein: Gott belohnt den Weisen durch eine Unsterblichkeit, die in ewigem Andenken liegt, aber nicht in einem ewigen Leben.

In der *Sapientia Salomonis* findet sich ferner die polare Gegenüberstellung von Weisheit und Besitz, die sich auch in *Mārās Brief* feststellen lässt: „Reichtum habe ich für nichts gehalten im Vergleich zu ihr" (*Sapientia Salomonis* 7, 8; vgl. 8, 5). Überhaupt erinnern die wiederholten Aussagen zur Schlechtigkeit der Welt in *Mārās Brief* in ihrem Tenor eher an spätalttestamentliche Weisheitsschriften wie die Klagelieder, Kohelet oder den 49. Psalm als an eine Diatribe im Stil eines Seneca oder Epiktet.[36] Man muss nur die Formulierung

> „Sag uns an, Weisester der Menschen: Auf was für einen Besitz kann sich der Mensch verlassen? Oder von welchen Dingen reden als von bleibenden? Von vielem Reichtum? – der wird entrissen. [...] Von Armut? – die wird verachtet". (*Ep. Marae* 46, 6–11)

vergleichen mit

> „Hört mich an, alle Völker [...], Reiche und Arme zusammen; mein Mund soll Weisheit sprechen. [...] Die auf ihre Kraft vertrauen und sich der Menge ihres Reichtums rühmen – seinen Bruder erlöst ein Mann nicht" (Ps 49, 1. 3. 7f.),

um die Gemeinsamkeit der Thematik und der Weltsicht zu verstehen. Die hier ausgedrückte Sicht auf vermeintliche Güter wie Reichtum und Ansehen steht zwar nicht im Widerspruch zur stoischen Charakterisierung solcher Güter als indifferent bzw. als mittlere Güter; und doch erinnert die von Mārā ausgesagte Vergänglichkeit und absolute Nichtigkeit eher an die orientalischen Texte und, wenn man schon eine griechische Parallele sucht, stärker an die epikureische Paränese als an die Stoa, für die letztlich jedes Element der Welt einen rationalen Sinn hat.[37]

Schließlich führt ein Blick in die Weisheitsliteratur uns auch auf die Spur von Māräs rätselhaftem Konzept der Zeit. Ein Indiz liefert wieder die *Sapientia Salomonis*, wenn sie Welt und Zeit (hier in Bezug auf Noah) in enge Verbindung zueinander stellt: ἡ ἐλπὶς τοῦ κόσμου ἐπὶ σχεδίας καταφυγοῦσα ἀπέλιπεν αἰῶνι σπέρμα γενέσεως (14, 6). Von dieser Stelle, wo mit αἰών nicht die Ewigkeit, sondern die Zeit der Welt gemeint ist, ist es nicht mehr weit ist zur Personalisierung des αἰών als der herrschenden Kraft in der Welt, die sich in mindestens einem weiteren, vielleicht noch etwas jüngerem Text aus dem monotheis-

35 Das gilt insbesondere für den Hymnos an die Weisheit in 7, 22–8, 1: M. V. Blischke, Zur Theologie der Sapientia Salomonis, in: Niebuhr (Hg.), Sapientia Salomonis, 155–173, hier 169.

36 Ausführlichere Belege finden sich jetzt bei Beentjes, Where is Wisdom to be found?, 161–163.

37 Vgl. K.-W. Niebuhr, Die Sapientia Salomonis im Kontext hellenistisch-römischer Philosophie, in: Niebuhr (Hg.), Sapientia Salomonis, 219–256, hier 247f.

tischen Umfeld findet: In der Formulierung περιεπατήσατε κατὰ τὸν αἰῶνα τοῦ κόσμου τούτου (Eph 2, 2) ist mit αἰών etwa das gemeint, das anderswo z.B. ὁ θεὸς τοῦ αἰῶνος τούτου (2 Kor 4, 4) heißt: Ein nicht im Sinne Gottes wirkendes, dem wahren Gott aber letztlich unterliegendes personifiziertes Herrschaftsprinzip der Welt, in der wir Menschen leben.[38]

In Anbetracht dieser Parallelen liegt es doch sehr nahe, den Begriff ܙܒܢܐ in *Mārās Brief* als Wiedergabe des griechischen αἰών im Sinne eines personifizierten innerweltlichen Machtprinzips aufzufassen, das Gottes Erlösung entgegenzuwirken scheint, diesem jedoch letztlich unterworfen ist (so dass die Grundvorstellung nicht im strengen Sinne dualistisch ist). Hierbei handelt es sich zwar nicht um eine für die alttestamentliche Weisheitslitatur typische Vorstellung, wohl aber um eine durchaus verbreitete Idee im Umfeld des Neuen Testamentes, insbesondere in gnostisch beeinflussten Texten, die zeitlich und räumlich späten weisheitlichen Texten nach Art der *Sapientia Salomonis* oder auch *Mārās Brief* nahestehen. Durch diese Parallelen könnten auch der gelegentliche Wechsel unseres Textes in den Plural ܙܒ̈ܢܐ (4.) und sogar die Individualisierung der Zeit als ܙܒܢܢ (8.) erklärt werden, denn in den griechischen Quellen ist ebenfalls häufig von verschiedenen, auch individuellen αἰῶνες die Rede.[39] Selbstverständlich ist damit die Möglichkeit nicht ausgeschlossen, dass eine ältere aramäische Tradition über die schicksalhafte Macht der Zeit, die in den *Thomasakten* eine Spur hinterlassen haben könnte, von unserem Autor im Sinne des αἰών gedeutet wird,[40] doch scheint die im Brief fühlbare monotheistische Strömung einer Bezeichnung des Begriffs als „traditionell semitisch" entgegenzustehen.

E. Fazit

Nach dem Gesagten ist der *Brief des Mārā* somit weder ein verkapptes apologetisches Schriftstück noch eine rein rhetorische Übung oder gar ein rein stoischer Lehr- oder Privatbrief. Vielmehr handelt es sich um einen literarischen Brief, in dem formale und inhaltliche Elemente verschiedener Provenienz in interessanter Weise vereint sind. Der Einfluss griechischer Rhetorik und stoischer Philosophie ist markant, aber gegenüber Elementen einer Weisheitstradition nicht dominant; für die Weltsicht der Schrift scheinen nicht zuletzt christliche, vielleicht mit gnostischen Strömungen zusammenhängende Einflüsse eine Rolle zu spielen. Ob der Autor Christ gewesen ist, lässt sich nicht mit Sicherheit sagen; da er weder ein Konzept von Auferstehung noch eines individueller Unsterblichkeit nennt, ist das eher unwahrscheinlich, doch lässt sich auch nicht ausschließen, dass ein fiktional arbeitender Autor nur solche christlichen Elemente aufnimmt, die für ein quasi „philosophisches" Schreiben für nötig bzw. geeignet scheinen.

Hinsichtlich der weiteren Einordnung des Briefes scheint mir die Beobachtung Michael Speidels beachtlich, dass die politischen Elemente des Textes eher die Situation in Edessa um 200 als in der Kommagene um 100 widerzuspiegeln scheinen, die als raum-zeitliche

38 S. z.B. R. Schnackenburg, Der Brief an die Epheser, Zürich u.a. 1982, 90f. Zur sachlichen Nähe der Begriffe κόσμος und αἰών in der biblischen Sprache vgl. allgemein H. Sasse, αἰών/αἰώνιος, in: Theologisches Wörterbuch zum Neuen Testament 1, Stuttgart 1933, 197–209, hier 202–204.

39 Vgl. grundlegend Sasse, αἰών/αἰώνιος, 204.

40 Vgl. auch H. J. W. Drijvers, 5. Thomasakten, in: W. Schneemelcher (Hrsg.), Neutestamentliche Apokryphen in deutscher Übersetzung. II. Band. Apostolisches, Apokalypsen und Verwandtes, Tübingen 1989, 289–367, hier 295, zum „soteriologischen" Dualismus in den *Thomasakten*.

Folie in dem Brief entworfen wird.[41] Dieser Vorschlag ist auch aus anderen Gründen bedenkenswert:

- Die im Brief zu findende Verbindung jüdisch-orientalischer Weisheitstraditionen mit griechischem Material unter Absehung von spezifisch christlich-dogmatischen wie von platonisch-metaphysischen Inhalten lässt an einen eher frühen, wohl noch kaiserzeitlichen Autor denken; jedenfalls in Texten nach dem 4. Jhdt. wäre die erstaunliche Rede von der „Zeit“ für die Macht des αἰών, die ja in den ebenfalls recht alten *Thomasakten* ihre einzige Parallele zu finden scheint,[42] meines Erachtens ebenso verwunderlich wie die distanzierte Rede von Jesus, ohne Erwähnung von Auferstehung und Himmelfahrt. Auch die für einen späten Text auffallend spärlich vorkommenden Gräzismen sprechen m.E. für eine frühe Datierung.[43]
- Andererseits schließen mehrere Punkte eine Entstehung gegen Ende des 1. Jhdts. m.E. fast sicher aus: Der Text läge dann mehr als ein Jahrhundert vor allen bekannten syrischen Texten[44] sowie vor allen anderen Zeugnissen für das Motiv der Zerstreuung der Juden aufgrund ihrer Mitwirkung bei der Verfolgung Christi, das sich erst um 200 bei Tertullian und Hippolyt findet; sodann scheint die Peschitta[45] bekannt zu sein, was ebenfalls im 1. Jahrhundert schwer vorstellbar ist.
- Schließlich würde die Annahme, der *Brief des Mārā* sei eine literarische Fiktion aus dem 2./3. Jahrhundert, diesen in die Nähe der *Rede des Pseudo-Meliton* vor dem Kaiser und des *Liber legum regionum* aus der Bardaiṣān-Schule stellen,[46] die ebenfalls um 200 oder jedenfalls noch im 3. Jahrhundert in Edessa entstanden sein dürften. Sie stimmen mit unserem Text auch darin überein, dass sie christliche Motive in engem Bezug zu griechischer Philosophie und griechischen literarischen Formen rezipieren, ohne eine ausgeprägte Dogmatik zu zeigen. In dieser Hinsicht könnten auch die griechisch erhaltenen Werke der Syrer Tatian und Theophilos von Antiochien einen Referenzpunkt abgeben. Jedenfalls zeichnen sich Konturen eines griechisch gebildeten Umfeldes in Syrien ab, in dem man durchaus annehmen kann, dass dort, wie von Chin gezeigt, Schriften nach den Regeln griechischer Rhetorik erstellt werden konnten.

---

41 M. A. Speidel, Making Use of History beyond the Euphrates: Political Views, Cultural Traditions, and Historical Contexts in the Letter of Mara bar Serapion, in: Merz/Tieleman, The Letter of Mara bar Serapion in Context, 11–41, v.a. 30–41.

42 Zur (naturgemäß etwas vagen) Datierung der *Thomasakten* vgl. Klijn, The Acts of Thomas, 15.

43 So schon Rensberger, Reconsidering the Letter, 13f.

44 Vgl. Rensberger, Reconsidering the Letter, 11–13. Ganz zu Recht skeptisch scheint mir P. W. van der Horst, Consolation from Prison: Mara bar Serapion and Boethius, in: Merz/Tieleman, The Letter of Mara bar Serapion, 193–203, hier 202, zu sein.

45 Sie wird erwähnt von Ramelli, Mara bar Serapion: Comments on the Syriac Tradition, 210. Der Gebrauch der Peschitta wurde auch von Dimitri Bumazhnov in der Diskussion auf dem Syrologentag angesprochen.

46 So u.a. auch Speidel, Making Use of History, 36-41. Die Bezüge zur sogenannten Apologie des Pseudo-Meliton diskutiere ich in Zwei Protreptikoi zur Philosophie in syrischer Sprache: Die sogenannte „Apologie des Pseudo-Meliton“ und der „Brief des Marā bar Serapiyōn“, in: Festschrift Sabine Schrenk (Jahrbuch für Antike und Christentum. Ergänzungsband), im Druck.

Paulos Mar Gregorios: (Dis-)Kontinuität syrischer Tradition im indischen Kontext

Lukas Pieper

1. Hinführung

> „Diese Vergangenheit, die ganz weit zurück bis an den Ursprung reicht, zieht nicht nach rückwärts, sondern drückt vorwärts, und im Gegensatz zu dem, was man erwarten würde, ist es die Zukunft, die uns in die Vergangenheit zurücktreibt."[1]

In diesem Satz gibt Hannah Arendt eine Definition des Begriffs „Tradition". Tradition heißt demnach von jemandes *Identität* zu sprechen in Bezug auf eine spezifische Vergangenheit, in anderen Worten: in Bezug auf eine Geschichte, die von einer Person oder einer Gruppe von Menschen erzählt wird. Der französische Philosoph Paul Ricœur nennt dieses Phänomen daher „narrative Identität" und stellt die Frage: „Was wir narrative Identität – sowohl der Individuen als auch der historischen Gemeinschaften – nennen, ist das nicht die instabile Überkreuzung von Geschichte und Fiktion?"[2]

Identität – sei sie personal oder kollektiv – bildet sich demnach zwar immer unter Berufung auf eine Vergangenheit, jedoch nicht im Sinne einer absoluten Determiniertheit des eigenen Daseins durch diese, sondern durch eine bewusste Aneignung der Geschichte im Modus der Erinnerung und Narration.[3] Das Erzählen der eigenen Geschichte ist somit etwas anderes als die schlichte Aufzählung historischer Fakten. Es beschreibt vielmehr eben jenen Vorgang der Interpretation der eigenen Vergangenheit angesichts einer möglichen Zukunft. Es heißt auch auszuwählen, was man erzählt und worüber man lieber schweigt. Im Moment des Erzählens existiert somit, was Hannah Arendt eine „Lücke zwischen Vergangenheit und Zukunft"[4] nennt, die wiederum durch jene Narration geschlossen wird, indem man sich einer spezifischen Geschichte erinnert, sie erzählt und gerade darin einer möglichen Zukunft zuwendet. Es ist die Zuwendung zu einer Vergangenheit, die *vorwärts drückt.*

Mit Blick auf die indische Thomastradition hat diesen Umstand Wolfgang Hage einmal sehr treffend formuliert: „Ob der historische Thomas wirklich in Indien war – und wenn ja,

---

1 Hannah Arendt, Die Lücke zwischen *Vergangenheit und Zukunft*, in: Dies., Zwischen Vergangenheit und Zukunft. Übungen im politischen Denken I, München ²2000, 7–19, hier: 14.

2 Paul Ricœur, Eine intellektuelle Autobiographie, in: Ders., Vom Text zur Person. Hermeneutische Aufsätze (1970–1999), Hamburg 2005, 3–78, hier: 70. Ausführlich zu diesem Aspekt: Ders., Zeit und Erzählung III, Übergänge 18/III, München 1993.

3 Vgl. auch: Jan Assmann, Das kulturelle Gedächtnis. Schrift, Erinnerung und politische Identität in frühen Hochkulturen, München 1999, insb. 16; 130–144.

4 Arendt, Vergangenheit und Zukunft (s. Anm. 1).

dann an welchen Orten? – ist strittig und stehe dahin; aber heute ist er da: in seiner tiefen und prägenden Wirkung auf die, die sich nach ihm nennen.“[5]

Es ist nicht so sehr die historische Faktizität des Geschehenen, sondern die narrative Vergegenwärtigung, ja die Verkörperung des Erinnerten, welche das identitätsstiftende Potential einer Tradition ausmacht. Menschen stellen sich ein in diese Geschichte, bekennen sie als die eigene und schließen damit jene *Lücke zwischen der Vergangenheit und der Zukunft*.

Kann die Thomastradition zweifellos als die große Gemeinsamkeit unter den nach ihr benannten Thomaschristen gelten, stellt sie sich davon abgesehen heute als eine konfessionell plurale, ja fast unübersichtlich diverse Gruppe dar. Die Gründe für diese konfessionelle Diversität können hier nicht im einzelnen aufgeführt werden, es lässt sich jedoch feststellen, dass der Einfluss westlicher Kirchen und politischer Mächte dafür maßgeblich gewesen ist.[6] Im Zuge der Dekolonisation im 20. Jahrhundert tritt somit auch für die Thomaschristen in Indien eine Situation ein, die sie selbst seit Auftreten der Portugiesen im 16. Jahrhundert nicht kennen: eine Situation der Freiheit von Mächten und Einflüssen außerhalb des eigenen Landes. Verbunden mit dieser neuen Situation der Freiheit ist jedoch auch die Frage nach der eigenen Identität. Wo gilt es anzuknüpfen nach knapp vierhundert Jahren, geprägt von Fremdeinflüssen? Was geschieht, wenn „die Lücke zwischen Vergangenheit und Zukunft“ aufhört „nur eine der Denktätigkeit eigene Bedingung und als Erfahrung auf die Wenigen, die das Denken zu ihrem Hauptgeschäft machten, beschränkt zu sein“, sondern zu einer „greifbaren Wirklichkeit für alle“ wird und damit zu „einer Tatsache von politischer Bedeutung“[7]?

Die Rede von Tradition als Akt menschlicher Selbst-Identifikation mag zu Recht theologisch problematisiert werden. Sie betont das menschliche Element der Tradition, ihre Veränderbarkeit angesichts einer besonderen Situation der Freiheit. Ein Denker, der diese Situation zutiefst empfand und zudem theologisch zu begründen suchte, warum das Element menschlicher Freiheit zum Kern eines *orthodoxen* Traditionsbegriffs gehört, war Paulos Mar Gregorios (1922–1996). Die Weise, wie hier historische Situation und theologische Reflektion auf engste miteinander verbunden sind, ist Thema dieser Untersuchung.

Der Name Paulos Mar Gregorios ist stark verknüpft mit dessen Engagement in der ökumenischen Bewegung, zu deren führenden Figuren im 20. Jahrhundert er gehörte. Wenn ich mich im Folgenden der Frage zuwende, welchen Beitrag Mar Gregorios zur Frage der Identität seiner eigenen Kirche, die sich heute gemeinhin als „Indisch-Orthodoxe Kirche“ bezeichnet, im Kontext des Thomaschristentums in Indien beigetragen hat, rückt dieser Aspekt äußerlich betrachtet etwas in den Hintergrund, bleibt aber wichtig. So ist es doch gerade diese Koinzidenz von ökumenischer Offenheit einerseits und der Formierung eigener konfessioneller Identität andererseits, die typisch ist für das 20. Jahrhundert als dem „Jahrhundert der Ökumene“[8].

---

5 Wolfgang Hage, Die Thomas-Tradition in Indien, in: Martin Tamcke (Hg.), Blicke gen Osten. Festschrift für Friedrich Heyer zum 95. Geburtstag, Studien zur orientalischen Kirchengeschichte 30, Münster 2004, 232.

6 Vgl. Paulos Mar Gregorios, The *Orthodox Church* in India. An Overview, Delhi/Kottayam 1982, 1; A.M. Mundadan, *Indian Christians*. Search for Identity and Struggle for Autonomy, Bangalore 1984, 30.

7 Arendt, Vergangenheit und Zukunft, 17 (s. Anm. 1).

8 Friederike Nüssel, Dorothea Sattler, Einführung in die ökumenische Theologie, Darmstadt 2008, 23. Zum Thema der Formierung konfessioneller Identitäten in ökumenischen Diskursen, vgl. Silke Dangel,

2. Der historische Kontext

Der Fokus richtet sich zunächst auf das Jahr 1975. Zwei Dinge geschehen, die für das vorliegende Thema wichtig sind: Zum einen kommt es zum Bruch innerhalb der orthodoxen Fraktion der Thomaschristenheit. Damit findet ein Streit vorerst ein Ende, der seit mindestens einhundert Jahren in der Kirche schwelt und sich im Wesentlichen um die Frage dreht, wessen Autorität die bestimmende unter den Orthodoxen Keralas sei. Nachdem die Partei, die diese bei dem sogenannten Katholikos des Ostens (Baselios Ougen I.) sieht, dem syrisch-orthodoxen Patriarchen in Damaskus (Ignatios Ya'qub III.) dieselbe abgesprochen hat, erklärt Letzterer im Jahre 1975 den Katholikos samt seinen Anhängern für exkommuniziert.[9] Die Kirche, die aus der Partei des Katholikos hervorgeht, nennt sich von nun an „Indisch-Orthodoxe Kirche", in der Betonung ihrer Unabhängigkeit von jedweder Autorität außerhalb Indiens. Das andere wichtige Ereignis dieses Jahres ist die Weihe Paul Vergheses zum Metropoliten von Delhi, der damit fortan den Namen Paulos Mar Gregorios trägt.

Infolge der endgültigen Unabhängigkeit der Indisch-Orthodoxen Kirche entsteht ein Diskurs innerhalb jener Kirche zur Frage der eigenen Identität, in welchem Paulos Mar Gregorios wesentlich involviert ist.[10] Die Frage ist: Auf welche Traditionen greift eine orthodoxe Kirche zurück, die sich zugleich als eine indische verstehen möchte? Und: Welche Rolle spielt dabei die syrische Tradition, in der die indischen Thomaschristen seit Jahrhunderten stehen?

3. Welche Tradition?

Paulos Mar Gregorios' Auseinandersetzung mit dieser Frage beginnt bereits früher, während seiner Dissertation über Gregor von Nyssa in den 1960er Jahren in Oxford, die er später in Münster und Indien abschließt. Was er von Gregor übernimmt, betrifft insbesondere dessen Art des Theologietreibens. Dabei steht die Frage im Mittelpunkt, ob und inwiefern Einsichten paganer Philosophie oder etwa der Heterodoxie verdächtiger Denker eine Rolle spielen dürfen in der Formulierung christlicher Wahrheit.[11] Mar Gregorios findet bei Gregor eine positive Antwort:

> „As for Platonism and Origenism, Gregory has filtered them through the authentic tradition of the Church, and gives to us the only kind of theology there is – the Christian

Konfessionelle Identität und ökumenische Prozesse. Analysen zum interkonfessionellen Diskurs des Christentums, Theologische Bibliothek Töpelmann 168, Heidelberg 2014; Beate Bengard, Rezeption und Anerkennung, Die ökumenische Hermeneutik von Paul Ricœur im Spiegel aktueller Dialogprozesse in Frankreich, Forschungen zur systematischen und ökumenischen Theologie 151, Göttingen 2015.

9 Zum genaueren Vorgang der Ereignisse, vgl. Wolfgang Hage, Das orientalische Christentum, Die Religionen der Menschheit 29,2, 349–353. Aus indisch-orthodoxer Sicht: vgl. Mar Gregorios, Orthodox Church, 31–67 (s. Anm. 6); David Daniel, The Orthodox Church of India. History, New Delhi [2]1983, 383–412.

10 Ein wichtiger anderer Akteur innerhalb dieses Diskurses ist V.C. Samuel. Vgl. V.C. Samuel, Ithe Oru Indian Sabhayo? (Is this an Indian Church?), Thiruvalla 1974; Ders., The Indian Church and Autonomy, in: M.K. Kuriakose, Orthodox Identity in India. Essays in Honour of V.C. Samuel, Bangalore 1988, 85–104.

11 Dennoch gilt es, die Tatsache zu berücksichtigen, dass bei Gregor die Anthropologie, welche die Grundlage für Mar Gregorios' Rezeption ist, zutiefst verbunden ist mit dessen Trinitätstheologie. Vgl. Johannes Zachhuber, Human Nature in Gregory of Nyssa. Philosophical Background and Theological Significance, Leiden 2000, 17.

> tradition interpreted and enriched through the categories and concepts of the philosophers and Church fathers with a few creative contributions here and there.“[12]

Gregor von Nyssa, der ein großer Kenner insbesondere platonischer und stoischer Philosophie ist, weiß dies für sein Denken zu rezipieren, ohne jedoch deren aus Sicht eines christlichen Theologen häretische Ansichten zu übernehmen. Vielmehr liegt das Interesse darin, der Kommunikation des Evangeliums in seinem Kontext fähig zu sein – insbesondere in intellektuellen Kreisen – sowie an den Errungenschaften paganer Wissenschaft und Philosophie teilzuhaben.[13] Anhand der Auseinandersetzung zwischen Gregor von Nyssa und Eunomius zeigt Mar Gregorios, wo seines Erachtens die Grenze zwischen Inkulturation und Häresie liegt: „Eunomius sought to adopt Christianity to secular philosophy. The Cappadocians sought to adopt secular philosophy to the Christian Gospel.“[14] Will er damit zum einen die Grenzen der Inkulturation des Evangeliums aufzeigen, liegt hierin zugleich ein Vorwurf Mar Gregorios' in Richtung westlicher, insbesondere protestantischer Theologie, die er aufgrund ihrer Betonung der Souveränität Gottes auf der einen sowie der Sündhaftigkeit des Menschen auf der anderen Seite einer solchen Offenheit nicht fähig hält.[15] Demgegenüber stellt er fest:

> „[Gregory of Nyssa] had sufficient faith to make the Christian tradition a touch-stone for the evaluation and appropriation of philosophical and scientific insights and discoveries. He integrated science and philosophy on the foundation of Christian tradition.“[16]

Diese Form der Offenheit gegenüber den Errungenschaften und Denkweisen der eigenen Kultur bei gleichzeitigem Festhalten an dem Fundament christlichen Glaubens, das er in Inkarnation und Trinitätslehre erkennt, hält Mar Gregorios für ein theologisches Denken, das den Herausforderungen des 20. Jahrhunderts gewachsen ist.[17] Diese Weise des Denkens beschreibt zudem Mar Gregorios' eigenen intellektuellen Weg, auf dem er zu einem

---

12 Paul Verghese (= Paulos Mar Gregorios), *Freedom and Authority*, Madras/Delhi/Lucknow 1974, 60.

13 Vgl. Paulos Mar Gregorios, *Cosmic Man*. The Divine Presence. An Analysis of the Place and Role of the Human Race in the Cosmos, in relation to God and the historical world, in the thought of St. Gregory of Nyssa, New Delhi/Kottayam 1980, 1–23. Hier folgt Mar Gregorios wesentlich der Interpretation Gregors durch Jean Daniélou. Vgl. Ders., Platonisme et Théologie Mystique. Doctrine Spirituelle de Saint Grégoire de Nysse, Paris ^{2}1954, 9: „Ainsi l'étude de tous les textes nous a convaincu qu'il n'y avait pas lieu de chercher quels étaient les éléments platoniciens de la pensée de Grégoire, mais qu'il fallait nous habituer à cette vue d'une pensée purement chrétienne, mais qui a emprunté ses formes d'expression à la langue philosophique du temps où elle s'est constituée […]. C'est la même pensée substantielle qui pourrait s'exprimer ailleurs en empruntant les cadres de la technique bouddhiste. Elle n'en serait pas moins mystique chrétienne et non mystique bouddhiste.“

14 Mar Gregorios, Cosmic Man, 26 (s. Anm. 13).

15 Vgl. Verghese, Freedom and Authority, 16 (s. Anm. 12): „Is this the Christian God – the one who is so weakly sovereign that he wants an enslaved humanity? Or does it belong to a particular tradition of Europe – that of Augustine, Luther, Calvin and Barth? We shall seek to show in a later chapter that there were significant alternatives in Christian history to this jealous, petty, freedom-hating God, whom western civilization has created and now wants to murder, but is not quite able to.“

16 Mar Gregorios, Cosmic Man, 6 (s. Anm. 13).

17 Vgl. Paulos Mar Gregorios, Science for Sane Societies, New York 1987, 87: „[…] the best of science and the best of philosophy must integrate itself with the best of ecumenical theology to provide a coherent, provisional, dynamic vision.“

Kenner hinduistischer und buddhistischer Philosophie wird und sich zugleich in Diskurse innerhalb der Naturwissenschaften und der Medizin begibt, stets auf dem Hintergrund seines Verständnisses vom christlichen Glauben als einem, der Gott in seinem Wirken in der ganzen Schöpfung zu erkennen sucht. Dies bleibt sodann auch bestimmend für sein Verständnis von einem inkulturierten indisch-orthodoxen Christentum, das er als eines im indischen Kontext sieht, welches insbesondere mit Hinduismus und Buddhismus ein intellektuelles und spirituelles Erbe teilt.

Der Eindruck mag täuschen: Was Mar Gregorios als „indisch“ bezeichnet, ist keinesfalls gleichzusetzen mit der *christlichen* Tradition. Zugleich ist jedoch für ihn auch klar, dass eine christliche Tradition im indischen Kontext eben – wenn sie denn authentisch sein will – immer *auch* indisch ist. Hierin offenbart sich der Kern des theologischen Denkens von Mar Gregorios. Die Frage, die ihn im Wesentlichen beschäftigt lautet: Wie wirkt Gott in der Geschichte? Tradition als jene Geschichte Gottes mit den Menschen beschreibt für ihn das Zusammenwirken von Gott und Mensch – die *Synergeia*.[18] Dabei ist der Mensch durchaus in der Lage, sich in Freiheit der Tradition zuzuwenden und sie – aufgrund der Tatsache, dass sich in seiner Freiheit die Freiheit Gottes verwirklicht – angesichts der Gegenwart und Zukunft zu formen:

> „Loyalty to tradition without openness to present reality and expectant yearning for the future, can be stifling and destructive of human freedom. But an openness to future without an awareness of the past is bound to be superficial and therefore enslaving. The community of the spirit lives out the past towards the future in the present. There freedom grows, for the spirit is freedom.“[19]

Der Mensch ist auch was die Tradition angeht ein „Mit-Schöpfer“[20] Gottes. Gott wirkt in der Geschichte wesentlich durch den Menschen, der in seiner Ebenbildlichkeit Teil hat am Schöpfersein Gottes. Für die Tradition bedeutet dies, dass sie dem Leben der christlichen Gemeinschaft entsprechen muss:

> „Authority for faith and conduct thus is not in the scriptures. It is in the life of the community. But it is very flexible and open kind of authority, to be corrected by the sum-total of experience, by openness to reality wherever it manifests itself, and by growth in maturity of understanding and judgment.“[21]

Mar Gregorios geht daher so weit, Kreativität und Phantasie in der Gestaltung der christlichen Tradition einen zentralen Platz zuzuweisen: „Phantasy both recaptures the ancient past and freely creates the distant future.“[22] Ein derartiger Umgang mit dem Begriff der Tradition bleibt aus theologischer Sicht nicht ohne Widerspruch.[23] Jener Umgang wiederum

18 Vgl. Mar Gregorios, Cosmic Man, 202 (s. Anm. 13).

19 Verghese, Freedom and Authority, 143f. (s. Anm. 12).

20 Vgl. Mar Gregorios, Cosmic Man, 154 (s. Anm. 13).

21 Verghese, Freedom and Authority, 143 (s. Anm. 12).

22 Ebd., 145.

23 Das betrifft insbesondere die römisch-katholische sowie byzantinisch- und orientalisch-orthodoxe Theologie. Ausführlich zu dem Thema bei Mar Gregorios sowie seiner Verortung im ökumenischen Diskurs, vgl. Marina True, Prophet of a New Humanity. Paulos Mar Gregorios on Tradition, Context, and Change as a Basis for Christian Community, Berkeley 2009, insb. 103–168.

ist zutiefst verankert in der Anthropologie, wodurch die Freiheit des Menschen zum Ausgangspunkt des Nachdenkens über die Frage der Tradition wird.[24] Das Interesse, das Mar Gregorios hiermit verfolgte, kommt dadurch umso klarer zum Vorschein: In seiner Verhältnisbestimmung von Freiheit und Tradition bildet sich nicht zuletzt theoretisch ab, was er praktisch – d.h. kirchenpolitisch – forderte: die Freiheit einer indischen Orthodoxie.

Wie verhält es sich also mit der syrischen Tradition? Während Mar Gregorios Gregor von Nyssa als ökumenischen Kirchenvater ins Feld führt, muss man lange nach einer Spur syrischer Tradition oder gar der Beschäftigung mit syrischen Kirchenvätern in seinen Werken suchen. Das hat meines Erachtens einen Grund, den ich kurz anhand eines Textes von Mar Gregorios verdeutlichen möchte, den er im Jahre 1976 veröffentlicht. Er stellt eine knappe Einführung in die Orthodoxe Kirche in Indien für eine indische Leserschaft dar. Nachdem er dem Leser kurz die Thomastradition vorgestellt hat, geht Mar Gregorios auf die aktuelle Situation der Kirche ein. Er schreibt: „What is left in the old Eastern Christian tradition in India is the Orthodox Church, sometimes called the Syrian Orthodox Church, because Syriac was once the language of worship of this Church.“[25] Was fällt auf? Zwei Dinge. Erstens: Aus Sicht Mar Gregorios' bezeichnet „syrisch“ keine Tradition, sondern lediglich eine Sprache. Zweitens: Diese Sprache gehört der Vergangenheit an. Warum ist dies so? Dies beschreibt er wenige Sätze später, wenn er über die orthodoxen Christen Indiens sagt: „They are cultured, fully Indian“[26]. Die Orthodoxen sind seines Erachtens von keiner Tradition außerhalb Indiens abhängig, sie sind durch und durch indisch. Ein letztes Zitat verdeutlicht schließlich diesen Standpunkt: „In administrative structure, the Indian Church is not subordinate to or dependent upon any Church or group outside India. They have their own supreme Head in India – His Holiness The Catholicos, who resides in Kottayam, Kerala.“[27]

Nicht nur in Fragen der Sprache oder Tradition, auch in Fragen der Administration ist die Kirche unabhängig. Sie hat ihr eigenes Oberhaupt in Indien. So spricht ein Bischof der Indisch-Orthodoxen Kirche. Hier spürt man jedoch auch das Pathos eines Mannes, der sich aktiv am postkolonialen Diskurs in Indien beteiligt. So ist es nicht nur positiv die Einbettung der Kirche in den indischen Kontext, sondern eben auch die Negation jeglicher Ansprüche auf diese seitens einer Autorität außerhalb Indiens – sei es ein syrischer Patriarch oder eine westliche Macht –, welche hier deutlich wird. Hier ist das Interesse von Mar Gregorios erkennbar, dass die orthodoxen Thomaschristen als Teil eines neuen, unabhängigen Indiens wahrgenommen werden – nicht nur im politischen, sondern auch im intellektuellen und spirituellen Sinne.[28] So stehen die geringe Beachtung der syrischen Tradition zugunsten einer Rezeption indischer Philosophie und die Ablehnung eines Autoritätsanspruchs seitens des syrischen Patriarchen bei Paulos Mar Gregorios in einem engen Zusammenhang.

---

24 Sein Freiheitsverständnis zusammen mit dem Ort, den Mar Gregorios der Heiligen Schrift zuweist, gerät wiederum aus evangelisch-theologischer Perspektive in die Kritik.

25 Paulos Mar Gregorios, The Faith of Our Fathers, Kottayam [3]2016, 53.

26 Ebd.

27 Ebd., 54.

28 Vgl. Paulos Mar Gregorios, Enlightenment East and West. Pointers in the Quest for Indias's Secular Identity, Shimla/Delhi 1989, 155. Vgl. Mundadan, Indian Christians, 178: „The search of the Christians for an Indian form of Christianity has to take into consideration the national consciousness, the consciousness of the people of independent India which implies a looking back to the cultural and spiritual past and a looking forward to the emergence of a modern secular India.“

5. Fazit

Paulos Mar Gregorios lebt und denkt in einer Zeit, in der er eine *Lücke zwischen Vergangenheit und Zukunft* wahrnimmt, die es zu füllen gilt. Zum einen ist da seine Kirche, welche die Unabhängigkeit erlangt, im Zuge dessen nach einer eigenen Identität sucht und den Diskurs darüber führt, was die authentische Tradition für die Indisch-Orthodoxe Kirche sei. Zum anderen steht dies im Kontext einer indischen Nation, die nach der politischen Unabhängigkeit ebenfalls nach einer intellektuellen Eigenständigkeit sucht. Mar Gregorios sieht eine enge Verbindung zwischen beidem: Angesichts der Gefahr von Konflikten zwischen religiösen und ethnischen Gruppen in Indien und eines wachsenden religiösen Fundamentalismus, erzählt er die Geschichte einer Indisch-Orthodoxen Kirche, die eine intellektuelle und spirituelle Tradition mit allen Inderinnen und Indern teilt, seien sie Hindus, Muslime, Sikhs oder Jains. Er kann dies tun, da er das menschliche Element gestaltender Freiheit zum integralen Bestandteil seines theologischen Traditionsbegriffs macht. Indem er schließlich die intellektuelle und spirituelle Einheit aller Menschen in Indien hervorhebt, kann sein Denken mit Hannah Arendt durchaus als *Tatsache von politischer Bedeutung* bezeichnet werden. Ein Jahr vor seinem Tod schreibt Paulos Mar Gregorios eine Kindheitserinnerung nieder, die dies in besonderer Weise zum Ausdruck bringt. In dieser finden sich die Aspekte einer narrativen Identität – der Bezug zur Vergangenheit und die Vision einer möglichen Zukunft – angesichts der Herausforderungen seiner Gegenwart in konzentrierter Form:

> „During the feast of St. George huge church processions (with the cross and white banner of resurrection) were taken out through the streets of our town. The Vishnu Temple in my town also had similar processions with the image of Vishnu in front. There was always danger of communal clashes as the Hindu procession entered predominantly Christian areas or vice versa, since both communities were equally prone to the evils of triumphalism. So the myth our community developed, shocking perhaps to Western Christians, held that St. George and the Lord Vishnu were blood brothers. I may not have quite believed it as a child, but it helped create the right attitude towards my Hindu brothers and sisters.“[29]

29 Paulos Mar Gregorios, Love's Freedom. The Grand Mystery. A Spiritual Autobiography, Paulos Mar Gregorios. Collected Works Series 1, Kottayam 1997, 183.

Griechisches Dogma in syrischer Gestalt. Die Christologie des Briefes des Sophronius von Jerusalem an Arkadius von Zypern

Catalin-Stefan Popa

1. Kontext des Briefes

Patriarch Sophronius war ein Vertreter des Konzils von Chalzedon.[1] Zwei seiner Briefe stellen das christologische Konzept des Bischofs von Jerusalem dar: einerseits ein Brief, welcher Papst Honorius und Patriarch Sergius von Konstantinopel im Jahre 634 zugesandt wurde;[2] zum anderen ein an Arkadius von Zypern adressierter Brief.[3] Einige allgemeine dogmatische Gedanken sind auch der Weihnachtspredigt zu entnehmen.[4]

Bereits vor seiner Bischofsweihe setzte sich Sophronius im Jahr 633 dafür ein, das zwischen den beiden christologischen Parteien in Ägypten von Anhängern des Chalzedonense um Patriarch Cyrus und den „Miaphysiten" abgeschlossene Abkommen zu verhindern. Dieses Abkommen propagierte die dogmatische Formel des sogenannten „Monotheletismus": zwei Naturen, einen Willen in Christus. Sophronius hatte gezielt versucht, den Patriarchen Sergius von Konstantinopel für seine Auffassung zu gewinnen. Sergius behauptete aber in seinem Brief (ψῆφος), dass weder von einer noch von zwei Energien geredet werden solle.

1 Zur Biographie vgl. Christoph von Schönborn, Sophrone de Jérusalem. Vie monastique et confession dogmatique, Paris: Beauchesne 1972, 53–119; Daniel J. Sahas, Sophronius, Patriarch of Jerusalem „the Sophist", in: David Thomas / Barbara Roggema (Hgg.), Christian-Muslim Relations. A Bibliographical History, Vol. 1 (600–900), Leiden, Boston: Brill 2009, 120–127. Zum Werk des Sophronius vgl. Christoph von Schönborn, Sophrone de Jérusalem, 99–119; Pauline Allen, Sophrone of Jerusalem and Seventh-Century Heresy. The Synodical Letter and Other Documents: Introduction, Texts, Translations, and Commentary, Oxford: University Press 2009, 21–22.

2 Pauline Allen, Sophrone of Jerusalem and Seventh-Century Heresy, 22–23: „The Synodical Letter is thus the sole surviving work of Sophronius where we find a systematic presentation of the patriarch's theology. It is also significant as the only document in the monoenergist dispute where we find a sustained presentation of a theological case, although the patriarch is understandably reluctant to be explicit on the question of one or two activities in Christ. Nonetheless, Sophronius' letter put the monoenergist debate publicly on a theological footing, and portrayed monoenergism as being akin to one-nature christology."

3 Der Brief wurde von Micheline Albert unter Mitarbeit von Christoph von Schönborn ediert und ins Französische übersetzt, vgl. Micheline Albert (Hg.), La Lettre de Sophrone de Jérusalem à Arcadius de Chypre, PO 39/2, Turnhout: Brepols 1978, 165–251. Zu Sophronius' Werk vgl. Pauline Allen, Sophrone of Jerusalem and Seventh-Century Heresy, 21–22.

4 Hermann Usener, Weihnachtspredigt des Sophronios, Rheinisches Museum für Philologie 41 (1886), 500–516 (repr. in: Hermann Usener, Kleine Schriften, 4 Bde., Berlin 1990, Bd. 4, 162–177); Basilius Steidle, Weihnachtspredigt des heiligen Sophronius, Benediktinische Monatsschrift 20 (1938), 417–428; Jeanne de la Ferrière (Hg.), Fêtes chrétiennes à Jérusalem, Les pères dans la foi 75, Paris: Migne 1999, 61–86; Antonino Gallico (Hg.), Sofronio di Gerusalemme. Le omelie, Roma: Città Nuova Editrice 1991, 188–207.

Diese Haltung charakterisiert Micheline Albert als eine „silence ambigue imposé par la *psêphos*".[5]

Nach seiner Inthronisation als Patriarch von Jerusalem setzte sich Sophronius weiterhin für die Zwei-Energien-Lehre ein. Nachdem sein Synodalbrief über den orthodoxen Glauben bei Sergius von Konstantinopel keine Aufnahme fand, suchte der Patriarch von Jerusalem nun Unterstützung bei Papst Honorius. An Cyrus von Alexandrien wandte sich Sophronius nicht. Der antiochenische Patriarchalsitz war für ihn auch kein potenzieller Helfer, denn er war zu der Zeit von einem „miaphysitischen" Patriarchen besetzt. Aus diesem Grund ergriff Sophronius eine letzte Initiative zur Versöhnung und erwählte Arkadius von Zypern zum Vermittler. Auf Geheiß des Sophronius berief Arkadius eine Synode auf Zypern ein. Wahrscheinlich erzielte Sophronius mit dieser Synode eine Bestärkung der Bischöfe in der dyoenergetischen Lehre.[6]

Welche Rolle spielte nun Zypern in diesem Kontext? Sophronius stand in einem angespannten Verhältnis zu den orthodoxen Patriarchen. In diesem Zusammenhang erscheint nun Zypern als geeignet, die Beziehungen des Jerusalemer Patriarchen wiederherzustellen. Zwischen Zypern und Rom gab es eine dauerhafte Gemeinschaft. Mit Alexandrien war Zypern gut vernetzt. Dies ist Johannes dem Barmherzigen zu verdanken, der aus Zypern stammte und 612–620 das alexandrinische Patriarchat innehatte.[7] Sophronius selbst war Schüler des Johannes,[8] weswegen ebenfalls nicht auszuschließen ist, dass Sophonius über seinen Lehrer Johannes, den auch Arkadius von Zypern[9] kannte, seine Beziehungen zu Zypern auf den alexandrinischen Patriarchen zurückführen konnte.

Angesichts der Appelle des Sophronius an Arkadius stellt sich auch die Frage nach einer möglichen zypriotischen Einflussnahme auf Patriarch Sergius von Konstantinopel, worauf Sophronius höchstwahrscheinlich gehofft hatte. Zwischen Sergius von Konstantinopel und Arkadius von Zypern bestand offenbar ein gutes Verhältnis. Dafür spricht, dass Patriarch

5 Micheline Albert (Hg.), La Lettre de Sophrone de Jérusalem à Arcadius de Chypre, 171 [7].

6 Zur Diskussion vgl. ebd. 170–171 [6–7].

7 Ebd. 171 [7]; Heinrich Gelzer, Leontios' von Neapolis Leben des heiligen Johannes des Barmherzigen, Erzbischofs von Alexandrien, Freiburg i. Br. / Leipzig: J. C. B. Mohr 1893, 15.

8 Karl Krumbacher / Albert Ehrhard / Heinrich Gelzer, Geschichte der byzantinischen Literatur. Von Justinian bis zum Ende des oströmischen Reiches (527–1453), München: Beck [2]1897, 950, stellt Sophronius auch in Zusammenhang mit Johannes von Alexandrien: „Alles schien sich aufs beste anzulassen, als plötzlich der neuerwählte Patriarch von Jerusalem, Sophronios, ein ausgezeichneter Gelehrter und ein frommer Asket aus der Schule des barmherzigen Johannes von Alexandrien (610–619), zugleich aber ein leidenschaftlicher und taktloser Eiferer, in der heftigsten Weise gegen die mühsam zu stande gebrachte Unionslehre zu Felde zog." Sophronius habe zusammen mit Johannes Moschus die Vita des Johannes des Barmherzigen verfasst. Vgl. Jean Gascou, Sophrone de Jérusalem. Miracles des saints Cyr et Jean (BHG I 477–479), traduction commentée, Paris: De Boccard 2006, 18; vgl. Eurydice Lapa-Zizicas, Un épitomé inédit de la Vie de S. Jean l'Aumônier, Analecta Bollandiana 88 (1970), 265–278; Hippolyte Delehaye, Une vie inédite de Saint S. Jean l'Aumônier, Analecta Bollandiana 45 (1927), 5–74.

9 Mit dem Verweis auf Johannes Moschos, *Pratum spirituale* 30 (PG 87, 2877B) lässt Micheline Albert (Hg.), La Lettre de Sophrone de Jérusalem à Arcadius de Chypre, 171–172 [7–8], eine weitere Möglichkeit offen, nämlich dass Sophronius auf einer seiner früheren Reisen zusammen mit seinem Magister Johannes Moschus den Arkadius persönlich kennengelernt haben könnte. Die Hypothese ist aber wenig plausibel, denn der Text von Johannes Moschus gibt keinen Personennamen dazu an, vgl. Marie-Joseph Rouët de Journel (Hg.), Jean Moschus. Le pré spirituel, Sources chrétiennes 12, Paris: Les Éditions du Cerf 2006, XXX, 70–71.

Sergius ein Dekret gegen Paulus Monophthalmos, Hauptvertreter der Akephalen auf Zypern, erließ. Das von Bischof Arkadius unterstützte Dekret verurteilte den „Monophysitismus" von Paulus und verteidigte die Formel von „zwei Wirkkräften in Christus".[10]

Auf Befehl des Sophronius ruft Arkadius die Synode zusammen und lädt dazu Cyrus aus Alexandrien, Papst Honorius und Sergius von Konstantinopel mit ihren Bischöfen ein.[11] Laut der syrischen Vita des Maximus Confessor nahmen daran 46 Personen teil,[12] darunter ein Diakon namens Gaius, der vom Papst auf die Synode entsandt wurde. Cyrus aus Alexandrien war mit fünf Bischöfen zugegen. Patriarch Sergius von Konstantinopel beauftragte den Archidiakon Petrus, an der Synode teilzunehmen.[13] Die Teilnehmer aus Jerusalem kamen in glänzender Freude an.[14] Von Anfang an waren die theologischen Auffassungen geteilt. Einige Teilnehmer vertraten die Lehre des Maximus über die zwei Wirkkräfte in Christus, andere wiesen diese Lehre zurück.[15] Nach der negativen Erfahrung mit Sergius von Konstantinopel, der einen Kompromiss mit den „Miaphysiten" auf der Basis der Formel über „eine Energie in Christus" anstrebte,[16] hoffte nun Sophronius mit der Synode auf ein orthodoxes Bekenntnis zu zwei Naturen und zwei Wirkkräften in Christus.[17] Es scheint, dass zuletzt Arkadius die Lehre des Sophronius auf der Synode ablehnte.[18]

Der Brief des Sophronius wurde im Zeitraum 634–637 auf Griechisch verfasst und steht in Zusammenhang mit der Synode. Sebastian Brock fragt, ob zum Zeitpunkt der Synode Sophronius schon zum Patriarchen gewählt worden sei oder nicht.[19] Jean-Miguel Garrigues ist der Meinung, dass der Brief wahrscheinlich aus der Zeit vor 633 stammt. Als Argument nennt er, dass der Brief sich nicht mit den Energien in Christus selbst beschäftige.[20] Brock hält für möglich, dass Sophronius' Brief ein Rückschreiben des zypriotischen Bischofs zur Folge hatte, in dem Arkadius die Lehre des Jerusalemer Patriarchen zurückwies.[21] Nichtsdestotrotz lässt Albert eine umgekehrte Möglichkeit offen: Der Brief des Sophronius könnte

---

10 Micheline Albert (Hg.), La Lettre de Sophrone de Jérusalem à Arcadius de Chypre,171–172 [7–8], Anm. 18; Christoph von Schönborn, Sophrone de Jérusalem, 74.

11 Sebastian P. Brock, An Early Syriac Life of Maximus the Confessor, Analecta Bollandiana 91 (1973), 299–346, hier: 315 §8.

12 Ebd. 316, §13.

13 Ebd. 316, §10.

14 Ebd. 316, §12.

15 Ebd. 316, §12.

16 Zu Sergius von Konstantinopel und seinem politischen Beitrag vgl. Christian Lange, Mia Energeia. Untersuchungen zur Einigungspolitik des Kaisers Heraclius und des Patriarchen Sergius von Constantinopel, Tübingen: Mohr Siebeck 2012.

17 Vgl. Micheline Albert (Hg.), La Lettre de Sophrone de Jérusalem à Arcadius de Chypre, 172 [8].

18 Sebastian P. Brock, An Early Syriac Life of Maximus the Confessor, 316–317, §13–14.

19 Ebd. 322. Vgl. dazu auch Micheline Albert (Hg.), La Lettre de Sophrone de Jérusalem à Arcadius de Chypre, 176 [12], Anm. 48.

20 Jean-Miguel Garrigues, La Personne composée du Christ d'après saint Maxime le Confesseur, Revue Thomiste 74 (1974), 181–204, hier: 184, Anm. 23; vgl. Micheline Albert (Hg.), La Lettre de Sophrone de Jérusalem à Arcadius de Chypre, 176 [12], Anm. 48. Christoph von Schönborn, Sophrone de Jérusalem, 101, geht in die gleiche Richtung mit seiner Behauptung: „Dans la Lettre à Arcadius, le problème des deux opérations dans le Christ ne semble pas traité explicitement. Elle serait donc plutôt d'avant la querelle monoénergiste."

21 Sebastian P. Brock, An Early Syriac Life of Maximus the Confessor, 322; Micheline Albert (Hg.), La Lettre de Sophrone de Jérusalem à Arcadius de Chypre, 176 [12], Anm. 48.

auch auf den Brief des Bischofs aus Zypern folgen.[22] Als er den Brief verfasste, soll Sophronius schon Patriarch gewesen sein.[23] Der Brief steht auf jeden Fall in Zusammenhang mit der Synode. Die griechische Originalfassung des Briefes ist verloren gegangen, nur die syrische Übersetzung ist überliefert. Im letzten Abschnitt des Briefes steht: Der Brief wurde aus dem Griechischen ins Syrische übertragen und dies geschah durch den Diakon Konstantin in der gesegneten Stadt (Edessa) in der Amtszeit des Metropoliten Johannes von Edessa im Jahre 720.[24] Für die damalige Zeit ist in den Quellen kein syrisch-orthodoxer Bischof in Edessa mit diesem Namen belegt. Höchstwahrscheinlich handelt es sich um einen melkitischen Bischof.[25] Neben der ost- und westsyrischen Kirche waren nämlich auch die Chalzedonenser in Edessa vertreten. Darüber hinaus unterstützt der Inhalt des Briefes, der für eine chalzedonensische Christologie spricht, diese Hypothese.

2. Cyrill und Chalzedon als dogmatische Norm des Briefes

Der Brief warnt Arkadius vor allem vor den Akephalen und vor dem Trishagion (ܬܠܬܝ ܩܘܕ̈ܫܐ) des Petrus Fullo.[26] Sophronius appelliert an die Einheit mit Arkadius (§17, 18, 35) mit dem Ziel, die Spaltungen, welche Häresien erzeugen, zu stoppen (§ 23).[27] Als dogmatische Norm gilt für Sophronius die orthodoxe Formel von Chalzedon (§ 20, 21, 22, 23 und 24). Neben Chalzedon ist die Ausführung des alexandrinischen Theologen Cyrill (gest. 444) der bedeutendste Garant der Orthodoxie. Beachtenswert ist hier einerseits Sophronius' Wahrnehmung von Chalzedon und andererseits seine Darstellung der Gegner des Konzils.

Es tritt klar hervor, dass Sophronius das Dogma von Chalzedon zum Zentrum seiner Christologie macht. Er lobt das Konzil als Versammlung der Hirten, die voll göttlicher Weisheit waren.[28] Auf diesem Konzil hätten die Kirchenväter den einzigen Gott verehrt, der in drei Personen existiert. Der Patriarch aus Jerusalem zeigt von Anfang an eine klare Distanzierung von jedem Glauben, der dem Konzil von Chalzedon entgegensteht: Hier spricht Sophronius Arkadius an und verweist auf die Synode in Zypern, wo sich die Väter

---

22 Micheline Albert (Hg.), La Lettre de Sophrone de Jérusalem à Arcadius de Chypre, 176 [12], Anm. 48.

23 Ebd. 189 [25], Anm. 4.

24 Ebd. 243 [79], § 55.

25 Ein byzantinischer Bischof residierte hier nahezu ohne Unterbrechung. Michael der Syrer erwähnt im Zeitraum 660/670 in Edessa einen syrisch-orthodoxen Bischof namens Gabriel, außerdem einen chalzedonensischen Bischof namens Tiberius. Jean-Baptiste Chabot (Hg.), Chronique de Michel le Syrien. Patriarche Jacobite d'Antioche (1166–1199), Bd. 2, Paris: Ernest Leroux 1901, 454. Später, im Jahr 744, wurde der chalzedonensische Priester Theophylaktos aus Edessa zum orthodoxen Patriarchen von Antiochien gewählt, vgl. Leopold Breyer (Hg.), Bilderstreit und Arabersturm in Byzanz. Das 8. Jahrhundert (717–813) aus der Weltchronik des Theophanes, Byzantinische Geschichtsschreiber 6, Graz u. a.: Styria ²1964, 62.

26 Zu der christologischen Position des Petrus Fullo vgl. Alois Grillmeier / Theresia Hainthaler (Hgg.), Jesus der Christus im Glauben der Kirche, Bd. 2.3: Die Kirchen von Jerusalem und Antiochien nach 451 bis 600, Freiburg i. Br. u. a.: Herder 2002, 649: „Mit dem Kampf des Petrus Fullo gegen chalcedonische Patriarchen und für den theopaschitischen Zusatz zum Trishagion setzen von 470–488 starke Wirren ein bis hin zur Ermordung eines Patriarchen; der Antichalcedonismus gewinnt in Antiochien die Oberhand. Nach Petrus Fullo wird aus dem Kampf um das Trishagion ein Kampf gegen die Zwei-Naturen-Lehre, dies unter Führung des Philoxenus von Mabbug, durch dessen Einsatz schließlich Severus (512–518) Patriarch wird. Mit Petrus Fullo, Philoxenus und Severus wirkten im Patriarchat Antiochien sehr kraftvolle Persönlichkeiten der Antichalcedonier, die über das antiochenische Patriarchat hinaus prägend waren."

27 Vgl. Micheline Albert (Hg.), La Lettre de Sophrone de Jérusalem à Arcadius de Chypre, 177 [13].

28 Ebd. 209 [45], § 20.

auch zum Konzil von Chalcedon bekannten und nicht der Sichtweise des Petrus Fullo folgten.[29] An Petrus Fullo und seiner Lehre übt Sophronius scharfe Kritik. Petrus habe eine neue Doktrin erfunden, die Gott leidensfähig (ܐܠܗܐ ܚܫܘܫܐ) macht.[30] Demgegenüber spreche die Lehre der Väter von Chalzedon „voller Weisheit in Gott". Diese Väter hätten die Glaubensformel durch seraphische Belehrung erhalten.[31]

Das Axiom des Petrus Fullo und der „Miaphysiten" („einer aus der Trinität ist für uns gekreuzigt worden") sei falsch (§ 36). Diese Formel würde dazu führen, dass die Leidensfähigkeit auf Gott übertragen werde (nämlich so, als ob Gott im Fleische leiden würde, so als ob er eine wandelbare Natur hätte). Die von Gott in rechter Weise geleiteten Väter von Chalzedon, wie auch die Zyprioten, das heißt die unter Arkadius auf Zypern versammelten Väter, haben die von Gott gegebene Lehre aufgenommen und die Gotteslästerung dieses Petrus, der Gott hasste, verurteilt.[32]

In § 24 versucht Sophronius durch eine pointierte Aussage, Arkadius zu überzeugen und ihn in der chalzedonensischen Lehre zu festigen. Petrus Fullo und seine Schüler stünden im Widerspruch zum Konzil. Arkadius solle sich entscheiden, entweder für Chalzedon, indem er sich als dessen Anhänger zu verstehen gebe, oder eben für die konträre Position des Petrus Fullo.[33] Der Diskurs von Sophronius lässt hier die Hypothese zu, dass zwischen Arkadius und Sophronius zur Abfassungszeit des Briefes keine theologische Übereinstimmung bestand. Der Brief des Sophronius kommt nun als potenzielle Antwort auf das Geschehen daher und will Arkadius von Sophronius' Orthodoxie überzeugen. Dabei rücken die Appelle zugunsten von Chalzedon noch näher in den Blick, nämlich als Synode der göttlichen Väter und Mystagogen, die sich in Chalzedon versammelt haben.

Im darauffolgenden Absatz wird der Patriarch aus Jerusalem gemäßigter in seiner Aussage: Er stelle sich vor, so Sophronius, dass Arkadius nicht der Doktrin des Petrus Fullo folge, sondern der Lehre von Chalzedon. Er charakterisiert die Synode weiterhin als „göttliche und wunderbare Synode, die von Gott einberufen wurde".[34] Es wird nun in § 25 auf die Lehre Cyrills hingewiesen. Die Lehre des Alexandriners wird dabei als „göttliche Botschaft" bezeichnet. Sophronius bietet hier eine interessante Interpretation von Cyrills Aussagen und stellt dessen Konflikt mit Nestorius aus seiner eigenen Perspektive dar. Cyrill habe durch eine „geistige Erleuchtung [...] den Mangel an Intelligenz seitens der Nestorianer" bemängelt. Laut Sophronius haben die „Nestorianer" versucht, Cyrill Häresien anzuhängen.[35]

An die Überlegungen zu Cyrill anknüpfend, spricht Sophronius in den §§ 26–28 von der Bedeutung des orthodoxen Bekenntnisses. Das Bekennen sei als Argument der Väter vorausgesetzt, und hier ist wahrscheinlich wiederum Chalzedon gemeint. Diese zwei Paragraphen fungieren als Einführung zu dem häresiologischen Katalog, welcher in den darauffolgenden Absätzen von Sophronius vorgestellt wird. Diejenigen, die sich dem dogmatischen Gedankengut der Väter nicht anschließen, vergleicht Sophronius mit den Samen, die auf den Fels fielen. Das Schicksal dieser Menschen sei die Grube der Scheol. Im Gegensatz dazu stün-

---

29 Ebd.

30 Ebd.

31 Ebd. 209 [45], § 21.

32 Ebd. 211 [47], § 22.

33 Ebd. 211–213 [48–49], § 23.

34 Ebd. 213 [49], § 24.

35 Ebd. 213–215 [49–51], § 25.

den diejenigen, die die Verkündigung der Apostel und die Lehre der von Gott inspirierten Mystagogen (diese Bezeichnung wird nun zum zweiten Mal wiederholt; gemeint ist die Synode von Chalzedon) anerkennen; sie würden des ewigen Lebens würdig, zusammen mit den Heiligen, den Söhnen des Lichtes.[36]

3. Christologische Parteien im Brief

Nach dieser scharfen Differenzierung kommt Sophronius in den §§ 29–35 aus seiner eigenen Perspektive auf die christologischen Parteien zu sprechen. Wie auch Albert anmerkt, verwendet Sophronius „epithets habituelles", um diese Gruppen, die seiner Tradition entgegenstehen, nuanciert zu beschreiben.[37] Wir beschränken uns auf die §§ 30–32.

In § 30 stellt Sophronius die „nestorianische" Lehre dar. Aus seiner Sicht redeten die „Nestorianer" (ܢܣܛܘܪܝܢܐ) über zwei Naturen: über Gott, den Logos, und über das lebendige Fleisch mit einer Seele. Diese Gruppe bekenne keine „natürliche und hypostatische Einheit" (ܚܕܝܘܬܐ ܟܝܢܝܬܐ ܘܩܢܘܡܝܬܐ; ἕνωσις φυσικὴ καθ' ὑπόστασιν). Das dogmatische Hauptanliegen der „Nestorianer" sei die Teilung der Naturen. Da es bei ihnen um eine strikte Unterscheidung der Naturen und um deren Trennung ginge, so Sophronius, redeten sie verwirrend von zwei Christussen und Söhnen, sodass sie die Einheit der Naturen brechen.

Es wird dabei deutlich, dass Sophronius die „nestorianische" Christologie auf der Basis der klassisch-chalzedonensischen Zwei-Naturen-Lehre interpretiert. Er versteht ihre Anhänger als diejenigen, welche die Naturen gespalten und folglich ihre Einheit zerbrochen haben. Der Patriarch aus Jerusalem weist alle Formen einer moralischen Einheit zurück, die er der Christologie der „Nestorianer" zuspricht (wie zum Beispiel die „Einheit der Nachbarschaft": ܫܘܬܦܘܬ ܩܪܝܒܘܬܐ; oder die „Einheit der Verwandschaft und Liebe": ܢܩܝܦܘܬܐ ܐܚܝܢܘܬܐ ܘܚܘܒܢܝܬܐ / emotionale oder moralische Einheit). Die Charakterisierung der „Nestorianer" beschließt Sophronius, indem er sein zentrales Urteil zu dieser Gruppe wiederholt: diese erkennen die natürliche und hypostatische Einheit des einen Sohnes und Christus nicht an, sondern sie reden von zwei Christussen und Söhnen, die sich voneinander radikal unterscheiden, sodass sie durch eine Einheit der Liebe (ܢܩܝܦܘܬܐ ܪܚܡܬܢܝܬܐ), das Mysterium des einzigen Sohnes und Christus spalten.[38]

Im darauffolgenden Scholion (§ 31) tritt die Lehre des klassischen „Miaphysitismus" in den Blick. Hier erwähnt Sophronius Eutyches, Dioskorus und die Akephalen. Diese würdigen die Einheit (ܚܕܝܘܬܐ) der Naturen in Christus herab, und zwar durch die Vermischung bzw. Verwirrung (ܒܘܠܒܠܐ) und Verdünnung (ܐܨܛܠܝܘܬܐ) der Naturen. Um sich Christi einzige Hypostase (ܩܢܘܡܐ ܚܕ) vorstellen zu können, bilden sie sich auch eine einzige Natur in Christus (ܟܝܢܐ ܚܕ) ein. Die Konsequenz ihrer Lehre sei in erster Linie eine Vermischung (ܡܘܙܓܐ), Umwandlung (ܫܘܚܠܦܐ) und Veränderung (ܫܘܢܝ ܟܝܢܐ) der Naturen, aus denen Christus zusammengestellt sei (ܡܬܪܟܒ). Sie behaupten, es gebe keine wahrhafte Einheit ohne Vermischung (ܘܠܐ ܗܘܐ ܚܕܝܘܬܐ ܫܪܝܪܬܐ ܘܠܐ ܒܘܠܠܬܐ ܐܡܪܝܢ).[39] Durch das Argument der Apostel und Väter bekräftigt Sophronius hier nochmals die von Chalzedon propagierte natürliche hypostatische Einheit.

36 Ebd. 215–217 [51–53], § 28.
37 Ebd. 174 [10], Anm. 48.
38 Ebd. 219–221 [55–57], § 30.
39 Ebd. 221 [57], § 31.

Durch eine rhetorische Frage führt er seine Kritik an den „Miaphysiten“ in § 32 fort: Wie können diese den einzigen Christus und Sohn sowohl Gott als auch wahren Mensch nennen, wenn sie für die Vermischung (ܡܘܙܓܐ) und Fusion (ܒܘܠܒܠܐ) die Naturen verleugnen? Die Schlussfolgerung des Sophronius lautet: Wenn die Naturen zerstört und abgeschafft werden, dann werde auch die Aufzählung, die die Naturen bekannt macht, ausgelöscht, und folglich werden die Energien (ܣܘܥܪ̈ܢܐ / Wirkkräfte) und die Namen der Naturen zerstört und gelöscht.[40] Mit dieser Aussage schließt Sophronius seine Darstellung der „miaphysitischen“ Lehre. Seine Aussage impliziert die Lehre von zwei Energien in Christus. Es ist dabei klar, dass Sophronius diese Kritik an den „Miaphysiten“ als Rückprojektion seiner eigenen Lehre von den zwei Willen bzw. Wirkkräften in Christus darstellten möchte. Auf diese Weise führt er Arkadius indirekt die zwei Wirkkräfte in Christus als logische Folge der zwei Naturen Christi vor Augen.

Zum Schluss lobt Sophronius in den §§ 53–54 in einer pastoralen Redeweise Arkadius für seine Haltung gegenüber der Lehre des Petrus Fullo und dafür, dass er ein wachsamer Hirte sei, der sich um seine Schafe kümmert.

4. Ziel der Übersetzung ins Syrische

Warum ist ein solcher Brief, in dem das Konzil von Chalzedon so zentral ist, im syrischen Raum von Bedeutung? Was steht hinter der Übertragung dieses Briefes ins Syrische? Die christologische Formel des Petrus Fullo, die in dem Brief scharf kritisiert wird, ist laut Michael dem Syrer im Jahr 727 der Auslöser eines Schismas unter den Anhängern des Chalzedonense in Syrien.[41] Der Brief sollte als dogmatische Abhandlung zum rechten Glauben fungieren und die Beendigung eines solchen Schismas erzielen. Es kann wohl möglich sein, dass der chalzedonensische Bischof der Stadt den Brief des Sophronius übersetzen ließ mit dem Ziel, seiner eigenen Kirche eine orthodoxe Abhandlung zugänglich zu machen (in einem Umfeld, in dem auf Syrisch kommuniziert wurde) und um durch die Appelle an die eigene dogmatische Tradition eine Spaltung innerhalb der Kirchengemeinde zu verhindern. Ein alternatives Szenario wäre aber auch denkbar: Edessa blieb in der islamischen Zeit weiterhin Heimat unterschiedlicher christlicher Bekenntnistraditionen: Ostsyrer, Melkiten, Westsyrer und Armenier.[42] In diesem christlichen Konkurrenzfeld bestand immer eine Gefahr des Konfessionswechsels.[43] Noch später, während der Amtszeit des westsyrischen Bischofs Jakob von Edessa (Ende 7. – Anfang 8. Jahrhundert), gab es einen Fall,

40 Ebd. 223 [59], § 32.

41 Jean-Baptiste Chabot (Hg.), Chronique de Michel le Syrien, Bd. 2, 492–493; Sebastian P. Brock, An Early Syriac Life of Maximus the Confessor, 323.

42 Laut Michael dem Syrer amtierte von 708/9 bis 734/5 hier Bischof Konstantinus II., ein Schüler des Jakob von Edessa, der vorher Bischof von Homs (Emesa) gewesen war. Er nahm im Jahr 726 an der Unionssynode mit den Armeniern bei Mantzikert teil (Patriarch Athanasius von Antiochien und Katholikos Iwannes von Armenien). Jean-Baptiste Chabot (Hg.), Chronique de Michel le Syrien, Bd. 2, 480.

43 Ein solcher Fall war der ostsyrische Bischof Sahdona von Mahoze d-Arewan, der zwischen den Konfessionen schwankte. Vgl. Wolfgang Hage, Die syrisch-jakobitische Kirche in frühislamischer Zeit nach orientalischen Quellen, Wiesbaden: Harrassowitz 1966, 82; Wilhelm Baum, Edessa in der Auseinandersetzung zwischen Byzanz und der syrischen Kirche (6.–12. Jahrhundert), in: Lutz Greisiger / Claudia Rammelt / Jürgen Tubach (Hgg.), Edessa in hellenistisch-römischer Zeit. Religion, Kultur und Politik zwischen Ost und West, Beiträge des internationalen Edessa-Symposiums in Halle an der Saale, 14.–17. Juli 2005, Beiruter Texte und Studien 116, Würzburg: Ergon Verlag 2009, 11–30, hier: 17.

über den Michael der Syrer berichtet: Ein reicher syrisch-orthodoxer Christ, der im Dienst des Kalifen Abd al-Malik stand und eine prachtvolle „Kirche der Gottesgebärerin" errichtet habe, sei von einem Anhänger des Chalcedonense beim Kalifen wegen seines Reichtums angezeigt worden.[44] Mit den Worten von Wilhelm Baum „[zeigt] dies, wie die verschiedenen Gruppen der Christen immer wieder die Muslime auf ihre Seite zu ziehen versuchten".[45] Ein solches Argument könnte dafür sprechen, dass zu Anfang des 8. Jahrhunderts, als der Brief des Sophronius ins Syrische übertragen wurde, Edessa immer noch als Konkurrenzfeld christlicher Konfessionen galt.

Die Schrift hätte für die Anhänger des Chalzedonense in Edessa als dogmatisches Credo von Bedeutung gewesen sein können, denn sie enthält eine Darstellung der anderen christlichen Gruppierungen. In einem Kontext verschiedener religiöser Konfrontation wie in Edessa ist das Argument der Tradition immer vonnöten, wenn es um eine Herausforderung im Bereich der Lehre geht. Der Brief fungiert als Verstärkung der Lehre für das Konzil von Chalzedon in Edessa. Die chalzedonensische Gemeinschaft war einerseits wahrscheinlich von einem inneren Schisma bedroht, wie Michael der Syrer anmerkt, andererseits war sie von den anderen christlichen Konfessionen als auch vermutlich vom islamischen Kontext herausgefordert.

44 Jean-Baptiste Chabot (Hg.), Chronique de Michel le Syrien, Bd. 2, 475; vgl. Wilhelm Baum, Edessa in der Auseinandersetzung zwischen Byzanz und der syrischen Kirche (6.–12. Jahrhundert), 19.

45 Wilhelm Baum, Edessa in der Auseinandersetzung zwischen Byzanz und der syrischen Kirche (6.–12. Jahrhundert), 19.

Ein Koran-Florilegium in syrischer Überlieferung. Alphonse Mingana und der „Disput gegen die Nation der Araber“ des Dionysios bar Ṣalībī*

Alexander M. Schilling

Im Band 9 des „Bulletin of the John Rylands Library“ von 1925 hat der aus Mossul / Irak stammende chaldäische Priester Alphonse Mingana[1] unter dem Titel „An Ancient Syriac Translation of the Ḳurʾān Exhibiting New Verses and Variants“ das Faksimile eines Handschriftenausschnittes publiziert, das aus einer von ihm aufgespürten und zunächst in seinem Besitz befindlichen Handschrift stammt[2] und den Schlussteil (Kapitel 25–30) der Schrift „Disput gegen die Nation der Araber“ des Dionysios bar Ṣalībī[3] beinhaltet (die ersten 24 Kapitel mit der zusammenhängenden eigentlichen Widerlegung hat Mingana in dieser Publikation ausgespart). Aus dem Faksimile, dem Mingana eine Übersetzung und ausführliche Einleitung beigegeben hat, ist ersichtlich, dass die syrische Übersetzung anscheinend wahllos ausgewählter Verse des Koran die Hauptkolumne der Handschrift ausmacht, wenige Anmerkungen finden sich entweder *in margine*, *in calce* oder aber in einer eigenen, schmaleren Kolumne. Wie schon aus dem Titel seiner Arbeit ersichtlich, glaubte Mingana einer älteren Koranrezension auf der Spur zu sein, die im Verlaufe der komplizierten Textgeschichte des Korans im arabischen Original untergegangen sei.

Die Reaktionen der gelehrten Welt, und zunächst innerhalb der angelsächsischen Wissenschaftsgemeinde, ließen nicht lange auf sich warten[4]. Es sind jedoch hauptsächlich die zumeist ungedruckten Briefwechsel der bedeutendsten deutschen und niederländischen

* Ich danke Pavel BLAŽEK, Akademie der Wissenschaften in Prag, Jan DOCHHORN, Universität Durham, und Krisztina SZILAGYI, Trinity College / Cambridge, für wertvolle Anregungen und Hinweise, bei Herrn Professor Ulrich SCHAPKA, Tübingen, für die Verifizierung erster persischer Belege, und nicht zuletzt bei Bahār MOḪTARIAN und Faẕlollāh PĀKZĀD-SORĀKĪ, beide Eṣfahān, sowie Nāder Moṭallebī KĀŠĀNĪ, Tehrān, für ihre Gastfreundschaft und unschätzbare Hilfe bei der Beschaffung einschlägiger Literatur in Iran.

1 Vgl. SAMIR SJ, S.Kh.: Alphonse Mingana (1878–1937) and his contribution to early Christian-Muslim Studies. A lecture delivered on 25 May 1990 to the First Woodbrooke Mingana Symposium on „Christian Arabic Apologetic texts during the Abbasid period 750–1258 CE“, Selly Oak Colleges, Birmingham B29 6LQ, United Kingdom, 1990.

2 MINGANA, A.: An Ancient Syriac Translation of the Ḳurʾān Exhibiting New Verses and Variants, in: Bulletin of the John Rylands Library 9 (1925), S. 188–235.

3 Vgl. BAUMSTARK, A.: Geschichte der syrischen Litertur mit Ausschluß der christlich-palästinensischen Texte, Bonn 1922 (Reprint Berlin 1968), S. 297 Anm. 1.

4 Vgl. etwa MARGOLIOUTH, D.S.: Textual Variations of the Koran, in: The Muslim World 15.4 (1925), S. 334–344; LEVEEN, J.: Mohammed and His Jewish Companions, in: The Jewish Quarterly Review. New Series 16.4 (1926), S. 399–406.

Koran-Forscher der Zeit, die Aufschluss über die zwiespältige Aufnahme von Minganas Publikation geben[5].

Zunächst schreibt der Doyen der europäischen Koran-Forschung, Theodor Nöldeke, an den einstigen Schüler von Michael de Goeje, Christiaan Snouck Hurgronje, am 25. März des Jahres 1925 nach Leiden[6]:

> „[...] Dass Ihnen Schwally's Bearbeitung meines Jugendwerkes gefällt[7], freut mich. Ein bisschen mehr, als ausgesprochen ist, habe ich bei dieser Bearbeitung doch mitgewirkt. Schwally hatte sich durch Caetani's Radicalismus bewegen lassen[8], die ganze Tradition von der durch ᶜOmar veranlassten ersten Sammlung nach der blu-

---

5 Folgende Briefe sind mir – dank der Bemühungen meiner ehemals Tübinger Schülerin, Frau Johanna NANKO M.A. (jetzt Berlin), sowie Herrn Prof. Dr. Bernhard MAIER (Tübingen), deren Lesung der Texte ich jeweils folge – bekannt geworden:
1. Chr. Snouck Hurgronje an Th. Nöldeke, 08.12.1923 (Universitätsbibliothek Tübingen, Md 782 A 6, cf. VAN KONINGSVELD SJ, P. [ed.]: Orientalism and Islam. The Letters of Christiaan Snouck Hurgronje to Theodor Nöldeke from the Tübingen University Library, Leiden 1985 [= Sources for the History of Islamic Studies in the Western World 1], S. 319–20; bezieht sich auf MINGANA, A., The Book of Religion and Empire. A semi-official Defence and Exposition of Islām written by the Order at the Court and with the Assistance of the Caliph Mutawakkil [A.D. 847–861] by ʻAli Ṭabari, translated with a critical apparatus from an apparently unique Ms. In the John Rylands Library, Manchester / London 1922).
2. Th. Nöldeke an Chr. Snouck Hurgronje, 10.03.1925 (Universitätsbibl. Leiden, Or. 8952 A: 773, S. 1–5).
3. Th. Nöldeke an G. Bergsträsser, Datum unklar (*deperditum*, vgl. den folgenden Eintrag).
4. G. Bergsträsser an Theodor Nöldeke, 08.04.1925 (Universitätsbibliothek Tübingen, Md 782 A 18).
5. Th. Nöldeke an A. Mingana, 11.04.1925 (*deperditum*, vgl. den übernächsten Eintrag).
6. G. Bergsträsser an Th. Nöldeke, 14.04.1925 (Universitätsbibliothek Tübingen, Md 782 A 18).
7. A. Mingana an Th. Nöldeke, 18.04.1925 (Universitätsbibliothek Tübingen, Md 782 A 158)
8. Th. Nöldeke an Chr. Snouck Hurgronje, 19.06.1925 (*deperditum*, vgl. den folgenden Eintrag).
9. Chr. Snouck Hurgronje an Th. Nöldeke, 23.06.1925 (Universitätsbibliothek Tübingen, Md 782 A 6, ed. VAN KONIGSVELD, Orientalism and Islam, S. 335–36).
10. Chr. Snouck Hurgronje an Th. Nöldeke, 13.08.1925 (Universitätsbibliothek Tübingen, Md 782 A 6, ed. VAN KONINGSVELD, Orientalism and Islam, S. 338–40; bezieht sich auf MINGANA, The Book of Religion and Empire).

6 Zu Christiaan Snouck Hurgronje, vgl. PARET, R. / SCHALL, A. (edd.).: Ein Jahrhundert Orientalistik. Lebensbilder aus der Feder von Enno Littmann und Verzeichnis seiner Schriften, Wiesbaden 1955, S. 83–95; zu Theodor Nöldeke ebd., S. 52–62, und zuletzt MAIER, B.: Gründerzeit der Orientalistik: Theodor Nöldekes Leben und Werk im Spiegel seiner Briefe, Würzburg 2013 (= Arbeitsmaterialien zum Orient 29).

7 Gemeint ist Friedrich Schwallys Bearbeitung von Nöldekes 1860 zuerst erschienenen „Geschichte des Koran" aus dem Jahre 1909, die seit den 1920er Jahren durch Gotthelf Bergsträsser auf den neuesten Stand der Forschung gebracht wurde: die erste Lieferung des dritten Teils („Geschichte des Koran-Texts") ist im Jahre 1926 erschienen. Das so entstandene dreiteilige Handbuch „Geschichte des Qorāns" (Leipzig ^{2}1909–1938) war das klassische Standardwerk für die nachfolgenden Jahrzehnte, das im Jahre 2004, gefördert von der Konrad-Adenauer-Stiftung, ins Arabische übersetzt worden ist (trad. TAMER, G.: Tiyudur Niuldekeh, Taʾrīḫ al-Qurʾān. Naqala-hū ilā ʾl-ᶜarabīya wa-ḥaqqaqa-hū Ǧurǧ Tāmir, Beirut [Konrad-Adenauer-Stiftung] 2004); ich möchte mich an dieser Stelle beim „Regionalteam Afrika und Naher Osten" der Konrad-Adenauer-Stiftung und namentlich bei Kathrin SCHRECK, die mir am 17.11.2006 ein Exemplar dieser bedeutenden Publikation zugesandt hat, bedanken.

8 Leone Caetani, principe di Teano, einer der führenden italienischen Orientalisten zu Beginn des 20. Jahrhunderts, bekannt als Inaugurator der monumentalen, zehnbändigen *Annali dell'Islam*, (Mailand 1905–1918, Rom 1926), vgl. zu ihm etwa LEVI DELLA VIDA, G.: Fantasmi ritrovati, Vicenza 1966 (= Nuova Biblioteca di Cultura s.n.), S. 19–72 („La soffitta delle Botteghe Oscure").

tigen Schlacht gegen Maslama und dann das Dictieren dieses Textes durch Zaid b. Thābit und das Aufschreiben durch einige Koraischiten für die Truppen verschiedener Gegenden, überhaupt die Entstehung des Othmān'schen Korantextes zu verwerfen. Ich hielt ihm dann stark vor, dass diese ganze Tradition im Wesentlichen geschichtlich sein müsste, schon weil weder ᶜOmar's noch Othmān's Nachkommen irgend eine entscheidende Rolle in der Geschichte gespielt haben. Dass Leute wie Ibn Masᶜūd einzelne Stellen etwas anders recitierten, hat der Geltung des officiellen Textes gar nicht geschadet. Das leuchtete nun auch Schw.[ally] ein.
Jetzt aber finde ich in einem mir zugeschickten Exemplare des ‚Bulletin of the John Rylands Library', Manchester Vol. 9 Jan. 1925 einen inhaltlich sehr interessanten Beitrag zur Geschichte des Koran's, nämlich eine syrische Diatribe teils zur Widerlegung des Korans, teils zur christlichen Umdeutung von Stellen desselben. Da kommt dann eine Anzahl von Koranstellen in syrischer Uebersetzung vor, und die stimmen nicht immer mit dem recipierten, officiellen Text [überein]. Statt sich nun vorzustellen, der Syrer habe eben nicht so sorgfältig gearbeitet, nimmt der Hg. Mingana (was für ein Landsmann ist Mingana?) an, dass allen solchen Abweichungen noch lebende Koranrecensionen zu Grunde lägen und dass der gültige Text erst unter ᶜAbdalmalik zu Stande gekommen wäre. Wie unhistorisch diese Auffassung ist, liegt ja auf der Hand. [...]"

Nöldeke betont in diesem Schreiben also, dass die Varianten der syrischen Übersetzung gegenüber dem arabischen *textus receptus* seiner Ansicht nach „christliche Umdeutungen" seien, und schildert ansonsten, wie er Friedrich Schwally, den ersten Bearbeiter seiner „Geschichte des Koran", in Bezug auf die älteste Redaktionsgeschichte auf seine Linie gebracht hatte. – Eine summarische Antwort von Snouck Hurgronje auf diesen und einen weiteren, verschollenen Brief Nöldekes vom 19. Juni 1925 datiert auf den 23. Juni 1925; die uns interessierenden Ausführungen lauten in meiner Übersetzung wie folgt[9]:

„[...] Ihr Brief enthält nichts mehr zu Mingana's syrischem Koran. Der durch ihn entdeckte Text ist freilich merkwürdig und verdient eine sorgfältige Untersuchung. Doch nicht so einfach soll M.[ingana] mir an den umayyadischen Ursprung der [Koran-] Vulgata glauben. Es ist, so dünkt es mich jedenfalls, doch eine feststehende

9 Der Text lautet im Original (Universitätsbibliothek Tübingen, Md 782 A 6): „[...] Uw brief bevatte niets meer over Mingana's Syrischen Qorân. De door hem ontdekte tekst is zeker merkwaardig en verdient zorgvuldig onderzoek. Maar niet licht zal M. mij doen gelooven aan den Omajjadischen oorsprong der vulgata. Het is toch een, naar mij dunkt, vaststaand feit, dat de Qorânredactie aan de reeds vroeg begonnen schisma's in de Moslimsche gemeente voraafgegaan is. Ondenkbaar is het, dat eene der uit de splijting voortgekomen partijen erin geslaagd zou zijn, eene door haar vastgestelde redactie bij hare vijanden ingang te doen vinden. De aan Othmân toegeschreven redactie moet antérieur en supérieur zijn aan de partijen. // Mingana's verleden is mij niet precies bekend. Hij was geestelijke, misschien eerst katholiek, daarna protestant; in ieder geval willen de katholieken niets van hem weten, en heeft zijne kerkelijke houding hem in moeilijkheden en armoede gebracht. Toen wird hij ontdekt door Dʳ Rendel Harris, die aan het bestuur der John Rylands Library mededeelde, in M. een man gevonden te hebben, van wien men zeker kon zijn, dat hij, vijf dagen in eene groote bibliotheek opgesloten, zonder falen een verrassende ontdekking zou doen. Men heeft hem aan die boekerij verbonden, en menige belangrijke studie heeft M. sindsdien gepubliceerd. Onder zijne ‚ontdekkingen' bekleeden ᶜAlī al-Ṭabarī's Daulah wa Dīn en nu het Syrische polemische geschrift tegen den Islam eene vorname plaats [...]."

> Tatsache, dass die Koranredaktion dem an rechtlichen Fragen entstandenen Schisma in der muslimischen Gemeinde vorangegangen ist. Es ist undenkbar, dass eine der aus der Spaltung hervorgegangenen Parteien dadurch geprägt gewesen wäre, dass eine durch sie angefertigte Redaktion bei ihren Feinden Eingang gefunden hätte. Die Uthman zugeschriebene Redaktion muss älter als (die Parteien gewesen sein) und über den Parteien gestanden haben.
> Mingana's Verhältnisse sind mir nicht genauer bekannt. Er war Geistlicher, schien zu Unrecht Katholik, dann Protestant zu sein: jedenfalls wollen die Katholiken nichts von ihm wissen und hat ihn seine kirchliche Position in Schwierigkeiten und Armut gebracht. Dann wurde er durch Dr. Rendel Harris entdeckt, der die Verwaltung der John Rylands Library darüber informierte, in M.[ingana] einen Mann gefunden zu haben, von dem man sicher sein könne, dass er, fünf Tage lang in einer großen Bibliothek eingesperrt, in jedem Fall einen spektakulären Fund machen würde. Man hat ihn an die Bibliothek angebunden, und seither hat M.[ingana] viele wichtige Studien publiziert; darunter nehmen seine ‚Entdeckungen' von ᶜAlī al-Ṭabarī's Daulah wa Dīn[10] und nun seine syrische polemische Schrift gegen den Islam eine herausragende Stellung ein [...]."

Wesentlich schärfer hatte sich inzwischen Gotthelf Bergsträsser, der zweite und letzte Bearbeiter von Nöldekes „Geschichte des Koran" in zwei Briefen an Nöldeke geäußert: Nöldeke muss ihn – etwa zur gleichen Zeit wie Snouck Hurgronje, also wohl ebenfalls noch Ende März 1925 – vermittels einer Postkarte über Minganas Publikation informiert haben. Der erste der beiden mir bekannten Briefe zu dem uns interessierenden Thema stammt vom 08. April 1925[11]:

> „Hochverehrter Herr Professor,
> verbindlichsten Dank für Ihre Karte, die mir ausserordentlich gelegen kommt: ich war gerade dabei, der Arbeit Mingana's, die hier nicht vorhanden ist, nachzujagen. Mingana hat sie mir nicht geschickt; er scheint nicht zu wissen, dass ich mich mit dem Koran beschäftige, wie ja seine Kenntnis der Literatur überhaupt ausserordentlich mangelhaft ist. Für seine ‚Leaves from three Ancient Qurâns'[12] hat er es auch nicht für nötig gehalten, Ihre Geschichte des Korans, insbesondere den Abschnitt über die Orthographie, ordentlich zu lesen; das hätte ihn vor zahlreichen Fehlern schützen können. Dass Sie seine neue Entdeckung für nicht so wichtig halten, ist mir eine Be-

10 Es handelt sich um die polemische Schrift eines zum Islam konvertierten Christen, die Alphonse Mingana kurz zuvor, im Jahre 1922, ediert hatte (MINGANA, A.: The Book of Religion and Empire. A semi-official Defence and Exposition of Islām written by the Order at the Court and with the Assistance of the Caliph Mutawakkil [A.D. 847–861] by 'Ali Ṭabari, translated with a critical apparatus from an apparently unique Ms. in the John Rylands Library, Manchester / London 1922), vgl. THOMAS, D.: Art.: „ᶜAlī l-Ṭabarī", in: THOMAS, D. (ed.): Christian-Muslim relations: a bibliographical history, Leiden [u.a.], 2009–2013 (= History of Christian-Muslim relations 11, 14 , 15, 17, 20), Band 1, S. 669–674.

11 Universitätsbibliothek Tübingen, Md 782 A 18 (die Orthographie ist behutsam modernisiert).

12 MINGANA, A. / LEWIS SMITH, A.: Leaves from three Ancient Qurâns possibly pre-ᶜOthmânic with a List of their Variants, Cambridge 1914, vgl. dazu neuerdings FEDELI, A.: The Digitization Project of the Qurānic Palimpsest, MS Cambridge University Library Or. 1287, and the Verification of the Mingana-Lewis Edition: Where is *Salām*?, in: Journal of Islamic Manuscripts 2.1 (2011), S. 100–117.

ruhigung; wenn es tatsächlich eine syrische Uebersetzung eines vor-othomanischen Korantextes gegeben hätte, so würde das beweisen, dass unsere Vorstellungen von der ältesten Textgeschichte des Korans von grund aus falsch wären, und dass vielmehr (Paul) Casanova[13], dessen Thesen der in bezug auf die missionarische Voreingenommenheit gegen [den] Islam und besonders die älteste Periode mit ihm übereinstimmende Mingana übernimmt, auf dem richtigen Weg wäre. Wenn Sie das Separatum entbehren können, so wäre ich Ihnen für die Ueberlassung ausserordentlich dankbar; noch mehr natürlich für die freundlichst in Aussicht gestellte ausführliche Beurteilung. [...]"

Am 11.04.1925 hatte Nöldeke nun an Mingana selbst geschrieben, doch ist dieser Brief – trotz Minganas Beteuerungen in einem Antwortschreiben vom 19.04.1925, er wolle ihn als ein „wertvolles Andenken an den *Fürsten* der Orientalisten des 19.–20. Jahrhunderts und vielleicht auch mehrerer zukünftiger Jahrhunderte" aufbewahren – nicht überliefert[14]. Nöldeke erhielt jedoch wenige Tage später ein weiteres Schreiben Bergsträssers, das auf den 14. April des Jahres 1925 datiert[15]:

„Hoch verehrter Herr Professor,
verbindlichsten Dank für die freundliche Uebersendung des wertvollen Separatums von Mingana und den zugehörigen Brief! Ich habe mich gleich heute an das Studium gemacht. Um zu einem möglichst objektiven Eindruck zu kommen, habe ich mit den Photographien begonnen; dabei habe ich mir, durch Sie gewarnt, sogleich die Versziffern in die Photographien eingetragen und dann ein Register angelegt, das angibt, auf welcher Seite der Photographien jeder Vers vorkommt, so dass ich dann leicht jede Stelle finden konnte. Ich habe noch nicht das Ganze genau durchgeprüft, glaube aber, da der Fall sehr einfach zu liegen scheint, schon jetzt zu einem Urteil berechtigt zu sein. Selbstverständlich kann dies nur darin bestehen, dass ich mich dem Ihren vollkommen anschliesse. Die Herkunft dieses Textes ist ja mit Händen zu

---

13 Casanova, P.: Mohammed et la fin du monde. Étude critique sur l'Isalm primitive, Paris 1911.

14 Freundliche Auskunft von Ivana FRLAN, Cadbury Research Library, Special collections (Birmingham) vom 05.09.2012, die mir darüber hinaus eine vorläufige Übersicht über die noch nicht verzeichneten Serien (DA66/3, DA66/1/3/3/12 und DA66/1/3/2/3) von Minganas Korrespondenz, soweit in dessen Nachlass erhalten, zugesandt hat. Minganas Brief vom 19.04.1925 ist in Nöldekes Nachlass in Tübingen erhalten (Signatur: Md 782 A 158) und lautet wie folgt: „Dear Professor Nöldeke // I wish to thank you very cordially for your kind letter of the 11th inst. concerning the Syriac fragments of the Ḳur'ān. I wish to thank you all the more because of the trouble you took to read so carefully all that I wrote on the subject. I shall keep your letter as a precious souvenir from the prince of the Orientalists of the 19th–20th century and probably also of many more centuries to come. // I admit that Barṣalibi offers us a composite text, and that his selections of Ḳur'ānic verses are somewhat arbitrary, but the sacred text that he gives us seemed to me (and I am glad to say that it did also to you) to be not altogether negligible. // I did not reject the traditional view maintained by you as to the collection of the Ḳur'ān by 'Uthmān, but in order to explain some difficulties arising chiefly from the complete new verses not found in the ‚textus receptus' I conjectured (and I quoted Arab authors to support my conjecture) that Ḥajjāj may have had something to do with the work of the standardisation of its text. // It was painful to me to hear the sad news of your eyesight, and I do not want to trouble you with a long letter. // May the Almighty grant you an old age full of good health and happiness, and free from moral and bodily pains of any kind! // With best wishes and kindest regards, // yours very sincerely, // A. Mingana".

15 Universitätsbibliothek Tübingen, Md 782 A 18 (die Orthographie ist behutsam modernisiert).

greifen: das ganze Material entstammt einer arabisch geschriebenen Polemik gegen den Islam. Beweisend dafür sind vor allem die Dubletten, die Mingana so viele Kopfschmerzen verursacht haben. Sie erklären sich nur so, dass in diesem arabischen Werk die betreffende Koranstelle mehrfach (wahrscheinlich, nach dem zu schliessen, was ich von dieser Literatur kenne, auch schon ungenau) zitiert war, und dass der syrische Benützer sie an den verschiedenen Stellen verschieden übersetzt hat. Dieser Benützer kann nun aber nicht Bar Ṣalībī selbst sein; denn wenn er die Zitate noch arabisch vor sich gehabt hätte, hätte er bei der von ihm vorgenommenen Sammlung sachlich zusammengehöriger Stellen wohl ihre Identität bemerkt und nicht, wie er das einmal tut, ausdrücklich die Verschiedenheit hervorgehoben. Zu der gleichen Annahme zwingt das von Mingana untersuchte Verhältnis zwischen den Koranstellen und dem polemischen Kommentar. Zwischen Bar Ṣalībī und dem arabischen Original steht also mindestens ein Vermittler. Auch die Hereinziehung nichtkoranischen Materials erklärt sich durch meine Hypothese sehr einfach; beim Exzerpieren von ‚koranischen' Belegstellen aus einem polemischen Werk konnte sehr leicht auch einmal etwas Nicht-Koranisches unterlaufen. Ueber den Charakter der Uebersetzung ist kein Wort zu verlieren; aus ihr nicht-osmanische Varianten gewinnen zu wollen ist nur einem fanatischen Muhammedaner-Missionar ohne die nötige methodische Schulung und Kritik wie Mingana möglich. Und das ist mein Schluss-Eindruck: dass mich diese Art, tendenziös ein ganz nettes Kuriosum zu einer Quelle ersten Ranges aufzubauschen, verdriesst. Ich habe deshalb auch nicht die geringste Lust, ihm die Ehre einer ausführlichen Abfertigung zu teil werden zu lassen. Es würde mir sehr viel mehr liegen, ihn einfach in einem Satz in irgendeiner Anmerkung abzutun. Was seine allgemeine Einleitung anlangt, so verletzt in ihr dieselbe tendenziöse Absichtlichkeit; so wenig wissen wir doch schliesslich über den Koran im 1. Jahrhundert nicht! Mit Ihnen halte ich an der Rezension des Othman, die wesentlich auf Omar zurückgeht, fest; späte Angaben, die dem verrufenen Ḥaggāg auch noch Koranfälschung aufbürden wollen, bilden keinen Gegenbeweis. Nur in dem einen Punkt möchte ich etwas abweichen, dass ich an ein längeres Nachleben nicht-othmanischer Textform glaube. Hat doch noch Ḥasan von Baṣra in seine qirā'a eine ganze Anzahl vom othmanischen Konsonanten-Text abweichende Lesungen aufgenommen! Und die Bruchstücke mindestens dreier alter Korane, die Mingana aus dem Besitz von Mrs. Lewis veröffentlicht hat, sind entschieden nicht-othmanisch (sie als Fälschung zu betrachten, wozu ich nach den marktschreierischen Anpreisungen Mingana's zunächst neigte, scheint mir nach sorgfältiger Prüfung seiner Ausgabe – natürlich müsste man noch einmal die Originale einsehen – nicht angängig).
Mit nochmaligem herzlichen Dank und verbindlichen Empfehlungen
Ihr aufrichtig ergebener
G. Bersträsser."

Es ist vor allem dieser letzte Brief, der noch heute (!) den *status quaestionis* zu markieren scheint[16] – was sein Zitat (und auch das der anderen Briefe) *in extenso* rechtfertigen soll.

16 Vgl. inzwischen TEULE, H.G.B.: Art. „Dionysius bar Ṣalibi", in: THOMAS, D. (ed.): Christian-Muslim relations: a bibliographical history, Leiden [u.a.], 2009–2013 (= History of Christian-Muslim relations

Der Forschungsstand lässt sich somit etwa wie folgt resümieren: 1. Aus dem Vorhandensein von Dubletten (Koran-Verse, die in dem von Mingana publizierten Ausschnitt aus Dionysios bar Ṣalībīs kontroverstheologischer Schrift mehrfach vorkommen) schließt Bergsträsser auf eine arabisch abgefasste anti-islamische Polemik als Vorlage, deren Autor nicht Dionysios bar Ṣalībī sein kann (und als Kandidat dafür kommt, ohne dass sich Bergsträsser darüber geäußert hätte, Abū Nūḥ al-Anbārī in Frage)[17]. 2. Was bei Mingana noch „New Verses and Variants" waren, erscheint bei näherem Hinsehen als unklare Textabgrenzung im Prozess des Exzerpierens. 3. Für die Rekonstrukiton einer älteren Koran-Rezension trägt der von Mingana publizierte syrische Texte nichts aus – doch wird davon das Faktum nicht berührt, dass es aus der griechischen und syrischen Koran-Überlieferung herzuleitende Lesarten gibt, die zur Erforschung der Textgeschichte herangezogen werden können.

Von keinesfalls zu unterschätzender Bedeutung scheint mir etwa die Tatsache zu sein, dass – bei allen Unterschieden im Wortlaut – sowohl die griechische, als auch die syrische Koran-Tradition für die Stelle Sure 5,46a einen Überschuss bewahrt hat, der wohl auf eine Angleichung des Wortlauts,[18] etwa an Sure 57,27, zurückzugehen scheint.[19] Der Vers وَقَفَّيْنَا عَلَى آثَارِهِم (بِرُسُلِنَا وَقَفَّيْنَا) بِعِيسَى ابْنِ مَرْيَمَ مُصَدِّقًا لِّمَا بَيْنَ يَدَيْهِ مِنَ التَّوْرَاةِ wird im Griechischen übersetzt durch Ἀποστείλαμεν δὲ ἀκόλουθον τούτων (πάντων δηλαδὴ τῶν προφητῶν) Ἰησοῦν τὸν υἱὸν τῆς Μαρίας εἰς τὸ ἀληθοποιῆσαι τὰ πρὸ αὐτοῦ τὰ τοῦ νόμου,[20] wobei die hier in Klammern gesetzten Worte – eben der oben markierte „Überschuss" – von den Herausgebern als „short insertion" (m.E. zu Unrecht) getilgt worden sind[21]: In einer ersten syrischen Variante lautet der entsprechende Vers (nach der inzwischen erschienenen Ausgabe von Joseph Amar) ܘܬܘܒ ܒܥܩܒܬܗܘܢ (ܕܫܠܝ̈ܚܐ. ܘܡܢ ܒܬܪ) ܒܝܫܘܥ ܒܪ ܡܪܝܡ. ܡܫܪܪܐ

11, 14 , 15, 17, 20), Band 2, S. 665–670.

17 Dem aus Südmesopotamien stammenden Abū Nūḥ al-Anbārī, einem christlichen Araber aus dem Umfeld des ostsyrischen Katholikos Timotheos I., wird eine erste anti-islamische „Summe" zugeschrieben, die sich (zumindest bis zum Beginn des 20. Jahrhunderts) lediglich in einer einzigen, in Privatbesitz befindlichen Handschrift erhalten hat. Unklar ist, ob diese „Summe" in syrischer oder arabischer Sprache verfasst worden war; als Titel kommen in Frage (arabisch) *Tafnīd al-Qur'ān* oder (syrisch) *Šûrrāyā ḏ-Qur'ān*, vgl. SWANSON, M.: Art. „Abū Nūḥ al-Anbārī", in: THOMAS, D. (ed.): Christian-Muslim relations: a bibliographical history, Leiden [u.a.], 2009–2013 (= History of Christian-Muslim relations 11, 14, 15, 17, 20), Band 1, S. 397–400 (mit Bibliographie; Mark Swanson verweist auf ein „MS Cairo, Collection of *al-qummuṣ* Armāniyūs Ḥabashī [1297]" aus dem ominösen Handschriftenkatalog von Paul SBATH).

18 In vergleichbarer Weise haben (im Rahmen der christlichen Textgeschichte des Neuen Testaments) parallele Lesarten der Synoptiker etwa den Text des *Pater noster* wechselseitig beeinflusst.

19 Der Überschuss des folgenden Zitats gegenüber dem koranischen *textus receptus* nach dem Kairiner Standardtext ist also vorläufig aus Sure 57,27 ergänzt und in runde Klammern gesetzt.

20 HØGEL Chr.: An early anonymous Greek translation of the Qur'ān. The fragments from Niketas Byzantios' *Refutatio* and the anonymous *Abjuratio*, in: Collectanea Christiana Orientalia 7 (2010), S. 65–119, hier S. 86–87; FÖRSTEL, K. (ed.): Schriften zum Islam von Arethas und Euthymios Zigabenos und Fragmente der griechischen Koranübersetzung (= Corpus Islamo-Christianum. Series graeca 7), Wiesbaden 2009 (darin *Fragmenta Coranica Graeca*, ebd. S. 86–122), hier S. 96.

21 HØGEL Chr.: An early anonymous Greek translation of the Qur'ān. The fragments from Niketas Byzantios' *Refutatio* and the anonymous *Abjuratio*, in: Collectanea Christiana Orientalia 7 (2010), S. 65–119, hier S. 87 Anm. 47; FÖRSTEL, K. (ed.): Schriften zum Islam von Arethas und Euthymios Zigabenos und Fragmente der griechischen Koranübersetzung (= Corpus Islamo-Christianum. Series graeca 7), Wiesbaden 2009 (darin *Fragmenta Coranica Graeca*, ebd. S. 86–122), hier S. 96. – Ein weiterer, ähnlich gelagerter Fall (Sure 66,12 beeinflusst durch den Wortlaut von Sure 21,91) lässt sich, bislang jedenfalls, lediglich anhand der syrischen Überlieferung nachweisen.

ܐܝܟ ܡܫܪܪ ܕܡܢ ܩܕܡܘܗܝ، ܡܢ ܐܘܪܝܬܐ:[22] und in einer zweiten Variante, mit umgestelltem (und leicht verändertem) Wortlaut, ܘܫܕܪܢ ܥܠ ܐܬܪܗܘܢ ܠܡܫܝܚܐ ܒܪ ܡܪܝܡ ܘܫܪܪܢ ܠܗ ܒܐܬܪܗܘܢ (ܕܢܒܝܐ)[23] ܕܫܪܪ ܠܡܕܡ ܕܡܢ ܩܕܡܘܗܝ، ܐܬܟܬܒ ܒܐܘܪܝܬܐ (und an beiden Stellen habe ich selbst zur Verdeutlichung jeweils Klammern gesetzt). Aus der lateinischen Tradition hat Hartmut Bobzin zwei Versionen nebeneinandergestellt, die eine Weiterentwicklung des (christlichen) Textverständnisses reflektieren: die erste Version (aus der *Collectio toletana*) zeichnet den zugrunde liegenden Gedanken holzschnittartig nach (*Christum item Mariae filium, cui commisimus... confirmatio testamenti*); in der zweiten Version (aus Riccoldo de Monte Croces „*Confutatio Alcorani*") wird der Wortlaut an der entscheidenden Stelle zusammengezogen: *Terminavimus viam hominum per Iesum christum, filium Mariae, veracissimum prophetam (...).*[24] – Als christliches „Sondergut" lässt sich diese Eigentümlichkeit (zumindest vorläufig) deswegen bezeichnen, weil ein entsprechender „Überschuss" in den ältesten persischen Übersetzungen zu fehlen scheint.[25]

Bergsträssers Brief macht zudem deutlich, warum Minganas Arbeit in der Folge einer Art *damnatio memoriae* innerhalb der deutschsprachigen Forschung verfallen sollte[26]: als Gründe sind Bergsträssers Verdruss über die Aufbauschung eines Kuriosums zu einer „Quelle ersten Ranges", und letztlich über Minganas Ignoranz der Arbeiten von Nöldeke, Schwally und anderen zur Rekonstruktion der ältesten Textgeschichte des Koran auszumachen. Dieses – nur brieflich – geäußerte Verdikt sollte *mutatis mutandis* Bestand haben, bis im Jahre 2005 Joseph Amar, ein Schüler des amerikanischen Arabisten Sydney Griffith, den gesamten Text (also alle 30 Kapitel) nach den ihm bekannt gewordenen Handschriften

---

22 AMAR J. (ed./trad.): Dionysius bar Ṣalībī, A Response to the Arabs, Louvain 2005 (= Corpus Scriptorum Christianorum Orientalium 614/*615*, Scriptores Syri 238/*239*), S. 99 Z. 17–20.

23 AMAR J. (ed./trad.): Dionysius bar Ṣalībī, A Response to the Arabs, Louvain 2005 (= Corpus Scriptorum Christianorum Orientalium 614/*615*, Scriptores Syri 238/*239*), S. 124 Z. 5–9.

24 BOBZIN, H.: Der Koran im Zeitalter der Reformation. Studien zur Frühgeschichte der Arabistik und Islamkunde in Europa, Stuttgart 1995 (= Beiruter Texte und Studien 42), hier S. 118–19.

25 Vgl. etwa aus dem 4./10. Jahrhundert RAWĀQĪ, ᶜA. (ed.): Qorᵓān-e qods, pažūheš-e ᶜA. Rawāqī, Tehrān 1364 h.š., S. 56 (Sure 5,46a: وبگزیدیم وراثرهای‌ایشان عیسی‌را پسر مریم‌را راست کرگرفتار آن‌رای پیش آنست از توریت) und aus dem 6./12. Jahrhundert YĀḤAQĪ, M. Ğ. (ed.): Tarğome-ye Qorᵓān, nosḫe-ye movarreḫ-e 556 heğrī, Mašhad 1364 h.š., S. 105 (Sure 5,46a: وبفرستادیم وریس ایشان بعیسی پسر مریم موافق از آنچه پیش بود از توریت).

26 Während Minganas Arbeit noch nicht erwähnt wird von BUHL, F.: Art. „Ḳorᵓān", in: Enzyklopaedie des Islam. Geographisches, ethnographisches und biographisches Wörterbuch der muhammedanischen Völker, ed. M.Th. HOUTSMA, A.J. WENSINCK, W. HEFFENING, T.W. ARNOLD und Év. LÉVI-PROVENÇAL, Leiden / Leipzig 1913–1938, Band 2, Leiden / Leipzig 1927, S. 1139–1153, findet sich (ohne Angabe des Autors) ein kurzer Hinweis zunächst in der so genannten Shorter Encyclopaedia of Islam, edited on behalf of the Royal Netherlands Academy by H.A.R. GIBB and J.H. KRAMERS, Leiden [4]1995 ([1]1953), S. 281 [linke Spalte]. In der Encyclopaedia of Islam. New edition, ed. C.E. BOSWORTH, E. VAN DONZEL, B. LEWIS, Ch. PELLAT, welche einige Dekaden später parallel in englischer und französischer Sprache publiziert wurde (Leiden 1960–2002), findet sich in dem Artikel „al-Ḳurᵓān" von J. D. PEARSON (Band 5, Leiden 1986, S. 400–432) ein Hinweis auf Minganas Arbeit in der Sektion „9. Translations of the Ḳurᵓān", hier S. 431 [linke Spalte]; dieselbe Art der Erwähnung findet sich auch bei BOBZIN, H.: Art. „Translations of the Qurᵓān", in: DAMMEN MCAULIFFE, J. (ed.) Encyclopaedia of Qur'ān, Leiden [u.a.] 2006, Band 5, S. 340–358, hier S. 344; ebenso wie eine neuere Arbeit von GLEI, R. [ed.]: Frühe Koranübersetzungen. Europäische und außereuropäische Fallstudien, Trier 2012 [= Bochumer Altertumswissenschaftliches Colloquium 88], ist der Artikel von Hartmut Bobzin für die frühneupersischen Übersetzungen völlig unzureichend, wie einige der seit den 1980er Jahren publizierten, für diese Arbeit stichprobenartig herangezogenen Übersetzungen und Hilfsmittel zeigen.

edieren und ins Englische übersetzen sollte[27]: Seit der so genannten Luxenberg-Debatte um eine angebliche syro-aramäische Lesart des Koran[28] und den Forschungen des Berliner „Corpus coranicum"-Projekts unter Angelika Neuwirth[29] ist es nun zum ersten Mal möglich, das überlieferte syrische Koran-Material (und nicht etwa ein postuliertes syro-aramäisches „Lektionar", oder Parallelstellen aus der syrischen Literatur) neben den arabischen Korantext zu stellen.

Dionysios bar Ṣalībīs „Disput gegen die Nation der Araber", soviel steht nach Erscheinen der Gesamtedition fest, umfasst zwei Teile unterschiedlichen Charakters. Der erste, bislang ungedruckte Teil umfasst die Kapitel 1–24 und bietet eine ausführliche Auseinandersetzung mit solchen Koran-Zitaten, die im zweiten Teil (den von Minganas Arbeit her bereits bekannten Kapiteln 25–30) in Form eines klassischen Florilegiums häretischer Sentenzen gesammelt und zur ausführlichen Widerlegung mit stichwortartigen Andeutungen oder detaillierten Hinweisen versehen worden waren.[30] Die schiere Masse an Koran-Versen des zweiten Teils (also des Florilegiums), die im ersten Teil nicht eingehender diskutiert worden sind, erweckt den Eindruck, dass Dionysios bar Ṣalībī seine kontroverstheologische Arbeit nach dem 24. Kapitel abgebrochen und die ihm vorliegende Hauptquelle (eben das „Koran-Florilegium") einfach als Kapitel 25–30 daran angehängt hat.

1. Kommentierung eines häretischen Textes

Um einen Eindruck von der Kommentierweise des Florilegiums zu geben, möchte ich ein Beispiel ausführlicher vorstellen. Die Lemmata werden dabei jeweils mit einer eckigen Klammer] markiert und in der beigegebenen Übersetzung, welche sich – mit den notwendigen Korrekturen – an derjenigen von Joseph Amar orientiert, unterstrichen abgedruckt, der Kommentar erscheint petit gesetzt[31]:

---

27 Dionysius bar Ṣalībī, A Response to the Arabs, ed. / trad. J.P. AMAR, Louvain 2005 (= Corpus Scriptorum Christianorum Orientalium 614/*615*, Scriptores Syri 238/*239*). Weitere (in Privatbesitz befindliche) Handschriften sind (nach Informationen von Gabriel RABO, Göttingen) aufgeführt bei TEULE, H.G.B.: Art. „Dionysius bar Ṣalibi", in: THOMAS, D. (ed.): Christian-Muslim relations: a bibliographical history, Leiden [u.a.], 2009–2013 (= History of Christian-Muslim relations 11, 14, 15, 17, 20), Band 2, S. 665–670, hier S. 669.

28 Vgl. LUXENBERG, Chr.: Die syro-aramäische Lesart des Koran. Ein Beitrag zur Entschlüsselung der Koransprache, s.l. [Schiler] ³2007 (¹2000); OHLIG, K.H. / PUIN, G.-R. (edd.): Die dunklen Anfänge. Neue Forschungen zur Entstehung und frühen Geschichte des Islam, s.l. [Schiler] 2005; OHLIG, K.H. (ed.): Der frühe Islam. Eine historisch-kritische Rekonstruktion anhand zeitgenössischer Quellen, s.l. [Schiler] 2007.

29 Vgl. etwa NEUWIRTH, A. (ed.): The Qurʾān in context: historical and literary investigations into the Qurʾānic milieu, Leiden [u.a.] 2010 (= Texts and studies on the Qurʾān 6).

30 Im ersten Teil (Kapitel 1–24) werden lediglich sechs Koran-Verse zitiert, die im zweiten Teil (Kapitel 25–30) nicht vorhanden sind. Es handelt sich um Sure 2,154; 3,85–6; 5,90; 10,90; 23,14 und 33,65 – Verse, deren Kenntnis Dionysios bar Ṣalībī wohl aus einer oder mehreren anderen Quellen geschöpft hat.

31 Dionysios bar Ṣalībī, Kommentare zu Sure *37,110–3* und *2,81* (*bis*) *John Rylands Library, Mingana syr. 89*, n. ܘ. [*80ᵛ.linker Rand*], n. ܗ̄ und ܘ. [*81ʳ.linker Rand*]; S. 123 ed. / S. 114 trad. AMAR, J.: Dionysius bar Ṣalībī, A Response to the Arabs, Louvain 2005 (= Corpus Scriptorum Christianorum Orientalium 614/*615*, Scriptores Syri 238/*239*). Joseph Amar hat die jeweiligen Kommentare typographisch von den Lemmata getrennt, wodurch das Erscheinungsbild des Orignialtextes sowie sein z.T. offensichtlich präliminarer Charakter im Druckbild nicht zur Geltung kommt.

ܘܫܒܩܢ ܠܒܪܗ ܠܘܬܗ،	And we left his son to him
ܠܕܪ̈ܐ ܐܚܪ̈ܢܐ]	for generations to come]
ܒܕ ܟܝܢ ܚܕ ܩܢܘܡܐ ܡܘܕܝܢ	by (their) confessing, however, a single *hypostasis* (*qnōmā*)
ܐܝܟ ܝܗܘܕ̈ܝܐ ܘܣܒܠܝܘܣ. ܚܙܘ ܐܝܟܢܐ	like the Jews and Sabellios ; ⌜observe (Pl.) how !⌟ [32]
ܘܝܗܒܢ ܠܡܘܫܐ ܟܬܒܐ] ܗ̄(ܢܘ)	We gave the scripture to Moses] ⌜*viz.*,
ܬܘܪܝܬ ܐܘܟܝܬ ܐܘܪܝܬܐ ܒܒܪ	*Taur(iy)at* (cf. تورية) or, neatly put, *Orāyṯā* (cf. אוריתא).⌟ [32]
ܘܫܕܪܢ ܒܬܪܗ ܢܒܝ̈ܐ] ܚܙܘ ܐܝܟܢܐ	and we sent prophets after him] observe (Pl.) how,
ܡܙܕܟܝܢ ܡܢ ܫܪܪܐ ܟܬܒܘ	being conquered by the truth, they wrote
ܣܓܝܐ(ܢܐ)ܝܬ.	⌜using the plural⌟ [33],
ܐܝܟ ܕܥܠ ܐܪ̈ܙܐ	as if with reference to the mystery
ܬܠܬܐ ܗܘ ܩܢܘ̈ܡܐ.	that there are three *hypostaseis*,
ܝܗܒܢ ܘܫܕܪܢ ܘܐܘܕܥܢ	„we gave", „we sent", „we made known",
ܘܚܝܠܢ.	and „we strengthened",
ܘܐܢ ܢܗܦܟܘܢ.	even if they reply that,
ܕܡܛܠ ܪܒܘܬܐ ܘܐܝܩܪܐ ܕܐܠܗܐ:	for the sake of God's greatness and glory,
ܐܬܐܚܕܘ ܒܗܕܐ.	they ⌜were attached to this (custom)⌟ [34]:
ܠܐ ܣܢܝܩ ܐܠܗܐ ܕܢܪܝܡ ܡܢ ܡ̈ܠܐ ܗܘ	God has no need that we exalt by words (*men mellē*) him
ܕܒܟܝܢܐܝܬ ܡܥܠܝ	who by nature (*kyānāʾīṯ*) (is) supreme,
ܘܪܒ ܫܡܗ.	and whose name (is) great,
ܘܐܢ ܐܝܟ ܚܕܐ	even if one exalts as a single (being)
ܕܠܗܘ ܣܘܓܐ ܕܩܢܘ̈ܡܐ ܢܪܝܡ ܐܢܫ	the multitude of *hypostaseis*
ܒܡܠܬܗ.	by means of one's word (*b-mellṯeh*)
ܐܘ ܠܚܕ ܐܢܫ ܡܪܝܡ ܣܓܝܐ(ܢܐ)ܝܬ..	or exalts ⌜one man using the plural⌟ [35],
ܡܛܠ ܕܡܢ ܬܪܝܢ ܟܝܢ̈ܐ ܡܪܟܒ	because (he is) of two natures composed,
ܡܢ ܢܦܫܐ ܘܦܓܪܐ.	of soul and body,
ܘܡܡܠܠ	and ⌜(is therefore) speaking (*məmallel*)
ܥܠ ܚܕ ܘܥܠ ܣܓܝܐܐ..	about „one" and about „many"⌟ [36].

32 *omisit* AMAR.

33 AMAR: „at length"; *secutus sum codicem* B (*John Rylands library, Mingana syr. 215*): ܣܓܝܐܢܐܝܬ (*saggīʾānāʾīṯ*, „in the plural").

34 AMAR: „they made use (of the plural)". Eine Parallele zu den Zeilen 10–11 findet sich bei Timotheos I., Brief 59,16,58 (S. 108 ed. HEIMGARTNER, M.: Timotheos I., ostsyrischer Patriarch, Disputation mit dem Kalifen al-Mahdī, Louvain 2011 [= Corpus Scriptorum Christianorum Orientalium 631/*632*, Scriptores Syri 244/*245*]): ܘܡܠܟܢ ܚܟܝܡܐ ܐܡܪ. ܠܐ ܠܥܘܕܪܢܐ ܡܢ ܕܩܢܘ̈ܡܐ ܘܕܬܠܝܬܝܘܬܐ. ܐܠܐ ܠܡܚܘܝܘ ܕܪܒܘܬ ܐܠܗܐ ܘܕܡܠܟܘܬܗ: ܐܬܐܡܪ̈ܢ ܒܟܬܒ̈ܐ ܗ̇ܢܝܢ ܕܣܓܝܐܢܐܝܬ: ܕܫܕܪܢ ܘܢܦܚܢ ܘܐܡܪܢ ܘܐܝܟ ܗܢܐ ܥܝܕܐ ܗܘ ܒܝܬ ܡܠ̈ܟܐ ܕܐܪܥܐ ܘܫܠܝ̈ܛܢܐ: ܠܡܬܚܫܚܘ ܐܕܫܐ ܕܡܡܠܠܐ ܕܐܝܟ ܗܢܐ. (Zum besseren Vergleich übersetze ich die syrischen Zeugnisse jeweils ins Englische:) „And our sage king (*viz.* al-Mahdī) said: ‚Not as a predicate of *hypostaseis* or the Trinity, but as an indication of God's supremacy and his royal dignity, in the scriptures the (expressions), „we sent", „we inspired", and „we said", occur in the plural (*saggīʾānāʾīṯ*): likewise, there is the custom among the kings of the earth and the authorities to use the manner of speaking like that.'"

35 AMAR: „one (hypostasis even) more"; *consensus codicum*: ܣܓܝܐܝܬ (*saggīyāʾīṯ*, „copiously"); *conjeci*: ܣܓܝܐܢܐܝܬ (*saggīʾānāʾīṯ*, „in the plural").

36 Die Lesart ܡܡܠܠ *məmallal* ergibt wohl einen besseren Sinn: „(is therefore able to be) referred to (by ‚one' and by ‚many')".

Es ist deutlich zu sehen, dass die Kommentierungen der einzelnen Lemmata einerseits immer mehr an Selbständigkeit gewinnen, so dass aus bloßen Marginalglossen letzten Endes ein veritabler Kommentar wird, und dass andererseits der Herausgeber mit dem Text an manchen Stellen nicht zurecht gekommen ist: Wie nicht zuletzt aus der Parallele bei Timotheos I. – einem wertvollen Zeugnis für die Abhängigkeit der (späteren) west- von der (älteren) ostsyrischen Tradition – ersichtlich ist[37], kam es dem syrischen Kommentator darauf an, zu zeigen, dass im Koran durch den Gebrauch des Plurals für Gott die Mehrzahl der göttlichen Personen angedeutet ist (Z. 5–13). Zu Beginn des Testimoniums wird dagegen Stellung bezogen, dass, obwohl das Verb im Plural steht, die Muslime eine *hypostasis* in Gott bekennen, und dadurch den Juden und den Anhängern des Sabellios gleichen.

2. Bezüge zur christlichen Islam-Polemik

Die Bezüge zur christlichen Islam-Polemik unseres Textes werden besonders an einem Beispiel anschaulich, bei dem sich ein scharfer Graben zwischen christlicher und islamischer Eschatologie auftut: die Vorstellung vom Leben nach dem Tode. Im folgenden Zeugnis habe ich mich zunächst am Text des byzantinischen Chronisten Theophanes Homologetes (vom Anfang des 9. Jahrhunderts) orientiert[38]:

1. ἐδίδαξε (sc. ὁ Μουάμεδ) δὲ τοὺς ἑαυτοῦ ὑπηκόους, ὅτι ὁ ἀποκτέννων ἐχθρόν, ἢ ὑπὸ ἐχθροῦ ἀποκτεννόμενος εἰς παράδεισον εἰσέρχεται. **2.** τὸν δὲ παράδεισον σαρκικῆς βρώσεως καὶ πόσεως καὶ μίξεως γυναικῶν ἔλεγεν·

	John Rylands Library, Mingana syr. 89, fol. 84[v]*.17–19* (S. 134 ed. AMAR)[39]:	(Sura *47,15*)
	(...) ܘܐܝܬ ܒܗ ܢܗܪ̈ܘܬܐ ܡܢ ܡܝܐ ܕܠܐ ܣܪ̈ܝܢ	(...)فِيهَا أَنْهَارٌ مِّن مَّاءٍ غَيْرِ آسِنٍ
2.1 ποταμόν τε οἴνου	ܘܢܗܪ̈ܘܬܐ ܕܚܠܒܐ ܕܠܐ ܐܫܬܚܠܦ ܠܛܥܡܗ	وَأَنْهَارٌ مِن لَّبَنٍ لَّمْ يَتَغَيَّرْ طَعْمُهُ
καὶ μέλιτος	ܘܢܗܪ̈ܘܬܐ ܕܚܡܪܐ ܕܗܝ ܚܠܝܐ ܘܒܣܝܡ ܠܫܬܘܝܗ̇.	وَأَنْهَارٌ مِّنْ خَمْرٍ لَّذَّةٍ لِّلشَّارِبِينَ
καὶ γάλακτος,	(...) ܘܢܗܪ̈ܘܬܐ ܕܕܒܫܐ ܝ ܠܥܠܐ	وَأَنْهَارٌ مِّنْ عَسَلٍ مُّصَفًّى (...)
	John Rylands Library, Mingana syr. 89, fol. 84[v]*.24* (S. 134 ed. AMAR)[40]:	(Sura *55,56*)
2.2.1 καὶ γυναικῶν	ܘܐܝܬ ܒܗܝܢ ܢܫ̈ܐ ܕܫܦܝܪ̈ܢ ܒܚܙܘܐ	فِيهِنَّ قَاصِرَاتُ الطَّرْفِ

37 Das syrische Original ist zunächst von MINGANA, A.: The Apology of Timothy the Patriarch before the Caliph Mahdi (= Woodbrooke Studies. Christian Documents in Syriac, Arabic, and Garshuni Edited and Translated with a Critical Apparatus by A. MINGANA with Introductions by RENDEL HARRIS 2), Cambridge 1928 (= Bulletin of the John Rylands Library 12), ediert worden und neuerdings von HEIMGARTNER, M. (ed./trad.): Timotheos I., ostsyrischer Patriarch, Disputation mit dem Kalifen al-Mahdī, Louvain 2011 (= Corpus Scriptorum Christianorum Orientalium 631/*632*, Scriptores Syri 244/*245*), hier Brief 59,16,64–72 (S. 109–10 ed. HEIMGARTNER).

38 Theophanes Homologetes, *ad annum mundi 6122* (S. 334 Z. 20–27 ed. DE BOOR, C.: Theophanis Chronographia, Leipzig 1883 [Reprint Hildesheim 1980]).

39 Trad. AMAR, J.: Dionysius bar Ṣalībī, A Response to the Arabs, Louvain 2005 (= Corpus Scriptorum Christianorum Orientalium 614/*615*, Scriptores Syri 238/*239*), S. 129: (Sura *47,15*) „In it are rivers of water that are unpolluted, and rivers of milk whose taste is unchanged; and rivers of wine that is delicious and pleasing to those who drink it; and rivers of clear honey."

40 Trad. AMAR, J.: Dionysius bar Ṣalībī, A Response to the Arabs, Louvain 2005 (= Corpus Scriptorum Christianorum Orientalium 614/*615*, Scriptores Syri 238/*239*), S. 129: (Sura *55,56*) „In them (*sc.* the gardens twain, ܬܪ̈ܬܝܢ ܓܢ̈ܢ – *A.S.*) are women, beautiful in appearance, with whom no corporeal nor spiritual being has joined." Vgl. dazu al-Kindī H17.25 (S. 14 ed. GONZÁLEZ MUÑOZ, F.: Exposición y refutación del Islam. La versión latina de las epístolas de al-Hāšimī y al-Kindī, A Coruña 2005): *Sunt in eo speciosissime, quas nec homines nec demones attigerunt.*

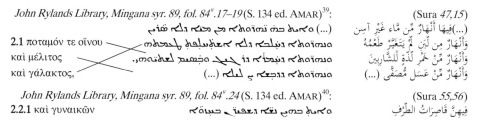

οὐ τῶν παρουσῶν, *ἀλλ᾽ ἄλλων,*	ܕܠܐ ܐܘܪܘ ܠܗܝܢ ܩܕܡܝܗܝܢ ܦܓܪܢܐ ܐܘ ܪܘܚܢܐ..	لَمْ يَطْمِثْهُنَّ إِنسٌ قَبْلَهُمْ وَلا جَانٌّ
John Rylands Library, Mingana syr. 89, fol. 84ᵛ.20–21 (S. 134 ed. AMAR)[41]:		(Sura *52,19–20*)
2.2.2 *καὶ τὴν μίξιν*	ܐܟܘܠܘ ܘܐܫܬܘ ܗܢܝܐܝܬ. ܚܠܦ ܕܥܒܕܝܢ ܗܘܝܬܘܢ	كُلُوا وَاشْرَبُوا هَنِيئًا بِمَا كُنتُمْ تَعْمَلُونَ
πολυχρόνιον εἶναι,	ܘܡܣܬܡܟܝܢ ܒܢܝ ܥܠ ܦܘܪܝܐ **ܐܘܟܝܬ ܥܠ ܬܟܬܐ**	مُتَّكِئِينَ عَلَى سُرُرٍ
καὶ διαρκῆ τὴν ἡδονήν·	ܕܣܕܝܪܝܢ ܒܣܕܪܐ. ܘܝܗܒܢ ܠܗܘܢ ܢܫܐ ܚܘܪ ܥܝܢ	مَّصْفُوفَةٍ وَزَوَّجْنَاهُم بِحُورٍ عِينٍ

3. καὶ ἄλλα τινὰ ἀσωτίας καὶ μωρίας μεστά · **4.** συμπαθεῖν δὲ ἀλλήλους, καὶ βοηθεῖν ἀδικουμένοις.

Theophanes schreibt also, dass „Mohammed […] jene, die ihm gehorchten", lehrte, „dass derjenige, der einen Feind töte oder von einem Feind getötet werde, ins Paradies eingehe. Das Paradies, behauptete er, sei eines von Speise und Trank im Fleische, sowie des Verkehrs mit Frauen." Es gebe dort – und hier spielt Theophanes zunächst auf den Koran-Text an und entfernt sich (durch *kursiv*-Satz im griechischen Text deutlich gemacht) wieder von ihm – „ein(en) Fluss von Wein, Honig und Milch, Frauen, aber nicht von der Art (hier) gegenwärtiger, sondern anderer; der Verkehr werde lang andauernd und die Lust hinreichend sein, und dergleichen mehr, voll Beschränktheit und Dummheit: einander im Leid beizustehen, und denen Unrecht getan wurde, zu helfen."

In den Fußnoten ist jeweils die englische Übersetzung der syrischen Version des entsprechenden Koranverses hinzugefügt, zur Kontrolle ist auch der arabische Text mitabgedruckt. Deutlich ist zu sehen, dass die lateinische Übersetzung des al-Kindī-Textes besser zur syrischen Version, als zum arabischen Original passt: das Wort *speciosissimae* ist eher zu syrisch ܫܦܝܪܢ ܒܚܙܘܐ (*šapirān b-ḥezwā*, „schön von Antlitz") als zu arabisch قَاصِرَاتُ الطَّرْفِ (*qāṣirāt aṭ-ṭarf*, „weibliche Wesen, die Augen [sittsam] niedergeschlagen" [PARET]) zu stellen[42].

Eine gewisse Unbekümmertheit des modernen Übersetzers wird an folgender Stelle deutlich: ܢܫܐ ܚܘܪ ܥܝܢ (*neššē ḥûr ʿīn*) wird von Joseph Amar nach der islamischen Tradition übersetzt mit „wives with clear eyes", ohne dass ersichtlich wird, dass im Syrischen der problematische arabische Begriff حور عين (*ḥūr ʿīn*) in syrischer Transkription hinter ܢܫܐ (*neššē*, „wives") stehengeblieben ist (gemeint sind die vieldiskutierten „Huris") – und an dieser Stelle entschärft auch die lateinische Version der al-Kindī-Schrift die Schwierigkeit (bietet aber immerhin das Äquivalent für *neššē*, „wives"): *uxores pulcherrimas.* Auf eine weitere Besonderheit – das hier fett Gedruckte – werde ich in der Folge zurückkommen[43].

In der ersten Kapitelgruppe – der ausführlichen Widerlegung einzelner islamischer Anschauungen anhand ausgewählter Koranverse (also Kapitel 1–24 von Dionysios bar Ṣalībīs

---

41 Trad. AMAR, J.: Dionysius bar Ṣalībī, A Response to the Arabs, Louvain 2005 (= Corpus Scriptorum Christianorum Orientalium 614/*615*, Scriptores Syri 238/*239*), S. 129: (Sura *52,19–20*) „Eat and drink with pleasure for that which you have done; and reclining on arranged couches (ܦܘܪܝ̈ܘܬܐ, Sg. ܦܘܪܝܘܢ, ܦܘܪܝܐ < φορεῖον – *A.S.*) [**that is, on beds** (MINGANA: ‚takhtha')] in rows; and we have given them wives with clear eyes (MINGANA: wives ‚hur'ain')." Vgl. dazu al-Kindī H17.51–3 (S. 15 ed. GONZÁLEZ MUÑOZ, F.: Exposición y refutación del Islam. La versión latina de las epístolas de al-Hāšimī y al-Kindī, A Coruña 2005): *Comedite et bibite securi discumbentes in lectulis dispositis. Dedimus eis uxores pulcherrimas.*

42 Die hier vorgeführten syrischen und lateinischen Zeugnisse verweisen darauf, dass man die Wendung auch objektivisch verstehen konnte, als „solche (f.), die (zu) kurz kommen lassen den (Augen-) Aufschlag (eines anderen)", wie der Ausdruck ganz wörtlich wiedergegeben lautet.

43 Vgl. unten S. 173–175 (§3. Bezüge zu den ältesten persischen Koran-Übersetzungen).

Schrift) – war bereits deutlich begründet worden, worin die Unterschiede zwischen christlichen und muslimischen Jenseits-Vorstellungen liegen[44]:

> „**1.** So there is no distinction between the manner of life after the resurrection and that of today. **2.** If you are eating all this meat and food and milk and honey in the Garden [vgl. Sure 47,15 und 52,19 – *A.S.*], you will also need facilities that hold great weight for evacuation! **3.** But we follow the holy Gospel which says [Mt 22,30 par]: ‚At the resurrection, men will not have wives, and will not marry women. They are like angels‘ and [Rom 14,17] ‚The kingdom of God is not food and drink, but justice and peace and joy in the Holy Spirit‘ and [1 Kor 2,9, vgl. Is 64,3] ‚God has prepared for his saints what eye has not seen, nor ear heard, nor what has occured to the heart of man‘. **4.** And just as man was created from two different elements, soul and body, so there are two worlds, this one, and another which is to come. **5.** In this physical world, the body is refreshed. But in the spiritual world, the soul is refreshed because it is spiritual. **6.** Christians yearn for that happiness which is to come through the grace of our Lord Jesus Christ, and of his Father, and his Holy Spirit, forever and ever. Amen.“

Wiederum wird aus einer Parallele des Timotheos-„Zirkels“ die Abhängigkeit des Westsyrers Dionysios bar Ṣalībī von den Belegen der dreihundert Jahre älteren ostsyrischen Tradition deutlich; der einzig bislang auszumachende ostsyrische Gewährsmann ist Hiob von Edessa, der zur Zeit Timotheos' I. schriftstellerisch tätig war und in seinem *Kṯābā ḏ-sīmāṯā* („Book of Treasures“ oder „Buch der Schätze“) versucht hat, die (islamischen) Konzepte von Essen und Trinken, sowie sexuellen und anderen körperlichen Genüssen im Paradies (als zum menschlichen Körper gehörig) zu widerlegen[45] (ihr Fehlen in dieser Welt bedeute Qual[46]; aus Qual bestehe in der nächsten Welt die Hölle[47]) – und zwar anhand rein philosophischer

---

44 Dionysios bar Ṣalībī #24 (Kommentar zu Sure *52,22*; S. 107 Z. 7–ult. ed. / S. 98–99 trad. AMAR, J.: Dionysius bar Ṣalībī, A Response to the Arabs, Louvain 2005 [= Corpus Scriptorum Christianorum Orientalium 614/*615*, Scriptores Syri 238/*239*]): ܡܕܡ ܠܝܬ ܦܘܪܫܢܐ ܒܝܬ ܕܘܒܪܐ ܕܒܬܪ ܩܝܡܬܐ : ܠܕܘܒܪܐ ܕܗܫܐ. ܐܢ ܗܢܐ ܟܠܗ ܒܣܪܐ ܘܡܐܟܠܬܐ ܘܚܠܒܐ ܘܕܒܫܐ ܐܟܠܝܢ ܐܢܬܘܢ ܒܦܪܕܝܣܐ : ܐܦ ܚܠ ܒܝܬ ܐܡܘܪܐ ܩܛܝܢܐ ܣܢܝܩܝܢ ܐܢܬܘܢ ܠܡܬܕܒܚܘܬܐ܀ ܚܢ ܕܝܢ ܒܬܪ ܥܠܝܡܝܢ ܠܐܘܢܓܠܝܘܢ ܩܕܝܫܐ ܕܐܡܪ. ܕܒܩܝܡܬܐ ܠܐ ܢܫܐ ܗܘܝܢ ܠܓܒܪܐ. ܘܠܐ ܓܒܪܐ ܢܣܒܝܢ ܢܫܐ. ܐܠܐ ܐܝܟ ܕܡܠܐܟܐ ܐܝܬܝܗܘܢ.. ܘܡܠܟܘܬܐ ܕܐܠܗܐ ܠܐ ܐܝܬܝܗ̇ ܡܐܟܘܠܬܐ ܘܡܫܬܝܐ : ܐܠܐ ܟܐܢܘܬܐ ܘܫܠܡܐ : ܘܚܕܘܬܐ ܒܪܘܚܐ ܕܩܘܕܫܐ. ܘܛܝܒ ܐܠܗܐ ܠܩܕܝܫܘ̈ܗܝ : ܡܕܡ ܕܥܝܢܐ ܠܐ ܚܙܬ ܘܐܕܢܐ ܠܐ ܫܡܥܬ. ܘܥܠ ܠܒܐ ܕܒܪܢܫܐ ܠܐ ܣܠܩ. ܘܐܝܟܢܐ ܕܐܬܒܪܝ، ܒܪܢܫܐ ܡܢ ܬܪ̈ܝܢ ܗܘܝ̈ܬܐ ܡܫܚܠܦ̈ܬܐ ܢܦܫܐ ܘܦܓܪܐ. ܗܟܢܐ ܐܦ ܬܪ̈ܝܢ ܥܠܡ̈ܐ ܐܝܬ ܚܕ ܗܢܐ. ܘܐܚܪܢ ܕܥܬܝܕ.. ܒܗܢܐ ܥܠܡܐ ܦܓܪܢܝܐ. ܡܬܒܣܡ ܦܓܪܐ. ܒܥܠܡܐ ܕܝܢ ܪܘܚܢܝܐ ܗܘ ܡܬܒܣܡܐ ܢܦܫܐ ܕܐܝܬܝܗ̇ ܪܘܚܢܝܬܐ. ܠܗܝ ܒܣܘܡܐ ܪ ܓܝܓܝܢ ܟܪܝܣܛܝܢ̈ܐ ܡܬܚܝܠܝܢ ܒܛܝܒܘܬܗ ܕܡܪܢ ܝܫܘܥ ܡܫܝܚܐ ܘܕܐܒܘܗܝ ܘܪܘܚܗ ܩܕܝܫܐ ܠܥܠܡ ܥܠܡܝܢ ܐܡܝܢ܀

45 Zur apologetischen Tendenz von Hiobs Schrift vgl. inzwischen REININK, G.J.: The „Book of Nature“ and Syriac apologetics against Islam. The case of Job of Edessa's *Book of treasures*, in: VANDERJAGT, A. / VAN BERKEL, K. (edd.): The Book of nature in the Middle Ages, Leuven 2005, S. 71–84.

46 *Book of Treasures* #6,9 (S. 460 Z. 17–9 [linke Spalte] ed. MINGANA, A.: Encyclopædia of Philosophical and Natural Sciences as Taught in Baghdad about A.D. 817 or Book of Treasures by Job of Edessa. Syriac Text Edited and Translated with a Critical Apparatus, Birmingham 1935 [= Woobrooke Scientific Publications 1]): ܡܣܬܒܠܢܘܬܐ ܓܝܪ ܫܘܢܩܐ ܘܗܘܘ ܠܗ ܘܚܣܝܪܐ ܕ̈ܝ ܠܡܬܠܬܐ ܐܣܝܪܘܬܐ ܕܦܓܪܐ ܐܝܟ ܠܚܘܬܐ ܓܝܪ ܕܠܗܘܢ، ܫܘܢܩܐ ܗܘ.

47 *Book of Treasures* #6,9 (S. 461 Z. 2–3 [rechte Spalte] ed. MINGANA, A.: Encyclopædia of Philosophical and Natural Sciences as Taught in Baghdad about A.D. 817 or Book of Treasures by Job of Edessa. Syriac Text Edited and Translated with a Critical Apparatus, Birmingham 1935 [= Woobrooke Scientific Publications 1]): ܫܘܢܩܐ ܕܒܗ ܓܗܢܐ.

Beweisführungen[48], heißt es doch im sechsten *mēmrā*, der von metaphysischen Fragestellungen handelt, an prominenter Stelle wie folgt[49]:

> „**1.** Our aim therefore has been in all what was laid down (by us) to verify with manyfold (reasons) from the nature of things [d-men kyānā ḏ-sûᶜrānē] those testimones which no one might be able to reject. **2.** The testimonies taken from the scriptures [d-men kṯāḇē] are accepted without question by believers only, while non-believers do not accept them".

Indem er – wie auch bei Dionysios bar Ṣalībī ersichtlich war – zwei Welten unterscheidet, eine spirituelle und eine körperliche[50], insistiert Hiob von Edessa auf der engelgleichen Natur derer, die zum ewigen Leben auferstehen (vgl. Mt 22,30 par), um ihre ungetrübte

---

48 Zu vergleichen sind die negativen Erfahrungen bei einer Argumentation (wohl auf der Grundlage von Natur und Schrift), von denen Timotheos I. anlässlich seines Religionsgespräches mit dem Kalifen al-Mahdī berichtet (Timotheos I., Brief 59,2,1 [S. 1–2 ed. HEIMGARTNER, M.: Timotheos I., ostsyrischer Patriarch, Disputation mit dem Kalifen al-Mahdī, Louvain 2011 (= Corpus Scriptorum Christianorum Orientalium 631/*632*, Scriptores Syri 244/*245*)]). Dass diese Form der Argumentation in der syrischen Kirche üblich war, zeigt nicht zuletzt der Beleg anlässlich eines im zweiten Drittel des 6. Jahrhunderts abgehaltenen Disputs zwischen dem monophysitischen Wortführer Aḥūḏemmeh und einem namentlich nicht genannten nestorianischen Katholikos vor dem Sāsānidenkönig Husraw Anōšag-ruwān (SCHILLING, A.M.: Die Anbetung der Magier und die Taufe der Sāsāniden. Zur Geistesgeschichte des iranischen Christentums in der Spätantike, Louvain 2008 [= Corpus Scriptorum Christianorum Orientalium 621. Subsidia 120], S. 38 mit Anm. 179). Der Paradigmenwechsel in den Religionsgesprächen der Abbasidenzeit (vgl. ebd., S. 48–49) ist Ende des 4./10. Jahrhunderts von einem zeitgenössischen andalusischen Reisenden notiert worden, Abū ᶜUmar Aḥmad b. Muḥammad b. Saᶜdī, der (nach VERNET, J.: Die spanisch-arabische Kultur in Orient und Okzident, aus dem Spanischen übersetzt von K. MAIER, Zürich / München 1984 [= Die Bibliothek des Morgenlandes s.n.], S. 18–19) davon berichtet hat, „daß an den Sitzungen, welche die Theologen abhielten, ‚nicht nur die Muslime aller Richtungen, Orthodoxe und andere, sondern auch Ungläubige, Zoroastrier, Materialisten, Atheisten, Juden, Christen, mit einem Wort Angehörige aller Religionsgemeinschaften, teilnahmen. Jede Sekte hatte ihren Anführer, der damit beauftragt war, die Ansichten, die sie vertrat, zu verteidigen; und wenn einer von ihnen den Saal betrat, erhoben sich alle ehrfurchtsvoll, und niemand setzte sich wieder, bevor nicht dieser seinen Platz eingenommen hatte. Sehr rasch füllte sich aber der Saal, und einer der Ungläubigen ergriff das Wort: ‚Wir haben uns also hier versammelt, um zu diskutieren. Ihr Muslime, greift uns bitte nicht mit einem Argument an, das eurem Buch entnommen ist oder auf der Autorität eures Propheten beruht. Halten wir uns doch alle an Beweise, die auf dem menschlichen Verstand begründet sind.‘ Dieser Vorschlag wurde einmütig gebilligt." Der Text des arabischen Originals (aḍ-Ḍabbī, Buġyat al-multamis fī taʾrīḫ riǧāl ahl al-Andalus, ed. I. al-Abyārī, Beirut / Kairo 1989 [= al-Maktabat al-Andalusīya 14/15], Nr. 342 [Bd. 1, S. 199] = ed. F. CODERA, Madrid 1885, Nr. 341]) lautet wie folgt: فرايت مجلسا قد جمع الفرق كلها المسلمين من اهل السنة والبدعة والكفار من المجوس والدهرية والزنادقة واليهود والنصارى وسائر اجناس الكفار ولكل فرقة رئيس يتكلم على مذهبه ويجادل عنه فاذا جاء رئيس من اي فرقة كانت قامت الجماعة اليه قياما على اقدامهم حتى يجلس فيجلسون بجلوسه فاذا غص المجلس باهله وراوا انه لم يبق لهم احد ينتظرونه قال قائل من الكفار قد اجتمعتم للمناظرة فلا يحتج علينا المسلمون بكتابهم ولا بقول نبيهم فانا لا نصدق ذلك ولا نقر به وانما نتناظر بحجج العقل وما يحتمله النظر والقياس فيقولون نعم لك ذلك.

49 *Book of Treasures* #6,8 S. 458 Z. 8–13 [linke Spalte] ed. / S. 278 trad. MINGANA, A.: Encyclopædia of Philosophical and Natural Sciences as Taught in Baghdad about A.D. 817 or Book of Treasures by Job of Edessa. Syriac Text Edited and Translated with a Critical Apparatus, Birmingham 1935 [= Woobrooke Scientific Publications 1]) (Übersetzung mit leichteren Modifikationen): ܗ̄(ܠܢ) ܢܝܫܢ ܒܟܠܗܘܢ ܣܝ̈ܡܬܐ ܕܢܫܪܪ ܒܣܓܝܐܬܐ ܕܡܢ ܟܝܢܐ ܕܣܘܥܪ̈ܢܐ ܢܫܪܪ ܠܣܗܕ̈ܘܬܐ ܗܠܝܢ ܕܠܝܬ ܐܢܫ ܕܡܨܐ ܐ ܕܢܣܠܐ ܐܢܝܢ : ܣܗܕ̈ܘܬܐ ܓܝܪ ܕܡܢ ܟܬ̈ܒܐ ܡܢ ܡܗܝܡ̈ܢܐ ܠܚܘܕ ܡܬܩܒܠܢ ܗܟܝܠ ܡܢ ܡܗܝܡ̈ܢܐ ܠܐ ܡܗܝܡ̈ܢܐ- (ܕܝܢ) ܠܐ ܡܩܒܠܝܢ ܠܗܝܢ.

50 Vgl. §4 bei Dionysios bar Ṣalībī.

Schau Gottes zu unterstreichen; beginnend mit dem Zitat von 1 Kor 2,9[51] verwandeln sich seine Ausführungen indessen zu einer Widerlegung islamischer Lehren (bezüglich der Existenz von Nahrung und Qualen im Jenseits, die sich angeblich auf die Elemente zurückführen lassen), ohne Ross und Reiter zu nennen – mit anderen Worten, ohne *expressis verbis* anzudeuten, dass sich seine Argumentation gegen den Islam richtet[52]:

„**1.** The knowledge of God, therefore, is life and the kingdom of heaven, of which it is written [1 Kor 2,9]: ‚Eye hath not seen nor ear heard, neither have entered into the heart of man, the things which God hath prepared for them that love him'. (…) **2.** If somebody says here that God will grant him in the next world a variety of food and drink emanating from the elements [vgl. Sure 47,15 und 52,19.22[53] – *A.S.*], but not resembling that found in this world, because they will eat this food without suffering, and will drink without pain; and that in the same way the wicked will experience a torment emanating from the elements [vgl. Sure 22,8–9], but not resembling that found in this world[54]: – We will answer: Whatsoever God wills, He does; and if He wills to grant them something dissimilar from that found in this world, and emanating from the elements so that they may delight in it, He can do so easily. **3.** We cannot, however, prove whether this will be the case or not (…). **4.** If the material and corruptible food of this body of ours exists in the next world, there will also be natural desire; and if there is natural desire, there will also be passions, as the desire for food is nothing else but passions which wish to satisfy a want; and if there is passion, there will also be corruption, increase to satisfy a need, decrease, digestion of food, and ejection of superfluities; and consequently there will also be fight between antagonistic powers, victory, defeat, dissolution and death. If this were the case, there would be no next world (…). **5.** The general consensus of opinion among rational men will not accept the assertion that the body could receive food without an increase to itself, together with the other

51 Vgl. §3 bei Dionysios bar Ṣalībī.

52 *Book of Treasures* #6,10 S. 463 ult. [linke Spalte] – 464 Z. 3; Z. 12–21 [rechte Spalte]; 464 Z. 9–17 [linke Spalte]; 465 Z. 1–4; 7–9 [rechte Spalte] ed. / S. 288–90 trad. MINGANA, A.: Encyclopædia of Philosophical and Natural Sciences as Taught in Baghdad about A.D. 817 or Book of Treasures by Job of Edessa. Syriac Text Edited and Translated with a Critical Apparatus, Birmingham 1935 [= Woobrooke Scientific Publications 1]) (Übersetzung mit leichten Modifikationen): ܡܕܝܢ ܝܕܥܬܐ ܕܐܠܗܐ ܐܝܬܝܗܘܢ، ܚܝܐ ܘܗ̇ܝ، ܐܝܬܝܗ̇ ܡܠܟܘܬܐ ܕܫܡܝܐ ܗ̇ܘ ܡܐ ܕܥܝܢܐ ܠܐ ܚܙܬ ܘܐܕܢܐ ܠܐ ܫܡܥܬ ܘܥܠ ܠܒܐ ܕܒܢܝܢܫܐ ܠܐ ܣܠܩ ܡܕܡ ܕܛܝܒ ܐܠܗܐ ܠܐܝܠܝܢ ܕܪܚܡܝܢ ܠܗ (...). ܘܐܢ، ܢܐܡܪ ܐܢܫ ܕܐܠܗܐ ܡܥܛܐ ܠܗ ܒܦܘܫܩܐ ܒܥܠܡܐ ܕܥܬܝܕ: ܡܐܟܘܠܬܐ ܡܕܡ ܘܡܫܩܝܐ ܕܠܐ ܕܡܝܢ ܠܕܗܢܐ ܥܠܡܐ ܡܢܗܘܢ، ܕܐܣܛܘܟܣ̈ܐ (ܣܡܐ) ܐܟܠܝܢ ܠܗ̇ ܗܢܐ ܡܐܟܘܠܬܐ ܕܠܐ ܚܫܐ ܘܫܬܝܢ ܕܠܐ ܟܐܒܐ: ܘܗܟܢܐ ܐܦ ܥܘܢܫܐ ܗ̇ܘܐ ܠܗܘܢ، ܡܢܗܘܢ، ܕܐܣܛܘܟܣ̈ܐ (ܣܡܐ) ܕܠܐ ܕܡܐ ܠܕܗܢܐ ܥܠܡܐ: ܐܡܪܝܢ: ܕܐܠܗܐ ܕܟܠ ܕܨܒܐ ܥܒܕ. ܘܐܢܗܘ ܕܨܒܐ ܕܢܬܠ ܠܗܘܢ، ܡܕܡ ܕܠܐ ܕܡܐ ܠܕܗܢܐ ܥܠܡܐ ܡܢ ܐܣܛܘܟܣ̈ܐ ܕܢܬܒܣܡܘܢ، ܒܗ ܦܫܝܩ ܠܗ. ܒܪܡ ܕܝܢ ܠܐ ܡܫܪܪܝܢܢ ܠܗܕܐ ܐܢ، ܗܘܝܐ ܐܘ ܠܐ (...) ܘܐܢܗܘ ܕܡܐܟܘܠܬܐ ܕܗܢܐ ܦܓܪܐ ܗܘܝܐ ܬܡܢ ܠܚܫܬܐ. ܘܠܐ ܡܬܚܒܠܢܝܬܐ ܐܦ ܪܓܬܐ ܗܕܐ ܗܘܝܐ ܬܡܢ. ܘܐܢ، ܗܕܐ ܗܘܝܐ ܬܡܢ ܘܐܦ ܚܫ̈ܐ : ܗܕܐ ܓܝܪ ܪܓܬܐ ܕܡܐܟܘܠܬܐ ܠܝܬܝܗ̇ ܡܕܡ ܐܚܪܢܐ ܐܠܐ ܐܢ، ܚܫܐ : ܕܨܒܝܢ ܕܢܡܠܘܢ، ܠܗ̇ܘ ܡܢ ܕܚܣܝܪ. ܘܐܢ، ܚܫܐ ܗ̇ܘܐ ܐܦ ܚܒܠܐ ܘܬܘܣܦܬܐ ܕܡܡܠܝܐ ܘܒܨܝܪܘܬܐ ܘܡܬܒܠܥܢܘܬܐ ܕܡܐܟܘܠܬܐ ܘܕܝܢܐ ܕܝܬܝܪܘܬܐ ܡܕܡ ܐܦ ܬܟܬܘܫܐ ܕܡܣܩܒܠܢܝܬܐ ܘܙܟܘܬܐ ܐܦ ܙܟܝܘܬܐ ܘܫܪܝܐ ܐܦ ܡܘܬܐ ܘܠܝܬ ܥܠܡܐ ܐܚܪܢܐ : (...) ܗ̇ܢܘܢ ܕܡܫܪܪܬܐ ܢܩܒܠ ܬܘܣܦܬܐ ܠܐ ܬܗܘܐ ܒܡܫܬܟܚܐ : ܘܗ̇ܠܝܢ ܐܣܬܝܢܬܐ ܕܬܝܣܡ ܗܕܐ ܒܡܣܬܒܪܢܘܬܐ ܡܬܡܟܠܐ ܘܕܓ̈ܠܝܐ ܗܕܐ ܠܗ؛ ܕܢܐܡܪ ܠ ܐܢܫ (...) ܐܘ̇ ܒܡܣܬܒܪܢܘܬܐ ܒܪ ܢܫܐ ܗܘ̇ ܡܫܝܪ ܗܘ̇ܐ ܘܡܫܬܦܫܢܐ ܘܡܚܕܪܐ ܠܐ ܡܬܬܚܠܠ، ܘܡܗܕܪܐ ܐܝܟ ܥܠܝܠܐ ܠܟܘܢ ܕܢܐܡܪ ܟܠ ܕܢܝ ܟܐ.

53 Die Verweise beziehen sich auf jene Koran-Verse, die in syrischer Überlieferung bewahrt sind.

54 Vgl. §4–5 bei Dionysios bar Ṣalībī.

> consequences which we have just enumerated. **6.** If it does accept this assertion, it will be only by faith. **7.** Such an assertion would indeed resemble that of a man telling us: (…) ‚Or [accept] by faith, that this one is a man today, but he will be a horse tomorrow, and do not doubt that'. **8.** A man can say anything he wishes in this way!"

Die Einbeziehung solcher Problemkreise in das christlich-philosophische Schrifttum – und hier sei daran erinnert, dass es sich Hiob von Edessa zur Aufgabe gemacht hatte, lediglich Vernunftgründe für die Plausibilität des christlichen Glaubens zu liefern – lädt geradezu dazu ein, auf islamischer Seite die diesbezüglichen Positionen in der philosophischen und theologischen Literatur des 9. Jahrhunderts[55] mit den von Hiob referierten zu vergleichen: Günstigenfalls liegt die Versuchung nahe, von Ansätzen zu einem interreligiösen christlich-muslimischen *kalām* des 9. Jahrhunderts zu sprechen.

Ein weiteres Beispiel mag für unseren Zusammenhang genügen. Seit langem ist bekannt, dass ʿĪsā b. Maryam der koranischen Tradition zufolge als „der Christus (*al-Masīḥ*), der Gesandte Gottes, sein Wort […] und sein Geist (*rasūl^u 'llāh wa-kalimat^u-hū […] wa-rūḥ^u-hū*)" gilt[56], jedoch nicht als Gottes Sohn, wesensgleich mit dem Vater. Christliche Autoren mit ihren unterschiedlichen christologischen Standpunkten mussten also Position beziehen, wenn sie die islamische Christologie widerlegen wollten. Es ist deshalb zunächst einmal erstaunlich zu sehen, dass der westsyrisch-jakobitische, miaphysitische Autor Dionysios bar Ṣalībī *zwei* Naturen in Christus unterscheidet[57] – was andererseits gar nicht so ungewöhnlich für ‚miaphysitische' Autoren des Mittelalters zu sein scheint[58]. Dionysios bar Ṣalībī schreibt[59]:

---

55 Vgl. VAN ESS, J.: Theologie und Gesellschaft im 2. und 3. Jahrhundert der Hidschra: eine Geschichte des religiösen Denkens im frühen Islam, Berlin [u.a.] 1991–1997; Grundriss der Geschichte der Philosophie, begründet von Friedrich UEBERWEG, hrsg. von Helmut HOLZHEY, [Abt. 8]: Philosophie in der islamischen Welt, ed. U. RUDOLPH unter Mitarbeit von R. WÜRSCH, Bd. 1: 8.–10. Jahrhundert, Basel 2012 (= Grundriss Islamische Welt 1) und neuerdings EICHNER, H. / PERKAMS, M. / SCHÄFER, Chr. (edd.): Islamische Philosophie im Mittelalter. Ein Handbuch, Darmstadt 2013.

56 E.g. Sure 4,171: إِنَّمَا الْمَسِيحُ عِيسَى ابْنُ مَرْيَمَ رَسُولُ اللَّهِ وَكَلِمَتُهُ أَلْقَاهَا إِلَى مَرْيَمَ وَرُوحٌ مِّنْهُ. Vgl. dazu etwa Johannes Damascenus, Haeres. 100,18 (S. 61 ed. KOTTER OSB, J.: Die Schriften des Johannes von Damaskos, herausgegeben vom byzantinischen Institut der Abtei Scheyern, Bd. 4: Liber de haeresibus. Opera polemica, Berlin [u.a.] 1981 [= Patristische Texte und Studien 22]): Χριστὸν λόγον εἶναι τοῦ θεοῦ καὶ πνεῦμα αὐτοῦ („Christ is the *Logos* of God and His Spirit") sowie die in griechischer Überlieferung bewahrten Koran-Fragmente (HØGEL, Chr.: An early anonymous Greek translation of the Qur'ān. The fragments from Niketas Byzantios' *Refutatio* and the anonymous *Abjuratio*, in: Collectanea Christiana Orientalia 7 [2010], S. 65–119, hier p. 86; FÖRSTEL, K. [ed.]: Schriften zum Islam von Arethas und Euthymios Zigabenos und Fragmente der griechischen Koranübersetzung [= Corpus Islamo-Christianum. Series graeca 7], Wiesbaden 2009 [darin *Fragmenta Coranica Graeca*, ebd. S. 86–122], hier p. 95): Ὁ Χριστὸς Ἰησοῦς υἱὸς Μαρίας ἀπόστολος Θεοῦ ἐστι καὶ λόγος αὐτοῦ, ὃν ἔρριψεν πρὸς τὴν Μαρίαν, καὶ πνεῦμα ἐξ αὐτοῦ. („The Christ Jesus, son of Mary, is God's apostle and His *Logos*, whom He has cast forth towards Mary, and (is) Spirit from Him"). Zur Diskussion um das christliche und islamische Einheitsbekenntnis Gottes im 9. Jahrhundert, vgl. neuerdings HUSSEINI, S. L.: Early Christian-Muslim Debate on the Unity of God. Three Christian Scholars and their Engagement with Islamic Thought (9th Century C.E.), Leiden (Brill) 2014 (= History of Christian-Muslim relations 21).

57 Die klassischen Formeln lauten „Der *Logos* Gottes, vereint mit einem Körper, bildet eine Natur (*kyānā*)" für einen strikten Miaphysitismus und „Der Gott-*Logos* und das Fleisch, von dem er Besitz ergriffen hatte, bilden eine Hypostase (*qnōmā*)" für einen moderaten Miaphysitismus; vgl. im übrigen JUGIE, M.: Art. „Monophysisme", in: Dictionnaire de Théologie Catholique , ed. A. VACANT, E. MANGENOT, É. AMANN, Paris 1903–1950, Bd. 10.2, Paris 1929, Sp. 2216–2251, hier Sp. 2217: „Il y a un monophysitisme verbal orthodoxe, qui, employé modérément, et conjointement avec la terminologie dyophysite

> „**1.** We say that Christ is of two natures (kyānē), that is, **1.1.1** the Logos of God (Melltā ḏ-Alāhā) and **1.1.2** the (human) body, endowed with a soul and created, adjoining to him (viz. to the Logos of God)[60]: **1.2** one hypostasis (qnōmā) and one Christ; and, **1.3** as God, he is Creator. **1.3.1** The names ‚Creator' and ‚creature' are names of operation, not names of ousia. **1.3.2** We did not hear Christ say that he is made, but Maker; for he said (Joh 10,37): ‚If I do not do the works of my Father, put no faith in me' and (Joh 5,19) ‚As the Father does, so the Son also does'."

Das Problem, welches Dionysios bar Ṣalībī (unter Anführung von Schriftbelegen) zu lösen versuchte, bestand offensichtlich darin, die Aporie zu erklären, dass Christus, je nach Standpunkt, Geschöpf ist (ein *theologoumenon*, auf welches die koranische Christologie fixiert ist), als auch Schöpfer (was die koranische Christologie – trotz ihrer Akzeptanz der Idee einer Schöpfung durch das Wort, i.e. *kun* [„es werde"] – in Abrede stellt)[61].

---

a été reconnu légitime."

58 Die konfessionellen Unterschiede der orientalischen Kirchen haben sich im Verlaufe der Zeit offensichtlich verwischt; in die 1290er Jahre datiert das folgende, von Riccoldo de Monte Croce notierte Ereignis (KAPPLER, R. [ed.]: Riccold de Monte Croce, Pérégrination en Terre Sainte et au Proche Orient. Texte latin et traduction; Lettres sur la chute de Saint-Jean d'Acre. Traduction, Paris 1997 [= Textes et Traductions des Classiques Français du Moyen Âge 4], S. 130 Z. 14–22): *1. Patriarcha tamen eorum* (sc. *Iacobinorum*; *i.e.* Bar Ṣaumā, der Bruder des berühmten *Mapryānā* Bar Hebraeus – *A.S.*) *primo publica disputatione a nobis* (*i.e.* Riccoldo de Monte Croce – *A.S.*) *imo a Deo totaliter superatus tandem nobiscum plene in omnibus concordauit et fidem suam manu scriptam nobis tradidit, in qua aperte confessus est in Christo duas esse integras et perfectas naturas, diuinam uidelicet et humanam. 2. Et conuocato clero et magno populo in Niniue ciuitate grandi in platea propter multitudinem populi predicauimus fidem catholicam arabice et ostendimus errores Iacobinorum coram clero et populo iacobino, ipso patriarcha et clero asserente quia uere sic erat ut dicebamus.* Zu Riccoldo da Monte Croce vgl. BURMAN, Th.E., Art. „Riccoldo da Monte di Croce", in: THOMAS, D. (ed.): Christian-Muslim relations: a bibliographical history, Leiden [u.a.], 2009–2013 (= History of Christian-Muslim relations 11, 14, 15, 17, 20), Band 4, S. 678–691; für unseren Zusammenhang ist eine entsprechende Angleichung der christologischen Positionen des Westsyrers Dionysios bar Ṣalībī an diejenigen des ostsyrischen Katholikos Timotheos I. entscheidend, vgl. unten S. 172.

59 Dionysios bar Ṣalībī, S. 99 paenult. – 100 Z. 5 ed. / S. 92 trad. AMAR, J.: Dionysius bar Ṣalībī, A Response to the Arabs, Louvain 2005 (= Corpus Scriptorum Christianorum Orientalium 614/*615*, Scriptores Syri 238/*239*) (Übersetzung mit leichteren Modifikationen): ܘܐܡܪܝܢ ܕܡܫܝܚܐ ܐܝܬܘܗܝ، ܡܢ ܬܪܝܢ ܟܝܢܐ ܗܘ ܡܠܬܐ ܕܐܠܗܐ ܘܦܓܪܐ ܡܢܦܫܐ ܘܒܪܝܐ ܕܚܝܕ ܠܗ. ܚܕ ܩܢܘܡܐ ܘܚܕ ܡܫܝܚܐ. ܘܐܝܬܘܗܝ، ܒܪܘܝܐ ܐܝܟ ܐܠܗܐ. ܘܫܡܗܐ ܕܒܪܘܝܐ ܘܒܪܝܐ : ܫܡܗܐ ܕܡܣܬܥܪܢܘܬܐ ܐܢܘܢ : ܘܠܐ ܫܡܗܐ ܕܐܘܣܝܐ. ܘܡܫܝܚܐ ܠܐ ܫܡܥܢܝܗܝ، ܕܐܡܪ ܕܐܝܬܘܗܝ، ܥܒܝܕܐ : ܐܠܐ ܥܒܘܕܐ. ܐܡܪ ܓܝܪ. ܕܐܢ ܠܐ ܥܒܕ ܐܢܐ ܥܒ̈ܕܐ ܕܐܒܝ ܠܐ ܬܗܝܡܢܘܢܢܝ. ܘܐܝܟܢܐ ܕܐܒܐ ܥܒܕ : ܗܟܢܐ ܐܦ ܒܪܐ ܥܒܕ.

60 Die Übersetzung von Joseph Amar (AMAR, J.: Dionysius bar Ṣalībī, A Response to the Arabs, Louvain 2005 [= Corpus Scriptorum Christianorum Orientalium 614/*615*, Scriptores Syri 238/*239*], S. 92), „the Word of God and a created body endowed with life which possesses it") ist durchaus falsch: Amar hat offensichtlich ܚܝܕ ܠ (*ḥayyeḏ lə-* „adjoining to") mit ܐܚܝܕ ܠ (*aḥīḏ lə-* „taking [*oder* being in] possession of") verwechselt.

61 Vgl. Johannes Damascenus, Haeres. 100,18–19 (S. 61 ed. KOTTER OSB, J.: Die Schriften des Johannes von Damaskos, herausgegeben vom byzantinischen Institut der Abtei Scheyern, Bd. 4: Liber de haeresibus. Opera polemica, Berlin [u.a.] 1981 (= Patristische Texte und Studien 22): Χριστὸν (…) εἶναι (…) κτιστὸν δὲ καὶ δοῦλον („Christus […] sei [...] andererseits Geschöpf und Knecht") mit Sure 3,59 (إِنَّ مَثَلَ عِيسَى عِندَ اللَّهِ كَمَثَلِ آدَمَ خَلَقَهُ مِن تُرَابٍ ثُمَّ قَالَ لَهُ كُن فَيَكُونُ) und der ausführlichen Diskussion bei Timotheos I., Brief 59,19 *passim* (S. 141–55 ed. HEIMGARTNER, M.: Timotheos I., ostsyrischer Patriarch, Disputation mit dem Kalifen al-Mahdī, Louvain 2011 [= Corpus Scriptorum Christianorum Orientalium 631/*632*, Scriptores Syri 244/*245*]).

Letzten Endes teilt Dionysios bar Ṣalībī seine christologischen Formulierungen *grosso modo* mit denen der ‚Kirche des Ostens', und von daher auch mit dem, was der Katholikos Timotheos I. einige Jahrhunderte früher bekannt hatte. Für unsere Zwecke mag es genügen, die christologischen Schlüsselpassagen aus Timotheos' I. Brief über den Islam zu zitieren[62] (die Zählung der Sätze folgt jener aus den Argumenten des Dionysios bar Ṣalībī):

> „Christ, however, is not two, o King, and further, (there are) not (two) sons. **1.2** There is one Son and Christ; **1.** two natures (kyānē), however, do exist and are said (of him): **1.1.1** one is (originating) from the Logos (Mellṯā), **1.1.2** the other is (originating) from Mary, clothing the God-Logos (lāḇeš Mellṯā Alāhā)."

Ob nun Dionysios einen Text ähnlich dem des Timotheos vor Augen hatte („[the nature] (originating) from Mary, clothing the God-*Logos*": [*kyānā*] *ḏ-men Maryam lāḇeš Mellṯā Alāhā*), welchen er dann entsprechend der christologischen Standardformulierungen seiner Konfession zu „the body, adjoining to the *Logos* of God" (*pağrā ḏ-ḥāyed l-Mellṯā ḏ-Alāhā*) änderte, um eine erkennbar ‚nestorianische' Terminologie (*Mellṯā Alāhā lḇeš pağrā*, „the God-*Logos* clothed [himself in] a body") zu vermeiden, mag dahingestellt bleiben – jedenfalls existieren Hinweise für die mögliche Existenz einer solchen Vorlage; zu Beginn des Briefes 59 hatte Timotheos I. an seinen Adressaten geschrieben[63]:

> „Therefore, I do not want [to write], since ([writing down] is) superfluous labour, whose (burden) I have experienced in many (occasions): partly, concerning the topic now under discussion; fully, indeed, even in other (discussions), which happened to take place prior to this one."

Ein solcher Unwillen des Katholikos Timotheos I., resultierend wohl aus seinen schlechten Erinnerungen an jenen früheren Disput[64], veweisen nicht nur auf die Ausführungen seines Schützlings Hiob von Edessa, nurmehr „auf der Grundlage der Natur" seine Beweisführung anstellen zu wollen; sie lassen zudem die Gründe erahnen, warum sich Timotheos letzten Endes dazu entschlossen haben mag, jemand anderen damit zu beauftragen, sich (womöglich unter Rückgriff auf das gesamte mittlerweile am Patriarchat schriftlich vorliegende einschlägige Koran-Dossier) der Auseinandersetzung mit dem Islam zu widmen: Abū Nūḥ al-Anbārī.

---

62 Timotheos I., Brief 59,3,3 (S. 8–9 ed. HEIMGARTNER, M.: Timotheos I., ostsyrischer Patriarch, Disputation mit dem Kalifen al-Mahdī, Louvain 2011 [= Corpus Scriptorum Christianorum Orientalium 631/*632*, Scriptores Syri 244/*245*]): ܡܫܝܚܐ ܕܝܢ ܠܐ ܬܪܝܢ ܐܘ ܡܠܟܐ ܘܐܦܠܐ ܒܢܝܐ. ܚܕ ܗܘ ܓܝܪ ܒܪܐ ܘܡܫܝܚܐ. ܟܝܢܐ ܕܝܢ ܬܪܝܢ ܘܐܝܬܝܗܘܢ ܘܡܬܐܡܪܝܢ. ܚܕ ܡܢ ܓܝܪ ܗܘ ܕܡܠܬܐ ܐܚܪܢܐ ܕܝܢ ܗܘ ܕܡܢ ܡܪܝܡ. ܠܒܫ ܡܠܬܐ ܐܠܗܐ܀

63 Timotheos I., Brief 59,2,1 (S. 1–2 ed. HEIMGARTNER, M.: Timotheos I., ostsyrischer Patriarch, Disputation mit dem Kalifen al-Mahdī, Louvain 2011 [= Corpus Scriptorum Christianorum Orientalium 631/*632*, Scriptores Syri 244/*245*]): ܘܟܕܗܘ، ܕܝܢ ܓܝܪ ܠܐ ܨܒܐ ܐܢܐ: ܒܛܠܐ ܦܘܪܣܐ ܕܝܢ ܡܝܬܪܬܐ ܓܝܪ ܥܡܠܬ ܢܣܝܬܗ ܕܣܓܝܐܐ. ܒܡܢܬܐ ܕܝܢ ܓܝܪ ܒܡܠܬܐ ܕܗܫܐ ܗܕܐ ܠܡܡܠܠܘܬܐ. ܒܟܠܗܝܢ ܕܝܢ ܓܝܪ ܘܒܐܚܪܢܝܬܐ ܕܩܕܡ ܡܢ ܗܕܐ ܓܕܫ ܕܢܗܘܝܢ.

64 Wie Martin Heimgartner bemerkt hat (trad. HEIMGARTNER, M.: Timotheos I., ostsyrischer Patriarch, Disputation mit dem Kalifen al-Mahdī, Louvain 2011 [= Corpus Scriptorum Christianorum Orientalium 631/*632*, Scriptores Syri 244/*245*], S. 1 Anm. 8), benutzt Timotheos I. den Plural (daher „discussions" in der Übersetzung) um auf ein Geschehen zu verweisen, das an einem einzigen Tag stattgefunden hat; es ist deshalb wahrscheinlich, dass mit den früheren Diskussionen des Textes („prior discussions") eine einzige Debatte gemeint ist, die sich vielleicht über mehrere Sessionen erstreckte – gleich derjenigen, von welcher der Brief 59 berichtet, dass sie zwei Tage gedauert hatte.

Schließlich ist darauf hinzuweisen, dass es an manchen Stellen kaum möglich ist, Dionysios bar Ṣalībīs ‚Kommentare' ohne Rückgriff auf Timotheos' (erhaltenen) schriftlichen Nachlass (vielleicht in einer durch Abū Nūḥ al-Anbarī vermittelten Form) zu verstehen; es wäre allerdings erst noch nachzuweisen, inwiefern der oben skizzierte Schwenk der ‚ostsyrischen' Strategie im Umgang mit dem Islam sich in der ‚westsyrischen' Rezeption niedergeschlagen hat.

3. Bezüge zu den ältesten persischen Koran-Übersetzungen

In Sure 52,19–20 wird der Gläubige aufgefordert, (im Jenseits) mit Genuss das zu essen und zu trinken, was er sich (im Diesseits) verschafft hat – und zwar auf Liegen ruhend, mit Huris verheiratet. Für das arabische Wort سرر (*surur*, „Liegen“) hat der syrische Übersetzer zunächst ein syriazisiertes griechisches Lehnwort ܦܪ̈ܝܘܬܐ („*peryāwāṯā*“) eingesetzt und durch ein – ansonsten in den syrischen Lexika nicht belegtes – persisches Wort ܬܚܬܗ („*taḫt-hā*“) glossiert[65]: Und merkwürdiger Weise findet sich in der ältesten mir derzeit bekannten persischen Interlinearversion des Koran dasselbe persische Wort an derselben Stelle (تخت ها)[66], wobei bemerkt werden muss, dass das persische, das arabische und das

65 Orthographisch korrekt wäre ܬܚܬܗܐ (mit *alif finale*) gewesen; vielleicht deutet eine solche Inkonsistenz darauf hin, dass das Persische für den Übersetzer lediglich eine vernakuläre Sprache war. – Zur Stelle hatte bereits Alphonse Mingana folgendes bemerkt (MINGANA, A.: An Ancient Syriac Translation of the Ḳurʾān Exhibiting New Verses and Variants, in: Bulletin of the John Rylands Library 9 [1925], S. 188–235, hier S. 192): „There is (…) a linguistic phenomenon to which we wish to draw attention. When in lii., 20 (*i.e.* Sura *52,20 – A.S.*) the translator wishes to illustrate the Arabic *Sururin* which he had rigthly rendered by *Piryāwātha*, he adds to it the explanatory Persian word *awkaith takhthā* ‚that is to say *couches*'. If the translator was Barṣalībi – born and brought up in Malaṭya – he would not have used at Amed a Persian word to explain a Syriac one. Does not this simple fact point to a time when Arabic had not yet supplanted Persian as a second language of the Christians of the Near East?“ Alphonse Mingana, der also davon ausgeht, dass Übersetzer und Autor der Glosse identisch seien, hat nicht in Rechnung gestellt, warum ein Übersetzer ein griechisches Lehnwort benutzen sollte, bei dem er davon ausgegangen sein muss – indem er es mit einem persischen Lehnwort (!) glossierte –, dass es seinen Lesern wohl nicht geläufig war. So eine Praxis ist weder für Dionysios bar Ṣalībī im 12. Jahrhundert, noch für irgendeinen früheren Übersetzer vorstellbar. Andererseits wäre zur Einführung einer kommentierenden Glosse eher ܗܢܘ (*hānau*, „nämlich“) anstelle von ܐܘܟܝܬ (*aukīt*, „beziehungsweise“) zu erwarten gewesen. An anderer Stelle (ebd., S. 205) findet sich eine weitere einschlägige Bemerkung Minganas: „The word used for ‚throne' is *Kursya* which answers to the Arabic *Kursi*, and the nearest verse containing this word is ii., 256 (*i.e.* Sura *2,256 – A.S.*) which is, however, very remote in meaning, not having even a reference to ‚sitting'. There are in the Syriac translation two other verses, ix., 9 and lvii., 4, which mention God's throne (…) in the two passages (…), the Arabic word for ‚throne' is *'Arsh*, rendered into Syriac by *'Arsa* which most generally means ‚bed, bier and litter' and hardly ever ‚throne'.“ – Der lateinische Übersetzer hatte keinerlei Probleme mit *surur*[in], vgl. etwa al-Kindī H17.51–3 (S. 15 ed. GONZÁLEZ MUÑOZ, F.: Exposición y refutación del Islam. La versión latina de las epístolas de al-Hāšimī y al-Kindī, A Coruña 2005): *Comedite et bibite securi discumbentes in lectulis dispositis.*

66 Vgl. aus dem 4./10. Jahrhundert RAWĀQĪ, ᶜA. (ed.): Qorʾān-e qods, pažūheš-e ᶜA. Rawāqī, Tehrān 1364 h.š., S. 353 (Sure 52,19–20): بخورید وبشمید گهارشتی بدان بودید می کردید. تکیه کناران بند ور تختهای صف زده وجفت کنیم ایشانرا به حورالعینانی (zum besseren Vergleich mit der syrischen Tradition übersetze ich ins Englische) „Eat and drink in easiness of digestion what you have prepared, reclined together-bound on couches [*taḫthā*] (that are) arranged in a row. And we will couple them to *ḥūr al-ᶜīnānī*.“ Gleich der syrischen Übersetzung hat also auch die älteste persische Übersetzung das Äquivalent für „Huri“ als Lehnwort übernommen. Im *Lesān at-tanzīl* aus dem 4.–5./10.–11. Jahrhundert heißt es s.v. *surur*[un] (= Kommentar zu Sure 88,13 S. 21 Z. 22 – antepaen. [rechte Spalte] ed. MOḤAQQEQ, M. [ed.]: Lesān at-tanzīl. Zabān-e

dem Syrischen zugrunde liegende griechische Wort in ihrer Bedeutung nicht genau deckungsgleich sind. Die Grundbedeutung des persischen Wortes تخت (*taḫt*) ist „Thron“ (und nicht etwa „Liege“ oder „Couch“); und interessanter Weise hat der syrische Lexikograph Ḥnānīšōᶜ bar Srōšwai das syriazisierte griechische Lehnwort ܦܘܪܝܘܢ (*pôryôn* zu griech. φορεῖον) zum einen neben das arabische سرر (*surur*) gestellt, zum anderen aber auch in der Bedeutung „Thron“ aufgeführt, wie die beigefügten syrischen Synonyme mitsamt arabischer Übersetzung belegen[67].

Jedenfalls ergibt sich aus dem gesamten Komplex ein Hinweis darauf, dass mündliche Auslegungstraditionen des Koran in persischer Sprache eine Zeitlang christlichen und muslimischen Persern gemein waren; ob es allerdings zum Islam konvertierte christliche Perser waren, welche bei der sprachlichen Anverwandlung des Koran Pate gestanden haben könnten – unter der Annahme nämlich, dass es christliche Jenseitsvorstellungen waren[68],

---

Qorᵓān taᵓlīf-e qarn-e čahārom yā panǧom-e heǧrī, be-enzemām-e Farhang-e Loġāt, Tehrān ²1362 h.š.): تختها : سُرُرٌ (*surur*[un] *: taḫthā*). In der persischen Übersetzung *Tarǧome-ye Qorᵓān-e Mūze-ye Pārs* aus dem 5./11. Jahrhundert (deren erhaltener Text, aus der Feder eines „Ungläubigen“, erst mit Sure 19 einsetzt) lauten die Verse Sure 52,19–20 (RAWĀQĪ, ᶜA. [ed.]: Tarǧome-ye Qorᵓān-e Mūze-ye Pārs, az motarǧemī nāšenās beh košeš-e Dr. ᶜA. Rawāqī, Tehrān 2535 šāhānšāhī, S. 294): می‌خورید او می‌آشامید نوش گوارنده، بدانک شما می‌کردید. تکیه‌کردگان باشند فر تختهای به رسته وانهاده، و هم‌جفت کنیم ایشان را، واکنیزکان فراخ‌چشم („Eat and drink sweetly digesting what you have prepared, being caused to recline on couches [*taḫthā*] (that are) in order, and arranged; and we will couple them together with broad-eyed maid-servants“); eine *Tarǧome-ye Qorᵓān* aus dem 6./12. Jahrhundert hat für die Verse Sure 52,19–20 folgenden Wortlaut bewahrt (ed. YĀḤAQĪ, M. Ǧ. [ed.]: Tarǧome-ye Qorᵓān, nosḫe-ye movarreḫ-e 556 heǧrī, Mašhad 1364 h.š., S. 538): گویندشان: بخورید وبیاشامید گوارنده بدانچه شما می‌کردید. تکیه‌زده باشند بر تختها بهم‌باز نهاده وبزنی دهیم‌شان زنانی سپید نیکو – چشم. „They are told: Eat and drink easily digesting whatever you have prepared, being reclined on couches [*taḫthā*] (that are) put together. And we will marry them to bright-(and)-beautiful-eyed wives.“ In beiden Fällen ist hier das Wort „Huri“ bereits nach den Parallelen (etwa Sure 55,56 – vgl. S. 24) erklärt („broad-eyed maid-servants“ / „bright-[and]-beautiful-eyed wives“). Ohne nähere Quellenangabe ist mir von Prof. Dr. Fazlollāh PĀKZĀD-SORĀKĪ, Eṣfahān, per Schreiben vom 28.04.2012, der Wortlaut einer weiteren historischen Übersetzung mitgeteilt worden (بر تخت‌هایی ردیف هم تکیه زده‌اند وحوران در شت‌چشم‌را همسر آنان گردانده‌ایم „[…] on arranged couches [*taḫthā*] they will, crowded together, recline; and to large-eyed *ḥūr-ān* we will associate them“), doch dürfte bereits mit den weiter oben beigebrachten Belegen der Nachweis geführt sein, dass in der persischen Koran-Tradition die Übersetzung *taḫthā* für arabisch *surur*[in] allenthalben zu belegen ist, und dass das Wort für „Huri“ – wie im Syrischen bei Dionysios bar Ṣalībī bezeugt – zunächst entlehnt, und später erst nach den koranischen Parallelen paraphrasiert worden ist.

67 Der Lexikograph Bar Bahlūl aus dem 10. Jahrhundert zitiert (Sp. 1522–25 [*s.v.* ܦܘܪܝܘܢ] ed. DUVAL, R.: Lexicon syriacum auctore Hassan bar Bahlule e pluribus codicibus edidit et notulis instruxit R. Duval, Paris 1901) unter der Sigle ܒܪ ܣܪܘ das Wörterbuch des [Ḥnānīšōʻ] bar Srōšwai, Bischof von al-Ḥīra, einem Zeitgenossen des Katholikos Timotheos I. und Hiobs von Edessa (vgl. BAUMSTARK, A.: Geschichte der syrischen Litertur mit Ausschluß der christlich-palästinensischen Texte, Bonn 1922 (Reprint Berlin 1968), S. 232); wie sein Name zeigt, entstammte er einer persischen Familie. Bar Srōšwai erklärt das Wort ܦܘܪܝܘܢ (*pôryôn*) syrisch folgendermaßen: ܗܘ ܕܢܛܠ ܠܟܪܝܗܐ („was Kranke trägt“) und arabisch als جُرن وايضًا سرير محفة („ein Steinbassin; auch eine Thronbalustrade“); und schließlich syrisch und arabisch als كرسيّ ܘܬܘܒ ܟܘܪܣܝܐ („und ferner ein Thron“). Der Plural (ebd., Sp. 1622 Z. 4 [*s.v.* ܦܘܪ̈ܝܘܬܐ] ed. DUVAL) wird (arabisch und syrisch) nach derselben Autorität erklärt als اسرّة الصبيان ܟܘܪ̈ܣܝܐ ܕܛܠ̈ܝܐ الارايك („Stühle [oder: Sessel] für Kinder“) und الاسرّة الكبار ܟܘܪ̈ܣܘܬܐ ܪܘ̈ܪܒܬܐ (was vermutlich jeweils „Amtsstühle“ beziehungsweise „Kathedren“ bedeuten soll).

68 Da das letzte Buch des Neuen Testaments in der syrischen Kirche zunächst keine Rolle gespielt hat und auch selten kommentiert wurde, scheiden die „Throne der Ältesten“ aus der Apokalypse des Johannes wohl aus (Apk 4,4: Καὶ κυκλόθεν τοῦ θρόνου θρόνους εἴκοσι τέσσαρες, καὶ ἐπὶ τοὺς θρόνους εἴκοσι

etwa die Throne der Apostel um den Thron des Menschensohns[69], welche im ideellen Hintergrund der Wortwahl der persischen Übersetzung stehen –, muss vorläufig mit einem Fragezeichen versehen werden.

Ein Zusammenhang von syrischen mit persischen Auslegungstraditionen des Koran wird jedenfalls aus einem anderen Zeugnis noch deutlicher. Es scheint eine allgemein geläufige Anschauung zu sein, was unter dem koranischen Begriff مشرك (*mušrik*) – wörtlich „einer, der (Gott) einen Gefährten beigibt" – gemeint sei, nämlich, nach einer schon bei Johannes von Damaskus belegten Definition, ein „Christ"[70]:

> „Sie nennen uns *hetairistai* (dem arabisch *mušrikūn* entspricht – *A.S.*), denn – wie sie behaupten – führen wir einen Gefährten (*hetairos*) für Gott ein, indem wir sagen, dass Christus Sohn Gottes und Gott ist".

Während weitere dazu überlieferte Parallelen in dieselbe Richtung deuten – einerseits, und zwar in prohibitiver Tendenz, aus der ältesten koranischen Überlieferung, dem inschriftlich auch im Felsendom, also vor Ende des 7. Jahrhunderts, bezeugten Koranvers Sure 4,171[71] („Glaubt also an Gott und seine Gesandten und sagt nicht ‚drei'") und andererseits aus einer Rede des Kalifen aus dem Dialog des Katholikos Timotheos I. mit al-Mahdī („Weder

---

τέσσαρας πρεσβυτέρους καθημένους περιβεβλημένους ἐν ἱματίοις λευκοῖς καὶ ἐπὶ τὰς κεφαλὰς αὐτῶν στεφάνους χρυσοῦς). In der syrischen Version nach der *Pšīṭtā* ist jeweils das Wort ܟܘܪܣܝܐ (*kûrsyā*) benutzt: ܘܚܕܪ ܟܘܪܣܝܐ ܟܘܪܣܘܬܐ ܥܣܪܝܢ ܘܐܪܒܥܐ: ܘܥܠܝܗܘܢ ܕܝܢ ܟܘܪܣܘܬܐ: ܥܣܪܝܢ ܘܐܪܒܥܐ ܩܫܝܫܝܢ. ܝܬܒܝܢ. ܕܡܥܛܦܝܢ ܡܐܢܐ ܚܘܪܐ. ܘܥܠ ܪܫܝܗܘܢ ܟܠܝܠܐ ܕܕܗܒܐ. In einer von Paul de Lagarde herausgegebenen arabischen Handschrift (DE LAGARDE, P.: Apocalypseos Ioanneae versio arabica, in: Ad Analecta Syriaca Appendix, Leipzig 1858, Reprint Osnabrück 1967 [in: ders., Analecta Syriaca], S. 2–24 [des arabischen Texts]) fehlt die gesamte Stelle.

69 Vgl. Mt 19,28: ὁ δὲ Ἰησοῦς εἶπεν αὐτοῖς· ἀμὴν λέγω ὑμῖν ὅτι ὑμεῖς οἱ ἀκολουθήσαντές μοι ἐν τῇ παλιγγενεσίᾳ, ὅταν καθίσῃ ὁ υἱὸς τοῦ ἀνθρώπου ἐπὶ θρόνου δόξης αὐτοῦ, καθήσεσθε καὶ ὑμεῖς ἐπὶ δώδεκα θρόνους κρίνοντες τὰς δώδεκα φυλὰς τοῦ Ἰσραήλ. In der *Pšīṭtā* finden sich die Worte ܬܪܘܢܘܣ (aus griech. θρόνος) für den Thron des Menschensohns und ܟܘܪܣܝܐ (*kûrsyā*) für die Throne der Apostel als Richter über Israel (ܒܥܠܡܐ ܐܡܪ ܠܗܘܢ ܝܫܘܥ. ܐܡܝܢ ܐܡܪ ܐܢܐ ܠܟܘܢ. ܕܐܢܬܘܢ ܕܐܬܝܬܘܢ ܒܬܪܝ: ܚܕܬܐ ܡܐ ܕܝܬܒ ܒܪܗ ܕܐܢܫܐ ܥܠ ܬܪܘܢܘܣ ܕܫܘܒܚܗ. ܬܬܒܘܢ ܐܦ ܐܢܬܘܢ ܥܠ ܬܪܬܥܣܪ ܟܘܪܣܘܢ: ܘܬܕܘܢܘܢ ܬܪܬܥܣܪ ܫܒܛܐ ܕܐܝܣܪܝܠ.); das arabische Diatessaron (CIASCA, A. [ed.]: Tatiani Evangeliorum Harmoniae Arabice, Rom 1888) gibt ἐν τῇ παλιγγενεσίᾳ (entsprechend ܒܥܠܡܐ ܚܕܬܐ) mit في العالم الجديد wieder und folgt mit der Unterscheidung zwischen عرش (*ʿarš*) und كرسي (*kursī*) demselben Kriterium wie der Syrer (قال لهم ايسوع الحق اقول لكم انتم الذين اتبعتموني في العالم الجديد اذا ما جلس ابن البشر على عرش مجده تجلسون انتم ايضًا على اثني عشر كرسيًا وتدينون اثني عشر قبايل اسرائيل), während im persischen Diatessaron (MESSINA SJ, G. [ed.]: Diatessaron Persiano, Roma 1951 [= Biblica et Orientalia 14]) die Stelle nach den synoptischen Parallelen gegeben wird.

70 Johannes Damascenus, Haeres. 100,61–2 (S. 63 ed. KOTTER OSB, J.: Die Schriften des Johannes von Damaskos, herausgegeben vom byzantinischen Institut der Abtei Scheyern, Bd. 4: Liber de haeresibus. Opera polemica, Berlin [u.a.] 1981 [= Patristische Texte und Studien 22]): καλοῦσι δὲ ἡμᾶς ἑταιριστάς, ὅτι, φησίν, ἑταῖρον τῷ θεῷ παρεισάγομεν λέγοντες εἶναι τὸν Χριστὸν υἱὸν θεοῦ καὶ θεόν.

71 Sure 4,171 (= *Inschrift vom Felsendom* §3 LUXENBERG bei OHLIG, K.H. / PUIN, G.-R. (edd.): Die dunklen Anfänge. Neue Forschungen zur Entstehung und frühen Geschichte des Islam, s.l. [Schiler] 2005): فَآمِنُواْ بِاللَّهِ وَرُسُلِهِ وَلاَ تَقُولُواْ ثَلاَثَةٌ („So believe [Pl.] in God and His messengers and do not say ‚three'"). Das Syntagma „sagt ‚drei'" verweist auf Sure 5,73a: لَّقَدْ كَفَرَ الَّذِينَ قَالُواْ إِنَّ اللَّهَ ثَالِثُ ثَلاَثَةٍ (der Vers ist syrisch überliefert bei Dionysios bar Ṣalībī, S. 103 Z. 32–33 ed. AMAR, J.: Dionysius bar Ṣalībī, A Response to the Arabs, Louvain 2005 [= Corpus Scriptorum Christianorum Orientalium 614/*615*, Scriptores Syri 238/*239*]: ܟܦܘܪܐ ܐܢܘܢ ܐܝܠܝܢ ܕܐܡܪܝܢ ܕܐܠܗܐ ܬܠܝܬܝܐ ܗܘ ܬܠܬܐ. „Unbelievers are those, who say ‚God is the third of three'").

‚drei' noch ‚zwei' ist in irgendeiner Weise geziemend, von Gott gesagt zu werden")[72] –, so schwindet diese Sicherheit (auch wenn in Rechnung gestellt wird, dass an anderer Stelle des Koran eine Art von „Trinität", bestehend aus Gottvater, Jesus Christus und seiner Mutter [*Maryam*], konstruiert wird[73]) beim Vergleich mit der syrischen Übersetzung von Sure 98,1–4[74]:

ܠܐ ܗܘܘ ܘܗܦܟܝܢ ܗܠܝܢ ܕܟܦܪܘ ܡܢ ܩܪܝ ܕ ܟܬܒܐ		لَمْ يَكُنِ الَّذِينَ كَفَرُوا مِنْ أَهْلِ الْكِتَابِ
ܘܡܣܬܦܩܐ. ܗܠܝܢ ܕܐܡܪܝܢ ܬܪܝܢ		وَالْمُشْرِكِينَ مُنفَكِّينَ
ܥܕܡܐ ܕܐܬܐ ܠܗܘܢ ܚܘܝܬܐ ܫܠܝܚܝܬܐ ܡܢ ܐܠܗܐ		حَتَّى تَأْتِيَهُمُ الْبَيِّنَةُ رَسُولٌ مِّنَ اللَّهِ
ܕܢܩܪܘܢ ܟܬܒܐ ܩܕܝܫܐ ܕܐܝܬ ܒܗܘܢ ܟܬܒܬܐ ܡܫܪܪܢܝܬܐ..		يَتْلُو صُحُفًا مُّطَهَّرَةً فِيهَا كُتُبٌ قَيِّمَةٌ
ܘܠܐ ܐܬܦܠ̈ܓܘ ܩܪܝ ܟܬܒܐ.	5	وَمَا تَفَرَّقَ الَّذِينَ أُوتُوا الْكِتَابَ
ܐܠܐ ܡܢ ܒܬܪ ܕܐܬܐ ܠܗܘܢ ܝܕܥܬܐ		إِلاَّ مِن بَعْدِ مَا جَاءَتْهُمُ الْبَيِّنَةُ

ܕ ܩܪܝ ܟܬܒܐ ~~ܘܚܢܦܐ~~ ܠܝܗܘܕܝܐ ܘܠܟܪܣܛܝܢܐ ܩܪܐ. ܠܐ ܠܡ ܗܦܟܝܢ ܗܠܝܢ ܕܟܦܪܘ ܡܢ ܩܪܝ ܟܬܒܐ. ܕܥܕܡܐ ܠܡ ܕܠܐ ܐܬܐ ܚܘܝܬܐ ܫܠܝܚܝܬܐ ܘܐܬܐ ܘܡܬܕܪܫܬܐ. ܠܐ ܗܦܟܝܢ ܗܠܝܢ ܕܟܦܪܘ.

Zunächst einmal ist festzustellen, dass der Übersetzer den arabischen Text nicht korrekt wiedergegeben hat (ܥܕܡܐ ܕܐܬܐ ܠܗܘܢ ܚܘܝܬܐ. ܫܠܝܚܐ ܡܢ ܐܠܗܐ in Zeile 3 würde dem *textus receptus* wörtlich entsprechen);[75] wahrscheinlicher ist jedoch die Vermutung, er habe den Wortlaut absichtlich verändert und ܫܠܝܚܝܬܐ (*šlīḥāyṯā*, „apostolisch") statt ܫܠܝܚܐ* (*šlīḥā*, „Apostel") eingesetzt – in ähnlicher Weise wie im Falle von البينة (*al-bayyinat*, „das Zeichen"), was in Zeile 3 wiedergegen wurde duch ܚܘܝܬܐ (*taḥwīṯā*, „das Zeichen") und in Zeile 6 durch ܝܕܥܬܐ (*yaḏᶜūṯā*, „Einsicht", „Wissen"), als ob hier – an Stelle von البينة (*al-bayyinat*) – العِلم (*al-ᶜilm*)[76] beziehungsweise المعرفة (*al-maᶜrifat*) in der Vorlage gestanden hätte: Offensichtlich konnte der syrische Übersetzer der Intention des arabischen Originals, wonach für das korrekte Verständnis der Schrift ein (weiterer) Apostel Gottes notwendig wäre, nicht folgen.

---

72 Timotheos I., Brief 59,16,27 (S. 105 ed. HEIMGARTNER, M.: Timotheos I., ostsyrischer Patriarch, Disputation mit dem Kalifen al-Mahdī, Louvain 2011 [= Corpus Scriptorum Christianorum Orientalium 631/*632*, Scriptores Syri 244/*245*]): ܘܠܐ ܗܘ ܕܬܠܬܐ . ܘܠܐ ܗܘ ܕܬܪܝܢ : ܢܦܩܐ ܒܟܠ ܚܠܡ ܕܢܬܐܡܪ ܥܠ ܐܠܗܐ.

73 Sure 5,116a: وَإِذْ قَالَ اللَّهُ يَا عِيسَى ابْنَ مَرْيَمَ أَأَنتَ قُلْتَ لِلنَّاسِ اتَّخِذُونِي وَأُمِّيَ إِلَٰهَيْنِ مِن دُونِ اللَّهِ.

74 Dionysios bar Ṣalībī, Sure 98,1–4 (*John Rylands Library, Mingana syr. 89, fol. 76*[v] *Z. 18–26* mit n. ܕ, S. 109 Z. 14–9; S. 112 ed. / S. 101 trad. AMAR, J.: Dionysius bar Ṣalībī, A Response to the Arabs, Louvain 2005 [= Corpus Scriptorum Christianorum Orientalium 614/*615*, Scriptores Syri 238/*239*] mit leichten Modifikationen): „They shall not turn away, those who disbelieved among the readers of the scriptures and the pagans [those who say ‚two'], until a proof of apostleship comes to them from God: he who shall [AMAR: in order that we (MINGANA: [*or.* he]) should] read the sacred scriptures in which there are texts that confirm. (*5*) And the readers of the scriptures were not divided until after knowledge came to them".

75 Ferner ist zu bemerken, dass die Marginalglosse (n. ܕ) keine Rücksicht darauf nimmt, was in einem vorangegangenen Kapitel von Dionysios bar Ṣalībīs Schrift konstatiert worden war (Dionysios bar Ṣalībī, Kommentar zu Sure 5,73a [*John Rylands Library, Mingana syr. 89, fol. 75*[v], S. 103 Z. 34 – 104 Z. 2 ed. AMAR, J.: Dionysius bar Ṣalībī, A Response to the Arabs, Louvain 2005 (= Corpus Scriptorum Christianorum Orientalium 614/*615*, Scriptores Syri 238/*239*)]); die Frage, ob beide Kommentare tatsächlich von Dionysios bar Ṣalībī stammen, stellt sich von daher erneut mit zwingender Notwendigkeit. – Der Kopist der Handschrift *John Rylands Library, Mingana syr. 89* hat bei „Leser] der Schrift" zunächst die Glosse „Leser der Schrift und Ungläubige" eingefügt, dann das letztere ausgestrichen („Leser der Schrift ~~und Ungläubige~~"), und schließlich die folgende Erklärung des Autors angefügt: „bezeichnet [*qārē lə-*] Juden und Christen (…)".

76 Das von derselben Wurzel abgeleitete Wort ܝܕܘܥܐ [*yadôᶜā*] entspricht dem arabischen عليم [*ᶜalīm*] als Gottesprädikat von Sure 2,136 in (einer) der syrischen Übersetzung(en), die Dionysios bar Ṣalībī benutzt hat.

Der Text bietet sodann in Zeile 2 für arabisch مشركين (*mušrikīn*) das Syrische ܚܢܦܐ (*ḥānpē*), wörtlich „Heiden“ – und eben dieser Begriff wird dann weiter präzisiert durch die in den Text eingedrungene Explikation, „jene, die ‚zwei‘ sagen“[77]. Die oben angeführten Parallelen legen indessen die Vermutung nahe, als wäre diese Formel („jene, die ‚zwei‘ sagen“) bereits aus einer arabischen Vorlage geflossen, – eine etwas unbeholfen wirkende Paraphrase für den Begriff des „Dualisten“[78], wofür erst in der späteren arabischen Literatur das Wort ثنوي (*ṯanawī*) belegt ist. – Eine andere in der syrischen Tradition realisierte Möglichkeit zur Erklärung des Begriffs مشركين (*mušrikīn*) ergibt sich allerdings mit dem Kommentar des Dionysios bar Ṣalībī aus der ersten Kapitelgruppe (Kapitel 1–24), wo es heißt[79]:

> „Against those [who claim that the verse „Unbelievers are those, who say ‚God is the third of three‘“ has to be related to the Christians – *A.S.*] we say: your scriptures said this word [mellṯā] about the Bedouins [al-Aᶜrâb] and their offspring (lit. sons), the mûšrikāyē, because they said ‚three gods‘ (there are) and ‚three creators‘ and ‚three makers‘; we, however, profess to one God, one Creator, and one Maker, and your scripture calls us ‚believers‘ and ‚good‘“.

Das an dieser Stelle verwendete Wort ܡܘܫܪܟܝܐ (*mûšrikāyē*) ist – ebenso wie der gebrochene Plural ܐܠܐܥܪܐܒ (*al-Aᶜrâb*) – ein „Arabismus“ des syrischen Texts (genaugenommen ein – *sit venia verbo* – „Garšūnismus“) und steht hier zur Bezeichnung des altarabischen Heidentums, wo der Hauptgottheit *Ilāh* zwei Nebengöttinnen „beigesellt“ worden waren[80]. In diesem Sinne ist auch eine in den Text gedrungene Glosse nach der persischen *Tarǧome-ye Qor'ān* zu verstehen, derzufolge mit den „Leuten der Tora (اهل توریت)“ die Christen (ترسایان), und mit den *mušrikīn* des Korantextes (مشرکان عرب) die (heidnischen) Araber gemeint seien[81] – eine Einschätzung, die von einem anderen persi-

77 Die Glosse schließt ohne Kennzeichnungen wie ܗܢܘ (*hānau*, „nämlich“) o.ä. direkt an das Vorhergehende an.

78 Die entsprechende, auch von Joseph Amar vertretende Deutung (trad. AMAR, J.: Dionysius bar Ṣalībī, A Response to the Arabs, Louvain 2005 (= Corpus Scriptorum Christianorum Orientalium 614/*615*, Scriptores Syri 238/*239*), S. 101, Anm. 13) war bereits von Alphonse Mingana vorgebracht worden (MINGANA, A.: An Ancient Syriac Translation of the Ḳurʾān Exhibiting New Verses and Variants, in: Bulletin of the John Rylands Library 9 (1925), S. 188–235, hier S. 209): „The clause ‚who say two‘ is nowhere found in the Ḳur'ān, and doubtless refers to Manichæans and Magians“; zurückhaltender an anderer Stelle (ebd., S. 217 mit Anm. 2): „(…) the idolaters who say two (i.e. Dualists [?])“.

79 Dionysios bar Ṣalībī, Kommentar zu Sure 5,73a (*John Rylands Library, Mingana syr. 89, fol. 75*ᵛ, S. 103 Z. 34 – 104 Z. 2 ed. / S. 95 trad. AMAR, J.: Dionysius bar Ṣalībī, A Response to the Arabs, Louvain 2005 [= Corpus Scriptorum Christianorum Orientalium 614/*615*, Scriptores Syri 238/*239*]): ܠܘܩܒܠܗܘܢ܆ ܐܡܪܝܢ ܕܗܕܐ ܡܠܬܐ ܐܡܪܗ ܟܬܒܟܘܢ ܥܠ ܐܠܐܥܪܐܒ ܘܒܢܝܗܘܢ܆ ܡܘܫܪܟܝܐ. ܡܛܠ ܕܐܡܪܝܢ ܬܠܬܐ ܐܠܗܐ ܘܬܠܬܐ ܒܪܘܝܐ ܘܥܒܘܕܐ. ܚܢܢ ܕܝܢ ܡܘܕܝܢ ܒܚܕ ܐܠܗܐ ܘܚܕ ܒܪܘܝܐ ܘܚܕ ܥܒܘܕܐ. ܘܟܬܒܟܘܢ ܡܗܝܡܢܐ ܘܛܒܐ ܩܪܐ ܠܢ.

80 Vgl. dazu die klassische Studie von WELLHAUSEN, J.: Reste arabischen Heidentums, gesammelt und erläutert, Berlin [u.a.] ³1961.

81 *Tarǧome-ye Qorʾān*, Sure 98,1–4 (S. 665 ed. YĀḤAQĪ, M. Ǧ.: Tarǧome-ye Qorʾān, nosḫe-ye movarreḫ-e 556 heǧrī, Mašhad 1364 h.š.): نبودند کسها که کافر شدند از اهل توریت ترسایان ومشرکان عرب ایستادگان بر جحود تا آنگاه که آمد به ایشان آنچه در کتابهاست. Der *codex unicus* mit dem Text der ältesten mir bekannten persischen Übersetzung (RAWĀQĪ, ᶜA. [ed.]: Qorʾān-e qods, pažūheš-e ᶜA. Rawāqī, Tehrān 1364 h.š.) bricht leider mit Sure 93 ab, die Übersetzung aus dem 5./11. Jahrhundert (RAWĀQĪ, ᶜA. [ed.]: Tarǧome-ye Qorʾān-e Mūze-ye Pārs, az motarǧemī nāšenās beh košeš-e Dr. ᶜA. Rawāqī, Tehrān 2535 šāhānšāhī) mit Sure 97, so dass beide Zeugen für einen Vergleich bedauerlicher Weise ausfallen müssen.

schen Kommentar, dem *Lesān at-tanzīl*, jedoch relativiert wird[82]: „<u>*ahl al-kitab*</u>] ‚Leute des Buches', nämlich Juden und Christen; <u>*al-mušrikīn*</u>] diejenigen, die ‚Genosse' sagen, nämlich die Götzendiener". Dazu ist allerdings eine Stelle aus Johannes von Damaskus heranzuziehen, wo es heißt[83]: „Sie verunglimpfen uns als Götzendiener, die, verehrend vor dem Kreuz, vor welchem sie Abscheu empfinden, niederfallen."

Zumindest erweist sich aus diesen Zeugnissen, dass bei der Zuordnung und Erklärung dieses für die islamische Theologie grundlegenden Begriffs lange Zeit über *kein* Konses geherrscht hat.

4. Schluss

Das von Alphonse Mingana im Jahre 1925 herausgegebene Koran-Florilegium (die Kapitel 25–30 aus dem „Disput gegen die Nation der Araber" des Dionysios bar Ṣalībī aus dem 12. Jahrhundert) dürfte ein (ursprünglich) eigenständiger Text (gewesen) sein. Wie nicht zuletzt seine „persischen" Bezüge zeigen, ist er wohl eher der ost- als der westsyrischen Tradition zuzurechnen. Bekanntlich hatte Dionysios bar Ṣalībī Zugang zu ostsyrischem Schrifttum, das er für seine Zwecke zu nutzen verstand;[84] seine Aussagen über eine eigenständige Bearbeitung des ihm vorliegenden Koran-Materials müssen daher mit Skepsis betrachtet werden.[85]

---

82 *Lesān at-tanzīl* s.vv. *ahl al-kitāb* und *al-mušrikīn* (= Kommentar zu Sure 98,1–4; S. 11 Z. 2–5 [rechte Spalte] ed. MOḤAQQEQ, M.: Lesān at-tanzīl. Zabān-e Qorʾān taʾlīf-e qarn-e čahārom yā panǧom-e heǧrī, be-enẕemām-e Farhang-e Loġāt, Tehrān [2]1362 h.š.): اهل الكتاب : کسهای نامه یعنی جهدان وترسایان . المُشْرِكِين : انباز گویان یعنی بت پرستان. Äußerst interessant ist die Bildeweise des Begriffs (*h*)*ambāz-gōyān* (wörtlich: „die ‚Genosse'-Sagenden"), die der syrischen (und wohl auch frühen arabischen) Bildung zur Bezeichung des „Dualisten" ähnelt: Vielleicht wird es ja einmal gelingen, im uferlosen Meer der persischen Koran-Übersetzungen und -Kommentare in dieser Position die Wendung بت پرستان یعنی دو گویان (*bot-parestān yaʿnī dō-gōyān*, „die Idol-Verehrer [= Heiden], nämlich die ‚zwei'-Sagenden") zu finden, was dem überlieferten syrischen ܚܢܦܐ. ܗܠܝܢ ܕܬܪܝܢ ܐܡܪܝܢ (*ḥānpē. hālēn da-ṯrēn āmrīn*, „die Heiden, diejenigen, die ‚zwei' sagen") entspräche. Es bleibt nachzutragen, dass in einem modernen Nachschlagewerk (Farhang-e loġāt-e Qorʾān, ḫaṭṭī āstān-e qods-e Raẕawī, šomāre-ye čahārom, bā tarǧome-ye fārsī kohan beh košeš Dr. A.ʿA. REǦĀʾĪ NAǦĀRĀʾĪ, bā moqaddame-ye Dr. ʿA. ǦOVEINĪ, Tehrān 1363 h.š., S. 445 Z. 18), arabisch مشركون (*mušrikūn*) durch persisch انباز گیرند ([*h*]*ambāz-gīrand*) erklärt wird.

83 Johannes Damascenus, Haeres. 100,78–79 (p. 64 ed. KOTTER OSB, J.: Die Schriften des Johannes von Damaskos, herausgegeben vom byzantinischen Institut der Abtei Scheyern, Bd. 4: Liber de haeresibus. Opera polemica, Berlin [u.a.] 1981 [= Patristische Texte und Studien 22]): Διαβάλλουσι δὲ ἡμᾶς ὡς εἰδολολάτρας προσκυνοῦντας τὸν σταυρόν, ὃν καὶ βδελλύττονται.

84 Bei seinem Kommentarwerk zum Neuen Testament hat Dionysios bar Ṣalībī stillschweigend eine ostsyrische Vorlage benutzt, den Katenenkommentar des Īšôʿdād von Merv, vgl. etwa SCHILLING, A.M.: Die Anbetung der Magier und die Taufe der Sāsāniden. Zur Geistesgeschichte des iranischen Christentums in der Spätantike, Louvain 2008 (= Corpus Scriptorum Christianorum Orientalium 621. Subsidia 120), S. 162 mit Anm. 9 und 10.

85 Dionysios bar Ṣalībī behauptet, er selbst habe die Zusammenstellung vorgenommen (Dionysios bar Ṣalībī, *John Rylands Library, Mingana syr. 89, fol. 84*[v]*.33–4*, p. 139 ed. / p. 134 trad. AMAR, J.: Dionysius bar Ṣalībī, A Response to the Arabs, Louvain 2005 [= Corpus Scriptorum Christianorum Orientalium 614/*615*, Scriptores Syri 238/*239*]): „we have arranged [ܣܕܪܢ] in one section [ܒܚܕܐ ܡܫܘܚܬܐ] selections of the Qurʾān [ܠܓܒܝܬܐ ܕܩܘܪܐܢ], which have been translated from their language into Syriac [ܕܐܬܦܫܩܘ ܡܢ ܠܫܢܐ ܕܠܗܘܢ ܠܣܘܪܝܝܐ]. And we have summarily refuted it in the column below […]."); womöglich hat er diese Aussage lediglich aus seiner Vorlage abgeschrieben und modifiziert. Allein für den Kommentarteil (Kap. 1–24) ist auch ein Einfluss von westsyrischen Zeugnissen (hauptsächlich zur Prophetenbiographie und zur Frühgeschichte des Islam) zu erkennen, die Dionysios bar Ṣalībīs Schrift

Wie erste Stichproben zeigen, steht unser Koran-Florilegium in enger Beziehung zu Texten, die entweder dem Umfeld des ostsyrischen Katholikos Timotheos I.,[86] oder aber diesem selbst zuzuweisen sind – wenn auch dessen (auffälligerweise nur selten anzutreffenden) Paraphrasen von Koranversen nicht immer gänzlich mit dem Wortlaut des Koran-Florilegiums übereinstimmen.[87] Folgt man dieser Einschätzung,[88] bedeutet dies: das im 12. Jahrhundert durch Dionysios bar Ṣalībī benutzte und nur durch ihn überlieferte Koran-Florilegium repräsentiert koranisches und außerkoranisches Material aus dem ausgehenden 8. oder beginnenden 9. Jahrhundert, wie es am Patriarchat von Seleukia-Ktesiphon zirkulierte.

Es ist bekannt, dass ostsyrisches, gegen den Islam gerichtetes Schrifttum aus eben diesem Kontext auch unter den Mozarabern kursierte: im Codex Raqqāda 2003/2 (*olim* Kairouan, Siddi Uqba 120/829)[89] sind – neben einer fragmentarisch überlieferten mozarabischen Weltchronik (der so genannten [*Compilación mozárabe de*] *Historia universal de Qayrawān*,

mit einem Kapitel (XI 2) aus dem monumentalen Geschichtswerk seines Zeitgenossen, dem Antiochener Patriarchen Michael dem Syrer, verbindet (vgl. trad. AMAR, J.: Dionysius bar Ṣalībī, A Response to the Arabs, Louvain 2005 [= Corpus Scriptorum Christianorum Orientalium 614/*615*, Scriptores Syri 238/*239*], S. 1 mit Anm. 1: „Bracketed words in this chapter indicate exact, or nearly exact, parallels in the Chronicle of Michael the Syrian. The direction of the borrowing is almost certainly from Michael to Bar Ṣalībī").

86 Vgl. etwa Hiob von Edessa, vgl. oben S. 167–170.

87 Abweichungen im Wortlaut betreffen auch die mehrfach belegten Koran-Verse, sowohl innerhalb des Florilegiums (Kap. 25–30), als auch zwischen Florilegium (Kap. 25–30) und Kommentarteil (Kap. 1–24). Am besten lässt sich die Qualität der Befunde anhand des folgenden Beispiels verdeutlichen (#22 und #29 bezeichnen die Kapitel 22 [Kommentarteil] und 29 [Florilegium] der Schrift des Dionysios bar Ṣalībī):

#22 *(p. 94.12–3 ed. AMAR)*	Timotheos I., Brief 59,9,20 *(p. 54 ed. HEIMGARTNER)*	#29 *(p. 125.20–ult. ed. AMAR)*	Sura *3,55*
ܘܬܘܒ ܒܬܪ ܒܬܠܬܘܬܗ.	ܘܬܘܒ		
ܕܐܡܪ ܐܠܗܐ ܠܥܝܣܐ	ܐܡܪ ܐܠܗܐ ܠܥܝܣܐ	ܘܐܡܪ ܐܠܗܐ ܠܥܝܣܐ	إِذْ قَالَ اللَّهُ يَا عِيسَى
ܕܗܐ ܡܡܝܬ ܐܢܐ ܠܟ:	ܗܐ ܡܡܝܬ ܐܢܐ ܠܟ	ܕܐܢܐ ܡܡܝܬ ܠܟ	إِنِّي مُتَوَفِّيكَ
ܘܡܦܢܝ ܐܢܐ ܠܟ ܠܘܬܝ܀	ܘܡܦܢܐ ܐܢܐ ܠܟ ܠܘܬܝ܀	ܘܡܪܝܡ ܐܢܐ ܠܟ ܠܘܬܝ	وَرَافِعُكَ إِلَيَّ

Die beiden Varianten ܡܦܢܝ und ܡܦܢܐ (aus Zeile 4) sind am einfachsten als Hörfehler im Verlauf des Abschreibeprozesses zu erklären. Ansonsten liefert die Stelle den erklärungsbedürftigen Befund, dass nicht etwa ܡܪܝܡ, die Variante des Koran-Florilegiums (Kap. 25–30), die am besten zum überlieferten arabischen Original passt, sondern ܡܦܢܝ, die Variante des Kommentarteils (Kap. 1–24) aus der Schrift des Dionysios bar Ṣalībī am deutlichsten mit ܡܦܢܐ, der von Timotheos I. überlieferten Variante übereinstimmt (vgl. auch Z. 3). Die griechische Version (HØGEL, An early anonymous Greek translation of the Qur'ān, p. 82; FÖRSTEL, *Fragmenta Coranica Graeca*, p. 93) bietet an dieser Stelle: καὶ ὅτι εἶπεν [Förstel: Εἶπεν αὐτῷ] ὁ Θεὸς· Ἐγώ σε ὑποβάλλω θανάτῳ, κἀγώ σε ἀνυψῶ πρός με, [κτλ.].

88 Ein Abhängigkeitsverhältnis zwischen Timotheos I. und Dionysios bar Ṣalībī wird bestritten von MINGANA, A.: The Apology of Timothy the Patriarch before the Caliph Mahdi [= Woodbrooke Studies. Christian Documents in Syriac, Arabic, and Garshuni Edited and Translated with a Critical Apparatus by A. MINGANA with Introductions by RENDEL HARRIS 2], Cambridge 1928 [= Bulletin of the John Rylands Library 12], p. 13–14.

89 Zum Inhalt der Handschrift vgl. PENELAS, M.: Contents of an Apologetic Nature in Ms. Raqqada 2003/2 (formerly Great Mosque of Kairouan 120/829), in: MONFERRER SALA, J.-P. (ed.): Eastern Crossroads. Essays on Medieval Christian Legacy, Piscataway 2007 (= Gorgias Eastern Christianity Studies 1), S. 275–299; vgl. auch PENELAS, M.: Noticias sobre el Ms. Raqqada 2003/2 (olim Gran Mezquita de Qayrawan 120/829): el „dople hallazgo" de un códice largo tiempo desaparecido, in: Collectanea Christiana Orientalia 5 (2008), S. 209–210.

wie ihr konventioneller Titel lautet[90]) – auch zwei kontroverstheologische Schriften enthalten, eine bislang unbekannte arabische Rezension von Timotheos' I. Dialog mit dem Kalifen al-Mahdī[91], sowie ein noch nicht identifizierter Dialog zwischen einem „Katholikos" und einem Muslim.

Der Kreis der zu untersuchenden Texte muss in Zukunft also ausgedehnt werden. Insbesondere ist zu fragen, inwiefern die Wirkungsgeschichte des von Alphonse Mingana zuerst herausgegebenen Koran-Florilegiums bis in die mozarabische Islam-Polemik hinein reicht. Bedenkt man, dass Ausschnitte dieses mozarabischen Islam-Dossiers Eingang gefunden haben in die so genannte *Collectio Toletana*, die durch Petrus Venerabilis angestoßene lateinischsprachige Auseinandersetzung mit dem Islam,[92] kann diese Linie womöglich sogar noch weitergesponnen werden bis in die Zeit der Drucklegung und des eifrigen Studiums der *Collectio Toletana* im 16. Jahrhundert.[93]

---

90 Eine neue Ausgabe des aus dem Nachlass von Giorgio Levi della Vida zum ersten Mal edierten Textes (LEVI DELLA VIDA, G.: Un texte mozarabe d'histoire universelle. Appendice [Inedita]: Manoscritto di al-Qayrawān, in: ders.; Note di storia letteraria arabo-ispanica, a cura di M. NALLINO, Roma 1971 [= Pubblicazioni dell'Istituto per l'Oriente 65], S. 133–192) wird von Mayte PENELAS, Madrid, erwartet.

91 Von den drei ansonsten bekannten Rezensionen der arabischen Version liegen die Editionen vor von CHEIKHO SJ, L. / BATAREKH, E.: Trois traités anciens de polémique et de théologie chrétiennes, Beirut 1923, S. 1–23; PUTNAM, H.: L'église et l'islam sous Timothée (780–823). Étude sur l'église nestorienne au temps des premiers ᶜAbbāsides avec nouvelle édition et traduction du dialogue entre Timothée et al-Mahdī, Beirut 1975; und CASPAR, R.: Les versions arabes du dialogue entre le catholicos Timothée I et le calife al-Mahdî (IIe/VIIIe siècle). Mohammed a suivi la voie des prophètes, in: Islamochristiana 3 (1977), S. 107–175.

92 Einen ersten Überblick liefert immer noch die klassische Studie von Marie-Thérèse D'ALVERNY, La connaissance de l'Islam dans l'Occident médiéval, ed. Ch. BURNETT, Aldershot 1994 (= Variorum collected studies series 445); auf den neuesten Stand bringt inzwischen die Homepage der Forschergruppe „Islamolatina. La percepcion del Islam en el Europa latina" der Universitat Autónoma de Barcelona (UAB) (http://grupsderecerca.uab.cat/islamolatina/ zuletzt aufgerufen am 31.03.2014; vgl. MARTÍNEZ GÁZQUEZ, J.: Islamolatina. La percepción del Islam en la Europa cristiana. Traducciones latinas del Corán. Literatura latina de controversia, in: Medievalia 15 [2012], S. 39–42).

93 Die Arbeit von BOBZIN, H.: Der Koran im Zeitalter der Reformation. Studien zur Frühgeschichte der Arabistik und Islamkunde in Europa, Stuttgart 1995 (= Beiruter Texte und Studien 42) wird inzwischen ergänzt durch BURMAN, TH.E.: Reading the Qurᵓān in Latin Christendom 1140–1560, Philadelphia 2007 (Paperback 2009).

„Reform der Kirche des Ostens von innen?“ Programm und Lebenswerk des Yuhannon Pera

Martin Tamcke

0. Einleitung

Wer sich im Iran des 19. Jahrhunderts als Angehöriger der dortigen syrischen Christenheit für das Luthertum sowie Luther und die Reformation interessierte, dessen Interesse am Westen war deutlich anders gelagert als das vieler anderer Glieder der (Assyrischen) Apostolischen Kirche des Ostens. Dieser Kirche gehörten traditionellerweise die syrischsprachigen Christen des Iran an. Westliche Missions- und Unionsbewegungen hatten immer wieder Gläubige dieser Kirche gewinnen können.[1] Das hatte stets zum Zerwürfnis mit der Mutterkirche geführt. So stärkte die französisch-katholische Mission der Lazaristen die Chaldäer, also die mit Rom verbundene Kirche. Die Mutterkirche verlor einen erheblichen Teil ihrer Gläubigen an die Union mit Rom. Die Mission der amerikanischen Presbyterianer ab 1835 führte zu einer eigenständigen protestantischen Kirche syrischsprachiger Christen, der Assyrian Evangelical Church, die bis heute existiert. Die Mission der Russen verstärkte die Anschlussbewegung an die Russische Orthodoxe Kirche, die unter Leitung des Bischofs Yonan große Teile der syrischen Christenheit der Urmia-Region vorübergehend mit Moskau vereinte. Immer wieder entstanden Konversionsbewegungen aus der Interaktion der Kirche mit Ländern und Kirchen, Missionen und Mächten außerhalb des Iran. Solche Kontakte zeigen die syrischen Christen des Iran als Grenzgänger. Dazu hatten sich Angehörige der Kirche des Ostens schon lange entwickelt. Der für Iran desaströse Frieden von Gulistan vom 12. Oktober 1813, der den russisch-iranischen Krieg beendete, hatte Aserbaidschan in einen russischen und einen iranischen Teil zertrennt.[2] Der für Persien demütigende Friedensvertrag von 1828 hatte zudem ausdrücklich festgelegt, dass jeder persische Untertan frei in das russische Staatsgebiet auswandern konnte. Darüber wurde zum Beispiel die bereits im Frieden von Gulistan russisch gewordene Erdölstadt Baku „das Zentrum der iranischen Arbeiterschaft!“[3] Hunderttausende von Persern – unter ihnen besonders viele Angehörige der Apostolischen Kirche des Ostens – verließen ihre persische Heimat auf der Suche nach einem Auskommen für sich und ihre oft in der Heimat verbliebenen Familien.[4] Ostsyrer gründeten so in Städten wie Armawir neue Gemeinden. Andere Ostsyrer zog es nun, möglicherweise eine Folge der Präsenz westlicher Missions-

1 Klassische Darstellung im deutschsprachigen Raum: Julius Richter, Mission und Evangelisation im Orient, Gütersloh 1908.

2 Werner Zürrer, Persien zwischen England und Rußland 1918–1925. Großmachteinflüsse und nationaler Wiederaufstieg am Beispiel des Iran, Bern 1978, 11.

3 Werner Zürrer, 12.

4 Zürrer gibt an, dass bis 1910 200.000 Personen auf diese Weise ihre Heimat verlassen hatten, vgl. Zürrer, 14.

gesellschaften unter ihnen, über Europa, wo besonders Frankreich ein prominentes Zielland der Migranten wurde, bis in die USA, wo alsbald zahlreiche ostsyrische Gemeinden entstanden.[5] Viele Ostsyrer ließen zunächst ihre Familien in der iranischen Heimat zurück, kamen aus Russland etwa noch über den Winter nach Hause, wenn sie sich nur als Gast- oder Wanderarbeiter verdingten, oder aber waren auf briefliche Korrespondenz mit ihren Frauen und Kindern angewiesen.[6] Die politischen Grenzen standen dabei immer noch zur Diskussion mittels des steten russischen Übergreifens auf den Iran und der starken Präsenz der Briten im Süden des Staates. Die erste iranische Revolution, die sogenannte konstitutionelle Revolution von 1905–1911, hatte zunächst den Erhalt der Unabhängigkeit und die Beseitigung der erdrückenden Präsenz ausländischer Mächte zum Ziel.[7] Deutschland erschien dabei auf der Bühne als eine besonders die britischen Interessen irritierende Größe. Augenfällig dokumentiert die Gründung der deutsch-iranischen Militärmission deutsches Interesse am Iran.[8] Paradigmatisch war das Interesse des Schahs an den Deutschen während seines Deutschlandaufenthaltes gewesen. In Berlin parallelisierte er seine Erfahrungen mit dem iranischen Klerus mit denen des protestantischen Reichskanzlers Bismarck im Kulturkampf mit den katholischen Bischöfen. In sein Reisetagebuch schrieb Naser ad-Din Schah (1831–1896) unter dem 4. Juni 1873: „Den Deutschen geht es nicht anders als uns in Iran. Diese Mullahs scheinen in aller Welt und unter allen Konfessionen gleich zu sein... Sollte dem deutschen Kaiser in seinem sogenannten Kulturkampf ein Erfolg beschieden sein, so will ich nicht zögern, auch in meinem Land an energische Reformen heranzugehen, sollte es mich auch Opfer an altüberlieferten Gebräuchen kosten."[9] Bis zum Ende der Monarchie wird dieser Kampf zwischen Religion und Herrscher im Iran anhalten und stets auch Nahrung finden in deutschen Modellen zum Verhältnis dieser beiden Größen. Was sich da auf den Höhen von Politik und Kultur an Interaktion ereignete, das fand seinen Niederschlag in ganz anderer Weise im Leben von Menschen, die sich – wie Yuhannon Pera – die Erneuerung ihres Geisteslebens von westlichen Impulsen her versprachen. Die internationalen politischen Verwicklungen hatten ihren Niederschlag gerade auch im Bereich der Religion und Mission. Für die Russen bereitete ihre Union mit den Syrern eine erhoffte Okkupation des Iran vor. Die Engländer konnten ihren Einfluss erweitern, indem sie die künftigen Patriarchen der Kirche in England erzogen, solange sie noch Jungen waren. Bahnbrechend waren die amerikanischen Presbyterianer durch ihr Schul- und

5 Martin Tamcke, Nach Russland, Deutschland, „ja über den Ozean in das Land der Freiheit und des Dollars". Streiflichter aus deutschen Akten zur ersten Migrationswelle der Ostsyrer (Assyrer/‚Nestorianer'), The Journal of Eastern Christian Studies 54 (2002), 25–38.

6 Martin Tamcke, „... damit die Unschuld und Ehre gerettet und das Recht geschützt oder der Betrug offenbar und gestraft werde." – Ein Exempel aus der ersten Migrationswelle der Nestorianer im Südrußland des 19. Jahrhunderts, in: Martin Tamcke, Syriaca, Studien zur Orientalischen Kirchengeschichte 17, Hamburg 2002, 449–458; Martin Tamcke, Johannes Pascha (1862–1911): Der Leidensweg eines „kollektierenden Syrers", The Harp, A Review of Syriac and Oriental Studies 11–12 (1998/99), 203–223.

7 Mangol Bayat, Iran's First Revolution: Shi'ism and the Constitutional Revolution of 1905–1909, Studies in Middle Eastern History, Oxford University Press 1991; Ahmad Kasravi, History of the Iranian Constitutional Revolution: Tarikh-e Mashrute-ye Iran, Volume I, Costa Mesa 2006.

8 Zur deutschen Persienpolitik informiert: Ulrich Gehrke, Persien in der deutschen Orientpolitik während des Ersten Weltkrieges, Darstellungen zur auswärtigen Politik 1 (2 Bde.), Stuttgart 1960.

9 H. Leicht, Ein Harem in Bismarcks Reich. Das ergötzliche Reisetagebuch des Nasreddin Schah (4. Auflage), Stuttgart 2001, 125–126.

Hochschulwesen. Das Neuostsyrische halfen sie entscheidend zu verschriftlichen und gründeten zentrale Organe im Bereich des Pressewesens.[10] Aber natürlich löste das auch einen heftigen Streit unter den syrischen Christen darüber aus, ob der moderne Dialekt verschriftlicht werden dürfe oder nicht. Das bis dahin allein schriftlich verwendete klassische Syrisch, das in der Liturgie gesungen und von nicht wenigen als „heilige Sprache" empfunden wurde, war nun in seiner Stellung gefährdet.

1. Yuhannons Weg nach Deutschland

Folgen wir kurz einem Repräsentanten des Interesses am Luthertum auf seinem Weg. Der erwähnte Yuhannon kam im Jahr 1875 aus dem Dorf „Ardischei" bei Urmia, wo er 1850 geboren worden war, nach Russland, um lutherische Theologie zu studieren.[11] Zuvor hatte er eine amerikanische Missionsschule besucht. Im heute ukrainischen Odessa riet der dortige deutsche lutherische Pfarrer ihm, sich mit seinem Ausbildungswunsch nach Deutschland zu wenden und sandte ihn nach Leipzig zur Leipziger Mission. Er machte sich zu Fuß auf den Weg, mit wenig Geld. Der Direktor der Leipziger Mission, Hardeland, konnte aber dem Ansinnen des jungen Syrers nicht entsprechen.[12] Er verwies ihn an die Basler Missionsgesellschaft, die zwar nicht lutherisch war, aber seit langer Zeit Beziehungen zum Orient unterhielt.[13] In Straßburg geriet Yuhannon dann aber an die Führer der lutherischen Kirche im Elsass. Deren Führungsgestalt, Pfarrer Horning, nahm ihn freundlich auf und sorgte für eine lutherische Ausbildung für Yuhannon, damit der nicht in die Hände der Schweizer Reformierten fiele.[14] Horning war gemeinsam mit Pfarrer Magnus in Bischheim der Gründer der konfessionellen lutherischen Missionsgesellschaft des Elsass gewesen.[15]

---

10 Dazu ausführlich: Rudolf Macuch, Geschichte der spät- und neusyrischen Literatur, Berlin 1976.

11 Kurzbiographie: Martin Tamcke, Pera, Johannes, in: Biographisch-Bibliographisches Kirchenlexikon 18 (2001), Sp. 1136–1138; Martin Tamcke, Pera Johannes, in: René Lavenant, VI Symposium Syriacum 1992, OCA 247 (1994), S. 361–369; Pera Johannes, Kirchliche und bürgerliche Sitten der Nestorianer in Persien, in: Martin Tamcke/Andreas Heinz: Zu Geschichte, Theologie, Liturgie und Gegenwartslage der syrischen Kirche – Ausgewählte Vorträge des deutschen Syrologen-Symposiums vom 2.-4. Oktober 1998 in Hermannsburg, Hamburg 2000. S. 266–273.

12 Zum Leipziger Missionsdirektor Hardeland (1828–1903) vgl. Friedrich Wilhelm Bautz, Hardeland, Julius, in: Biographisch-Bibliographisches Kirchenlexikon 2, Herzberg 1990, Sp. 523. Nach Theologiestudium in Göttingen (Lücke, Ehrenfeuchter) 1850 Hauslehrer, dann 1853 Subrektor der Gelehrtenschule in Ratzeburg, 1854 Pfarrer in Lassahn/Herzogtum Lauenburg, 1860 Inspektor der Leipziger Mission (Nachfolge von Karl Graul), 1891–94 Superintendent in Doberan/Mecklenburg-Schwerin. Bemühte sich vergeblich um den Erhalt des Prinzips akademischer Studien für Missionare und errichtete schließlich das Leipziger Missionsseminar.

13 Andreas Waldburger, Missionare und Moslems, Die Basler Mission in Persien 1833–1837, Basel 1984.

14 Die folgenden Ausführungen gehen parallel mit einem Vortrag, den ich in Princeton 2003 gehalten habe (Hugoye: Journal of Syriac Studies 7,1,2004; die Abstracts erschienen gelistet von Eugene Aydin in der Online-Ausgabe: http://syrcom.cua.edu/Hugoye/Vol7No1/HV7N1IVSyriacSymAbstracts.html). Vgl. auch Martin Tamcke, Die Anfänge der lutherisch-nestorianischen Bewegung im Iran, in: Pro Georgia, Journal of Kartvelological Studies 19, Warschau 2009, S. 43–50.

15 Zu Friedrich Theodor Horning (1809–1882) vgl. Friedrich Wilhelm Bautz, Horning, Friedrich Theodor, Biographisch-Bibliographisches Kirchenlexikon 2, Herzberg 1990, Sp. 1064–1065. Ursprünglich gemäßigt rationalistisch, seit 1846 konfessioneller Lutheraner, der in den Beziehungen der Lutheraner des Elsass zur Basler Mission die Gefahr kirchlicher Union witterte. Mit seinem Bruder Wilhelm gründete er die Evangelisch-lutherische Missionsgesellschaft zur Unterstützung der Leipziger und Hermannsburger Missionsarbeit. Entschiedener Kämpfer gegen alle Werke, die sich nicht eindeutig zum

Er engagierte sich umgehend für den Syrer und bot ihn der Hermannsburger Mission für deren Missionsseminar an. Yuhannon machte er klar, „daß er in der unierten Basler Missionsanstalt lutherische Theologie schwerlich würde studieren können".[16] So schickte er ihn nach Hermannsburg. Das Verhalten des bekenntnistreuen Lutheraners im Elsass verwundert weniger als das vorausgehende Interesse Yuhannons an einer Ausbildung in lutherischer Theologie. Das war gerade nicht jene Theologie, die er bei den amerikanischen Missionaren kennengelernt hatte. Besonders erklärungsbedürftig wird die Wendung zur lutherischen Theologie angesichts der Tatsache, dass der Vater Yuhannons in Ardischai bis 1893 als Prediger der Presbyterianer tätig gewesen war.[17]

Der damalige Direktor der Hermannsburger Mission nahm das Angebot der Elsässer unter der Voraussetzung an, dass seiner Mission keine Kosten durch die Übernahme der Ausbildung des Syrers entstünden.[18] Die Missionsleute im Elsass sagten zu, die Kosten der Ausbildung zu begleichen.[19] So kam Yuhannon nach Hermannsburg. Er konnte einen syri-

---

Luthertum bekannten. Zu Magnus als Gesangbuchreformer: Eduard Emil Koch/Adolf Wilhelm Koch/ Richard Lauxmann, Geschichte des Kirchenlieds und Kirchengesangs der christlichen, insbesondere der deutschen evangelischen Kirche: 3. umgearb. verm. Aufl. Stuttgart, C. Belser, 1866–77 (Nachdruck Hildesheim 1973), S. 133.

16 Hermannsburger Missionsblatt 1882, S. 32. Dies entsprach Hornings entschiedenem Kampf gegen die Basler als Repräsentanten einer „Mischung" anstelle konfessioneller Eindeutigkeit. Georg Haccius, Hannoversche Missionsgeschichte 3/1, Hermannsburg 1914, S. 412–422, speziell S. 415. Zu den Anfängen vgl. auch Karl Röbbelen, Aus unserer Arbeit, Missionsblatt für unsere liebe Jugend 12, November 1909, S. 2–3. Pfarrer Friedrich Theodor Horning in Straßburg wird dabei bewusst in seiner Funktion für das erweckte Luthertum parallelisiert zu Luwig Harms in Hermannsburg. Röbbelen konnte sich zudem darauf berufen, Horning in seiner Jugend selber einmal gesehen zu haben. Er sei ihm „unvergesslich geblieben". Als Geburtsdatum Hornings gibt Röbbelen den 25. Oktober 1809, als Todesdatum den 21. Januar 1882 an (eigentümlicherweise findet sich unter dem mitten auf der Seite abgedruckten Bild Hornings der 20. Januar 1882 als Todesdatum). Bei Horning nun sei Pera Johannes vorstellig geworden, habe sich als „evangelisch gesinnt" ausgegeben und seinen Wunsch vorgetragen, „in Europa in der lutherischen Kirche zum Missionsdienst für seine Heimatkirche" ausgebildet zu werden. Als er das gesagt habe, habe er „Pfarrer Hornings Angesicht so freundlich leuchten" gesehen, „wie eines Engels Angesicht", meinte späterhin Pera Johannes. Horning behielt Pera Johannes zunächst noch einige Zeit in seinem Pfarrhaus, ehe er ihn nach Hermannsburg weitersandte. Zwei Jahre nach der Entsendung des Pera Johannes nach Persien starb Horning.

17 Hermannsburger Missionsblatt 1907, S. 339. Dort berichtet Luther Pera, der Sohn des Pera Johannes, über einen Besuch in der Gemeinde Ardischai und erzählt, wie oft er dort im „Pfarrhause" als Kind zu Gast war, weil dort sein Großvater Prediger der Presbyterianer gewesen sei und weist darauf hin, dass die „schöne" Kirche aufgrund eines Befehls des Schahs gebaut worden sei für die altsyrische Gemeinde (also nicht für die Presbyterianer, für die der Großvater Luther Pera und Vater Johannes Pera dort wirkte).

18 Sowohl die Empfehlung nach Leipzig als auch das Studium in Hermannsburg hatten ihren Sitz im Leben in der besonderen Stellung der beiden Missionsgesellschaften zur lutherischen Kirche Russlands. Deutlich formuliert findet sich diese Treue zu den beiden Missionen im wichtigsten Presseorgan der russischen Lutheraner. „Es ist natürlich, dass wir vor Allem die Leipziger und dann die Hermannsburger Mission als die unseren ansehen, weil sie beide im Dienste unserer lieben lutherischen Kirche stehen", bzw. „können wir aber von unserer luth. Kirche nicht lassen und zu einer anderen gehen, so können wir auch nicht von ihrer Mission lassen und einer anderen dienen", St. Petersburgisches Ev. Sonntagsblatt 1860, No. 16, S. 121–126; vgl. Martin Tamcke, Vorderer Orient, S. 518f. (1.6 Rußland und die Hermannsburger Mission).

19 Georg Haccius, Hannoversche Missionsgeschichte 3/1, Hermannsburg 1914, S. 412–422, speziell S. 415. Zu den Anfängen vgl. auch Karl Röbbelen, Aus unserer Arbeit, Missionsblatt für unsere liebe Jugend 12, November 1909, S. 2–3.

schen Brief eines Bischofs Joseph aus dem Jahr 1874 vorweisen, der ihn den Lutheranern empfahl. Der „an die gesamte christliche evangelische Bruderschaft von Europa" gerichtete Brief bezeugte, dass der Diakon Yuhannon aus dem Dorf Wazirabad bei Urmia von der dortigen Kirche „nach Europa oder nach Preußen geschickt" worden sei.[20] Unzweideutig war die Bitte an die Europäer: „Nehmen Sie ihn in der Schule der Missionare auf, damit er die deutsche und eine weitere europäische Sprache erlernen kann". Ziel war also eine missionarische Ausbildung bei gleichzeitigem Ausbau der Fremdsprachenkompetenz. Die Briefschreiber hofften, dass er zu einem kompetenten Prediger ausgebildet würde. Sie vergaßen nicht den Hinweis auf die finanzielle Not ihrer Kirche. Die sei arm und es herrsche seit drei Jahren Hunger im Lande. „Nun bitten wir Sie im Namen unseres Herrn Jesus, unseres Erlösers: Meine Lieben! Seien Sie gewiss, Sie haben die Liebe Gottes, wenn Sie für unseren Bruder, der unterwegs ist, Sorge tragen und ihn in die Schule aufnehmen. Er kann Ihnen dafür nichts bezahlen, aber Gott wird Ihnen Ihren Lohn im Himmelreich vergelten." Der eigentlich interessante Abschnitt des Briefes folgt hieran anschließend: „Wir evangelische Lutheraner haben keine Schule der Missionare". Die Absender empfanden sich also als Lutheraner. Sie waren an der Errichtung einer Missionsschule interessiert. Deutlich setzten sie sich von der amerikanischen Missionsarbeit ab, indem sie ausdrücklich darauf verwiesen, dass es bei Ihnen keine Arbeit „von den Amerikanern" gäbe. Dass solche Bettelbriefe von Bischöfen mitgegeben worden sind, ist keine Besonderheit. Schon bald sollte in Deutschland vor den kollektierenden Syrern gewarnt werden, die einzig deshalb nach Deutschland kamen und dort von Gemeinde zu Gemeinde pilgerten, um sich einen Freundeskreis zu ihrer Unterstützung zu erwerben oder einfach nur Spenden einzusammeln. Das hier interessierende Faktum ist die Selbstidentifizierung der Briefschreiber als „Lutheraner". Es ist vollkommen unklar, wie es zur Entstehung der frühen lutherischen Regungen vor 1874 innerhalb der Apostolischen Kirche des Ostens gekommen ist. Das Siegel des Bischofs weist ihn als Bischof Mar Joseph, Mutran, aus, mit der zusätzlichen lateinischen Übersetzung „IPISKOP IOSIF". Dafür kommt für die Zeit der Abfassung des Schreibens nur Bischof Joseph Henanischo' in Betracht, der Metropolit/Mutran von Schemsdin in den Jahren von ca. 1864 bis 1884 gewesen ist.[21] Tatsächlich finden sich dessen Suffraganbischöfe in der Folgezeit als besondere Vertraute der mit den Lutheranern in Hermannsburg kooperierenden Priester der Kirche des Ostens. Besonders der Suffraganbischof Denha von Tis, später im Zuge des Völkermords grausam getötet, unterhielt einen vertrauten Umgang mit ihnen.[22] Doch weder Denha noch der Mutran/Metropolit Joseph Henanischo' können als Lutheraner betrachtet werden. Sollte die Zuordnung des Bischofs stimmen – und alles spricht dafür –, so ergibt sich der Tatbestand, dass sich der Mutran der

20 Alle Übersetzungen aus dem Text nach Martin Tamcke, „Die Anfänge der lutherisch-nestorianischen Bewegung im Iran", in: Pro Georgia, Journal of Kartvelological Studies 19 (Warschau 2009), 43–50 (englische Übersetzung „Beginnings").

21 Vgl. David Wilmshurst, The Ecclesiastical Organisation of the Church of the East. 1313–1913, Peeters 2000 (CSCO 582. Subsidia 104): 277, 280 – Joseph Henanischo' als Nachfolger des für 1850 von Badger belegten Metropoliten/Mutran Henanischo', zuletzt 1884 von Riley bezeugt – 365, 825.

22 Das Wirken des Bischofs Mar Dinha bei den Feierlichkeiten zur Silberhochzeit des lutherischen Priesters Pera Johannes dokumentiert dies deutlich: Ein Jubelfest in Wasyrabad in Persien, Hermannsburger Missionsblatt 1906: 321–325. In derselben Zeitschrift erschien das Gruppenphoto der Hochzeitsgesellschaft mit Mar Dinha, Hermannsburger Missionsblatt 1906: 265.

Apostolischen Kirche des Ostens als Lutheraner ausgegeben hat. Dabei ist es bei der Aussendung des Yuhannon durch ihn sicher kein Zufall, dass dieser zunächst Pfarrhäuser der deutschrussischen Lutheraner angesteuert hat. Diese waren besonders mit ihrem starken Kirchenbezirk in Georgien, der sich erst in den Jahren 1836 bis 1841 der lutherischen Kirche Russlands angeschlossen hatte, für Ostsyrer und deren Verwandte, die sich in Tiflis niedergelassen hatten, deutlich wahrnehmbare Nachbarn.

Erstmals studierte in Gestalt Yuhannons ein Nichteuropäer am Seminar in Hermannsburg. Überhaupt gehören die nun zahlreicher werdenden ostsyrischen Theologiestudenten aus dem Iran zu dessen erster größerer Studentengruppe in Deutschland. Unter dem Einfluss seiner Ausbildung an der amerikanischen Missionsschule und aufgrund der Begleitung durch amerikanische Missionare war Yuhannon „mit mehreren seiner Verwandten" schließlich „Protestant" geworden.[23] Bereits vor seiner Wanderung nach Deutschland hatte er seinen Wohnsitz in dem Dorf Wazirabad bei Urmia genommen, wo ein Onkel der Gemeinde der presbyterianisch-nestorianischen Gemeinde als Prediger vorstand.[24]

Den Lesern des Hermannsburger Missionsblattes wurde umgehend berichtet, mit welch „mangelhafter Kleidung" Yuhannon nach seiner Wanderung quer durch Europa Hermannsburg erreicht hatte. Die Armut des Neuankömmlings stach ins Auge. Andererseits zog das individuelle Merkmal des Fremdlings die Aufmerksamkeit auf sich: ein herrlicher, blauschwarzer Schnurrbart. Beide Erkennungsmerkmale wurden umgehend beseitigt und er sozusagen seiner Einpassung in seine Herkunftskultur entnommen und in die lokale Kultur der Norddeutschen transferiert. Die beiden Akte zur Veränderung seines Äußeren nahm er dabei unterschiedlich auf. „Das Erste, was geschah," berichtet Missionsdirektor Harms, „war, dass er in neue Kleider gesteckt wurde, welches er sich gern gefallen ließ; das Zweite, dass sein schöner Schnauzbart, seine ganze Zierde, abgeschnitten wurde, welches er sich sehr ungern gefallen ließ, aber sich damit tröstete, dass keiner seiner Landsleute ihn in dieser seiner Verunglimpfung sehen könne."[25]

Die nächsten Stationen des Yuhannon seien nur angedeutet. Er studierte erfolgreich und stach besonders im Hebräischen hervor.[26] Die Theologie, an der er hier geschult wurde, war die lutherisch-erwecklich-konfessionelle Variante der politisch restaurativ orientierten deutschen Protestanten des 19. Jahrhunderts. Er wurde ordiniert und kehrte über Tiflis zurück in die Urmia-Region, zuletzt mit der üblichen Mulikarawane, da technisch die Region für Eisenbahn, Autostraße oder moderne Schifffahrt noch nicht erschlossen war.[27] Er selbst erlebte seine Rückkehr in seine Heimat als eine Rückkehr in die Rückständigkeit. Er und alle folgenden in Deutschland studierten Priester seiner Kirche hatten nicht nur theologisch sich als Grenzgänger zu bewähren, sondern hatten auch in ihren kulturellen Erfahrungen nun zwei Welten, die miteinander in ihren Seelen an ihrem Selbstverständnis arbeiteten.

23 Hermannsburger Missionsblatt 1882, S. 32.

24 Zur Tätigkeit des Onkels: Archiv des Ev.-luth. Missionswerks in Niedersachsen, Brief von John H. Shedd aus Oroomiah Peizia, Oct. 27 1883 („To the Superintendents, Hermansburgh Germany"). Zum weiteren Schicksal der Gemeinde: Brief des Pera Johannes aus Wasyrabad (9. September 1880).

25 Hermannsburger Missionsblatt 1882, S. 32 (Westbindung).

26 Hermannsburger Missionsblatt 1882, S. 32.

27 Archiv des Ev.-luth. Missionswerks in Niedersachsen, Brief des Pera Johannes aus Wasyrabad, d. 9. September 1880.

2. Yuhannon als Priester der Kirche des Ostens

Nach seiner Rückkehr übernahm er die Gemeinde der Kirche des Ostens in seinem Wohnort und geriet dadurch in heftigen Gegensatz zu seinem Onkel, der weiterhin der presbyterianisch-nestorianischen Gemeinde am Ort vorstand. Zum Dorf gehörten ungefähr fünfzig Familien.[28] Der Onkel von Yuhannon Pera, Kascha Siyad, galt als ein spiritueller Mann, der dort seit dreißig Jahren arbeitete.[29] Er hatte eine Gemeinde von mehr als 50 Gemeindegliedern um sich versammeln können, die seit einigen Jahren die Hälfte des Gehalts des Priesters zahlten.[30] Eine Dorfschule der Presbyterianer wurde eröffnet, die für alle Kinder offen stand. Die „alten Irrtümer und der alte Aberglaube der nestorianischen Kirche" seien, so betonten die amerikanischen Missionare gegenüber der deutschen Missionszentrale in Hermannsburg, zusehends verschwunden. Wenn Kascha Yuhannon Pera in einen Ort gegangen wäre, wo er wirklich vonnöten gewesen wäre, da hätten ihm auch die amerikanischen Missionare die nötige Unterstützung zukommen lassen.[31] Aber so stand er aus Sicht der amerikanischen Missionare am falschen Ort: „that Kasha Pera has settled in a village already fully supplied with Evangelical instruction."[32] Der zweite Kritikpunkt der Amerikaner war seine Art, die Gemeinde zu leiten. Er formierte eine neue Gemeinde und „drifted into the ways of the Old Nestorian Church. He now occupies the place of an Old Nestorian Priest".[33] Aus dem vermeintlichen Missionar der deutschen Lutheraner sei ein Priester der Apostolischen Kirche des Ostens geworden. Er unterscheide sich nur dadurch von den anderen Priestern der Nestorianer, dass er seiner Gemeinde Predigten halte. Ansonsten aber erwiesen er und die seinen sich gänzlich so wie die alten Nestorianer. „In this village of ours", so Missionar Shedd, habe Yuhannon Pera begonnen, die Dunkelheit zu den Nestorianern zurückzubringen.[34] Fünf Punkte wurden gegen Pera Johannes' Praxis in der Gemeinde vorgebracht. Erstens lese er in der altsyrischen Sprache in seiner Gemeinde, die er doch selber gar nicht verstehe außer einige Worte, zu denen es in der modernen Sprache Parallelen gebe. Die nestorianischen Priester benützten diese Sprache. „The ignorant people are pleased because they say, this is our own".[35] Zweitens gehe Pera Johannes in seiner Nähe zur Kirche des Ostens so weit, dass er nestorianische Priester einlade, in seiner Gemeinde zu predigen und seinen Gemeindegliedern die Zeremonien der nestorianischen Kirche zu lehren.[36] Drittens gehe er mit den Leuten in die Häuser, in denen jemand gestorben sei und spreche nach dem Essen das Gebet, dass Gott den Seelen der Verstorbenen die Ruhe geben möge, was doch ein unzulässiges Gebet für die Verstorbenen sei.[37] Viertens nutze er für die Trauerfeier die Ordnung der Kirche des Ostens, die viele solcher Gebete

28 Archiv des Ev.-luth. Missionswerks in Niedersachsen, Brief von John H. Shedd aus Oroomiah Peizia, Oct. 27 1883.
29 Ebd.
30 Ebd.
31 Ebd.
32 Ebd.
33 Ebd.
34 Ebd.
35 Ebd.
36 Ebd.
37 Ebd.

für Verstorbene enthalte.[38] Fünftens gebe er die Sakramente an den Festtagen und den Tagen der Heiligen wie am Marientag.[39] Diese wenigen Kritikpunkte zeigten doch schon, wie er die Menschen zurückführe in die Dunkelheit des Irrtums. Könnten denn die evangelischen Christen rechtfertigen, dass dies an einem Ort geschehe, in dem schon so viel Missionsarbeit geschehen sei? Außerdem akzeptiere Pera Johannes alle Männer und Frauen des Dorfes bei der Kommunion. Einige dieser Männer aber seien notorische Trinker. „This method of a church without any discipline cannot in this land build up true Kingdom of Christ."[40] Zudem nahm Shedd am Finanzgebaren des Pera Johannes Anstoß. „Again Kasha Pera asks nothing from his parishioners and so takes away all motive that the people have had to help themselves in supporting schools and preaching."[41] So gebe er einen Anlass für die Nachlässigen nichts mehr zu geben und auch für die Botschaft nichts mehr zu tun.

Yuhannon Pera hingegen ging, darin von den Hermannsburger Theologen nachhaltig unterstützt, davon aus, dass seine Kirche in Knospe enthalte, was mit der Reformation sich zu voller Blüte entfaltet habe.[42]

Er hatte das Einverständnis seines Patriarchen eingeholt, als Priester seiner Kirche zu amtieren, und der Patriarch hatte ihm das gewährt.[43] Ein unglaublicher Akt ökumenischer Weite in einer Ostkirche, da Yuhannon Pera zwar eine Ordination als lutherischer Pastor vorzuweisen hatte, aber nie gemäß den Riten seiner Kirche zum Priester geweiht wurde. Tatsächlich änderte er nur vorsichtig dort etwas, wo er etwas im Gegensatz sah zur Schrift. Auf die Einführung der Konfirmation verzichtete er mit dem Hinweis, dass die in seinem Kulturkreis unüblich sei.

Der konfessionell grenzüberschreitende Weg, der theologisch in Deutschland seit dem 16. Jahrhundert sich Bahn brechende Einsichten mit der Wirklichkeit einer Kirche zu verbinden trachtete, die sich seit Mitte des 5. Jahrhunderts besonders im Gegensatz zur byzantinischen Orthodoxie ihr Gepräge gegeben hatte, bleibt beeindruckend. Die Eigenart ihrer Kirche bemühten sich die Priester gegen die Union von Teilen der Kirche mit der Russischen Orthodoxen Kirche zu erhalten. Zeitweise wurden ihnen ihre Kirchen mit Gewalt genommen. Aber sie standen den einzig geschlossen gegen die Union Widerstand leistenden Gemeinden vor, aus denen dann die politische und kirchliche Initiative erwuchs, die die Kirche des Ostens in der Region wieder erstehen ließ und zugleich die Keimzelle für den ethnisch-nationalen Widerstand der Assyrer war.[44]

Während Yuhannon Pera und die anderen Vertreter der ersten Generation der deutsch-assyrischen Zusammenarbeit sich noch ganz in die kulturellen Bedingungen ihrer Region fügten, forderten ihre ebenfalls in Deutschland dann ausgebildeten Söhne grundsätzlichere

38 Ebd.
39 Ebd.
40 Ebd.
41 Ebd.
42 Hermannsburger Missionsblatt 1901, S. 367.
43 Martin Tamcke, Die Kontroverse um die Gültigkeit der lutherischen Ordination anstelle der Priesterweihe in der Kirche des Ostens (Nestorianer), in: Michael Kohlbacher und Markus Lesinski, Horizonte der Christenheit, Festschrift für Friedrich Heyer zu seinem 85. Geburtstag, Oikonomia (Quellen und Studien zur orthodoxen Theologie) Band 34, Erlangen 1994, S. 268–274.
44 Martin Tamcke, Luther Pera's Contribution to the Restoration of the Church of the East in Urmia, The Harp, A Review of Syriac and Oriental Studies 8/9, Kottayam 1995/96, S. 251–261.

Änderungen in der iranischen Gesellschaft: sie forderten Staatsbürgerrechte anstelle der sie als Minderheit diskriminierenden Praktiken, bauten Schulen[45], wo bislang in Privatwohnungen unterrichtet wurde, errichteten Pfarrhäuser, wo bislang in aus Lehm gefertigten Einraumhäusern mit Feuerstelle in der Mitte des Raums gelebt wurde. Schon in der ersten Generation aber ließ sich dieser Aufbruch beobachten, welcher am Spiegelbild der deutschen Kultur erwuchs.[46] Als Yuhannon Pera von einem deutschen Missionar besucht werden sollte, geriet seine Frau in Panik und ihr Mann musste nach Deutschland schreiben: sie wurde umgetrieben vom Umstand, dass sie weder Messer noch Gabeln besaßen. Erst als der Deutsche sich bereit erklärte, wie sie mit den Händen zu essen, legte sich ihre Panik.[47]

3. Die Reorganisation der Kirche des Ostens unter Mar Abimelek

Im Juni 1905 erschien Metropolit Mar Abimelek in der Urmia-Region im Auftrag des Patriarchen, um die Aktionen der Lutheraner zu untersuchen.

Zu den grundlegenden Forderungen für die Reorganisation seiner Kirche gehörten für ihn, dass jeder Priester die Lehren und Dogmen der Kirche bekennt.[48] Jeder Priester sei dem Patriarchen untergeordnet und den Vorschriften der Synodalakten, müsse gut Altsyrisch können und in den Lehren der Kirche geprüft werden. Er habe mit allen kirchlichen Gebetbüchern gut bekannt zu sein. Ohne diese Vorbedingungen werde er nicht vom Patriarchen oder Bischof geweiht. Wer nicht in dieser Kirche geweiht wurde, habe keine Berechtigung, ein kirchliches Amt zu bekleiden. Gelder aus dem Ausland sind dem Komitee des Patriarchen zu überantworten. An den Schulen der Kirche seien nur Lehrer zugelassen, die über Kenntnisse zur Lehre der Kirche verfügen. Jeder Schüler müsse das Nicänische Glaubensbekenntnis in altsyrischer Sprache lernen, dazu die Lehren der Kirche. Sprachliches Hauptfach sei die alt- und neusyrische Sprache. In zweiter Linie sei die persische Sprache zu unterrichten. In den höheren Schulen sei das „Buch der Perle“ von Ebedjesus zu lesen. Alle Kirchen und Schulen sind Eigentum der Kirche und ihres Patriarchen. Der Erbauer habe kein Eigentumsrecht.

Es folgte eine Reihe von Synoden, deren Ergebnis schließlich war, dass sich die meisten „lutherischen Nestorianer“ der Leitung Abimeleks und der von ihm repräsentierten Kirchenleitung unterstellten. Selbst der lutherisch-amerikanische Missionar Fossum tat diesen Schritt. Resistentere Lutheraner wurden exkommuniziert, unter ihnen der Leiter des Patriarchalischen Komitees, der Arzt Dr. Oschana Khan, und der Priester der schwedisch-amerikanischen Augustana-Synode Isaak Johannes in Digalah. Auch die mit Hermannsburg verbundenen Geistlichen gerieten unter Druck. Obwohl sie sich den Exkommunizierten nahe fühlten und sich von der Gruppe um Fossum distanzierten, ist es wohl ihrer Verbindung zu dem Metropoliten Mar Dinkha zu verdanken, dass sie Teil der Kirchengemeinschaft blieben. Abimeleks Forderungen stießen bei den mit Hermannsburg verbun-

45 Martin Tamcke, Schulfragen im Kreis um Pera Johannes (Yuhannon Pera) in der Urmia-Region, in: Dietmar W. Winkler, Syrische Studien, Beiträge zum 8. Deutschen Syrologie-Symposium in Salzburg 2014, orientalia – patristica – oecumenica vol. 10, Wien 2016, S. 215–226.

46 Martin Tamcke, Westbindung als Ausweg? Die „lutherischen Nestorianer“ der Urmia-Region, in: Der Islam, Zeitschrift für Geschichte und Kultur des islamischen Orients, Band 88 (2011, H 1), Berlin/Boston 2012, S. 147–157.

47 Ebd.

48 Details in Tamcke, Kontroverse (wie Anmerkung 43), dort auch die folgenden Details.

denen Geistlichen auf entschiedenen Widerstand. Sie hielten am Kleinen Katechismus Martin Luthers fest, wo Abimelek den Unterricht in ʿAbdischoʿs „Buch der Perle der Wahrheit des Christentums“ forderte; sie hielten zudem an ihrer Zuordnung zur Missionsleitung im fernen Hermannsburg fest, wo Abimelek die Einordnung in die Hierarchie der Kirche des Ostens verlangte; sie blieben bei ihrer lutherischen Ordination mit Verpflichtung auf die lutherische Lehre und die Ordnungen der Kirche des Ostens, wo Abimelek die Weihe durch einen Bischof der Kirche des Ostens für unabdinglich hielt. Sie fühlten sich durch die von Abimelek erwirkten Synodalbeschlüsse in „einen schwierigen Stand“ versetzt, da „sie bei der evangelischen Wahrheit ohne Verleugnung bleiben“ wollten. Der Hermannsburger Missionsdirektor Haccius kommentierte die Entwicklung: „Es war ein Rückschritt in das alte, starre und tote Wesen, und von einer Evangelisation und Reformation war keine Rede mehr, man wollte die alte Kirche unter allen Umständen erhalten. ... Würden diese Grundsätze streng durchgeführt, so würde das unsere Pastoren und ihre Arbeit zur Separation gezwungen haben“.[49] Noch im Oktober weihte der Patriarch den Kascha David unter dem Namen Mar Ephrem zum Bischof von Urmia. Er wurde dort vom Leiter der anglikanischen Station, Brown, freudig begrüßt, wenn auch mit dem begleitenden Hinweis, dass er keinerlei finanzielle Mittel für die Rückgewinnung der zur russischen Orthodoxie Konvertierten gewähren könne.

Mar Ephrem nun besann sich für die Restauration seiner Kirche in Urmia auf die im Dienste der Hermannsburger Mission stehenden Lutheraner. Besonders bemühte er sich um Luther Pera, den Sohn Yuhannon Peras, der zu dieser Zeit als Priester für eine syrische Gemeinde im südrussischen Armawir im Gespräch war. Dieser drängte wiederum den Bischof, ihm eine Gemeinde zuzuweisen. Mar Ephrem hatte in Ermangelung der angestammten Kirchen das Qurbana zunächst in der Kapelle der anglikanischen Station in Urmia feiern müssen. Seit Frühjahr 1909 betrieben der Bischof und der Priester den Wiederaufbau der Kirche in Urmia und den Erwerb eines ersten Kirchengebäudes, welches letztlich gelingen sollte. Erst der Weltkrieg und die systematischen Vernichtungsaktionen gegen die Assyrer durch türkisches Militär und kurdische Milizen zerstörten das Werk. Yuhannon Pera entkam misshandelt und beraubt knapp zu seinem Sohn nach Urmia, ein muslimischer Nachbar versteckte die Bedrohten in seinem Haus, auf der Flucht starb ein Enkelkind, und Yuhannon Pera wich schließlich zunächst nach Tiflis aus und war fortan nicht mehr in der Lage, als Priester zu arbeiten. Über Konstantinopel ging er nach dem Weltkrieg ins französisch gewordene Elsass und starb dort am 3. September 1924 im Stift Kronenburg bei Straßburg.

4. Und Luther?

Nicht zufällig ist der Umstand, dass Yuhannon Pera seinem ältesten Sohn den Namen „Luther“ als Vornamen gab. So tief war seine Bewunderung für den deutschen Reformator, so sehr wünschte er eine geradezu familiäre Bindung an das deutsche Luthertum. Luther Pera erhielt vor seinem Studium auch eine Schulbildung in Deutschland und nach anschließenden Zusatzausbildungen ging er zunächst in die Gemeinde seines Vaters zurück. Er half in verschiedenen Gemeinden der Region aus, ehe er in Urmia eine Kirche

49 Urmia und Hermannsburg. Luther Pera im Dienst der Hermannsburger Mission in Urmia 1910–1915, in: OrChr 80 (1996), S. 43–65, dort auch das Folgende.

kaufte, die erste in Urmia, die wieder allein der Kirche des Ostens gehörte. Alle traditionellen Kirchen der Kirche des Ostens waren mittlerweile an die Russische Orthodoxe Kirche gefallen und auch auf dem Rechtsweg erwies es sich nicht als möglich, die Kirchen zurückzuerhalten. Luther Pera wirkte nun dort als Gemeindepriester. Er übersetzte wesentliche Schriften des deutschen Luthertums in seine Muttersprache, unter denen die syrische Übersetzung des Kleinen Katechismus von Martin Luther deshalb herausragt, weil sie noch in Amerika, nachdem er über Deutschland und Frankreich, wo er einige Jahre blieb, schließlich in die USA geflüchtet war, einen erneuten Druck erfuhr.[50] Anders als sein Vater, der lediglich mündlich seinen Unterricht mit Luthers Katechismus betrieb und Vorträge zu Luther hielt, wollte die nächste Generation also, dass dessen deutsche Kirchenlieder in Syrisch gesungen wurden und seine Texte in Syrisch zu studieren waren.[51] Während die Generation der Väter zunächst Priester der Kirche des Ostens waren, erst dann Lutheraner, so drangen die Söhne auf Übernahme westlicher Standards, auf kulturelle, technische und wirtschaftliche Entwicklung. Zu diesem Ansatz gehörte dann auch ihr Luthertum. Während die Väter glaubten, die Kirche des Ostens enthalte in Knospenform, was die Kirche Luthers charakterisiere, drangen die Söhne darauf, dass die lutherischen Lehren und Inhalte nun auch tatsächlich manifest in der Kirche werden sollten.

Die bibliographische Angabe zum Katechismus ist schlicht: „Das Buch vom Kleinen Katechismus des Doktors Martin Luther".[52] Als Druckerei erscheint die Druckerei von Ephrem Abraham aus Urmia, Iran, als Druckort „Chicago, Amerika" und als Datum „März 1932". Der Weg von der Handschrift der ersten Übersetzung des Kleinen Katechismus vor dem Ersten Weltkrieg, die im Archiv der Evangelisch-lutherischen Mission in Hermannsburg liegt, zur zweiten Druckfassung von 1932 lässt sich noch nicht wirklich erhellen. Aber die Widmung vom 12. Oktober 1932 in der Ausgabe, die im Familienbesitz der Nachfahren des Bruders von Luther Pera, Augustin Pera, sich findet, lässt keinen Zweifel daran, dass Luther Peras Übersetzung nicht allein seine Arbeit war. Er bedankt sich in der Widmung bei seinem Bruder Augustin mit den Worten, dass der sich an der Übersetzung des Buches beteiligt habe.

Es ist leider zu früh für eine Auswertung in systematisch-theologischer Hinsicht. Ich sitze erst gerade an einer zweiten umfangreicheren Biographie zu einem der wichtigsten Repräsentanten der Lutheraner in der Kirche des Ostens. Aber es lässt sich doch folgender Weg erkennen: der Impuls zur Kontaktaufnahme mit den Lutheranern kam tatsächlich aus der Region. Er scheint bewusst im Gegensatz zum amerikanischen Presbyterianismus gestanden zu haben. Während die erste Generation die Ordnung der Kirche weithin treu einhielt, aber sich nicht vom Patriarchen zum Priester weihen ließ, intensivierte die zweite Generation ihr Bemühen um den Transfer der Lehre Luthers. Hier entstand folgerichtig die Idee zur Gründung einer Hochschule und eines eigenen Druckereiwesens. Das Experiment ging im Orient im Schatten des Völkermords zugrunde. Lediglich in den USA gibt es

50 Details dazu in: Martin Tamcke: Auf der Suche nach einer verlorenen Literatur. – Erkundungen zum ostsyrischen Schrifttum der „lutherischen Nestorianer", in: Peter Bruns und Heinz Otto Luthe, Orientalia Christiana, Festschrift für Hubert Kaufhold zum 70. Geburtstag, Eichstätter Beiträge zum Christlichen Orient 3, Wiesbaden 2013, S. 475–486.

51 Ebd.

52 Dank an Jeremy Pera, Kansas, der mir das gedruckte Exemplar des Katechismus bei seinem Besuch in Göttingen mitbrachte.

heute immer noch lutherisch-assyrische Gemeinschaften. Aber der Beitrag zur nationalen, religiösen und ethnischen Selbstbehauptung der Kirche zeitigte Folgen, die bis heute den Erhalt der Kirche in der Region sichern. Sozusagen gegen ihre theologischen Zielsetzungen ermöglichte ihr Grenzgängertum zwischen Deutschland und Iran, ein Widerlager zu entwickeln, das den politisch-religiösen Verlockungen zu kurzfristigen Allianzen widerstand und damit dazu beitrug, dass die Kirche zwar Völkermord und Vertreibung nicht entging, aber diese auf dem Hintergrund einer ethnisch-religiös einenden Tradition zu interpretieren in der Lage war. Die politische Konsequenz lutherischer Präsenz war durchaus kein Zufall.

Die Personennamen der Doctrina Addai

Jürgen Tubach

Die Doctrina Addai (ܡܠܦܢܘܬܐ ܕܐܕܝ ܫܠܝܚܐ; mallp̄ānūṯā ḏAddai šlīḥā) erzählt die Lokallegende der Stadt Edessa, der fast vergönnt gewesen wäre, Jesu Besuch zu erhalten, wenn nicht die Einladung ausgerechnet in der Passionswoche in Jerusalem eingetroffen wäre. Das Einladungsschreiben Abgars des Schwarzen (ʾAḇgar V. ʾUkkāmā, 4 v. Chr – 7. n. Chr. und 13–50 n. Chr.) und Jesu Antwort kannte bereits Euseb,[1] der berichtet, dass alles im Archiv von Edessa hinterlegt sei. Jesus versprach Abgars Gesandten, einen seiner Jünger zu senden, wenn seine Mission hier auf Erden beendet sei. Nun müsste man erwarten, dass Thomas sich auf den Weg nach Edessa machen würde, da Edessa als Stadt des Apostels Thomas gilt. Da Thomas jedoch verhindert ist – er muß sich bekanntlich nach Indien begeben[2] – tritt Addai, einer der 72 Jünger an seine Stelle, die in Luk 10,1 noch anonym bleiben. Judas Thomas, wie der Apostel bereits im Peschitta-Text heißt, beauftragt Addai, unverzüglich nach Edessa zu reisen. Addai erhält über den zur jüdischen Gemeinde gehörenden Tobias Zugang zur Hofgesellschaft, wo er den an Gicht leidenden Abgar heilt und schließlich alle für die neue Religion gewinnt. Wegen Addais langer Predigt trägt die Schrift den Titel Doctrina. Am Ende berichtet der Text, dass das Manuskript im Archiv von Edessa verwahrt wurde.

In der Regel nimmt man in der Forschung an, dass die Schrift in ihrer vorliegenden Form (samt der Geschichte der Auffindung des Kreuzes von Golgatha) um 400 n. Chr. entstand. Diese Datierung hängt in erster Linie mit dem Umstand zusammen, dass die älteste Handschrift mit dem leider unvollständig erhaltenen Text aus dem Anfang des 5. Jh. stammt. Ziemlich früh, vielleicht im 5. Jh., wurde der Text ins Armenische übersetzt.[3] Eine besondere Wertschätzung erfuhr der Briefwechsel zwischen Abgar und Jesus. In der Doctrina erteilt Jesus nur eine mündliche Antwort, bei Euseb eine schriftliche. Der Brief wurde in zahlreiche Sprachen übersetzt.

Die Zahl der erhaltenen Handschriften mit dem Text der Doctrina Addai hält sich in Grenzen. Der Text ist vollständig nur in einer einzigen Handschrift erhalten,[4] die sich seit dem 19. Jh. in St. Petersburg befindet und aus Urmia stammt. Sie wurde von George Phillips (1804–1892) 1876 ediert und mit einer englischen Übersetzung versehen. Phillips benutzte noch die beiden fragmentarischen Texte aus dem syrischen Kloster in der nitrischen Wüste (südlich von Alexandria), die dem frühen 5. Jh. (BM Add[itional manuscripts] 14,654) und dem 6. Jh. (Add. 14,644) angehören.[5] Ins 6. Jh. ist auch die St. Petersburger

---

1 Historia ecclesiastica I.13.1–10.

2 Acta Thomae Kap. 1.

3 Alishan, Deleanu.

4 Faksimile: Meščerskaya p. 119–184.

5 Cureton p. 6–23 / 147–166 / p. 5–23 [Übs. / Anm. / syr. Text].

Handschrift zu datieren. Phillips syrischen Text übernahm George Howard (*1935) in seiner Edition und versah sie mit einer Neuübersetzung ins Englische.[6] In die Grammatiken von Carl Brockelmann (1868–1956)[7] und Arthur Ungnad (1879–1945)[8] sind längere Passagen aus der Doctrina Addai aufgenommen.

„Im 343. Jahr der Ära der Griechen (d.h. der Seleukidenära)" – so beginnt der Text – sandte der edessenische König Abgar der Schwarze „im Monat Oktober (Tešrī qḏem, 31 n. Chr.)" eine Gesandtschaft nach Eleutheropolis („auf Aramäisch Bēṯ Guḇrīn")[9] zu Sabinos („der Sabiner"), dem Sohn des Eustorgios, der damals Procurator (ʾepīṭrāpā < ἐπίτροπος) von ganz Syrien war. Als Gesandte hatte Abgar zwei Männer aus dem höheren Adel namens Māryaḥḇ und Šmešgram ausgewählt, sowie den Archivar (ṭḇōlārā[10] oder ṭḇūlārā[11] < ṭaḇūlārā[12] < ταβουλάριος < tabularius)[13] Ḥannān. Der aramäische Personenname Šmešgram kommt im ganzen aramäischen Sprachbereich vor[14] und bedeutet „Šamaš / der Sonnengott hat entschieden".[15] Ein Šemәšgaram (> Šmešgram) ist in einer Inschrift aus Edessa belegt, die ins 2. oder 3. Jh. n. Chr. gehört.[16] Bar Dayṣān und seine Schüler treffen sich im Haus von Šemәšgaram nach dem Liber Legum Regionum. Māryaḥḇs Name bedeutet „der Herr hat gegeben (sc. ein Kind)". Welche Gottheit mit dem Appellativ Mār gemeint ist, läßt sich nicht sagen. Nicht ausgeschlossen ist die Möglichkeit, dass Māryaḥḇ zur jüdischen Gemeinde Edessas gehörte, da mārā / māryā (im st.emph.) dem Κύριος der LXX entspricht. Der Name des Archivars entspricht der Wiedergabe des neutestamentlichen Ἄννας in der Pšīttā (Luk 3,2; Joh 18,13.24 und Apg 4,6), der analog zur NF qattāl

6 Weitere Übersetzungen: Illert (p. 132–176), González Núñez, Deleanu.

7 Brockelmann (p. 12*–21*) nahm erhebliche Kürzungen vor: Brockelmann p. 12*–17* Z. 21 = Phillips p. 1 Z. 8 – 8 Z. 4 , Br. p. 17 Z. 21 – 18 Z. 1 = Phil. p. 17 Z. 23 – 18 Z. 4, Br. p. 18 Z. 1f. = Phil. p. 18 Z. 14f., Br. p. 18 Z. 4–10 = Phil. p. 31 Z. 4–12, Br. p. 18 Z. 10–12 = Phil. p. 31 Z. 14f., Br. p. 18 Z. 12f. = Phil. p. 31 Z. 21f., Br. p. 18 Z. 13–23 = Phil. p. 32 Z. 9 – 33 Z. 2, Br. p. 18–21 = etc.

8 Ungnad folgt im großen und ganzen dem Text von Phillips: Ungnad p. 29*–43* = Phillips p. 1 Z. 8 – 17 Z. 7.8–13 = Howard 2–34 [nebst der Übs.].

9 Anläßlich der 202 von Lucius Septimius Severus (193–211) verliehenen Privilegien, die einen autonomen Status einschlossen, erhielt der Ort „Männerhausen / Haus der Männer" (Bēṯ Guḇrīn) den Namen „freie Stadt" (Eleutheropolis).

10 Brockelmann, Lex. p. 267; Sokoloff p. 509; Köbert p. 79.

11 Smith, Thesaurus I p. 1424; Costaz p. 122; J.P.Smith p. 166 und Brun p. 180: ṭḇūlarā.

12 Brockelmann dachte im Glossar seiner Grammatik offenbar an eine Vokalisation als ṭāḇūlārā (p. *170, dsgl. Ungnad p. *73 jedoch ohne Rukkāḵā von Bēṯ). Ein kurzes a wäre (ab dem 3. Jh. n. Chr.) nur dann möglich, wenn der Konsonant b gelängt ist (so Thackston p. 203: ṭabbulārā), was aber die Kennzeichnung der Rukkāḵā ausschließt. Soll das α des Griechischen erhalten bleiben, muß der Vokal im Syrischen lang sein oder Bēṯ muß bei Vokalkürze verdoppelt werden.

13 Euseb bezeichnet Ananias (< Ḥananyā) als ταχυδρόμος (Schnellläufer, Eilkurier), was dem lateinischen tabellarius (oder eventuell cursor) entspricht und dem syrischen rahhāṭā, was einmal als Berufsbezeichnung in einer edessenischen Inschrift belegt ist (Drijvers p. 43f. no. 52 Z. 2; Drijvers-Healey p. 59 no. As 7 [D52]). Das entsprechende Lehnwort lautet im Syrischen ṭḇellārā (= ostsyr., ansonsten: ṭḇallārā) oder ṭaḇlārā (Brun p. 180, Smith, Thesaurus I p. 1426) und ist über das griechische ταβελλάριος entlehnt und nicht direkt aus dem Lateinischen (Brockelmann, Lex. p. 266).

14 Stark p. 115.

15 Gemeint ist, dass der Sonnengott zugunsten des Lebens des Kindes entschieden hat. Ob hier tatsächlich an den sumero-akkadischen Utu / Šamaš oder den solarisierten Bēl Marduk gedacht ist, mag dahingestellt bleiben.

16 Drijvers-Healey p. 49f. no. As 2 (D28), Z. 4.

mit Längung des mittleren Konsonanten und mit langem Endvokal wiedergegeben wird. Der Name des zwischen den Jahren 6–15 n. Chr. amtierenden Hohenpriesters, der auch später noch eine wichtige Rolle im Synhedrium spielte, ist eine verkürzte Form des alttestamentlichen Ḥananyā(hū) oder Yōḥanan, was beides „Jahwe hat sich erbarmt“ (sc. der Mutter des Kindes oder des Kindes) / „Jahwe ist gnädig gewesen“ bedeutet. Die verkürzte Form lautete ursprünglich Ḥanan und kommt als solche in der LXX als Αναν vor. Das gängige Hypokoristikon dazu wäre Ḥannā,[17] was in Luk 2,36 als Ἄννα erscheint. Die Vokalisation der Pšīttā wandelt den mittels eines Verbalsatzes gebildeten Personennamen in einen Nominalsatz (ohne das theophore Element) ab, um die Vokale zu erhalten, sonst müsste der Name Ḥnan lauten. Eine Bedeutungsänderung ist damit nicht verbunden.

Da die Gesandtschaft auf ihrer Rückreise nach Edessa noch Jerusalem aufsucht, muß man annehmen, dass zumindest der Archivar zur jüdischen Gemeinde gehörte. Das wird im Text zwar nicht ausdrücklich betont, kann aber aufgrund des Personennamens und der anschließenden Reise ins nahegelegene Jerusalem als sicher gelten, obgleich die Motivation für den 10-tägigen Aufenthalt in Jerusalem aus erzähltechnischen Gründen anders angegeben wird.

Nach ihrer Rückkehr ist Abgar über Ḥannāns Bericht, der alles, was er sah und über Jesus hörte, aufgeschrieben hatte, so sehr erfreut, dass er die Ansicht hat, ihn nach Edessa einzuladen. Abgars Brief erreicht Jesus, wie bereits erwähnt, unglücklicherweise in der Passionswoche.

Der „Apostel Addai (šlīḥā ᵓAddai)“, den Judas Thomas mit der Wahrnehmung von Jesu Versprechen beauftragt, begibt sich nun nach Edessa, wo er bei Tobias, dem Sohn des Tobias (Ṭōḇīyā bar Ṭōḇīyā), wohnt, einem „Juden, der aus Palästina stammte.“ Die Ankunft von Jesu Abgesandten übermittelt ᶜAḇdū bar ᶜAḇdū dem König, der anderen Tages zu einer Audienz bittet.

Addai ist eine hypokoristische Form eines mit ᵓAd- beginnenden Personennamens.[18] Mittels der Endung -ā oder -ay werden im Aramäischen Hypokoristika gebildet, indem ein langer Personennamen verkürzt wird. Vorzugsweise bildet die Sprache zweisilbige Namen. Der Endkonsonant der geschlossenen ersten Silbe wird gelängt.[19] So entstehen Namensformen wie Addai[20] oder Addā.[21] Die syrische Literatur kennt beide Namenstypen.[22] Hinter ᵓAdday / ᵓAddā könnte sich das hebräische ᵓadōn „Herr“[23] verbergen oder der Wettergott Addu (= Hadad),[24] jeweils noch mit einem verbalen oder nominalen Element

17 Zu den verschiedenen Namensformen samt den Hypokoristika, die von diesem Verbum geminatum abgeleitet werden vgl. Beyer p. 583.732.733.

18 Beyer p. 729.

19 Beyer p. 445. – Eine Längung des Konsonanten erfolgt nur, wenn der vorhergehende Vokal kurz ist.

20 Nur Hypokoristica auf -ay: Drijvers (1972: 47f. Nr. 58 Z. 2, 60 Z. 2, 61 Z. 1), Vattioni (1973: 320 Nr. 58.60.61); Drijvers-Healey p. 68.70f. no. As 12 (D58), As 14 (D60), As 15 (D61).

21 Nur Formen mit -ā: Stark p. 2.65.

22 Smith (I 1879–1901 = 1981: 36), weitere Belege aus dem Orient bei Wuthnow p. 12.124.

23 Vgl. Köbert (1971: 363), Lietzmann (^{3}1961: 273 = $^{4.5}$1975 = 1999: 595), Sachau (1919: 5). Zu hebräischen, kanaanäischen oder phönikischen Namen, die mit Adon zusammengesetzt sind vgl. Zadok (1988: 398 u.ö.), Fowler (1988: 53.334 u.ö.), Benz (1972: 260f.), Hess (1993: 203), zu phönikischem ᵓdᵓ oder ᵓdy vgl. Benz (1972: 233.242.260).

24 Stark und Abbadi (p. 74.75) sehen in dem theophoren Element des palmyrenischen und hatrenischen Namens den Gott Addu / Hadad.

versehen. Da Addai zu den 72 Jüngern aus Luk 10,1 gezählt wird und er sofort nach seiner Ankunft in Edessa einen Landsmann aus Palästina aufsucht, kommt nur die Möglichkeit in Frage, dass Addai eine hypokoristische Form eines mit ᵓAdōn gebildeten Namens ist, z.B. des biblischen ᵓAdōnyā oder ᵓAdōnyāhū („Jahwe ist Herr"). Die Kurzform Aḏōnā ist übrigens mehrmals in Edessa belegt.[25] Die Träger dieses Namens gehörten ohne Zweifel zur jüdischen Gemeinde.

Den Name Tobias vokalisierten die Masoreten im Alten Testament als Ṭōbīyā, was aus Ṭōbīyāhū verkürzt ist. Diese Form behielt man im Syrischen bei. Das lange ā am Wortende fasste man im Syrischen wohl als hypokoristische Endung auf. Der Name bedeute „Jahwe ist mein [höchstes] Gut / mein Glück".

ᶜAḇdū, wie die Aussprache auf Aramäisch bzw. Syrisch lautet, ist ein theophorer Personenname arabischer Herkunft, der aus ᶜabd^{un} „Sklave, Diener / Verehrer [einer Gottheit]" und dem Namen einer Gottheit in Gestalt einer status constructus-Verbindung besteht und mittels der hypokoristischen Endung -ū verkürzt wurde, die in der Regel nur bei arabischen Namen vorkommt.[26] Wegen des arabischen Hypokoristikons scheidet ein aramäischer (bzw. syrischer) status constructus von ᶜaḇdā aus, was ᶜḇeḏ wäre. Wie der Name des Vaters zeigt, wurde in der Familie bei der Namensgebung eine arabische Tradition gepflegt. ᶜAbdū ibn ᶜAbdū, wie er auf Arabisch heißen müsste, gehörte zu den Adligen (ḥērē[27] < pers. azatān) Edessas und besaß wie die Königsfamilie arabische Vorfahren.

Die Audienz bei Abgar verlief wunschgemäß. Addai befreit den König von seiner Krankheit, der vermutlich wie ᶜAbdū an Gicht (pṭaḡrā[28] < ποδάγρα)[29] leidet. Ihn heilt Addai samt anderen Adligen. Nach Addais Rede bekennt sich die versammelte Hofgesellschaft, die aus raurḇānē (< pers. vazurgān) und ḥērē (< pers. azatān) besteht,[30] zum Glauben an Christus (mšīḥā). Namentlich erwähnt werden[31] Abgars Mutter ᵓAgusṭīn, Šalmaṯ, die Tochter von Mihrdāṯ, Pqōr, ᶜḇeḏšmeš (< ᶜAḇeḏšemәs), ᵓAzzai, Bar Kalbā[32] und die bereits erwähnten Adligen Šmešgram und ᶜAḇdū.

Augustus, „erhaben, heilig" wird später in der Form Augustinus / Augustina („Augustinisch") gern als Personenname benutzt. Hier dient der Name wohl dazu, einer gewissen ideellen oder tatsächlichen Nähe zur Kaiserin Ausdruck zu verleihen, die gewöhnlich analog zu ihrem Gemahl den Titel Augusta erhielt. Für die Zeit des realen Abgar ᵓUkkāmā ist ein solcher Name anachronistisch. Abgar war Vasall der Arsakiden und konnte sich politische

25 Drijvers p. 6f.9.12f.12–14.16.17–19.38f. no. 8 Z. 2, 12, 14 Z. 4, 17 Z. 1.5, 18 Z. 1, 23 Z. 2.4., 24 Z. 2, 25 Z. 2, 48 Z. 6.8.10; Drijvers-Healey p. 89f.95f.97f.104–116.134.172–175 no. As 27 (D14), As 30 (D17), As 31 (D18), As 36 (D23), As 37 (D24), As 38 (D25), As 50 (D8), As 54 (D12), Am 5 (D48). – Zu den Märtyrern aus der Zeit Šāpūr II. (309–379) zählt ein gewisser ᵓAḏōnā, der Bischof in Bēṯ Lāpāṭ (Gundēšāpūr) gewesen war (Schwaigert p. 139–143). ᵓAḏōnā ist ein mit der hypokoristischen Endung -ā verkürzter Namen (falsche Etymologie bei Schwaigert p. 142). Sein Träger oder dessen Vorfahren gehörten wohl ursprünglich der Synagoge an.

26 Beyer p. 445.

27 Phillips p. 5 Z. 13 = Howard p. 10 Z. 13.

28 Zur Assimilation in Fernstellung nach π vgl. Brockelmann, Gramm. §20.

29 Phillips p. 7 Z. 11= Howard p. 14 Z. 11.

30 Hochadel und niedriger Adel werden meistens zusammen genannt, Phillips p. 9 Z. 3f. = Howard p. 18 Z. 3f.

31 Phillips p. 17 Z. 9–11= Howard p. 34 Z. 9–11.

32 Phillips p. 17 Z. 11, 18 Z. 16, 33 Z. 12 = Howard p. 34 Z. 11, 36 Z. 16, 66 Z. 12; Martyrium von Šarbel (Cureton p. 45/45 Z. 17), Martyrium von Bar Sāmyā (ebd. p. 63/64 Z. 5).

Abenteuer kaum erlauben. Das änderte sich erst zur Zeit von Marc Aurel (161–180) und Lucius Verus (161–169), als Maᶜanū VIII. (139–163.165–177), der Vater Abgars VIII. (177–212 [Lucius Aelius Septimius Abgarus oder Aelius Aurelius Septimius Abgarus][33]), die Seite wechselte und sich nach Verus' siegreichem Partherkrieg unter Roms Schutz stellte. Als der vertriebene Maᶜanū den Thron wiedererlangte, legte er sich den Beinamen Philoromaios zu. In dieser Situation könnte sich seine Frau fortan Augustina[34] genannt haben.

Šalmaṯ[35] trägt einmal den Titel „Königin" (malkṯā)[36], scheint aber nicht mit Abgar verheiratet zu sein, zumindest wird das nie erwähnt. In einer Inschrift auf der östlichen der beiden freistehenden Säulen auf dem Burgberg von Edessa wird eine Šalmaṯ, die Tochter des Kronprinzen Maᶜanū, erwähnt, die ebenfalls den Titel malkṯā trägt.[37] Leider ist der Name ihres Ehemannes nicht erhalten. Falls sein Name oder sein Titel tatsächlich auf -ā endete, käme als Ergänzung nur ʾatt[ʾAbgar malk]ā oder ʾatt[Maᶜanū malk]ā in Z. 8 in Frage. Gehört die Inschrift ins 3. Jh., wie in der Regel angenommen wird, müßte man in Šalmaṯ die Gemahlin des letzten edessenischen Königs Aelius Septimius Abgar (239–242) sehen. Im edessenischen Onomastikon ist der Name Šalmaṯ mehrmals belegt.[38] Mit der Šalmaṯ malkṯā ist vermutlich wegen des gleichen Vatersnamens eine Šalmaṯ baṯ Maᶜanū identisch.[39] Weder der Vater noch die Tochter tragen einen Titel, sodass die Identifikation etwas unsicher ist. Der Personenname ist auch in Palmyra[40] und bei den Nabatäern[41] belegt. Das verbale oder nominale Element ist weggefallen, sodass nur der selten vorkommende Gottesname übriggeblieben ist. Šalmaṯ könnte das feminine Pendant zu Šalmān[42] (ass. Salmānu [= Šalmānu], „der Wohlgesinnte")[43] sein, dessen Kultzentrum in Dur Katlimmu[44] (aram. Magdalu > Magdalā,[45] h.: Tall Šayḫ Ḥamad / Tell Šēḫ Ḥamad) am unteren Ḥāḇūr (oder Ḥāḇōr = aram. / syr., hebr. Ḥābōr < akkad. Ḫabūru > arab. Ḫābūr, griech. Χαβώρας, Ἀβώρας, Ἀβούρα[ς], Ἀβόρρα[ς], lat. Chabura, Abora[46]) lag. Der Gott Salmān (Šalmān) wurde nicht nur in Mesopotamien, sondern auch im nördlichen Arabien verehrt.

---

33 Die lateinische Namensform, der wohl 194 n. Chr. das nomen gentile Septimius hinzugefügt wurde, um die Gunst von Lucius Septimius Severus (193–211) zu erlangen, läßt sich über die griechischen Münzlegenden Abgars rekonstruieren. Der volle Name samt dem Titel lautet βασ[ιλευς] Λ[ούκιος] Ἀιλ[ιος] Σεπ[τίμιος] Ἄβγαρος oder Ἀιλ[ιος] Αυρηλ[ιος] Σεπ[τίμιος] Ἄβγαρος (Babelon p. 513f. = p. 252f. no. 21–24). Abgars lateinischer Name lehnt sich an Lucius Verus' vollen Namen an (Lucius Aelius Aurelius Commodus, 161–169), dem sein Vater die Wiedererlangung der Herrschaft in Edessa nach 165 verdankte.

34 Abgars Mutter wird in der Doctrina Addai mehrmals erwähnt: Phillips p. 9 Z. 4, p. 17 Z. 9, p. 32 Z. 8 = Howard p. 18 Z. 4, p. 34 Z. 9, p. 64 Z. 8.

35 Phillips p. 9 Z. 5, p. 17 Z. 9, p. 32 Z. 9 = Howard p. 18 Z. 5, p. 34 Z. 9, p. 64 Z. 9.

36 Phillips p. 32 Z. 9 = Howard p. 64 Z. 9.

37 Drijvers p. 20f. no. 27 Z. 6; Drijvers-Healey p. 45–48 no. As 1 (D27).

38 Drijvers p. 32–36.46 no. 45 Z. 13, no. 46 Z. 2.13, no. 56 Z. 1; Drijvers-Healey p. 163–169.208 no. Am 2 (D45), Z. 14, no. Am 3 (D46), Z. 2.14, no. Cs 3 (D56).

39 Drijvers p. 36f. no. 47 Z. 3f.; Drijvers-Healey p. 170f. no. As 4 (D47), Z. 3f.

40 Stark p. 52.114, Hvidberg-Hansen p. 47 no. 29.

41 al-Khraysheh p. 177.

42 Hvidberg-Hansen p. 47.74.76 no. 29.82.86.

43 Radner p. 35.

44 Cf. Radner.

45 Radner p. 33 Anm. 4, Luther p. 2. – Die Identifikation ist jedoch nicht restlos gesichert (vgl. Luther p. 2 Anm. 8).

46 Zu den griechischen und lateinischen Namensformen vgl. Fraenkel p. 107.

Šalmaṯs Vater Mihrdāṯ (< parth. Mihrdāt) und Pqōr (oder Pqor) tragen persische Namen, die in der Arsakidenzeit relativ beliebt sind. Bei dem ersteren Namen handelt es sich um eine Determinativkomposition, bei der das theophore Element mit dem passiven Partizip dāt (zu dātan, „geben, erschaffen")[47] versehen wurde („der von Mihr / der Sonne Erschaffene / Gegebene"). Mihr – im epigraphischen Mittelparthisch und -persisch (in historischer Orthographie) Mtr / Mtl geschrieben – ist der indo-arische Gott Mitra, der im Altpersischen als Mitra/Miθra (bzw. Miça, elam. Miš[š]a, akkad. Mitra) und im Avestischen (nebst dem Medischen) als Miθra erscheint.[48] In achämenidisch-hellenistischer Zeit wandelte er sich zu einem Sonnengott und das Wort mihr nahm die Bedeutung „Sonne" an.[49] Als solare Gestalt tritt er in den Mithras-Mysterien auf. Im Griechischen erscheint Mihrdāṯ in seiner älteren Form als Mitradates bzw. Mithridates / Mithradates (< Miθradāta / Mitradāta > akkad. Mitradātu)[50] und ist ein sehr beliebter Personenname in der Partherzeit und in Kleinasien (in Pontos, in der Kommagene, Armenien, Georgien etc.), kommt aber auch schon vorher sehr oft im achämenidischen Persien vor.[51] Mehrere Arsakiden samt etlichen Adligen tragen diesen Namen[52] (parth. Mihrdāt > armen. Mihrdat / mittelpers. Mihrdād).[53] Daneben kommen in der Arsakidenzeit auch Namensformen vor, die mehr an der Aussprache (aus postachämenidischer Zeit) orientiert sind wie z.B. Meherdates und Meiradates / Miradates.[54] Inschriftlich ist der Name in Hatra[55] und Palmyra[56] belegt. Wahrscheinlich sind die Träger dieses Namens am Tag des Mithra/Mihr, dem 16. eines jeden Monats geboren, oder eventuell im 7. Monat, der ebenfalls dem Gotte heilig war.

Den Namen Pqōr (oder Pqor) tragen diverse Könige und Adlige des Partherreiches. Im Griechischen wird der Personenname als Pakoros (Πάκορος, Pacorus)[57] wiedergegeben. In der Sasanidenzeit kommt der Name im mittelpersischen Onomastikon offenbar selten vor, ist aber in Armenien und Georgien gebräuchlich.[58] In Edessa trägt einmal einer der Könige den Namen Paqōrī (> Pqōrī, 34–29 v. Chr.). Da der Name im Arabischen als Afqūr vorkommt,[59] müsste er im Mittelsyrischen Pqōr lauten. Der edessenische Königsname ist ein Hypokoristikon auf -ī.[60] Den Namen Pqōr trägt noch ein ansonsten unbekannter syrischer Autor des 4. / 5. Jh.[61]

---

47 Nyberg p. 60: Gignoux p. 128 no. 639, Ders., Supplement p. 50 no. 233.

48 Nyberg p. 132, MacKenzie p. 56, Back p. 232.

49 Nyberg p. 132; cf. noch mihr (myhr), „Sonne", im manichäischen Mittelparthischen und Mittelpersischen (Boyce p. 59).

50 Zu den verschiedenen Namensformen vgl. Schmitt (1978) p. 395–455 bes. 397f.404.418.420.422f.424f. 426.428.430ff.

51 Zadok. Iran. Namen p. 268f. nr. 363–364c; Schmitt (2011), p. 261f. nr. 221f., Tavernier p. 249; Justi p. 209–213.

52 Karras-Klapproth p. 77–92, cf. Justi a.a.O., Lurje p. 257 no. 731.

53 Schmitt (2011), p. 261; Ders. (2002), p. 64.

54 Karras-Klapproth p. 73–77.

55 Beyer, Inschriften p. 160.

56 Stark p. 30.95.132: Mihrdāṯ (< parth. Mihrdāt) und Mihrdāḏ (< mittelpers. Mihrdād).

57 Karras-Klapproth p. 119–127, Justi p. 238–240.

58 Cf. Justi a.a.O.

59 Justi p. 239.

60 Cf. Beyer p. 445.

61 Baumstark (p. 67) vokalisiert den Namen als „Paqqôr". Die Längung des mittleren Konsonanten ist zwar nicht ausgeschlossen, dann müsste es aber Paqqūr heißen. Mittels der NF qattūl können Hypokoristika von dreikonsonantigen Namen gebildet werden (Beyer p. 436.445).

Relativ häufig kommen Status constructus-Verbindungen vor, die mit brā „Sohn" oder ᶜabdā „Knecht, Sklave, Diener" zusammengesetzt sind. Dazu gehören der „Diener der Sonne / des Sonnengottes" (ᶜbeḏšmeš) und der „Sohn des Hundes" (Bar Kalbā).[62] In der achämenidisch-hellenistischen Zeit ist der Hund das heilige Tier des Gottes Nergal und des tyrischen Stadtgottes Melqart („König der Stadt"), der mit Nergal identifiziert werden kann. Beide Gottheiten erscheinen in der interpretatio graeca (et latina) als Herakles / Hercules. Im alten Mesopotamien besitzt nur die Heilgöttin Gula einen Hund als Symboltier, jedoch nicht Nergal. Im griechischen Bereich hat Herakles weder einen Hund als Begleiter noch als heiliges Tier. Epigraphisch ist der Personenname Bar Kalbā in edessenischen[63] und hatrenischen[64] Inschriften nachweisbar. In Palmyra kommt der Personenname Kalbā und Kalbī vor.[65] Ein Bar Kalbā[66] ist in einer edessenischen Verkaufsurkunde aus Dura Europos belegt, die auf Pergament geschrieben ist und aus dem Jahr 243 n. Chr. stammt.

ᵓAzzai[67] ist ein Hypokoristikon zu einem mit ᵓAz beginnenden Personennamen. In Frage kämen die in Palmyra belegten Namen ᵓAzmar („bartlos")[68] oder ᵓAzarzīraṯ („Star, Rabe").[69] Denkbar wäre auch das syrische ᵓazbānā „haarig." ᵓAzmar ist ein von dem Verbum zamara („wenig Haare haben") abgeleitetes Adjektiv nach der NF aqtal, die im Arabischen u.a. zur Bezeichnung von körperlichen Fehlern, aber auch von guten Eigenschaften dient.[70] ᵓAzarzīraṯ ist eine eigentümlich Bildung mittels Alef prostheticum zu dem lautmalerischen Tiernamen „Star, Rabe",[71] der auf Syrisch zarzīrā / zarzūrā lautet, auf Hebräisch zarzīr[72] und auf Arabisch zurzūr^{un}. Der Name ist auch ohne Alef prostheticum in Palmyra belegt.[73] Eigentlich müsste es sich um ein nomen unitatis zu dem collectivum zurzūr^{un} handeln. Als weitere Erklärungsmöglichkeit kämen die ṣafaïtischen aqtal-Namensformen ᵓAzmal, ᵓAzham und ᵓAzkar mit z.T. unklarer Etymologie in Frage.[74]

Die Familie des aus dem Liber Legum regionum bekannte Gesprächspartner Bar Dayṣān wird an einer Stelle als Besitzer eines größeren Stadtareals erwähnt. Es ist das „Haus ᶜAwīḏās, des Sohnes ᶜbdnḥd."[75]

ᶜAwīḏās Name – er wird noch an zwei anderen Stellen erwähnt[76] – besteht aus dem Substantiv ᶜawīḏ^{un} „Schützling", das zur Nominalform qatīl[77] gehört, und dem Namen einer Gottheit. Durch die Verkürzung mittels des aramäischen Hypokoristikon -ā fiel der

62 Phillips p. 17 Z. 11, 18 Z. 16, p. 33 Z. 12 = Howard p. 34 Z. 11, 36 Z. 16, p. 66 Z. 12.
63 Drijvers p. 5–7 no. 6, 7 Z. 5, 8 Z. 5; Drijvers-Healey p. 131–134 no. As 48 (D6), As 49 (D7), As 50(D8).
64 Abbadi p. 89f.
65 Stark p. 92.
66 Drijvers p. 57 no. P II Z. 24; Drijvers-Healey p. 233 no. P I.
67 Phillips p. 17 Z. 11 = Howard p. 34 Z. 11.
68 Stark p. 3.66; Oxtoby p. 100 no. 386 / p. 132.
69 Cf. Stark p. 3.66.
70 Brockelmann, Grundriß I p. 372 §189
71 Zu diesem mit Reduplikation gebildeten Tiernamen vgl. Nöldeke p. 111f.
72 Dalman p. 133.
73 Stark p. 19.87.
74 Belege bei Littmann, Saf. Inscript. p. 297.
75 Phillips p. 18 Z. 4 = Howard p. 36 Z. 4.
76 Phillips p. 18 Z. 16 und p. 33 Z. 12 = Howard p. 36 Z. 16 und p. 66 Z. 12; Martyrium von Šarbel (Cureton p. 45/45 Z. 17), Martyrium von Bar Sāmyā (ebd. p. 63/64 Z. 5).
77 Brockelmann, Grundriß I §138.

Gottesname weg. Die hypokoristische Form ᶜAwīḏā ist in Palmyra belegt,[78] wo es auch Varianten des Namens gibt, die auf -ay und -ū enden.[79] ᶜAwīḏā und ᶜAwīḏū sind als Personennamen auch in Hatra belegt.[80]

Eine mögliche Vollform wäre der in Palmyra und Edessa belegte Name ᶜAwīḏallāṯ (arab. ᶜAwīdallāt),[81] während in Hatra der Stimmabsatz im Wortinnern noch nicht elidiert ist (ᶜAwīḏ ᵓAllāṯ und als Hypokoristikon ᶜAwīḏ ᵓAllay).[82] Das theophore Element könnte aber auch eine andere Gottheit als Athena-ᵓAllāt sein.[83] Der Name von ᶜAwīḏās Vater ist eine der häufigen Status constructus-Verbindungen, die aus ᶜaḇdā (oder bar etc.) und dem Namen einer Gottheit bestehen. Ein Gott mit dem Namen Nḥd ist jedoch nicht belegt. Würde man den diakritischen Punkt ändern und Nḥr lesen, könnte man das Konsonantengerippe im Sinne der NF qattāl verstehen und als naḥḥār lesen, was aus dem Jüdisch-Aramäischen[84] bzw. eventuell dem Arabischen[85] oder dem klassischen Syrisch[86] abgeleitet wäre. Im ersteren Fall wäre beim „Schnauber" an den Beinamen eines Gottes zu denken, dessen heiliges Tier das Pferd ist, oder allgemein an eine charakteristische Unmutsäußerung der Gottheit. Im Syrischen wäre es der „Schnarcher", was jedoch als Epitheton nicht sonderlich ansprechend wäre.

Nach dem Gebot des Königs versammeln sich die Stadtbewohner, um Addais öffentlicher Predigt zu lauschen. Namentlich genannt werden die Adligen Labbū (arab. Labū / Labbū), Ḥap̄sai, Bar Kalbā, Lebubna (bar Sennek), Ḥesrōn, Šmešgram und ᶜAwīḏā, der zuerst erwähnt wird.[87] Labbūs[88] Name ist ein Hypokoristikon zu labb^{un} / labat^{un}, labuwat^{un} / lubawat^{un}, labuᵓat^{un} / labᵓat^{un} oder labwat^{un} / libwat^{un} „Löwin",[89] das auf Arabisch Labū[90] oder (auf Aramäisch) Labbū (oder auch Libbū, Lubbū) heißen müsste. Wäre Labū das ursprüngliche Ausgangswort, müsste es ins syrische Phoneminventar transponiert als Lḇū auszusprechen sein (Labū > [1. Jh. v. Chr.] Laḇū > [3.Jh.n.Chr.] Lḇū). Wurde der Name jedoch analog zu anderen aramäischen Hypokoristka auf -ay oder -ā behandelt, würde die Längung eine Spirierung verhindern d.h. die Aussprache müßte Labbū lauten. Sofern die typisch arabische hypokoristische Endung -ū an labb^{un} angehängt wurde, entfällt die vorherige Überlegung. Als Labuᵓat ist der Name im Ṯamūdischen und Ṣafaïtischen belegt.[91] Dass „Löwin" als männlicher Personenname gebraucht wird, hängt damit zusammen, dass

78 Stark p. 44.104f.

79 Beyer p. 445.

80 Beyer, Inschriften p. 164.

81 Stark p. 44.105; Drijvers-Healey p. 140f. no. As 55 (D1), Z. 3.

82 Beyer, Inschriften p. 164.

83 Beyer, Inschriften p. 164.

84 nəḥar, (aus)schnauben (Dalman p. 267).

85 naḫara, die Luft durch die Nase geräuschvoll ausblasen = schnarchen, schnauben, schnarren (Wahrmund I.2, p. 996).

86 nḥar, schwer atmen, schnarchen (Costaz p. 201, J.P.Smith p. 335).

87 Phillips p. 18 Z. 15–17 = Howard p. 36 Z. 15–17.

88 Phillips p. 18 Z. 16 = Howard p. 36 Z. 16; Martyrium von Šarbel (Cureton p. 45/45 Z. 16).

89 Zu den verschiedenen Namensformen vgl. Wahrmund I.2, p. 619.

90 Cf. al-Khraysheh p. 102f.

91 Littmann, Thamūd p. 45f nr. 24; Ders., Saf. Inscript. p. 189 no. 741, Labūᵓ: Saf. Inscript. p. 282 no. 1281; Oxtoby p. 52.90.91.94 no. 77.311.317.323.352 / p. 157; Winnett p. 41.108 no. 231.783 / p. 94 no. 680 und p. 192 [Labūᵓ / Labūᵓat].

die Löwinnen meistens die Beutetiere erlegen und sich bei der Jagd besonders aggressiv gebaren.[92] Nicht ausgeschlossen ist, dass der Name ein Hypokoristikon zu labīb „klug“ ist, was als Personenname vorkommt, oder zu Lubb („Herz“) und Labbān.[93]

Ḥap̄sai trägt einen hypokoristischen Namen, der mehrmals in edessenischen Inschriften vorkommt[94] und in griechischer / lateinischer Transkription auch für Palmyra belegt ist (Septimios Apsaios[95] / Septimius Apsaeus[96]). Abgesehen von der Doctrina Addai wird ein Ḥap̄sai noch in den Akten der edessenischen Märtyrer Šarbēl[97] und Bar Sāmyā[98] erwähnt. Die Etymologie des Namens läßt sich nicht einwandfrei klären. Im Aramäischen bzw. Syrischen existiert kein Nomen, das einen sinnvollen Beitrag zur Etymologie liefert. Sofern die Emphase des Sibilanten erhalten ist, könnte man an ḥafṣ^{un} „Löwenjunges“[99] denken, was als Männer- und Frauenname im Arabischen belegt ist. Ḥafṣa, die „Junglöwin“ (ḥafṣat^{un}), hieß die Tochter des zweiten Kalifen ^{c}Umar (634–644), die der Prophet nach dem Tod ihres Mannes heiratete. Nach Ḥafṣ ibn Sulaimān ist eine der Koranlesarten benannt. Nicht völlig von der Hand zu weisen wäre eine Ableitung von dem Verbum ḫafiša „kleine oder tagblinde Augen haben“.[100] Die letztere Bedeutung hängt mit ḫuffāš „Fledermaus“ zusammen. Das dazugehörige Verbalsubstantiv gehört jedoch zur NF qatal, was einen Bezug zu dem Personenamen erschwert, wenn nicht unmöglich macht. Laryngal und Sibilant würden allerdings im Syrischen als ḥ und s erscheinen.

Ḥesrōn wäre nur dann ein biblischer Name, wenn man annähme, dass das emphatische ṣ so schwach artikuliert wurde, dass es als normales s wiedergegeben wurde. Doch der biblische Personenname Ḥeṣrōn (mit der Deminutivendung -ōn) erscheint in der gleichen Form in der Pšīttā. Das hebräische Wort ḥesrōn kommt selten vor und bedeutet „Mangel, Defizit“, was als Personenname nicht besonders schicklich, sondern eher als schlechtes Omen angesehen worden wäre.[101]

Addais öffentliche Ansprache war ein voller Erfolg. Abgar erklärt, dass er samt seinem Sohn Ma^{c}anū und seiner Mutter Augustina an Christus glaube. Begleitet von seinem adligen Gefolge kehrt er zufrieden in seinen Palast zurück. Aus dem Gefolge werden nur einige Vertreter des Hochadels (= raurḇānē) namentlich genannt.[102] Das sind die bereits vorher er-

92 Ähnlich Littmann, Thamūd p. 46; Ders., Saf. Inscript. p. 321.

93 Zu diesen Namen (nebst weiteren mit Lb beginnnenden Namen) vgl. Littmann, Saf. Inscript. p. 321, Oxtoby p. 157, Winnett p. 192.

94 Drijvers p. 5–7.8f.14f.38f.55–57 no. 6 Z. 1, 7 Z. 4, 8 Z. 4, 11 Z. 1, 20 Z. 3, 48 Z. 5, P II Z. 6.20/verso 2; Drijvers-Healey p. 100f.131–134.138.232–234 no. As 33 (D20), As 48 (D6), As 49 (D7), As 50 (D8), As 53 (D11), Am 5 (D48), PI: 6.20/v. 2. – Bei dem in no. 6–8 erwähnten Ḥap̄sai handelt es sich, wie aus no. 7 hervorgeht, um Aurelius Ḥap̄sai bar Bar Kalbā.

95 Zosimos I.60f.

96 Historia Augusta, Vita Aureliani 31.1–4. – Ḥap̄sai ist der Initiator einer Rebellion gegen Aurelian (270–275) nach der Gefangennahme Zenobias und dem Abzug der römischen Truppen. Vgl. dazu Hartmann (p. 119–121.395–398 u.ö.) und Drijvers-Versteegh (p. 853), die den palmyrenischen Namen nicht erwähnen.

97 Cureton p. 45 Z. 16 / 45 [Text / Übs.].

98 Cureton p. 64 Z. 5 / 63 [Text / Übs.].

99 Wahrmund I.1, p. 526.

100 Wahrmund I.1, p. 608.

101 Z.B. Gen 35,16–18. – Es gibt auch Fälle, wo ein Kind einen nicht besonders schönen, sogar schlechten Namen aus apotropäischen Gründen erhält.

102 Phillips p. 33 Z. 2f = Howard p. 66 Z. 2f.

wähnten ʿAḇdū und Mihrdāṯ. Nur an dieser Stelle kommen Garmai und ʾAbbūḇai (ʾAbbūḇī) vor. Unter den Zuhörern von Addais Predigt waren auch Priester der alten paganen Religion. Vier werden namentlich genannt,[103] die sich jetzt ebenfalls zu Christus bekennen. Šwēḏā und ʿbeḏ Nḇō waren Hohepriester (rēšē ḏkumrē), während Pērōz und Dānāqū (oder Dānqū) offenbar zum gewöhnlichen Stand der Priester des alten Kultes gehörten.

Garmai erscheint in griechischer Transkription als Γαρμος und Γαρμαιος.[104] In den Babyloniaka, einem Roman, den Iamblichos (< arab. Yamliku) nach dem Partherkrieg Marc Aurels in Armenien verfasste, stellt Garmos,[105] der König von Babylonien, dem Liebespaar Sinonis (< aram. sinōnī [stat.abs.], hirundo, {< akkad. sinuntu / sinundu oder ṣinundu[106] und šinūnūtu / šunūnūtu / šinūntu / šinūnītu[107] >> syr. snōnīṯā / arab. sunūnū}) und Rhodanēs (mittelpers. Wardān > armen. Wardan) nach. Belegt ist der Name in Palmyra als Garmai,[108] in Edessa als Garmū[109] und bei den Nabatäern als Garmai / Garmū.[110] Ohne ein theophores Element oder eine hypokoristische Endung kommt der Name in ṣafaïtischen, ṯamūdischen, altsüdarabischen Inschriften und auch im Arabischen vor.[111] In Chr 4,19 zählt Garmī zu den Nachfahren Judas. Relativ oft ist Garm mit einem folgenden theophoren Element belegt. Die Vokalisierung als Garm kann wegen der Transkription als gesichert gelten, was die Auffassung als verbalen Bestandteil des Namens ausschließt,[112] der garam oder später gram lauten müsste. Daher kommt nur die Deutung als status constructus-Verbindung in Frage. Meistens wird dieses garm mit „Entscheidung (sc. der Gottheit)" wiedergegeben,[113] eine Bedeutung, die offenbar an das syrische Verbum gram angelehnt ist. Im Arabischen kann ǧarama u.a. „erwerben, gewinnen"[114] bedeuten. Der Infinitiv bzw. das Verbalsubstantiv ǧarm müsste dann im Sinn von „Erwerbung, Erwerb" (sc. der Gottheit) verstanden werden. Gemeint wäre damit, dass das neugeborene Kind fortan unter dem Schutz der Gottheit steht.

ʾAbbūḇai (ʾAbbūḇī) ist ein Hypokoristikon auf -ai oder -i zu dem aus dem Akkadischen entlehnten Wort für ein Musikinstrument, das nach dem Material benannt ist, aus dem es hergestellt wird. Es bezeichnet einen bestimmten Typ von „Flöte". In einer edessenischen Inschrift kommt einmal ein gewisser ʾAbbūḇoi (ܐܒܒܘܝ) vor.[115] An das semitische Wort ist

103 Phillips p. 34 Z. 2f. = Howard p. 68 Z. 2f.

104 Wuthnow p. 39.

105 Habrich. – Normalerweise wird der Name von mittelpers. kirm „Drache" (neupers. kirm, „Wurm") abgeleitet (z.B. Merkelbach p. 180, Frenschkowski p. 226 Anm. 57). Hier schlägt quasi die Deutung des Romans auf dem Hintergrund einer Mysterienreligion durch (so bes. Merkelbach p. 178–191).

106 Soden II, p. 1048.

107 Soden III, p. 1243.

108 Stark p. 14.82.

109 Drijvers p. 32–36 no. 45 Z. 3.10; Drijvers-Healey p. 163–165.209.216 no. Am 2 (D45) Z. 3.10.11, no. Cm 1 Z. 2, 7 Z. 1.

110 al-Khraysheh p. 56.

111 Hazim p. 23.

112 Abbadi (p. 96f.) sieht in Grm am Beginn eines Personennamens ein Verbum, das er analog zum Syrischen mit „entschieden hat" übersetzt.

113 Maraqten p. 150, al-Khraysheh p. 56; Hazim p. 22.

114 Wahrmund I.1 p. 427.

115 Drijvers p. 14 no. 19 Z. 2; Drijvers-Healey p. 99 no. As 32 (D19). – Drijvers-Healey vokalisierten den Namen als „Ababay" und dachten, es sei eine Variante des Namens „Babay" und hinge mit „Vater" zusammen. Wegen des Alef prostheticum, das nicht erklärt wird, ist ein solche Deutung kaum möglich. Ferner kann die Endung nicht als -ai gelesen werden.

eine persische hypokoristische Endung angehängt, die häufig auch bei ostsyrischen Namen im Wechsel mit -ai vorkommt. Würde man ʾbwby statt ʾbbwy lesen, entspräche das dem Namen aus der Doctrina Addai.

> Das akkadische ebbūbu (enbūbu, embūbu) „Flöte, Pfeife“[116] gelangte in der gleichen Bedeutung als ʾabbūḇā ins Aramäische (dsgl. jüd.-aram., mand. ʾambūḇā / ʾanbūḇā [אנבובא / אמבובא]).[117] Wie das arabische ʾunbūb / ʾanbūb („Rohr, Schilfstück zwischen zwei Knoten“) nahe legt, scheint das Instrument eine Flöte aus Schilfrohr gewesen zu sein, einem Material, woran in Babylonien kein Mangel bestand.[118] Das Instrument muß in Syrien ziemlich populär gewesen sein, denn es taucht in einem Lehnwort bei Horaz auf. Seine *ambubaia* („Flötenspielerin, Bajadere“[119]) ist nichts anderes als das *nomen relationis*, das mittels der typisch aramäischen Nisbe -āy gebildet wurde. Übernommen wurde das Wort im *status absolutus*, ansonsten müsste man annehmen, dass der maskuline *status emphaticus* im Lateinischen als Femininum missverstanden wurde (fem. st. abs. *ʾabbūḇāyā, st. emph. *ʾabbūḇāytā). Die Längung des mittleren Konsonanten wurde durch Einschub eines *m* aufgelöst (vgl. sambathon < sabbaton). Im Syrischen ist ein derartiges Derivat von ʾabbūḇā nicht belegt.

Šwēḏā – in den einschlägigen Übersetzungen „Shavida“ oder „Shavido (swyd’)“[120] gelesen – läßt sich aus dem Aramäischen bzw. Syrischen nicht sinnvoll ableiten. Dagegen gibt es zwei unterschiedliche Möglichkeiten, den Namen mittels des Arabischen zu erklären. Bei einer dieser Möglichkeiten gibt es jedoch ein Problem mit dem zweiten Vokal, sodass sie im Prinzip ausgeschlossen werden kann. Der durch die aramäische hypokoristische Endung -ā verkürzte Name – weggefallen wäre das theophore Element – könnte ein Wunschname im Imperativ sein, der vom II. Stamm des Verbums sādā abzuleiten ist („zum Fürsten, Anführer, zum sayyid einsetzen“).[121] Der Name wäre dann im Syrischen als Šawwiḏā (< Sawwidā) zu lesen im Sinne von „(die Gottheit) möge (das Kind) zum Fürsten einsetzen.“[122] Im Buchsyrisch ist der zweite Vokal unbetont und trägt auch keinen Nebenton, sodass er eigentlich ausfallen müsste, was aber mit dem Konsonantenbestand nicht in Einklang zu bringen ist. Daher kommt der zweiten Möglichkeit mehr Wahrscheinlichkeit zu. Der Name ist eine qutayl-Form zu aswad^{u} (NF aqtal für Farbadjektive) und bedeutet „der kleine Schwarze“ (suwaid^{un}).[123] Mit der hypokoristischen Endung versehen und monophthongisiert lautet der Name ursprünglich Šuwēḏā (< Šuwaydā), woraus später (3. Jh. n. Chr.) Šwēḏā (> westsyr. Šwīḏō) entstehen müsste.

Pērōz (> Πηρωζ) bedeutet auf Mittelpersisch „siegreich, Sieger“[124] und kommt als Personenname in der Sasanidenzeit oft vor.

ʿAbəd Nabū / Nabō,[125] wie der Name vor dem 1. Jh. v. Chr. lautete, bedeutet der „Diener des Nabū“ und gehört zum Typus der aus Nomen und theophorem Element gebildeten

116 Soden, AkH I 180.
117 Kaufman p. 47, Drower-Macuch p. 21f., Dietrich p. 7.29, Brockelmann, Lex. p. 1b.
118 Nach Dietrich und Drower-Macuch bedeutet das Wort bereits im Mandäischen „Rohr“.
119 Stowasser p. 57b; Lewis – Short p. 103 [a class of Syrian girls in Rome, who supported themselves by their music and immorality]; Georges I (^{8}1913=1998), p. 371 / Georges-Baier-Dänzer I p. 287.
120 Desreumaux p. 95.173. – Die Personennamen werden in der Regel westsyrisch wiedergegeben.
121 Wahrmund I.1 p. 941.
122 Cf. Hazim p. 64.
123 Zu Suwayd als Personenname im Arabischen vgl. Hazin p. 64.
124 Back p. 247, Nyberg p. 160, Gignoux p. 147 bo. 759, cf. noch Sims-Williams p. 116f. no. 377.
125 Phillips p. 34 Z. 3 = Howard p. 68 Z. 4.

Personennamen, die ziemlich oft vorkommen. Der Name ist in Hatra als ᶜḇennḇū belegt[126] und vielleicht in Edessa.[127]

Dānāqū (oder Dānqū)[128] trägt einen persischen Namen, der mit einer arabischen hypokoristischen Endung versehen ist und entweder auf dem Umweg über das Arabische entlehnt oder eventuell direkt aus dem Persischen ins edessenische Syrisch übernommen wurde. Das mittelpersische Wort dāng (> arm. dang)[129] wurde im Arabischen als dānaq, dāniq und dānāq[130] rezipiert und bezeichnet eine kleine Münze, nämlich ein Sechstel eines Dēnār[131] (< δηνάριον [χρυσοῦν],> syr. dēnārā < denarius), in islamischer Zeit ein Sechstel eines drahm[132] ([< δραχμή] > dirhamᵘⁿ). Die Vokabel wurde auch ins Griechische als δανάκη übernommen, was ein Synonym für ὀβολός ist.[133] Im Syrischen wird das Wort als dānqā[134] oder danqā / denqā[135] wiedergegeben. Der Abbaside al-Manṣūr (754–775) hatte den Spitznamen Abū Dawānīq, was euphemistisch die Neigung des „Vaters der kleinen Münzen" zum großen Geld umschreibt.[136]

Die Kunde von Addais Mission gelangte auch in benachbarte Gegenden. So bat Narsai, der „König der Assyrer,"[137] Abgar um nähere Auskunft und hatte den Wunsch, dass Addai zu ihm gesandt werde.

Zu der neuen Religion bekannten sich auch die (königlichen) Seidenweber ʾAggai, Pallūṭ, ᶜḇeššalmā und Bar Sāmyā.[138] Sie schlossen sich Addai sehr eng an, lasen intensiv in der Bibel und wurden schließlich von ihm zu Priestern und Diakonen geweiht.

Als Addai seinen Tod nahen fühlt, ernennt er kraft seines Apostolats den Presbyter ʾAggai zu seinem Nachfolger vor der versammelten Kirchengemeinde. Den Diakon (mšammšānā) Pallūṭ erhebt Addai zum Priester (qaššīšā) und ᶜḇeššalmā, der das Amt eines Schreibers bzw. Sekretärs (der Gemeinde) versah, macht er zum Diakon.[139] Bei Addai stehen diverse edessenische Adlige. Namentlich genannt werden Bar Kalbā, Bar Zṭy, Māryaḥḇ bar Bar Šmeš, Senneq bar ᶜAwīḏā, Pērōz bar Paṭrīq.[140]

Da ʾAggai das Martyrium erleidet – Abgars ungläubiger Nachfolger ließ ihn wegen Befehlsverweigerung töten – konnte er Pallūṭ nicht durch Handauflegung zum Bischof ordinieren. Der Terminus für die Ordination fällt erst jetzt. Der designierte Bischof reist

126 Beyer, Inschriften p. 163.
127 Drijvers-Healey p. 190 no. Am 11.
128 Phillips p. 34 Z. 4 = Howard p. 68 Z. 4. – Die Variante Dyqw in Handschrift C ergibt keinen Sinn.
129 Nyberg p. 61.
130 Wahrmund I.1 p. 642. – Dāniq kann noch „verächtlich, dumm" bedeuten, was aber kaum in Frage kommt. Desgleichen kann das mittelpersische Wort dānāk „weise" (Nyberg p. 57) ausgeschlossen werden. Arabische Endungen treten in syrischen Personennamen eigentlich nicht an persische Lehnworte.
131 Nyberg p. 61.62.
132 Nyberg p. 61.65.
133 Nyberg p. 61.
134 Brockelmann, Lex. p. 160.
135 J.P.Smith p. 95.
136 Nyberg p. 61.
137 Phillips p. 37 Z. 9f. = Howard p. 74 Z. 9f.
138 Phillips p. 35 Z. 5f. = Howard p. 70 Z. 5f.
139 Phillips p. 40 Z. 15–20 = Howard p. 80 Z. 15–20.
140 Phillips p. 40 Z. 1–2 v.u. = Howard p. 80 Z. 1–2 v.u.

daher nach Antiochien zu Serapion ([„dem {Gott Serapis} zu eigen"][141], ca. 190/1–211), der einst von Zephyrin (Zephyrinos, „der Zephyrinische", 198–217), dem Bischof von Rom, die Weihe empfangen haben soll, und läßt sich von ihm ordinieren. Besonders hervorgehoben wird die apostolische Sukzession: Christus legte Petrus die Hand auf, der dann 25 Jahre Bischof in Rom war. Nicht erwähnt wird, dass Petrus in der antiochenischen Tradition als erster Bischof der Stadt gezählt wird.

Die Erzählung endet mit der Angabe, dass der königliche Sekretär (sāp̄rā ḏmalkā) Labubna bar Sennaq bar ᶜḇeššaddai (Diener des Höchsten)[142] den Text niedergeschrieben habe und Ḥannān das Original im Archiv von Edessa verwahrt habe.

Narsai (Ναρσαιος)[143] ist ein mit der aramäischen hypokoristischen Endung -ai versehener Name persischer Herkunft. Narseh[144] (Νάρσης,[145] armen. Nerses, Narseh, georg. Nerse [ნერსე]) geht auf den Namen des zoroastrischen yazata Nairyōsaŋha (> Naryasa[n]ha > mittelpers. Nērōsang, „wirkmächtige Äußerung") zurück, der in manichäischen Texten in Gestalt von Narisaf (parth. > sogd. Narisaf [nrsβ][146]) und Narisah (mittelpers.) als Name des tertius legatus erscheint.[147] Der Personenname kommt häufig in der Sasanidenzeit vor (z.B. Narseh, 293–302)[148] und ist auch im ostsyrischen Onomastikon belegt. Der berühmteste Vertreter dieses Personnamens ist Narsai (ca. 400–503, sogd. Narsē[149]), die „Harfe des (heiligen) Geistes (kennārā ḏrūḥā)".

Von den namentlich erwähnten Seidenwebern im Dienste des Königs trägt ᶜḇeššalmā (< ᶜḇeḏšalmā)[150] einen aus ᶜḇdā „Diener, Knecht" und dem Gott Šalmān zusammengesetzten Namen, dessen theophores Element hypokoristisch leicht verkürzt ist. Der Name ist in Edessa inschriftlich belegt[151] und kommt mit und ohne Assimilation des Dālaṯ in Palmyra vor.[152]

In die Zeit Trajans (98–117) wird das Martyrium des edessenischen Bischofs Bar Sāmyā nach seiner Vita verlegt.[153] Die Synchronisation mit Fabian, dem Bischof von Rom (236–250), einem Opfer der Verfolgung von Traianus Decius (248–251), legt nahe, dass auch Bar Sāmyā (samt Šarbel) in die gleiche Zeit gehören und beide während der decischen Verfolgung den Märtyrertod erlitten. Der Name Bar Sāmyā ist in einer edessenischen Verkaufsurkunde[154] nebst einigen Inschriften[155] belegt und kommt auch in Palmyra[156] vor, ebenso in

141 Σεραπίων / Σαραπίων / Σεραπείων und Serapion / Serapio sind überaus häufige Personennamen und kommen auch im Koptischen vor (Heuser p. 61.82). Zu den ältesten Texten der syrischen Literatur zählt der Brief von Mārā bar Serapion aus Samosata (vgl. Schall p. 52–55).

142 Phillips p. 52 Z. 1 v.u. / 53 Z. 1 = Howard p. 104 Z. 1 v.u. / 106 Z. 1. – Zu den Namen von Vater, Sohn und Enkel vgl. Vf. demnächst.

143 Back p. 237.

144 Back p. 237.

145 Huyse p. 52 no. 84–86.

146 Lirje p. 279 no. 815.

147 Boyce p. 62.

148 Gignoux p. 134f.; Ders., Supplement p. 52.

149 Lirje p. 279 no. 816.

150 Phillips p. 35 Z. 5, 40 Z. 20 = Howard p. 70 Z. 5, 80 Z. 20; Martyrium von Šarbel (Cureton p. 61/61 Z. 21), Martyrium von Bar Sāmyā (ebd. p. 71/72 Z. 2).

151 Drijvers p. 43f. no. 52 Z. 1, Drijvers-Healey p. 59f. no. As 7 (D52).

152 Stark p. 42.103.

153 Cureton p. 63–72 / 186–187 / p. 63–72 [Übs. / Anm. / syr. Text].

154 Drijvers p. 57 P verso Z. 4, Drijvers-Healey p. 234.236 P I, verso Z. 4.

155 Drijvers-Healey p. 185–188.198f. no. Am 10 Z. 1.7.16, Bs 3 Z. 2.

Hatra.[157] Das theophore Element hängt weder mit dem aus Hatra (Ḥaṭrā, arab. al-Ḥaḍr) und Hierapolis (griech. Bambyke, aram. / syr. Mabbōg / Mabbōḡ, westsyr. Mabbūḡ, arab. Manbiǧ) bekannten Semeion als Kultsymbol zusammen noch mit dem Adjektiv „blind" (= samyā), sondern der Name ist als „Sohn des Roten" zu deuten. Das syrische Adjektiv ist von dem akkadischen Wort sāmu(m) „rot"[158] abzuleiten.[159] Der kakkabu sāmu, „der rote Stern", ist der Planet des Kriegsgottes Nergal, der im griechisch-römischen Bereich mit Herakles bzw. Ares und Mars identifiziert wird und in Persien mit Vərəθraγna (= avest. > Varahrān > mittelpers. Bahrām, armen. Vahagn).[160] Nergals Stern wird im nachbiblischen Hebräisch Maʾaʾdīm,[161] „der Rote, Rötliche", genannt (pt., hif. „rot sein, werden"). Den gleichen Namen trägt der Planet Mars auch in Indien, wo er als der „Rote" oder „Rotleibige" bezeichnet werden kann.[162] Im Griechischen bezeichnet man den Planeten gern wegen seiner Farbe als „Feuerstern" oder „der Feurige" (ὁ Πυρόεις), was als calque im Armenischen vorkommt (= Hrat).[163]

Dass der Mars als roter Stern bezeichnet wird, hängt mit dem Umstand zusammen, dass er sich durch seine rötliche Farbe am nächtlichen Himmel von anderen Sternen abhebt, wenn er in der Nähe der Erde ist. Die zahlreichen Beinamen des Mars, die seine rötliche Farbe mit „blutrot, Blut" etc. assoziieren,[164] spielen auf das charakteristische Metier des Gottes Nergal an, der als Kriegsgott eine bluttriefende Gestalt ist.

ʾAggais Name ist in Edessa als ʾAggai[165] und ʾAggā[166] belegt. Der Name kommt auch in Hatra vor.[167] Es ist ein Hypokoristikon zu einem mit ʾAg beginnenden Personennamen. In Frage käme der ṣafaitische Personenname ʾAgmam (Αγμαμος)[168] oder das nabatäische ʾAgamm,[169] die beides Elative zu der Wurzel ǧmm sind. Der in griechischer Transkription belegte Name Αγγαιος[170] könnte im Semitischen ʾAggai oder Ḥaggai („Festtagskindlein") entsprechen.

---

156 Stark p. 79.

157 Ein Brsmyʾ wird in Nr. 200 (Z. 1) erwähnt und eine Btsmyʾ in Nr. 28 Z. 1 / 36 Z. 4 (Beyer, Inschriften p. 67/35.38f.). Mehrmals kommen die Namen ʿbdsmyʾ, ʿbsmyʾ, ʿbsʾ und ʿqbsmyʾ vor (Beyer, Inschriften p. 163). Da die Kultstandarte häufig inschriftlich erwähnt und bildlich dargestellt wird, ist nicht ausgeschlossen, dass die Namen in der letzten Dekade der Stadtgeschichte in manchen Fällen ʿḇeḏsemyā / ʿḇessemyā, ʿḇessā und ʿqaḇsemyā gesprochen wurden (Beyer, Inschriften p. 153.163.165). Andererseits kommt Nergal im hatrenischen Onomastikon nicht oft vor, obgleich er eine der populärsten Gottheiten der Stadt ist.

158 Soden II, p. 1019f.

159 Eilers p. 72.

160 Back p. 270, Nyberg p. 203, Eilers p. 67.76.

161 Dalman p. 221, Jastrow I p. 17 / II p. 721, Levy I p. 28 / III p. 2, cf. Eilers p. 73.

162 Eilers p. 74.

163 Eilers p. 74f.

164 Zahlreiche Beispiele bei Eilers p. 68ff.

165 Drijvers-Healey p. 198f. no. Bs 3 Z. 1.

166 Drijvers p. 55 P Z. 6, Drijvers-Healey p. 232.234 P I, Z. 6.

167 Beyer, Inschriften p. 154 (ohne nähere Erklärung).

168 Brockelmann, Grundriß I p. 372 §189; Littmann, Saf. Inscript. p. 35.296 no. 160, al-Khraysheh p. 26, Wuthnow p. 11.

169 al-Khraysheh p. 26, Wahrmund I.1 p. 24: ʾaǧammᵘ = fleischig.

170 Wuthnow p. 11.

Bar Šmeš, „der Sohn des Sonnengottes, der Sonnensohn", ist ein Personenname, der epigraphisch in Edessa,[171] Hatra[172] und Palmyra[173] belegt ist.

Der Name Bar Zṭy wird meistens Bar Zaṭi[174] gelesen, was nur dann möglich wäre, wenn es eine entsprechende Gottheit gäbe, deren Namen mit den Konsonanten Zṭ beginnt. Im semitischen Orient und im Iran existiert keine entsprechende göttliche Gestalt. Ägypten kann ebenfalls ausgeschlossen werden, da ägyptische Namen in der Regel über das Medium des Griechischen in hellenistischer Zeit in andere Sprachen gelangen. Es bliebe somit nur noch die griechische Mythologie übrig. Verwandelt man Zṭ in griechische Lettern – Ṭēṯ entpricht einem Ταῦ[175] – ergibt sich Ζτ. Diese beiden Konsonanten enthält der Name des Boreaden Zetes (Ζήτης), der zusammen mit seinem Zwillingsbruder Kalaïs an Jasons Argonautenfahrt teilnimmt. Ihre Mutter Oreithyia, die Tochter des Erechtheus, wurde von Boreas (att. auch: Borras) geraubt, wodurch die Athener zu den Verwandten „des Königs der Winde"[176] zählten, was sich 480 v. Chr. bei der Seeschlacht am Kap Artemision (an der Nordspitze der Insel Euboia) hilfreich erwies. Boreas, der stürmische Nordwind, dezimierte die persische Flotte vor Beginn der eigentlichen Seeschlacht. Sein Bruder ist der im Namen Zephyrinos enthaltene Zephyros, die Verkörperung des Westwindes, während Boreas aus dem Norden nach Süden stürmt. Er haust in Thrakien oder auch im Kaukasus. Seine Söhne, das Zwillingspaar Zetes und Kalaïs, vertreten als pars pro toto einzelne Nordwinde. In den griechischen Städten Syriens, besonders der Weltstadt Antiocheia (am Orontes) waren die Boreaden samt ihrem Vater keine Unbekannte. Der hypokoristisch verkürzte Name aus Edessa müsste Bar Zēṭī (oder Zēṭai) vokalisiert werden. Die itazistische Aussprache setzt erst Mitte des 2. Jh. n. Chr. ein und viele aus dem griechischen entlehnte Worte zeigen noch die ältere Lautgestalt (z.B. σχῆμα > ʾeskēmā). Die Verwendung einer mater lectionis unterbleibt oft.[177]

Der Name von Pērōz' Vater Paṭrīq geht über das griechische Πατρίκιος auf ein lateinisches Patricius zurück. Die Wiedergabe von τ und κ im Syrischen entspricht völlig palmyrenischen bzw. aramäischen Gepflogenheiten.[178] Die patricii, die Patrizier, waren ursprünglich die Oberschicht der Stadt Rom. Ab Konstantin († 22. Mai 337) erscheint patricius als eine Art Adelsprädikat, ein Ehrentitel, der verdienten Personen aus der Umgebung des Herrschers oder hohen Vertretern des Militärs (z.B. dem magister militum) verliehen wurde. Justinian (527–565) verlieh dem Ġassāniden Arethas (= al-Ḥāriṯ ibn Ǧabala, 529–569) den Titel patricius. Gleichzeitig erscheint Patricius als Personenname. So hieß Augustins Vater Patricius († 372). Das syrische Äquivalent zum lateinischen patricius ist ʾaḇāyā, was

171 Drijvers p. 14f.23.39f. no. 20 Z. 2, no. 30 Z. 2, no. 49 Z. 4; Drijvers-Healey p. 52.100.176f.198f. no. As 4 (D30), As 33 (D20), Am 6 (D49), Bs 3 Z. 6.

172 Beyer, Inschriften p. 156.

173 Stark p. 12.80.

174 Phillips p. 40 Z. 2 v.u. = Howard p. 80 Z. 2 v.u.; Desreumaux p. 170 [„Bar Zataï (br zt')"] und p. 102 §78 [„Bar Ztaï"].

175 Schall p. 80 u.ö., Stark p. 134.139.

176 Pindar, Pythien IV.181.

177 In palmyrenischen Personennamen unterbleibt die Verwendung von matres lectionis für ʾΗτα (Stark p. 134).

178 Schall p. 37.80.97 u.ö., Stark p. 133f.138f.

aber als Lehnübersetzung anzusehen ist.[179] Wie andere Orts- und Personennamen steht ʾAḇāy, die syrische Entsprechung zu Patricius, ähnlich wie im Arabischen im status indeterminatus, obgleich auch schon die determinierte Variante ʾAḇāyā vorkommt.[180]

Die meisten Namen der Doctrina Addai bieten keine großen Besonderheiten und weichen von dem Onomastikon des syrischen-mesopotamischen Raums nicht ab. Bis auf wenige Ausnahme lassen sich die Namen in der edessenischen, palmyrenischen und hatrenischen Epigraphik nachweisen. Die Namensgebung spiegelt die ethnische Zusammensetzung der Bevölkerung wider. Neben alteingesessene Aramäer treten arabische Migranten, die ab dem späten 2. Jh. v. Chr. die Herrscherfamilie und Teile der Oberschicht stellen. Hinzu kommen Militärkolonisten aus Makedonien und Griechenland. Die persischen Namen spiegeln die Ostorientierung Edessas wider, das ein Vasall des Partherkönigs geworden war. Vermutlich besaß die edessenische Oberschicht durch Heirat verwandtschaftliche Beziehungen zum Adel anderer Vasallenreiche (einschließlich Regionen des iranischen Hochlandes). Das war aus politischen Gründen geboten. Über die Verwandtschaft innerhalb der adligen Oberschicht des Reiches waren dem Großkönig in seiner Macht gewisse Grenzen gesetzt.

Aus dem Rahmen fallen die Namen Augustina und Patricius, die nebst einigen anderen Details sich nicht in den historischen Kontext des 1. Jh. n. Chr. einfügen. Dazu gehört die Anrede des Kaisers mit „unser Herr" und die Synchronisation von Pallūṭ, der im Prinzip gemäß der Fiktion der Erzählung dem 1. Jh. angehören müsste, mit den Bischöfen Serapion und Zephyr, was in die Zeit von Lucius Septimius Severus (193–211) führt. Die Erzählung wird zwar in die Zeit von Abgar, dem Schwarzen, verlegt, aber im Prinzip gibt die ausgehende Königszeit die Hintergrundfolie ab.[181] Diese Epoche wird mit einer gewissen Nostalgie ins 1. Jh. n. Chr. zurückversetzt, als die Welt des edessenischen Adels noch keinem Paradigmenwechsel ausgesetzt war und zu befürchten war, dass das Königtum demnächst verschwindet. Von den mit Namen erwähnten Personen gehören alle bis auf die Seidenweber dem Adel oder Hochadel an, was oft im Text besonders betont wird. Aus diesem Grund ist es nicht aus der Luft gegriffen, wenn man annimmt, dass die Erzählung in der Zeit nach Abschaffung des Königtums ihre mehr oder weniger endgültige Form erhielt, die später durch die Kreuzauffindungslegende erweitert wurde. Im Text verewigt sind die Adelsfamilien, die früh zum Christentum übertraten, und als Kristallisationspunkt das Königtum. Diesem Kreis gehören nur die christlichen Protagonisten nicht an, die ein kirchliches Amt innehatten, was vermutlich der historischen Realität entsprach.

179 Brockelmann, Lex. p. 1; Costaz p. 1. – In Hatra ist ʾbyʾ dreimal belegt (Beyer, Inschriften p. 169). Warum ein Priester als „Patrizier" tituliert wird, ist nicht klar.

180 Nöldeke-Schall, Syr. Gramm. p. 135 §202 B; cf. Smith, Thesaurus I p. 11.

181 Dazu Vf. demnächst im Detail.

Bibliographie

Die Abkürzungen folgen dem Abkürzungsverzeichnis der Theologische[n] Realenzyklopädie von Siegfried M[anfred] Schwertner (Walter de Gruyter: Berlin – New York ^{2}1994).

S. Abbadi, *Die Personennamen der Inschriften aus Hatra* (1983).

L. M. Alishan, *Lettre d'Abgar ou, histoire de la conversion des Édesséens par Laboubnia* (1868).

E. Babelon, Numismatique d'Édesse en Mésopotamie [I–III], in: *Revue Belge de Numismatique* 48 (1892), p. 349–383.505–525; 49 (1893), p. 5–37 = E. Babelon, *Mélanges numismatiques* II (1893), p. 209–296.

M. Back, *Die sassanidischen Staatsinschriften* (1978).

A. Baumstark, *Geschichte der syrischen Literatur* (1922. Repr. 1968).

F. L. Benz, *Personal Names in the Phoenician and Punic Inscriptions* (1972).

Kl. Beyer, *Die aramäischen Texte vom Toten Meer* (1984).

Ders., *Die aramäischen Inschriften aus Assur, Hatra und dem übrigen Ostmesopotamien* (1998).

M. Boyce, *A Word-list of Manichaean Middle Persian* (1977).

C. Brockelmann, *Grundriss der vergleichenden Grammatik der semitischen Sprachen* I. (1908. Repr. 1961.1982. 1999).

Ders., *Lexicon Syriacum* ([^{1}1895. Repr. 2004]. ^{2}1928. Repr. 1966. 1982. 1995).

Ders., *Syrische Grammatik mit Litteratur, Chrestomathie und Glossar* ([^{2}1905. Repr.2010]. ^{8}1960. Repr. ^{13}1981).

J. Brun, *Dictionarium Syriaco-Latinum* (1895. ^{2}1911).

L. Costaz, *Dictionnaire Syriaque-Français* (1963. Repr. ^{2}1994. ^{3}2002. ^{4}2011. 2015).

W. Cureton, *Ancient Syriac documents* (1864. Repr. 1967. 2001. 2004. 2005).

G. H. Dalman, *Aramäisch-neuhebräisches Handwörterbuch zu Targum, Talmud und Midrasch* ([1901]. ^{3}1938. Repr. 1967. 1987. 1997. 2007).

D. Deleanu, *The doctrine of Addai the Apostle. The Armenian Version* (2012).

Ders., *The Doctrine of Addai The Apostle: The Syriac Version* (2012).

A. Desreumaux, *Histoire du roi Abgar et de Jésus* (1993).

M. Dietrich, *Untersuchungen zum mandäischen Wortschatz* ([1958]. 2009).

H. J. W. Drijvers, *Old-Syriac (Edessean) Inscriptions* (1972).

Ders. – J. F. Healey, *The Old Syriac Inscriptions of Edessa and Osrhoene* (1999).

Ders. – M. J. Versteegh, Hatra, Palmyra und Edessa, in: *ANRW* II. 8 (1977), p. 799–906.

E. S. Drower – R. Macuch, *A Mandaic Dictionary* (1963).

W. Eilers, *Sinn und Herkunft der Planetennamen* (1976).

J. D. Fowler, *Theophoric Personal Names in Ancient Hebrew* (1988).

S. Fraenkel, Aborras, in: *PRE* I.1 (1893. Repr. 1958. 1988. 1992. 1995), p. 107.

M. Frenschkowski, Iranische Königslegende in der Adiabene, in: *ZDMG* 140 (1990), p. 213–233.

K. E. Georges, Ausführliches lateinisch-deutsches Handwörterbuch I (^{8}1913. Repr. 1998) > *Der neue Georges* I (2013).

Ph. Gignoux, *Iranisches Personennamenbuch* II. 2 *Noms propres sassanides en Moyen-Perse épigraphiques* (1986).

Ders., *Iranisches Personennamenbuch* II. 3. *Noms propres sassanides en moyen-perse épigraphique. Supplément* (2003).

J. Gonzalez Nuñez, *La leyenda del rey Abgar y Jésus* (1995).

E. Habrich, *Iamblichi Babyloniacorum reliquiae* (1960).

U. Hartmann, *Das palmyrenische Teilreich* (2001).

R. Hazim, *Die safaitischen theophoren Namen im Rahmen der gemeinsemitischen Namengebung*: Phil. Diss. Marburg 1986.

R. S. Hess, *Amarna Personal Names* (1993).

G. Heuser, *Die Personennamen der Kopten* I (1929).

G. Howard, *The Teaching of Addai* (1981).

Ph. Huyse, *Iranisches Personennamenbuch* V. 6a. *Iranische Namen in den griechischen Dokumenten Ägyptens* (1990).

F. O. Hvidberg-Hansen, *The Palmyrene Inscriptions, Ny Carlsberg* (1998).

M. Illert, *Doctrina Addai. De Imagine Edessena. Die Abgarlegende* (2007).

M. Jastrow, *A Dictionary of the Targumim, the Talmud Babli and Yerushalmi, and the Midrashic Literature* I. II. (1903. Repr. 1926. 1943. 1950. 1967. 1971. 1975. 1982. 1985. 1987. 1990. 1992. 1996. 2000. 2003. 2004. 2005).

F. Justi, *Iranisches Namenbuch* (1895. Repr. 1963. 1976. 2012. 2013. 2014).

M. Karras-Klapproth, *Prosopographische Studien zur Geschichte des Partherreiches* (1988).

St. A. Kaufman, *The Akkadian Influences on Aramaic* (1974).

F. al-Khraysheh, *Die Personennamen in den nabatäischen Inschriften des Corpus Inscriptionum Semiticarum*: Phil.Diss. Marburg 1986.

R. Köbert, *Vocabularium Syriacum* (1956).

Ch. T. Lewis – Ch. Short, *A Latin Dictionary* (1879. 1886. 1890. 1896. 1900. u.ö. 2002. 2005).

J. Levy, *Wörterbuch über die Talmudim und Midraschim* II. III ([1879 / 1883]. ^{2}1924. Repr. 1963).

H. Lietzmann, *Geschichte der Alten Kirche* II (Walter de Gruyter: Berlin [1936]. ^{3}1961) = dsgl. ($^{4.5}$1975. Repr. 1999).

E. Littmann, *Thamūd und Ṣafā* (1940. Repr. 1966).

Ders., *Syria* IV. *Semitic Inscriptions.* C. *Safaitic Inscriptions* (1943).

P. B. Lurje, *Iranisches Personennamenbuch* II. 8. *Personal names in Sogdian texts* (2010).

A. Luther, Römische Militärposten der Severerzeit am Unteren Ḫābūr, in: *Göttinger Forum für Altertumswissenschaft* 5 (2002), p. 1–9.

D. N. MacKenzie, *A Concise Pahlavi Dictionary* (1971. Repr. ^{2}1986. ^{3}1990. Repr. 2006. 2014).

M. Maraqten, *Die semitischen Personennamen in den alt- und reichsaramäischen Inschriften aus Vorderasien* (1988).

J. P. Margoliouth, *Supplement to the Thesaurus Syriacus of R. Payne Smith* (1927. Repr. 1981. 2005. 2007. 2009. 2013).

R. Merkelbach, *Roman und Mysterium in der Antike* (1962).

E. N. Meščerskaya, *Legenda ob Avgare* (1984).

Th. Nöldeke, Tiernamen mit Reduplikation, in: Ders., *Beiträge zur semitischen Sprachwissenschaft* (1904), p. 107–123 = *Beiträge und Neue Beiträge zur semitischen Sprachwissenschaft* (1982), p. 107–123.

Th. Nöldeke, *Kurzgefaßte syrische Grammatik.* Anhang: *Die handschriftlichen Ergänzungen in dem Handexemplar Th. Nöldekes und Register der Belegstellen* bearbeitet von A. Schall ([^{1}1880. Repr. 2010. ^{2}1898. Repr. 2007. 2011]. 1966. Repr. 1977) > *Compendious Syriac Grammar* ([1904. Repr. 1970]. 2001).

Th. Nöldeke, *Mandäische Grammatik.* Anhang: *Die handschriftlichen Ergänzungen in dem Handexemplar Th. Nöldekes* bearbeitet von A. Schall ([1875. Repr. 2007]. 1964).

H. S. Nyberg, *A Manual of Pahlavi* II (1974).

W. G. Oxtoby, *Some Inscriptions of the Safaitic Bedouin* (1968).

G. Phillips, *The doctrine of Addai, the Apostle* (1876. Repr. 2002. 2009. 2011. 2013).

K. Radner, Der Gott Salmānu („Šulmānu“) und seine Beziehung zur Stadt Dūr-Katlimmu, in: *WO* 29 (1998), p. 33–51.

E. Sachau, *Zur Ausbreitung des Christentums in Asien* (1919).

A. Schall, *Studien über griechische Fremdwörter im Syrischen* (1960).

R. Schmitt, Die theophoren Eigennamen mit altiranisch *Miθra-, in: *Études mithriaques* (1978), p. 395–455.

Ders., *Die iranischen und Iranier-Namen in den Schriften Xenophons* (2002).

DERS., *Iranisches Personennamenbuch* V. 5A. *Iranische Personennamen in der griechischen Literatur vor Alexander d. Gr.* (2011).
W. SCHWAIGERT, *Das Christentum in Ḫūzistān im Rahmen der frühen Kirchengeschichte Persiens bis zur Synode von Seleukeia-Ktesiphon im Jahre 410:* Theol. Diss. Marburg 1989.
N. SIMS-WILLIAMS, *Iranisches Personennamenbuch* II. 7. *Bactrian Personal Names* (2010).
R. P. SMITH, *Thesaurus Syriacus* I.II (1879–1901. Repr. 1981. 2001. 2006. 2007).
J. P. SMITH, *A Compendious Syriac Dictionary* (1903. Repr. ⁹1994. 1998. 1999).
M. SOKOLOFF, *A Syriac Lexicon* (2009).
W. v. SODEN, *Akkadisches Handwörterbuch* II (1972), III (1981).
J. K. STARK, *Personal Names in Palmyrene Inscriptions* (1971).
J. M. STOWASSER, *Lateinisch-deutsches Schulwörterbuch* ([1913]. 102.Tsd. 1952 u.ö. 1971).
J. TAVERNIER, *Iranica in the Achaemenid Period (ca. 550–330 B.C.). Lexicon of Old Iranian Proper Names and Loanwords* (2007).
W. M. THACKSTON, *Introduction to Syriac* (1999).
A. UNGNAD, *Syrische Grammatik. Mit Übungsbuch* ([1]1913. Repr. 2011. 2012]. [2]1932. Repr. 1992. 2001. 2004. 2009).
F. VATTIONI, Le iscrizioni siriache antiche, in: *Augustianum* 13 (1973), p. 279–338.
A. WAHRMUND, *Handwörterbuch der neu-arabischen und deutschen Sprache* I 1.2 ([3]1898. Repr. 1970. 1974. 1980. 1985. 1990).
F. V. WINNETT, *Safaitic Inscriptions from Jordan* (1957).
H. WUTHNOW, *Die semitischen Menschennamen in griechischen Inschriften und Papyri des vorderen Orients* (1930).
R. ZADOK, *The Pre-Hellenistic Israelite Anthroponymy and Prosopography* (1988).
DERS., *Iranisches Personennamenbuch* VII. 1B. *Personennamen in der neu- und spätbabylonischen Nebenüberlieferung* (2009).

Afrems trinitarische Skizzen*

Matthias Westerhoff

1. Einführung

1.1 Afrem

Die Erstbegegnung des Autors dieser Studie mit Afrem, dem Gründervater der syrischen Theologie, fand im Sommersemester 1993 bei dem Religionswissenschaftler und Orientalisten Walter Beltz in Halle statt. Gelesen wurde eine verhältnismäßig kleine Schrift, die sechs „Reden über den Glauben" (ܡܐܡܪ̈ܐ ܕܗܝܡܢܘܬܐ). Damals faszinierte die Entdeckung, dass Afrem ebenso wie später auch Martin Luther lehrte, dass man sich an Gott halten solle, insofern er geoffenbart ist und sich gnädig zu uns verhält und sich nicht mit Gott beschäftigen solle, insofern er absolut ist und dem Menschenverstand verborgen.[1] Das trinitarische Thema ist dem Thema des offenbaren und verborgenen Gottes verwandt. Auch die Trinität hat verborgene und offenbare Aspekte. Im Grunde ist die Frage der Sagbarkeit Gottes für Afrem gleichbedeutend mit der Aufgabe, die Lehre vom dreieinigen Gott darzulegen.

Afrem, der in den ersten Regierungsjahren des Konstantin, also nach 306 in oder bei Nisibis geboren wurde, kam in seiner Heimat mit der Thematik des arianischen Streits in Berührung. Sein Bischof Jakob hatte am Konzil von Nizäa i. J. 325 teilgenommen „und brachte seiner Gemeinde die Grundlagen der nizänischen Orthodoxie, als deren Verteidiger sich Ephraem profilierte", wie Alfred Friedl schreibt."[2]

---

* Vorliegende Studie wurde zuerst als Antrittsvorlesung im Fachbereich Theologie der Friedrich-Alexander-Universität Erlangen-Nürnberg anlässlich der Verleihung des Titels eines apl. Prof. am 22.1.2015 der akademischen Öffentlichkeit vorgetragen und für die Drucklegung geringfügig überarbeitet.

1 Vgl. dazu SdF II, 225f., CSCO 212 Beck, 12: „Auch wenn nicht alles verstanden wird, dasjenige, was nützlich ist, wird verstanden." mit SdF II, 157f., CSCO 212 Beck, 10: „Wie er uns nahe ist in seinem Erbarmen, ist er uns fern in seiner Erforschung." – Luther unterscheidet in seiner Kampfschrift von 1525 „De servo arbitrio" zwischen dem verborgenen Gott, mit dem man sich nicht befassen soll und dem offenbaren Gott, der allein gepredigt werden soll: „Anders ist über Gott oder von Gottes Willen, der uns gepredigt, offenbart, dargereicht und verehrt wird und anders über Gott, der nicht gepredigt wird, nicht offenbart ist, nicht dargereicht wird, nicht verehrt wird, zu diskutieren. Insofern also, wie er sich verbirgt und von uns nicht erkannt werden will, geht er uns nichts an. Hier nämlich hat wahrlich jenes (Diktum) Geltung: ‚Was über uns ist, geht uns nichts an.' (…) Man muss also Gott in seiner Majestät und Natur sein lassen. So nämlich haben wir nichts mit jenem zu tun, er will auch nicht, dass wir uns auf diese Weise mit ihm befassen. Sondern insofern er bekleidet ist und sich gezeigt hat durch sein Wort, durch das er uns sich selbst dargereicht hat, haben wir mit ihm zu tun, welches sein Anstand und sein Ruhm ist, durch welches der Psalmist ihn als bekleideten preist" (WA 18, 685; zuletzt vielleicht Bezug auf Ps 104,2).

2 Friedl, Alfred, Ephräm der Syrer, †373, in: Wassilios Klein (Hg.), Syrische Kirchenväter, Stuttgart 2004, 38.

Unser Vortrag stützt sich auf zwei Schriften, die auf ihre Weise die Orthodoxie gegen den Arianismus verteidigen, auf die Reden über den Glauben und die Hymnen über den Glauben. Erstere, die ܡܐܡܪ̈ܐ ܕܗܝܡܢܘܬܐ, entstanden im Jahre 350 in der römischen Grenzfestung Nisibis „unter dem unmittelbaren Eindruck der Perserbelagerung von Nisibis im J[ahre] 350“, wie Anton Baumstark schreibt.[3] Diese Reden stehen mehr am Anfang seiner literarischen Tätigkeit, während das andere inhaltlich vergleichbare Werk, das wiederum die Lehre von der Dreieinigkeit in Abgrenzung von den Arianern bezeugt, das umfangreiche Buch mit 87 Hymnen „Über den Glauben“ (ܡܕܪ̈ܫܐ ܕܥܠ ܗܝܡܢܘܬܐ) gegen Ende seines Lebens in Edessa abgefasst wurde,[4] wo Afrem nach dem Fall von Nisibis an die Perser im Jahre 363 bis zu seinem Tode im Jahre 373 als Lehrer wirkte.[5] Afrems früheres Werk nimmt dabei, entsprechend der Auseinandersetzung um die Frage, ob der Sohn Gott sei, schwerpunktmäßig die Beziehung zwischen Vater und Sohn in den Blick. Das spätere Werk, die „Hymnen über den Glauben“, wenig früher entstanden als das für die Lehre von der Dreifaltigkeit maßgebliche Werk des Basilius von Caesarea, Περὶ τοῦ ἁγίου πνεύματος,[6] befasst sich auf dem Hintergrund der neuen Fragestellung seiner Zeit, ob der Heilige Geist die göttliche Natur teile, mit der Dreiheit, wobei die Darstellung des Wesens des Heiligen Geistes ein eigenes Gewicht erhält.

Afrem pflegte neben der Prosa die metrisch gebundene Form, wobei die mēmrē, die Reden oder „metrischen Homilien“[7] gesprochen und die mādrāšē, die didaktischen Hymnen oder Lehrgesänge, von einem Solisten und dem Chor abwechselnd gesungen wurden.[8] Mit der mādrāšā, der „im Kleide der Poesie geführte(n) polemische(n) Erörterung“[9] nimmt Afrem eine in seinem Kulturkreis gebräuchliche Form bewusst auf, um in einer multireligiösen Umgebung den rechten Glauben in einer poetischen Gestalt, welche Zuhörerschaft sicherte, unter die Leute zu bringen.[10] In seiner Dialektik von Begreifen und Verhüllen steht das syrische Sprachkleid im Gegensatz zu der klar definierenden Sprachwelt des Griechischen und Lateinischen. Hier wird ein sprachlich-kultureller Unterschied manifest, der sich gerade bei der Erörterung des trinitarischen Themas deutlich zeigt.

---

3 Baumstark, Geschichte der syrischen Literatur, Bonn 1922, 42. Anders Beck, der in seiner Studie „Ephraems Reden über den Glauben“, Studia Anselmiana 33, 112: „zuallererst an die Jahre 357/8“ denkt, (…) „wo nach einem vorübergehenden Sieg der radikalen Arianer durch einen jähen Wechsel in der Politik des Kaisers Konstantius die gemäßigte Partei der Homoeusianer zu Einfluss gelangte.“

4 So Beck, CSCO 155, I; Friedl, Ephraem, 44.

5 Baumstark, Geschichte, 34. Leicht zugänglich ist uns Afrems Werk durch die Textausgaben und Übersetzungen des Benediktiners Edmund Beck, die in der Reihe CSCO erschienen sind: die Hymnen über den Glauben i. J. 1955, die Reden i. J. 1961. Mit einer Reihe von Monographien hat Edmund Beck, der Lehrer am Gymnasium in Metten und Professor für biblische Sprachen an der Benediktinerhochschule San Anselmo war, seine Editionsarbeit begleitet. Vgl. dazu die Auflistung in CSCO 155, IV: Die Theologie des hl. Ephräm in seinen Hymnen über den Glauben, Studia Anselmiana 21, Rom 1949, Ephräms Reden über den Glauben, ihr theologischer Lehrgehalt und ihr geschichtlicher Rahmen, Studia Anselmiana 33, Rom 1953, die Liste in CSCO 213, II, sowie die späteren Schriften: Ephräms des Syrers Psychologie und Erkenntnislehre, CSCO 419, Subsidia 58, Louvain 1980, Ephräms Trinitätslehre im Bild von Sonne/Feuer, Licht und Wärme, CSCO 425, Subsidia 62, Louvain 1981.

6 „De spiritu sancto“ wurde 374/5 verfasst (FC 12,33 Sieben).

7 Friedl, Ephräm, 43.

8 Friedl, Ephräm, 43.

9 Baumstark, Geschichte, 39.

10 Friedl, Ephräm, 43.

1.2 Bilder der Trinität in der Alten Kirche

Schon früh wurde in der christlichen Theologie versucht, das Bekenntnis zur Einheit Gottes und gleichzeitig zur Dreiheit als Vater, Sohn und Geist mit Vergleichen aus der Natur einsehbar zu machen. Prominent war die Lichtmetaphorik: Hierzu drei Schlaglichter. Schon der Christ im Philosophenmantel, Justin der Märtyrer, gestorben um das Jahr 165, kannte für die Untrennbarkeit des irdisch auftretenden Sohnes vom himmlischen Vater den Vergleich mit der Beziehung, in welcher das Licht, das auf Erden ankommt, mit seinem Ursprung, der Sonne, steht: „Ungetrennt aber und ungeschieden vom Vater bestehe diese Kraft, auf gerade die Weise, in der, wie gesagt wird, der Sonne Licht auf Erden ungetrennt und ungeschieden sei von der Sonne, die im Himmel ist.“[11] Auch dem nordafrikanischen Lehrer Tertullian, der um 220 starb, war der Vergleich von sol und radius, Sonne und Strahl, die zweierlei, aber zusammenhängend sind, für das Verhältnis von Gott Vater und Sohn bekannt.[12] Um den Geist einzubeziehen, wurde an den radius noch der apex, an den Strahl noch die Spitze angehängt.[13] Man spürt, wie das Bild, das Tertullian in seiner Streitschrift vom Anfang des 3. Jahrhunderts „Adversus Praxean“ bringt, künstlich wirkt. Der klassisch gebildete Gregor von Nazianz hingegen machte um 380 in seiner 5. Theologischen Rede mit allen Versuchen, die Dreieinigkeit aus der Betrachtung der Natur einsehbar zu machen, ein Ende: „Zu guter Letzt schien es mir das Beste zu sein, die Bilder und die Schatten zu verabschieden, als trügerische und der Wahrheit zuhöchst ermangelnde, auf dass ich mich an die mehr der Gottesfurcht entsprechende Einsicht hielte, indem ich mich auf wenige Worte gründe und als Wegführer den Heiligen Geist gebrauche...“[14] Der Einsicht, der ἔννοια, diesem inwendigen Denken verpflichtet, konnte sich der christlich erleuchtete Platoniker nicht bei den „Schatten“ aufhalten. Er konnte in ihnen nichts finden, auf das sich das Denken, die διάνοια gründen könnte. Der Syrer Afrem, der zu der Zeit, als Gregor von Nazianz seine Theologischen Reden hielt, schon gestorben war, hatte völlig entgegengesetzt gearbeitet und die Sprache der Bildlichkeit zu einer bis dahin nicht gekannten Höhe getrieben.

2. Antiarianische Polemik und Begründung einer eigenen Verstehenslehre

2.1 Antiarianische Polemik

Afrems „Reden“ und „Hymnen über den Glauben“ sind polemisch und begründen zugleich eine eigene Kunstlehre. Die Polemik richtet sich gegen die arianische Partei, der ein vermeintliches Erforschen der Gottheit und damit eine Grenzüberschreitung vorgeworfen wird: Was ihn dazu veranlasst, den Arianismus als lästerliches Erforschen und Untersuchen der Gottheit zu denunzieren, gibt Afrem nicht zu erkennen.[15] Ein Hinweis kann in seiner

11 Justin, Dial. 128,3 (Textes et documents pour l'étude historique du christianisme 11, 256 Archambault).

12 Tertullian, Adversus Praxean 8,6 (FC 34, 132 Sieben).

13 A. a. O., 8,7 (FC 34, 134 Sieben).

14 Gregor von Nazianz, Theologische Reden 5,33 (FC 22, 338 Sieben).

15 Mitte des 5. Jahrhunderts argumentiert Schenute in seinem häresiologischen Traktat, das unter dem modernen Titel „Contra Origenistas“ bekannt ist, in demselben Sinne. Hier wird den Arianern die Erforschung der ewigen Zeugung des Sohnes aus dem Vater vorgeworfen, während doch nur „seine Zeugung gemäß dem Fleisch“ durch Offenbarung zugänglich gemacht wurde: „Aber sie sprachen: Auf welche Weise zeugte der Vater den Sohn? (...) Seine Zeugung aber aus dem Vater, die kein Engel

Erwähnung der „Aetianer“ in seinen „Hymnen gegen die Irrlehren“ gesehen werden.[16] Zu Afrems Zeit war die zweite und dritte Generation des Arianismus in Schwange. Aus der Erstlingsschrift des Basilius von Caesarea, „Gegen Eunomius“ aus dem Jahre 364, wenige Jahre bevor Afrem seine „Hymnen über den Glauben“ schrieb, wird die Lehre eines radikalen Arianismus, wie sie etwa von dem Kleriker Eunomius, dem Schüler des Aetius, vertreten wurde, in Zitaten erkennbar: Eunomius benannte Gott als den schlechthin Ungezeugten. Eben darin, anfanglos zu sein, bestehe per definitionem sein Wesen.[17] Daher bleibt für den Sohn als etwas Gemachten keine Göttlichkeit mehr übrig. Er ist schon abgeleitetes und nicht anfangloses Sein und daher unähnlich mit dem Vater. Möglicherweise wusste Afrem von einer solchen „Definition“ Gottes aus der Schule des Aetius.

Wenn Basilius in seiner Entgegnung auf Eunomius zunächst den abstrakten Begriff des „Ungezeugten“ durch den biblischen Begriff des Vaters ersetzt wissen möchte, würde Afrem ihm beipflichten.[18] Aber dann geht er andere Wege als der Grieche. Es geht ihm nicht um die Frage, wie das volle Gottsein des Sohnes denkbar ist,[19] er zielt auf die fundamentale Frage von Sagbarkeit und Entzogenheit Gottes. Den Versuch, Gott zu denken sieht Afrem als eine griechische Fehlleistung, die in einer unheilsgeschichtlichen Reihe von Phänomenen des Götzendienstes steht. So schreibt er in der 87. Hymne über den Glauben:

> „Der schlimme Kult des schlimmen Kalbs
> ist von den Ägyptern. Das hässliche Vorbild
> des hässlichen Götzenbildes von vier Angesichtern
> ist von den Hethitern. Das verfluchte Forschen,
> die verborgene Motte, ist von den Griechen.“[20]

Afrem wird nicht müde, diese Hybris zu geißeln:

> „Darlegungen und Befragungen nahmen ein Ende,
> aber unsere Unverschämtheit war nicht gesättigt.

---

weiß, dass sie sie kundtäten, weder Prophet noch Apostel noch überhaupt irgendeines in der ganzen Schöpfung, außer er allein und sein Vater – es ist eine Gottlosigkeit, dass ein Mensch ihr nachforscht, insonderheit die Häretiker“ (Nr. 0809.0810; Edition: Cristea, Hans-Joachim, Schenute von Atripe: Contra Origenistas, STAC 60, Tübingen 2011, 209f.; Übers. Westerhoff).

16 Beck, Edmund, Ephraems Reden über den Glauben. Ihr theologischer Lehrgehalt und ihr geschichtlicher Rahmen (Studia Anselmiana 33), 112.

17 Vgl. Contra Eunomium I,5: „Demnach nun, wenn also erwiesen ist, dass weder er selbst vor sich, noch etwas anderes vor ihm existiert, dass er aber vor allem existiert, folgt für ihn das „Ungezeugt“. Vielmehr aber ist es ungezeugte Substanz“: μᾶλλον δὲ αὐτό ἐστιν οὐσία ἀγέννητος (SC 299, 176,79–81 Sesboüé;). Vgl. dazu Beyschlag, Grundriß der Dogmengeschichte 1, 2. Aufl. Darmstadt 1987, 262. 285.

18 Contra Eunomium I,5 (SC 299, 174. 176 Sesboüé).

19 Basilius argumentiert Contra Eunomium II,9 gegen die starre Ineinssetzung von Name und Substanz, indem er zwischen Nomina unterscheidet, die absolut gelten (ἀπολελυμένως), und anderen, die bezüglich auf anderes gelten (πρός ἑτέρα λεγόμενα), und allein eine Relation anzeigen, in Bezug auf welche etwas gesagt wird (τὴν σχέσιν ἐμφαίνε τὴν πρός ἃ λέγεται). Also ist γέννημα, die Bezeichnung für den Sohn, kein Substanzbegriff, führt keine neue Substanz zu der des Vaters ein, sondern ist relational zu fassen (SC 305, 36 Sesboüé). – Auf den Bahnen einer solchen sprachlogischen Argumentation, der Unterscheidung der Kategorien von Substanz und Relation zu denken, wäre Afrem nicht möglich gewesen.

20 HdF 87,4 (CSCO 154, 268 Beck).

Abgemüht hat sich der Stolz mit Neuigkeiten.
Nicht will er wiederholen, was sich erfüllt hat.

Erniedrigung ist es ihm, dem Aufgeblasenen,
zu wiederholen die Wahrheit, wie sie geschrieben steht.

Indem er die Tiefen erforschte,
warf er weg die Wahrheit der Offenbarungen."[21]

Anstatt zu spekulieren, soll das Geschöpf Mensch mit Gott umgehen als einer, der seiner bedarf.[22] Afrem in seiner vierten Rede über den Glauben:

„Siehe, die Geschöpfe des Schöpfers
belehren dich über den Schöpfer,

dass du dich mutig mühst um seine Hilfe
und dich fernhältst von seiner Untersuchung.

Empfange das Leben von der Größe
und nimm Abstand von der Erforschung der Größe.

Liebe die Güte des Vaters
und untersuche nicht sein Wesen.

Liebe und schätze die Seligkeit des Sohnes
und untersuche nicht seine Geburt.

Liebe das Herabkommen des Heiligen Geistes[23]
und nähere dich nicht seiner Erforschung."[24]

Das Gegenbild dessen, der die Offenbarung wegwirft und auf eigene Faust Gott erforschen will, ist Petrus mit seinem Bekenntnis Mt 16,16, welchen Jesus auf dieses Bekenntnis hin seligpreist:

„Das Offenbare spricht Simon.
Er reicht die Wahrheit dar und empfängt die Seligpreisung."[25]

2.2 Begründung einer eigenen Verstehenslehre

Der Bekenner Simon Petrus ist für Afrem ein Bildner und insofern der Ahnherr einer für den Glauben angemessenen Sprache. Afrem in seiner zweiten Rede:

„Simon zeichnete für dich. Gleiche dich ihm an;
der Fischer wurde zum Zeichner.[26]

21 SdF II, 89–96 (CSCO 212, 9f. Beck).
22 So kennt man es auch von Luther: „Ein Gott heißet das, dazu man sich versehen soll alles Guten und Zuflucht haben in allen Nöten" (Großer Katechismus, Zum 1. Gebot).
23 Andere Übersetzungsmöglichkeit: „Brüten des Geistes".
24 SdF IV, 121–128 (CSCO 212, 34f. Beck).
25 SdF IV, 153f. nach Mt 16,16.17 (CSCO 212, 35 Beck).
26 ܨܝܪܐ kommt in Ex 28,39 vor und ist hier Übersetzung von ποικιλτής „Buntwirker".

Ein Beispiel zeichnete er für die Kirchen.
Es soll sich jeder auf sein Herz zeichnen.

Sagen sollen wir alle zu ihm, dem Sohn:
‚Sohn bist du des lebendigen Gottes.'"[27]

„Sohn" ist schon eine Art bildlicher Redeweise und gehört zur bildenden im Unterschied zur abstrahierenden Sprache. Mit seinem Bekenntnis wurde der ܨܝܕܐ, der Fischer, zum Zeichner: ܨܝܪܐ. Schon hier, wo noch kein Gleichnis im engeren Sinne vorliegt, wird deutlich, dass Afrem das angemessene Reden von Gott für eine bildende, bildnerische Kunst hält. Entsprechend benennt der Autor seinen Beruf als ܐܘܡܢܐ, Kunsthandwerker.[28] Dieser Kunsthandwerker steht unter einem strengen Ethos, in dem er eigentlich nicht frei, sondern seinem bildnerischen Auftrag unterworfen ist:

„Der Künstler ist wie ein Sklave
unter dem Joche der Kunst.

Nicht gemäß seinem Belieben arbeitet er;
dem Kunstwerk ist er unterworfen.

Er steht für sich da zwischen Zweifeln,
denn nicht gemäß dem, was er will, handelt er.

Stellenweise hat sein Wille statt.
Stellenweise wird sein Wille vereitelt.

Von der Kunst her die Befähigung
gelangt zu ihm wie zu einem Bedürftigen.

Der Schöpfer – nicht von ihm (scil. dem Kunstwerk) ist es her,
von dem Kunstwerk, dass er Kraft hat.

Er ist es, der das Kunstwerk geschaffen hat,
das den Menschen Kraft gibt.

Stark zeigt sich durch es der Künstler
und aus etwas macht er etwas."[29]

Dem Künstler in der Nachfolge des Simon Petrus, in dem wir durchaus ein Selbstbild des Afrem sehen dürfen, fällt nicht das Recht der freien Kreativität zu; das Kunstwerk wächst ihm zu, drängt sich ihm auf. Afrems eigene Tätigkeit ist also als eine wahrnehmende, dienende zu bezeichnen. Sie geschieht in Parallelität zur göttlichen Kreativität, nur dass Gott ex nihilo schafft und der Mensch aus etwas etwas macht:

---

27 SdF II, 97–101 (CSCO 212, 10 Beck).

28 In der syrischen Bibelübersetzung ist das ein Kunsthandwerker wie der in Gen 4,22 genannte σφυροκόπος, der Hämmerer oder der τεχνῖτης, der Handwerker im Gefolge des Goldschmieds Demetrius von Apg 19,38.

29 SdF II, 391–406 (CSCO 212, 16 Beck).

„Der Mensch wirkt aus etwas
und Gott aus dem, was nichts ist".[30]

In der letzten Aussage, dass Gott ex nihilo schafft, während der Mensch aus etwas etwas macht, wird die Negativfolie erkennbar, auf deren Hintergrund das Bilden geschieht, der unendliche qualitative Abstand zwischen Schöpfer und Geschöpf:

„Ein großer Abstand ist inmitten
zwischen dem Schöpfer und dem Geschöpf.

Nicht geht es, dass er zu ihm hinüberkäme,
denn ohne ihn bestünde er nicht einmal",

wie Afrem im 1. Buch seiner Reden sagt.[31] Dabei setzt er in paradoxer Rede der Ferne sogleich eine Nähe entgegen und deutet so den Grund der Möglichkeit an, warum man doch von Gott reden darf:

„Mit ihm (d. h. mit dem Geschöpf) und nicht mit ihm ist er.
Ausgegossen ist er bei ihm und getrennt von ihm.

Wie die Sonne der Erde nahe ist,
so ist ihr Wesen (d. h. das der Sonne) entfernt von dem ihrigen (d. h. von dem der Erde).

Und auch das Gold, obwohl es von ihr ist (d. h. der Erde)
ist getrennt von ihr und vermischt mit ihr.

Wie sehr wird der Schöpfer getrennt sein von der Schöpfung,
obwohl er mit ihr ist.

Erhabener ist er als alles, wenn man ihn erforscht.
Wie weit willst du mit dem Studieren kommen, Elender?"[32]

Dennoch spricht Afrem von einer Brücke, die den Abstand überbrückt: Die Brückenfunktion übernimmt die Lehre (ܝܘܠܦܢܐ). Sie ist auf die menschliche Schwachheit hin ausgelegt, die mit dem Wesen Gottes an sich nicht umgehen kann:

„Wie wird ein Schüler verstehen
die Quellen, die ihm zu wild sind?

Den Schwachen und den Elenden
vermag die Lehre zu helfen. (…)

Eine verborgene Brücke der Seele ist sie.
Auf ihr geht sie hinüber zu den verborgenen Dingen.

30 SdF II, 413f. (CSCO 212, 16 Beck).

31 SdF I, 151–153 (CSCO 212, 4 Beck). Man beachte hier den Unterschied etwa zu Augustinus, bei dem Gott via eminentiae der „höchste Künstler" heißen kann: „summus ille artifex" (De vera religione xxxix, 72, 201, Edition: Thimme, Stuttgart 2006, 120). Der unendliche qualitative Abstand zwischen Schöpfer und Geschöpf bei Afrem würde eine Übertragung des Begriffes des „Künstlers" auf Gott nicht zulassen.

32 SdF I, 155–166 (CSCO 212, 4 Beck).

Sie (d. h. die Lehre) ist der Schlüssel der Armut.
Durch sie steht das Schatzhaus offen,“

schreibt Afrem in seinem Lob der Lehre in der fünften der Reden über den Glauben.[33] Die Lehre löst Sprachlosigkeit. Unter ihrer Ägide findet sogar das ansonsten verpönte Forschen statt, wie Afrem in seinem Lob der Lehre weiter ausführt:

„Sie nähert sich dem Schweigen;
sie bringt ihr Sprachvermögen. (…)

Sie forscht mit den Forschenden;
sie erkennt mit den Wissenden.

Sie ist das Suchen auf der einen Seite
und das Finden auf der anderen Seite.

Durch sie ist beides verbunden,
denn sie führt ihrer beides aus.

Indem sie nicht mit Gewalt drängt,
besteht ihre Autorität über allem.

Sie lehrt den Künstler (ܐܘܡܢܐ),
dass er aus etwas etwas mache,

dass er Gott kennenlerne,
der aus Nichts alles macht.“[34]

Die Gestalt einer Lehre, die Gott nicht gewaltsam zu nahe tritt, stellt Afrem im 75. Hymnus über den Glauben als Bild und Schrift dar:

„Er stellte Schwieriges in Schlichtem dar,
für unsere Schwachheit, dass wir leicht
erkennten, dass er der Sohn sei.

In allen Abbildern hat er sich uns genähert,
jener Süße unserer Krankheit,
damit er sie heile.

Und wenn es so ist, dass der Meister,
ja Gott, ohne Abbilder nicht sich näherte
unserer Menschheit,

soll jener Mensch, der nun schwach ist,
Mittel suchen für seine Schwachheit
bei der Größe.

33 SdF V, 169–172. 183–186 (CSCO 212, 40 Beck).
34 SdF V, 203f. 209–220 (CSCO 212, 41 Beck).

Nicht sei träge, o Verstand.
Geist-Brücken baue und schreite hinüber
zu deinem Schöpfer.

O Sklavensohn, mache dir zu Flügeln
die heiligen Schriften, damit du gelangst
zu dem Sohn, deinem Herrn."[35]

Das Vorbild für den in Abbildern sprechenden Afrem ist der Meister selbst, der ohne Gleichnisse nicht zu den Leuten sprach.[36] Afrem entwickelt von hier aus eine Theorie der göttlichen Pädagogik, gemäß der die Annäherung Gottes an die Menschheit der menschlichen Schwäche wegen in Abbildern geschehen muss. Wenn das Überschreiten der Brücke, das Anlegen der Flügel von einer Bewegung des Menschen auf Gott hin spricht, so ist doch die katabatische Bewegung primär, das gnadenhafte Herabsteigen Gottes. Schon in der Reflexion über den Künstler wurde gesehen, dass das Kunstwerk selbst auf den Künstler zukommt und ihm Kraft gibt. Welche Bewegung die primäre ist, zeigt Afrem in seiner zweiten Rede über den Glauben:

„Die Gabe des Gebers ist es,
die dich zum Geber brachte.

Durch das Wissen, das er dir gab,
vermochtest du es, dass du dich selbst erkenntest und deinen Gott.

Etwas, das von ihm her floss,
hat dich zu ihm gezogen mit Sanftheit.

Denn nicht genügte dein Ausstrecken,
dass es bis zu ihm reichte.

Er gab dir das Wort und es erhob dich.
Mache nicht klein seinen Geber.

Und wenn du, indem du Handel triebst, Gewinn machtest,
so hat seine Summe deinen Handel wachsen lassen.

Dein Wissen ist von ihm her;
für dich ist das Bild und für ihn die Erfüllung."[37]

Afrems Blick fällt auf Handel und Gewinn der syrischen Kaufleute, wenn er zum Ausdruck bringen möchte, dass seine literarische Arbeit den Umgang mit einer Gabe Gottes darstellt. In der Erkenntnis, dass, was von Gott her fließt, mit Sanftmut wiederum zu ihm hinzieht, ist der Gegensatz zum gewaltsamen Drängen gesetzt. Dem Menschen ist etwas Vorläufiges in Gestalt des Bildes gegeben, während die Erfüllung Gott vorbehalten ist.

35 HdF 75, 17–22 (CSCO 154, 230f. Beck).
36 Mt 13,34.
37 SdF II, 253–256 (CSCO 212, 13 Beck).

3. Trinitarische Sprache

3.1 Theologie der Namen

Wie gesehen wurde, stellt für Afrem schon das Bekenntnis zum Sohn Gottes einen bildnerischen Akt dar. Die Namen der drei trinitarischen Personen fungieren für ihn wie Bildzeichen. Mit ihnen soll der Mensch umgehen. Die Namen verbürgen zwar eine Realität. Aber es ist dem Menschen nicht gegeben, hinter die Namen auf die hinter den Namen liegende Wesenheit zu blicken:

> „Du hast gehört über den Geist, dass er der Heilige Geist ist.
> Benenne ihn mit dem Namen, dem man ihm gab.
>
> Du hast den Namen gehört. Bekenne seinen Namen.
> Dass du sein Wesen erforschst, ist nicht möglich.
>
> Du hast gehört: Vater und Sohn und Geist.
> Durch die Namen versieh dich der Wesenheiten.“[38]

Mit den Namen hat man eine Art Stellvertreter für die dahinter liegenden Wesenheiten. Mit den Namen ist auch die heilsgeschichtliche Ordnung gegeben, in deren Nacheinander der Name des Vaters im Namen des Sohnes seine Deutung erfährt:

> „Im Namen des Vaters ist sein Symbol.
> Im Namen des Sohnes ist seine Deutung.
>
> In der Ordnung ihrer Namen
> wird bewahrt die Ordnung ihrer Narrative.“[39]

Soll die Einheit Gottes ausgesagt werden, greift Afrem nicht auf den Begriff des Wesens (ܐܘܣܝܐ) oder der Natur (ܟܝܢܐ) zurück, sondern auf das, was in seiner Wirksamkeit nach außen als Einheit erkennbar ist, die Einheit des Willens:

> „Eins sind sie durch den einen Willen;
> zwei sind sie durch zwei Namen.
>
> Nicht haben sie zwei Willen,
> sie haben zwei Benennungen.“[40]

Mit dem Erkennen Gottes in seinen Namen ist jedoch zugleich ein Nichterkennen gesetzt. Das „Angesicht“ Gottes, das Mose nach Ex 33,20 nicht sehen darf, steht für das dem Menschen entrückte Wesen, das durch die Namen repräsentiert wird:

> „Den Vater haben wir mit seinem Namen gelehrt.
> Den Sohn haben wir mit seinem Namen erkannt.

38 SdF IV, 43–46 (CSCO 212, 33 Beck).

39 SdF II, 609–612 (CSCO 212, 20 Beck). Šarbā heißt in der Grundbedeutung „Geschichte“. Im innertrinitarischen Zusammenhang ist unter den „Geschichten“ das narrativ zu beschreibende Verhältnis des Vaters zum Sohn als des Zeugenden zum Gezeugten zu verstehen.

40 SdF II, 601–604 (CSCO 212, 20 Beck).

Denn ohne Namen gibt es kein Erkennen.
Durch die Namen geschah ein Symbol.

Nimm weg die Namen und die Benennungen
und verwirrt werden die Ordnungen.

Denjenigen, den du benennst, nicht kennst du ihn.
Denjenigen, den du bekennst, kennst du nicht.

Denjenigen, der gezeugt hat – du verstehst ihn nicht,
der geboren wurde, du kennst ihn nicht. (...)

Du hast den Namen des Vaters gehört. Er ist genug für dich
und der Name des Sohnes genügt dir.

Nicht gibt es dort Antlitze,
dass du (etwas) von Antlitzen verstündest.

Die Namen wurden uns zu Antlitzen.
Durch ihre Namen werden sie unterschieden.

Auch Menschen, wenn sie weit weg sind,
lernt man durch ihre Namen kennen.

Anstelle von fernen Antlitzen
kommen nahe Namen.

Anstelle von Antlitzen Benennungen
und Namen anstelle von Gesichtszügen."[41]

In der Theologie der Namen geschieht die Wahrnehmung Gottes akustisch und nicht optisch:

„Es erscheint eine Stimme anstelle des Lichtes
und anstelle des Auges das Gehör.

Nah ist das Ohr den Namen
und es unterscheidet sie wie Standbilder."[42]

Durch die Namen ist eine Grenze des Verstehens gesetzt. Was hinter den Namen liegt, soll nicht weiter erforscht werden. Man kann nicht umhin, sich hier an die Verborgenheit des „Dings an sich" bei Immanuel Kant zu erinnern.[43] Übertragen auf unser Thema: Die Namen mit ihren Narrativen sind bekannt. Sie affizieren das Gehör. Aber „was sie an sich selbst sein mögen", um es mit Kants Worten zu sagen, wissen wir nicht. So Afrem in seiner 4. Rede:

41 SdF II, 649–676 (CSCO 212, 21f. Beck).
42 SdF II, 677–680 (CSCO 212, 22 Beck).
43 Die Verborgenheit des Dings an sich beschreibt Kant in den „Prolegomena zu einer jeden künftigen Metaphysik die als Wissenschaft wird auftreten können" von 1783: „Es sind uns Dinge als außer uns befindliche Gegenstände unserer Sinne gegeben, allein von dem, was sie an sich selbst sein mögen, wissen wir nichts, sondern kennen nur ihre Erscheinungen, d. i. die Vorstellungen, die sie in uns wirken, indem sie unsere Sinne affizieren" (Prolegomena §13 Anm. II; Philosophische Bibliothek 540, 48f. Pollok).

„Vater und Sohn und Heiliger Geist
werden durch ihre Namen verstanden.

Sinne nicht nach über ihre Wesen,
denke nach über ihre Namen.

Wenn du die Wesen erforschst, gehst du zugrunde
und wenn du an den Namen glaubst, wirst du leben.

Der Name des Vaters, er werde dir zur Grenze.
Überschreite sie nicht. Erforsche nicht seine Natur.

Der Name des Sohnes sei dir Mauer.
Überschreite sie nicht und erforsche nicht seine Geburt.

Der Name des Heiligen Geistes werde dir zur Einfriedung.
Lass dich nicht ein auf seine Untersuchung.

Die Namen sollen dir zu Begrenzungen werden.
Durch ihre Namen verhindere Fragen.“[44]

Der so Angesprochene, führt Afrem weiter aus, soll sich anstelle von metaphysischen lieber mit ethischen Fragen beschäftigen, mit Gebot und Sitte.

3.2 Das Bild von der Wurzel und der Frucht

Schon gut 150 Jahre früher begegnet bei Tertullian die bildliche Rede von der Wurzel und dem Schössling: „Und ich werde nicht zögern, den Sohn Schössling aus der Wurzel zu nennen.“[45] Afrem nimmt das Bild in einer Variation auf, indem er anstelle des Schösslings die Frucht setzt, die Tertullian in seiner trinitarischen Erweiterung des Motivs auf den Heiligen Geist bezogen hatte:[46]

„Benenne den Vater Wurzel,
bezeichne den Sohn gleichsam als seine Frucht.

Vereinigt ist er mit ihm
und getrennt von ihm.“[47]

Afrem gebraucht dieses Bild, um zu zeigen, dass Vater und Sohn wesenseins sind, dass der Sohn das verborgene Wesen des Vaters enthüllt, der sich im Sohn ganz mitteilt:

„Ganz vollkommen ist die Wurzel;
vollkommen ist seine Frucht wie er.

Die Geschmäcker, die am Baume sind,
nicht verbirgt er sie vor seiner Frucht. (...)

44 SdF IV, 129–142 (CSCO 212, 35 Beck).
45 Adversus Praxean 8,5 (FC 34, 133,10f. Sieben).
46 Adversus Praxean 8,7 (FC 34, 133,1f. Sieben).
47 SdF II, 591–594 (CSCO 212, 20 Beck).

Die Geschmäcker, welche er vor allen verbarg,
in den Schoß seiner Frucht wurden sie ausgegossen.

Sobald seine Frucht sie empfangen hatte,
teilte sie sie den Essenden mit.

Durch die Frucht wurde uns gegeben
die Süße, die in der Wurzel ist. (…)

Wie der Vater die Frucht geliebt hat,
so hat die Frucht ihre Esser geliebt.

Jene Verborgenheit der Wurzel,
in ihrer Frucht kann sie verkostet werden.“[48]

Allerdings stellt Afrem in seiner zweiten Rede ein Ungenügen mit seinem Bild aus der ersten fest, weil mit dem Pflücken der Frucht der Zusammenhang mit dem Baum abgerissen ist, während der Sohn genauso wie bei uns so auch beim Vater ist:

„Auch sind die Gleichnisse nicht hinreichend,
dass sie die Wahrheit abbilden.

Denn die Frucht des Baumes
kann nicht über den Erstgeborenen predigen.

Denn es hängt die Frucht an ihrem Baume
und wenn es ist, dass man sie aberntet, entfernt sie sich.

Sie kann nicht sein an ihrem Baum.
wenn sie bei dem ist, der sie an sich nimmt.

Der Erstgeborene aber ist bei seinem Vater.
Er wohnte bei ihm und kam zu uns.

Denn er ist bei ihm und bei uns.
Er kam und er ging, während er in allem ist.“[49]

3.3 Trinitarische Erweiterungen der Bildsprache in den „Hymnen de Fide“

In den „Hymnen de Fide“, die etwa zwanzig Jahre später geschrieben wurden als die Reden über den Glauben, begegnen poetisch und theologisch sehr dichte Stücke, die zu den Höhepunkten der Dichtkunst Afrems gehören. Der 40. Hymnus entfaltet Bilder der Trinität an zwei Anschauungsobjekten, an der Sonne und am Feuer. An dieser Stelle soll noch einmal der Kritiker aller Bildlichkeit für die Trinität, Gregor von Nazianz mit seinem Vorbehalt, der speziell die Sonne als Bild der Trinität betrifft, zu Worte kommen. Insbesondere befürchtete er, wenn man den ihm bekannten Vergleich mit der Dreiheit „Sonne, Strahl und Licht“ anwendet, „dass wir den Vater mit Sein bedenken, das andere aber nicht mit Selbststand versehen, sondern als Kräfte Gottes setzen, die in ihm bestehen, nicht

48 SdF II, 5–8. 17–22. 29–32 (CSCO 212, 8 Beck).
49 SdF II, 681–692 (CSCO 212, 22 Beck).

Selbststand haben, denn weder Strahl noch Licht sind eine andere Sonne, sondern gewisse Sonnenausflüsse und wesentliche Eigenschaften.“[50] An den Texten möge der Leser prüfen, ob Afrem das Bedenken des Gregor von Nazianz, dass die Lichtmetaphorik den Selbststand des Sohnes und des Geistes nicht abbilden kann, hätte entkräften können. Hier seine trinitarische Exegese der Sonne im 40. Hymnus:

> „Die Sonne schau an in der Höhe, dass sie eins zu sein scheint.
> Beuge dich und schau und sieh ihr Aufleuchten als Zweites.
> Prüfe und berühre und erprobe ihre Wärme als drittes,
> wobei eines dem anderen gleicht und nicht sich gleicht.
> Vereint ist mit ihr Zweites, indem es von ihr auch sehr getrennt ist,
> und vermischt ist der Dritte, getrennt und verbunden und vermischt.“[51]

Die Sonne ist Bild für den Vater. Für den Sohn wird ein Begriff verwendet, der das Aufgehen der Sonne oder von Gestirnen bezeichnet. Er ist gleichsam die Erscheinung der Sonne, deren Epiphanie. Im 73. Hymnus, in dem Afrem das Bild von Sonne, Leuchten und Wärme noch einmal aufgreift, wird das Symbol für den Sohn, das Aufgehen als ein Lichtstrahl, der irdisch ankommt, eigens zur Sprache gebracht. Das Ankommen des Lichtstrahls im Auge wird dabei zum Symbol für die Menschwerdung des Wortes:

> „Und indem die Sonne bei den Himmlischen ist,
> ist ihre Liebe und ihr Aufgehen bei den Irdischen,
> ein offenbares Geheimnis.
>
> Hinabgestiegen zur Erde ist er, ihr Strahl.
> Niedergelassen hat er sich im Auge, indem er sich mit ihm bekleidete
> wie mit einem Körper.“[52]

Der Heilige Geist wird durch die Wärme symbolisiert. Der Herausgeber der Werke Afrems, Edmund Beck rühmt seinen Autor, dass er im Rahmen der Lichtmetaphorik endlich „ein neues eigenständiges Bild für die dritte Person der Trinität“ gefunden habe, die Wärme.[53] In der Tat hat dieses Bild in der patristischen Literatur keine Vorbilder. Die Erfahrung der alles durchdringenden Wärme, etwa beim Brotbacken und Wasserkochen, wird zum Symbol für den Heiligen Geist:

> „Und indem seine Wärme sich abtrennt, ist sie nicht abgeschnitten
> von ihm (d. h. dem Feuer),
> denn sie dringt in alles ein ohne Rückhalt,
> denn sie breitet sich aus im Inneren des Brotes und vermischt sich innerlich
> mit dem Wasser.
> und sie wohnt in allem, während sie gänzlich in ihm (d. h. dem Feuer) wohnt.“[54]

---

50 Gregor von Nazianz, Theologische Reden 5,32 (FC 22, 334. 336 Sieben).

51 HdF 40, 2 (CSCO 154, 130 Beck).

52 HdF 73, 12f. (CSCO 154, 224 Beck).

53 Beck, Ephräms Trinitätslehre im Bild von Sonne/Feuer, Licht und Wärme (CSCO 425, Subsidia 62), Louvain 1981, 3.

54 HdF 40, 9 (CSCO 154, 132 Beck).

Den biblischen Ursprung der Rede von der Wärme als Symbol für den Heiligen Geist dürften wir im zweiten Vers der Genesis finden, wo es heißt, dass der Geist Gottes, wie im Hebräischen als Femininum aufgefasst, über den Wassern brütete. Das Feuer wird analog der Sonne dreifaltig interpretiert:

> „Denn drei Namen werden sichtbar im Inneren des Feuers.
> Und jeder einzelne in seiner Herrschaft steht da für sich.
> Und jeder einzelne in seinem Amte einfältig erscheint er.
> Einzelne Kräfte, die vermischt sind,
> ein Feuer, staunenswert, und Wärme, gesondert,
> und Licht, rühmenswert, einer beim andern wohnend und sich gleichend.“[55]

Das Vorführen der Symbole soll zum Staunen veranlassen: Wenn schon die Naturbeobachtung den Menschen in Erklärungsnöte bringt, wie sehr trifft das dann für die göttliche Realität zu, die man dann nur in Liebe annehmen kann. Die Argumentation schließt a minore ad majus:

> „Wenn aber jenen Feuers Untersuchung uns schwimmen macht,
> wie es eines ist und wie es außerdem drei ist
> und wie diese drei in sich selber wohnen
> und wie seine Wärme unterschieden ist und nicht abgeschnitten,
> diese Natur, die wir hingenommen haben in Liebe dreifach,
> ohne dass wir eine zweifelnde Untersuchung mit ihr haben,
>
> wie sehr ist es dann zuträglich für uns, dass wir jene drei
> schlicht annehmen mit Liebe, ohne Nachforschung.“[56]

3.4 Das Bild der Wärme für den Heiligen Geist

Ein Blick auf das Bild der Wärme für den Heiligen Geist, dem Afrem einen eigenen Hymnus widmet, den 74. über den Glauben, stehe am Ende dieser Studie: Anschauungsobjekt und zunächst angeredet ist die Sonne, denn in ihr „sind angehäuft die Symbole deines Herrn“.[57] Wie die Wärme sich verbreitet, diese aber dabei nicht abgeschnitten ist von ihrem Ausgangspunkt, der Sonne, so ist es mit dem Heiligen Geist:

> „Wer wird seine Wärme erforschen,
> die, wenn sie sich ausbreitet, nicht abgeschnitten wird,
> wie der Heilige Geist.“[58]

Der Geist ist gleichermaßen verbunden mit der Sonne, dem Bild für den Vater, und mit dem Strahl, dem Bild für den Sohn. Zugleich ist die Stärke seiner Wärme auch ganz bei den Geschöpfen:

55 HdF 40, 8 (CSCO 154, 132 Beck).
56 HdF 40, 11f., CSCO 154, 132 Beck).
57 HdF 74, 1 (CSCO 154, 225 Beck).
58 HdF 74, 2 (ebd.).

„Es lässt sich nieder die Stärke seiner Wärme
über allem. Bei allem ist sie ganz.
und bei einem einzelnen ist sie ganz.“[59]

Zumindest ist die Kraft der Wärme bei jedem Einzelnen, soweit er sie aufnehmen kann:

„Und wenn sie sich ausbreitet über die Geschöpfe
empfängt jeder einzelne die Kraft ihrer Wärme,
wie er es kann.“[60]

Das Lob des Heiligen Geistes, das nun folgt, wird bestimmt von dem jahreszeitlichen Bild von der Lösung der Winterstarre durch die Wärme des Frühjahrs:

„Durch sie ist es, dass aufjauchzen die Kälber im April
wie die Jünger durch den Heiligen Geist,
der sich auf sie niederließ.

Durch die Wärme wurden außerdem aufgetrennt
die Schließen des Winters, durch welche zurückgehalten wurden
Früchte und Blüten.

Durch den Heiligen Geist wiederum wurden aufgetrennt
die Schließen des Bösen, durch welche zurückgehalten wurden
alle Hilfen.

Die Wärme weckt auf den Schoß
der ruhenden Erde wie der Heilige Geist
die heilige Kirche.“[61]

Insonderheit löst der Heilige Geist das Schweigen:

„Die Wärme löst den hässlichen Maulkorb,
ja den kalten, das Schweigen des Frostes
auf den Lippen. (…)

Der Heilige Geist, durch die Zungen
des Feuers, die gekommen waren, löste die Stärke
der Kälte.

Und vertrieb die Furcht aus den Jüngern.
und es floh das Schweigen von den Zungen
durch die Zungen.“[62]

59 HdF 74, 3 (CSCO 154, 226 Beck). Diesen Punkt, dass der Heilige Geist trotz seiner Ubiquität bei jedem Einzelnen als ganzer anwesend ist, betont auch Basilius von Caesarea, De spiritu sancto 9.22: ὅλον ἑκάστῳ παρὸν καὶ ὅλον πανταχοῦ ὄν (FC 12, 138. 140 Sieben).

60 HdF 74, 5 (ebd.).

61 HdF 74, 12–14 (CSCO 154, 226f. Beck).

62 HdF 73, 18. 23f. (CSCO 154, 227f. Beck).

4. Eine Schlussbemerkung

Wenn Afrems Verse vorgelesen werden, ist die Faszination wegen ihrer dichterischen Kraft groß. Darüber hinaus spricht der Kontrast zwischen Sprachlosigkeit und Sprachfülle, der logische Bruch zwischen der Unsagbarkeit Gottes und dem Sprechen in Hörbildern den heutigen Menschen an. Der westliche, von Augustinus her geschulte Theologe, der in der Selbstreflexion der Mens das trinitarisch strukturierte Bild Gottes sieht, wird zwar nicht mehr zurückkehren können zu Afrems an der äußeren Schöpfung orientierten Sprache, aber da es Kunstwerke waren, die sich dem Künstler Afrem existentiell aufdrängten, wirken sie erstaunlicherweise nach wie vor auch auf den heutigen Hörer.

Eichstätter Beiträge zum Christlichen Orient

Herausgegeben von der Forschungsstelle Christlicher Orient

1: Peter Bruns, Heinz Otto Luthe (Hg.)

Vom Euphrat an die Altmühl

Die Forschungsstelle Christlicher Orient an der Katholischen Universität Eichstätt-Ingolstadt

2012. XXIV, 223 Seiten, 49 Abb., 2 Tabellen, 24 Tafeln, gb
170x240 mm
ISBN 978-3-447-06644-0 *€ 56,– (D)*

Im November 2009 wurde an der Katholischen Universität Eichstätt-Ingolstadt die „Forschungsstelle Christlicher Orient" eröffnet, die sich mit allen Aspekten kirchlichen und gesellschaftlichen Lebens orientalischer Christen von den Anfängen bis zur Gegenwart beschäftigt. Ausschlaggebend für die Gründung der Forschungsstelle waren sowohl die desolate Lage und Zukunft der Christen in den Ländern des Nahen und Mittleren Ostens als auch die Vernachlässigung der Wissenschaft vom Christlichen Orient an den Hochschulen. Die Katholische Universität Eichstätt-Ingolstadt sieht in der Bewahrung dieses bedeutsamen kulturellen Erbes und in der Erfassung von Lebenslage und Zukunftschancen der orientalischen Christen eine Möglichkeit inhaltlicher Weiterentwicklung und der Schärfung ihres Selbstverständnisses.
Vom Euphrat an die Altmühl ist der erste Band der von der Forschungsstelle herausgegebenen Schriftenreihe „Eichstätter Beiträge zum Christlichen Orient". Er enthält die Beiträge zur Eröffnungsveranstaltung, darunter eine umfangreiche Einführung in Grundfragen, Geschichte und aktuelle Probleme einer „Wissenschaft vom Christlichen Orient". Darüber hinaus stellt der Band das Programm und die laufenden Arbeiten der Forschungsstelle vor und gibt Einblick in das Forschungsprojekt „Orientalische Quellen zum Kirchenrecht".

2: Mor Ignatios Aphrem I. Barṣaum

Geschichte der syrischen Wissenschaften und Literatur

Aus dem Arabischen übersetzt von Georg Toro und Amill Gorgis

2012. LII, 506 Seiten, 1 Foto, 29 Tabellen, gb
170x240 mm
ISBN 978-3-447-06837-6 *€ 78,– (D)*

In über 30-jähriger Forschungsarbeit hat Mor Ignatios Aphrem I. Barṣaum reichhaltige Quellen zur Geschichte der syrischen Wissenschaften und Literatur an unterschiedlichsten Orten gesammelt. Bei der Mehrzahl handelt es sich um Handschriften aus westlichen wie östlichen Bibliotheken und Archiven der ganzen Welt, die mit der Zeit und durch widrige Umstände in alle Winde verstreut wurden. Mor Ignatios Aphrem I. Barṣaum besuchte u.a. Mosul und seine Dörfer, das Mor-Mattai-(Matthäus-)Kloster, Ğazirat ibn 'Umar und den Ṭur 'Abdin, wo es gleich 45 Stätten voller syrischer Schätze gibt, insbesondere Beth Sbirino, Mardin und Umgebung, außerdem das Za'faran-Kloster, Amida mit seinen umliegenden Dörfern, Veran Šahar, Edessa, Aleppo, Ḥmot (Ḥama), Ḥoms und Umgebung sowie Damaskus, Beirut, das Mor-Markus-Kloster, die zwei Klöster der Armenier und Griechen in Jerusalem, Ägypten, Konstantinopel (Istanbul), London, Oxford, Cambridge, Birmingham, Paris, Florenz, Rom, Berlin, New York und Boston. Zudem wurden zahlreiche Manuskripte ausgewertet, die sich in Privatbesitz befinden. Es wurden ausführliche Bestandsverzeichnisse der berühmtesten syrischen Bibliotheken erstellt, wobei auch die Orte, die nicht besucht werden konnten (das Mor-Kyriakos-Kloster, Basirijje, Kharput, Ḥeṣno d-Manṣur, Severek, Se'ert (Siirt), Širwon, Gharzon, das Berg-Sinai-Kloster und die Bibliothek des koptischen Patriarchats in Kairo) über umfangreiche Informationen zahlreicher Kleriker erschlossen wurden.
Mor Ignatios Aphrem I. Barṣaums *Geschichte der syrischen Wissenschaften und Literatur* wird nun erstmals in deutscher Übersetzung von Georg Toto und Amill Gorgis vorgelegt und so einer breiten Öffentlichkeit zugänglich gemacht.

3: Peter Bruns, Heinz Otto Luthe (Hg.)

Orientalia Christiana

Festchrift für Hubert Kaufhold zum 70. Geburtstag

2013. XXX, 683 Seiten, 22 Abb., 5 Karten, 5 Tabellen, gb
170x240 mm
ISBN 978-3-447-06885-7 *€ 98,– (D)*

Der 70. Geburtstag von Professor Dr. Dr. Hubert Kaufhold war für Kollegen, Freunde und Schüler ein willkommener Anlass, diese Festschrift vorzubereiten. Mit ihren Beiträgen für *Orientalia Christiana* dokumentieren sie nicht nur das weite Spektrum der Forschungen Hubert Kaufholds im Bereich der Wissenschaft vom Christlichen Orient; sie geben darüber hinaus auch einen umfassenden Überblick zum internationalen Stand und zur inneren Dynamik einer Disziplin, die sich im Kontext hochschulpolitischer Neuorientierungen immer wieder neu behaupten muss. Vor allem aber betrachten Herausgeber und Autoren diesen Band als ein Zeugnis der weltweiten Wirkung Hubert Kaufholds sowie als Zeichen des Dankes, den es einem außergewöhnlichen Gelehrten abzustatten gilt.

VERLAG PUBLISHERS
HARRASSOWITZ

Eichstätter Beiträge zum Christlichen Orient

Herausgegeben von der Forschungsstelle Christlicher Orient

4: Winfried Büttner

Leib- und Seelenärzte

Die heiligen Mediziner der Alten Kirche

2015. XV, 167 Seiten, 32 Abb., 2 Karten, br
170x240 mm
ISBN 978-3-447-10368-8
⊙E-Book: ISBN 978-3-447-19377-1 *je € 34,– (D)*

An gewissenhaften Ärzten, die erkennen, was dem Menschen an Leib und Seele fehlt, und dann nach erfolgreicher Behandlung nicht einmal eine Rechnung stellen, dürften Patienten und Kassen heutzutage ihre helle Freude haben. In der Kirche der Antike und des Frühmittelalters hat man jedenfalls den vornehmlich aus dem Orient stammenden Heiligen dieses Berufsstandes dergleichen zugeschrieben und auf diese Weise das traditionelle Motiv des *Christus medicus* (‚Christus, der Arzt') aktualisiert.
Die in dieser Studie zusammengetragenen Ärzte entsprechen in der einen oder anderen Form diesem Ideal, welches das Andenken dieser Gottesfreunde nicht nur in lange vergangenen Zeiten gesichert hat, sondern auch dem modernen Leser hilft, ihr Leben, Sterben und das über ihr irdisches Ende hinausgehende Wirken zu erschließen. Sie begegnen in den Quellen, bald mit kurzen Notizen, bald legendarisch verfremdet oder mit langen Katalogen mirakulöser Eingriffe versehen, als Glaubenszeugen, die in der Verfolgung den Tod erlitten oder ihr geistliches Amt gleichsam medizinisch begriffen haben. Die Wundertäter unter ihnen, die Generalisten selbst für aussichtlose Fälle, erwarten den Leser mit mehr oder weniger eigenwilligen Mitteln und Mittelchen, aber doch durchschlagendem Heilerfolg und heroischen Eingriffen.

5: Winfried Büttner

»Gottheit in uns«

Die monastische und psychologische Grundlegung der Mystik nach einer überlieferten Textkollektion aus dem Werk des Šemʿon d-Ṭaibuṯeh

2017. XV, 357 Seiten, gb
170x240 mm
ISBN 978-3-447-10790-7
⊙E-Book: ISBN 978-3-447-19621-5 *je € 78,– (D)*

Die auf Deutsch übersetzten und kommentierten Texte entfalten das reiche geistige Erbe und die faszinierende Spiritualität eines im persischen Beṯ Huzaye (Khusistan) ansässigen Arztes und Einsiedlers vom Ende des 7. Jahrhunderts. Šemʿon d-Ṭaibuṯeh („Simeon von seiner Gnade") entwirft ein asketisches Lebensmodell, bei dem negative Erfahrungen, Selbstüberwindung und Sammlung bis hin zu totalem Reizentzug und völliger Abschottung von äußeren Einflüssen allmählich zu geistlicher Erkenntnis und inniger Vertrautheit mit Gott verhelfen. Zudem schildert er die Seele in ihren subtilen Anteilen als göttliche Wohnung und tiefsten Ausdruck menschlicher Gottesebenbildlichkeit, sodass er dort das Reich Gottes innerhalb des Menschen, die „Gottheit in uns", verortet. Insgesamt lenkt der Eremit den Lauf seiner Quellen – darunter Gregor von Nyssa, die macarianische und evagrianische Tradition, das syrische Corpus Dionysiacum und anachoretische Pioniere seiner Heimat – in die Richtung seines eigenen brillanten Beitrags und lässt das Ganze in verschiedene Facetten einer an Christus orientierten Mystik des Herzens, des Aufstiegs, der Vereinigung und Vergöttlichung münden. Neben anatomischen und physiologischen Ansichten präsentiert er in diesem Zusammenhang ein nuanciertes psychologisches Modell, das das gelehrte Umfeld des Mönchsarztes widerspiegelt. Chronologisch wiederum in einer Zeit religiösen wie politischen Umbruchs und zwischen zwei Phasen, in denen das streng diphysitische Kirchentum seiner Umgebung auf Orthodoxie dringt, zeigt sich ein außergewöhnlicher Autor, der auf Widerspruch stieß.
Neben den übersetzten Texten bietet das vorliegende Buch eine ausführliche Analyse des Werkes sowie mehrere Register, die den Zugriff erleichtern.